教育部人文社会科学重点研究基地
云南大学西南边疆少数民族研究中心书系

赓续创新文化之能
文化产业和文化发展的理论与实践

王 佳 主编

云南大学民族学与社会学
研究生研究成果文库

学苑出版社

图书在版编目（CIP）数据

赓续创新文化之能：文化产业和文化发展的理论与实践 / 王佳主编. -- 北京：学苑出版社，2025.3.

ISBN 978-7-5077-7168-8

Ⅰ．G124-63

中国国家版本馆 CIP 数据核字第 2025WH7885 号

出 版 人：洪文雄
责任编辑：战葆红　马维佳
出版发行：学苑出版社
社　　址：北京市丰台区南方庄 2 号院 1 号楼
邮政编码：100079
网　　址：www.book001.com
电子邮箱：xueyuanpress@163.com
联系电话：010-67601101（营销部）　010-67603091（总编室）
印　刷　厂：北京建宏印刷有限公司
开本尺寸：710 mm×1000 mm　1/16
印　　张：26.75
字　　数：360 千字
版　　次：2025 年 3 月北京第 1 版
印　　次：2025 年 3 月北京第 1 次印刷
定　　价：88.00 元

云南大学民族学与社会学研究生研究成果文库
编委会

主　编：何　明

副主编：谢寿光　　李晓斌

委　员（按姓氏笔画为序）：

　　　　马凡松　　马居里　　马翀炜　　王越平　　伍　奇

　　　　李志农　　杨绍军　　胡洪斌　　高万红　　谭同学

目 录

导论　优秀文化创造性转化、创新性发展的产业视角…… / 1

地方社会发展与文化经济

大理文化艺术生活的现代建构研究……王科威 / 7

一、大理文化艺术生活现代建构的基础 / 11

二、大理文化艺术生活的现状与价值 / 23

三、大理文化艺术生活的矛盾与交融 / 45

成都明月村艺术乡建的文化经济互嵌研究……雷静梅 / 67

一、明月村艺术乡建概况 / 70

二、共生：资本与资源的互嵌形态分析 / 81

三、互嵌：资本与资源互嵌的文化调适 / 92

四、对乡建形式多样化的思考 / 113

社会主体关系与文化产业

禄劝彝族刺绣的多民族共同传承研究……彭　丹 / 127

一、禄劝彝族刺绣概述 / 130

二、禄劝彝族刺绣多民族传承的共生根基 / 146

三、禄劝彝族刺绣多民族共同传承的表现方式 / 156

四、禄劝彝族刺绣多民族共同传承的价值与意义 / 167

大墨雨乡村旅游利益相关者共生关系研究……王巧琪 / 177
  一、大墨雨乡村旅游发展现状及利益相关者界定 / 181
  二、大墨雨乡村旅游利益相关者利益诉求及共生关系分析 / 192
  三、大墨雨乡村旅游利益相关者共生关系改进研究 / 210

彝绣产业化与女性公共生活转型研究
  ——以永仁县莲池乡为例……闵以佳 / 225
  一、莲池乡彝绣及绣女概况 / 228
  二、彝绣产业化中彝族女性的角色实践及其变迁 / 236
  三、彝绣产业化中彝族女性公共生活的转型 / 254
  四、公共生活转型中彝族女性的调适与发展 / 277

文化资源与文化空间的互构

傣族文化资源在告庄特色小镇建设中发挥的作用
  研究……杜菲菲 / 301
  一、告庄特色小镇建设的背景条件分析 / 304
  二、告庄特色小镇建设中傣族文化资源运用的路径及其
    价值影响 / 312
  三、告庄发挥傣族文化资源作用对我国特色小镇建设的启示 / 341

从产品、平台到空间：
  传统手工艺创新性发展的"拾翠实践"研究……录聪聪 / 353
  一、传统手工艺产品功能的创新性转变 / 356
  二、传统手工艺传播平台的创新性构建 / 374
  三、传统手工艺承创空间的创造性延展 / 388
  四、传统手工艺创新性发展"拾翠实践"的理性思考 / 411

导论
优秀文化创造性转化、创新性发展的产业视角

一、民族文化产业专业的由来、发展与转型

2008年，在云南省民族学一级学科增设的民族文化产业硕士学位授权点正式招生。到2024年，该专业最后一名研究生毕业，历时16年。民族文化产业专业在云南大学民族学一流学科的支持下，培养了近200名硕士研究生，他们活跃在今天全国各地区与优秀文化创造性转化、创新性发展相关高校、研究机构、企事业单位和从事创新创意工作的阶层中。可以毫不谦虚地说，云南大学民族文化产业专业的硕士研究生们是云南、西部地区乃至于全国文化产业发展、文化事业建设的一股重要中坚力量。

16年间，民族文化产业专业的硕士研究生们运用民族学的研究方法，主要对我国西部地方文化与经济、艺术与经济、地方社会发展与文化产业、社会主体与文化产业、文化资源与文化空间等重要的文化与社会发展之间的关系问题开展研究，尤其是对民族地区、乡村发展投入了较多关注。

2021年，民族文化产业专业因学科规范调整的关系不再招生。但在云南大学民族学与社会学学院的支持下，文化产业仍然作为一个重要特色方向归入社会学二级学科民俗学中。云南大学文化产业的研究始于2003年，至今已逾20年，若按照2004年云南大学文化产业管理系本科招生开始计算，与之相关的人才培养和专业方向建

设也有 20 年之久。而未来，云南大学的文化产业相关研究和人才培养还将在社会学相关学科体系中继续凸显其特色和优势。

生于民族学、长于民族学、成于民族学的民族文化产业专业，在新的时代背景和学科体系中也在不断探索创新，将 2016 年以来民族文化产业专业的七篇优秀论文结集成册，以感谢云南大学民族学与社会学学院的培养和支持，也以此感谢所有为文化产业人才培养、学科建设做出过积极贡献的老师、学者和学生们。

二、论文集编选说明

本论文集遴选了近年来民族文化产业专业硕士研究生在文化经济、文化资源、利益关系、乡村发展、文化企业等方面研究形成的学位论文代表性成果，主要包括三个方面的内容。第一部分，是对大理在复杂多变的文化消费市场环境中如何构建文化艺术生活的探究，研究艺术乡建中所体现的乡村传统生计方式向文化经济的转变，较好地展现了地方社会发展与文化经济之间的关系；第二部分，探究彝族刺绣产业与多民族共同传承、乡村利益相关者、女性在文化产业发展中身份的转变等问题，将研究的重点聚焦在"社会主体和文化产业发展"的议题上；第三部分，对文化资源和特色小镇的关系、代表性文化企业将文化资源转化为文化产品并拓展为文化空间生产开展研究，探讨了文化资源和文化空间之间的关系。

本论文集对论文的选择，主要依据有几方面。首先是尊重导师的推荐；其次是综合衡量了论文的质量；最后是论文的选题较为具有代表性，与论文集的核心主题和各部分的主旨较为契合。

由于每篇论文的篇幅都较长，又希望能多选几篇论文，因此每篇论文进行了删节。第一，主要删节的内容包括每篇论文的绪论部分、参考文献和致谢等；第二，对于篇幅较长的论文，不影响内容呈现的引用、访谈资料等也删去不少，更多保留的是论文本身的分析阐释部分；第三，鉴于印刷对图片图表的清晰度要求，图片、图表大部分未保留，但重要的表格予以保留。特此说明。

民族文化产业专业研究生论文编辑组
2024年7月

地方社会发展与文化经济

- 大理文化艺术生活的现代建构研究
- 成都明月村艺术乡建的文化经济互嵌研究

大理文化艺术生活的现代建构研究

作　　者：王科威
　　　　　云南大学民族学与社会学学院
　　　　　2017级民族文化产业硕士研究生
指导老师：李　炎

依托地方优美的自然环境和丰富的文化资源所营造的独特文化艺术氛围，吸引外来创意人才和消费群体，已经成为全球化时代地方实现旅游转型升级和城市更新发展的有效途径。

以苍山洱海为核心的优越的生存环境，造就了地方民众的闲适文化和审美情趣，独特的地理位置和历史发展轨迹，则孕育了大理开放包容的文化氛围，在多元文化的相互碰撞交融之中，大理形成了地方性的文化生活。伴随着现代旅游消费需求的升级，越来越多的人来到大理，感受异域的风情和质朴的生活，其中一部分艺术群体还选择留在大理长期居住。在对"诗意栖居"的追寻中，外来群体也带来了现代年轻时尚的文化观念和生活方式，在大理催生各种新的生活形态。

今天的大理，不仅有宗教节庆、民族工艺等原有的地方文化生活，还有酒吧、客栈、音乐节、新型教育等新的文化艺术生活，这些生活形态嵌入所营造的风花雪月的整体氛围和古城街区、传统民居的具体空间中，使得大理呈现独一无二的文化艺术氛围。大理文化艺术生活，融合了本地与外来，兼具传统与现代，具有体验性和互动性，既可被消费享受，又保持了生活的真实性，这不再只是满足艺术群体自娱自乐的活动，而且还丰富了地方传统文化形态，创新了文化旅游产业业态，拓展了城市发展空间，具有重要的经济和文化价值。

然而，大理文化艺术生活的背后也蕴含着诸多矛盾，文化的传承创新、地方民众和外来群体的边界区隔、生活空间和商业空间的比重博弈、艺术群体的生存困境、政府的行为选择等问题，都使得大理文化艺术生活的演变发展充满诸多不确定性，也使得大理面临新的机遇与挑战。

在全球化时代，当一个地方被置于全球关注视野中，大量外来的资本、人口、观念涌入地方，其中地方与外来、传统与现代、保护与发展等各种关系都异常复杂。研究大理文化艺术生活在现代语境下的建构基础、表现形态、价值意义、矛盾冲突，可以为一些自然环境优美、文化资源丰富的乡村民族地区走出一条不同于大都市的发展道路提供借鉴。

一、大理文化艺术生活现代建构的基础

大理文化艺术生活并不是凭空出现的，其所呈现出的丰富多样的表现形态，与大理的自然、人文、社会等固有的条件以及现代旅游消费的升级、生活方式的变迁都存在着深刻的联系。以苍山洱海为核心的和谐的自然生态，在大理创造了优越的生存环境，大理地方民众很早就解决了生计问题并形成了闲适文化。无论是文人士大夫阶层重视耕读传家的传统，还是普通百姓养花赏花的闲趣，其享受生活和追求美感的价值观影响至今，也使得大理呈现出不同于其他地方的宁静淡泊的城市文化特质。作为"亚洲文化十字路口的古都"和"中华六朝名都"，大理自古以来就处在多元文化的碰撞和交融之中，无论是南诏大理国时期，还是纳入中央统治后，大理都一直以一种谦逊的姿态不断吸纳其他民族的文化，同时又能够保有自身独特的文化内核，并最终孕育出大理多元的地方传统文化。苍洱风光、宜人气候、民族风情是大理重要的旅游资源，也是大理文化艺术生活现代建构的基础。越来越多的游客和艺术群体进入大理体验感受大理的异域风情和质朴生活，大理开放包容的文化氛围则可以接纳各种现代的消费需求和行为方式。在外来力量的介入和新的需求作用下，各种新的艺术化的生活形态开始在大理出现，并与大理传统的地方文化生活相互交融，共同构成大理独特的文化环境和艺术氛围。

（一）大理文化艺术生活的文化基础

大理文化艺术生活的背后有着深厚的文化根基作为支撑：其一是优越的生存环境中生成的民众闲适心态和城市闲适文化，这奠定了大理文化艺术生活在现代的建构基调；其二是建立在通道文化之上的开放包容的民族心态，这是大理文化艺术生活能够与全球化、现代化接轨的基础；其三是多元地方文化的传承和延续，这是大理文化艺术生活演变发展的资源禀赋。

1. 生存环境与闲适文化

从历史长河来看，一个地方的自然环境是相对稳定的，这种稳定的环境对于生活在其中的人的文化心理的影响是非常深刻的。大理拥有优越的自然环境，苍山洱海千百年来不仅见证了大理的发展，哺育了一代代生活在大理的人，而且赋予了文人墨客无数的艺术创作灵感，为整个城市积淀了深厚的美感。这种优越，首先来自气候环境和水利条件带来的农业发展。大理位于云南中部偏西，海拔2090米，在低纬度高海拔的地理条件作用下，形成了低纬高原季风气候，呈现出四季温差小、季节更替不明显的气候特征。同时大理又有着大大小小的盆地和丰富的河流水系，非常适于灌溉耕种。这样的自然环境在滇西北高原地区是相对罕见的，也使得大理成为云南的"鱼米之乡"。优越的生存环境使大理地方民众很早就解决了生计问题，在此基础上，养成了一定的审美情趣，将这种对美的关注置于苍山洱海的优美意境中，则显得更加闲适浪漫。

除了文人士大夫阶层的雅致文化生活，闲适文化在大理普通民众当中也早已形成。虽然在传统社会中大理地方民众可能还没有产生明确的精神需求，但休闲意识和休闲活动却早已经存在，这一点从大理的方言中就可见一斑。在大理，人们常说"来闲"，大约是"来玩、来聊"的意思。"闲"在《说文解字》中的解释是："阑也，从门中有木。"原指以木条编为门墙，即栅栏，又指马厩，引申为范围，如《论语》中的"大德不逾闲，小德出入可也"。在大理的方言中，"闲"字却被用作动词，充满了情动之态。一句"来闲"的邀请，彰显了大理地方民众雅致的悠然与自得。除此之外，大理地方民众的日常生活中也处处透露着闲适的生活观念。千百年来，大理人爱茶花、养茶花、育茶花、赏茶花,过去在大理皇室中被奉为御品供养的茶花,在寻常百姓家也深受喜爱、户有栽培。茶花形美质雅,颇有南诏大理"国花"的气度,并与大理人闲适的情趣融为一体,形成了一种独特的大理风情。茶花不仅在庭院中被栽培供养,也被装饰在服饰和刺绣中。从大理白族传统民居也可以看出,无论是有钱人家还是普通百姓,总要用彩绘、碑刻、对联、雕刻等对房屋精心装点,这已经超越了简单的居住需要,而成为对艺术与审美的追求享受。

大理人自古以来的闲适观念也让整个大理呈现出一种闲适的城市文化。直至今日,漫步在大理古城中,还能够从许多细微的角落和大理地方民众的言行举止中感受到一个颇有修养的文化之邦。宁静淡然的特质,也让大理与许多在现代化进程中正变得越来越千篇一律和急功近利的城市形成鲜明对比,在这个快速发展的时代显得格外具有魅力。

2. 通道文化与民族心态

大理是云南最早的文化发祥地之一,海东银梭岛贝丘遗址考古发掘证明,距今5000年前,大理的先民就已进入了定居生活,并已从事农耕、捕鱼、制陶和纺织等手工劳动,用他们的智慧和勤劳,开创了几千年灿烂文化的先河。西汉元封二年(前109年),汉武帝在大理设置叶榆县。唐、宋两代,南诏、大理国先后在此建都500余年。公元1253年,元世祖忽必烈攻破大理,建立云南行省。明、清时期,大理作为滇西政治、经济、文化中心和重要交通枢纽,在历史上扮演着重要角色。民国时期,政府合并府州,改太和县为大理县,并在西洱河南岸设立了下关镇。新中国成立后,作为一个祖国西南边陲的城市,大理沿着现代化的道路缓缓向前。从古至今,大理的发展从来都不是与世隔绝的。一方面,在其文明演进的过程中,土著文化与周边文化不断碰撞交融,逐渐形成了一种多元文化并存的格局；另一方面，即使是在中央管辖，受到汉文化全面影响的时代，大理依然能够在积极吸纳消化中原文化的同时，保有自身独特的文化品格。究其原因，不仅是因为大理特殊的地理位置，形成了开放的通道文化，也与大理辉煌的历史发展轨迹所造就的自信的民族心态息息相关。

一直以来，大理被称为"亚洲文化十字路口的古都"，是同时连接茶马古道和南方丝绸之路的文化、宗教、经济贸易交流中心。早在秦汉时期，大理就是中原与古印度连接的枢纽，"蜀身毒道"（从四川成都一带至印度的通道）的打通，让各种宗教信仰和商贸活动从大理进出，也给大理带来了许多外来文化。从大理文化中，可以看出来自不同地域的文化特点，如中原文化的深厚、西蜀文化的质朴、吐蕃文化的豪放、东南亚文化的细腻等，可见大理先民对待外来文化之开放包容。虽然处在多元文化的碰撞之中，大理文化却还是始终呈现出不同于其他文化的特质，这是大理作为六朝古都，在历史发展中积淀下来的自信与从容。大理作为白族的聚居地，一边吸纳着其他民族的文化精华，一边又顽强地保持着自己民族的文化传统，白族的语言、白族的风俗、白族的民族认同感仍然具有鲜明的民族独特性。正是如此，大理自古以来人才辈出，在西南民族地区中文化相对发达，生产生活方式相对先进，工艺、商贸、建筑等各方面都呈现出良好的发展状态。

大理至今仍然是滇西的交通枢纽和中国陆上通往东南亚、南亚的重要中转站，滇缅、滇藏公路于此交会。大理开放包容的文化氛围和自信从容的民族心态也一直延续至今。

（二）大理文化艺术生活的市场基础

除了传统的文化基础，大理文化艺术生活的现代建构还需要一定的市场基础：首先，从旅游发展的大趋势来看，现代旅游消费需求已经从风景观光转向更深层次的文化体验，大理地方文化生活满足了外来者对"异文化"的想象，并发生了形态上的变化；其次，艺术群体在大理定居，其不同于地方民众的生活方式和多样化的生活诉求，进一步催生新的文化艺术生活形态；再者，在人们对"诗意栖居"的追寻中，大理不断被赋予新的意义，各种不同的艺术创作和生活实践，不断在大理这块土地上发生，推动大理文化艺术生活的演变发展。

1. 旅游消费需求的升级

现代化的进程，割裂了传统社会中以血缘、地缘为纽带的人际关系，尤其是在都市中，一群陌生的人集聚在一个相对有限的空间里，加上日益加重的工作压力，单调重复、冷漠乏味成为现代都市人的日常生活状态。如何解决各种显性的或隐性的矛盾冲突，寻找到人们释放自己压力的途径，成为都市发展中一个必须面对的问题，也因此形成了都市中的"逃离"文化。

游客来到大理，多带着对"异文化"的体验渴望，旅游消费需求已经从物质层面转向精神层面。平静与陌生的感觉不仅来自于地理上的异远，也来自社会文化的全新体验，不仅来自生活环境的不同，也来自于内在心境的变化。自古以来，世间的绝美风景常处于险远的境地，不可长久留驻，而让人乐于居住的鱼米之乡又总是缺少山水风光的韵致，唯有大理的自然山水两者兼得，蓝天白云、苍山洱海、民族风情等与现代都市生活全然不同的地方文化生活景象，无疑最能够满足人们对"平静"与"陌生"的向往。

面对全球日益恶化的生态环境，大理的自然山水不同于压抑的钢筋水泥和喧嚣的车水马龙，让人们的身体和心灵在其中都能得到休憩。具有悠久历史的，仍然以家族亲情血缘关系为纽带的村落文化营造了与都市不一样的生活环境，是对现代社会功利性的人际关系的一种调适。各种传统民族手工艺品与现代大规模机械复制生产的工业产品相比，更加具有温度，可以唤醒人们对传统的记忆和对生活的热爱。与日常生产生活密切相关的，体现在节庆习俗、歌舞艺术中的多元地方传统文化没有更多的非人性的因素和各种烦琐的礼仪，更多体现的是对自然的崇拜、对爱情的歌咏、对生命的敬重，在参与各种具有狂欢性质的民俗活动的过程中，人们的压力也能够得到有效的宣泄和释放。总而言之，身处大理，既可以在山水间放浪形骸，全身心地投入对苍山洱海自然风光的欣赏，四季皆宜的气候条件和便捷的地理位置，又不至于让人完全脱离现实社会，丰富多样的民族风情还能最大程度地满足好奇心。无论是整个大理的大环境，还是身处其中的每个小空间，大理都提供了一种最舒适宜居的体验感。

于是，越来越多的游客来到大理体验与都市不同的生活状态，在自然山水之外，大理地方文化生活，即大理传统社会中含有艺术审美意识的那部分生活形态，引起了人们最大的兴趣。原本供大理地方民众自娱自乐的地方文化生活，在外来游客眼里变得新鲜有趣，在简单的欣赏观看之后，还产生了渴望参与体验的需求。具有敏锐商业意识的部分大理地方民众迎合了这种需求，将传统的地方文化生活稍作修饰，以艺术化的方式呈现，便打造成为可供外来游客欣赏体验的旅游产品和服务，大大提升了地方传统文化的经济价值。但由于文化背景的差异，外来游客对大理地方文化生活的理解是割裂了历史联系的，更多的是受到一种纯粹的好奇心驱使。比如游客觉得一件传统民族服饰很好看，但是并不清楚其中的花纹图案具有什么特殊的意义，只是单纯的觉得好看；游客参与到一些民族节庆活动中，但是并不清楚这样的活动具体是出于什么目的，只是单纯的觉得热闹好玩。在这个过程中，大理地方文化生活的目的发生了转变，逐渐从服务"我者"的日常需要转为满足"他者"的体验需求，生活的形态也自然发生变化，其中更具娱乐性、审美性、参与性、更容易被理解的部分被凸显出来，形式复杂、不易被理解的部分则无法引起外来游客的注意，并随着时代变迁，逐渐退出地方民众的生活空间。外来商业资本的进入和现代管理运营模式的引入，更是打造出了众多以大理地方文化生活体验为核心的旅游品牌，如天天三月街、周城扎染体验、由地方传统民居改造的文化旅游消费空间等。有的地方民众甚至不再从事原本的农事生产活动或外出务工，转而成为专业的民族工艺品生产者或民族歌舞表演者，由此还诞生了许多民间工艺大师和非物质文化遗产传承人。大理地方文化生活逐渐向文化艺术生活转变。

随着旅游业的发展，游客的旅游机会增多，旅游消费需求也逐渐升级。游客白天欣赏大理的自然风光，体验大理的民族文化，但是到了晚上，他们也需要能够消费和放松的活动，并且最好是与白天的旅游活动有一定的差异性。大理传统的地方文化生活中缺少这一部分内容，除了一些根据夜间的节庆习俗改变而来的体验活动，如围着篝火跳舞等，游客多样化的需求还是无法从中得到满足。有一部分人发现了游客的需求，尤其是生活在大理的艺术群体，他们中的大多数原本就生活在都市，对现代时尚的消费需求非常了解，对商业市场也有着敏锐的感知，于是原本只是自娱自乐地开个小店，变成了更加专业化和有针对性地经营活动场所，由此也诞生了"泊心云舍""天境大理"等一批网红酒吧、客栈，"千里走单骑""大冰的小屋"等一批知名连锁品牌也进驻大理。新的需求还在不断催生新的文化艺术生活形态，促使经营者为游客提供更加个性化和人性化的服务，让游客在大理除了体验到民族风情之外，还能体验到现代小资情调。这些夹杂着现代时尚审美情趣的文化艺术生活，在过去大理的传统社会中是不存在的，但在外来旅游消费需求的作用下，如今已经司空见惯，成为大理的一部分。

2. 艺术群体的生活方式

人们最初来到大理，多是因为大理的自然环境、文化氛围、民族风情提供了一种不同于都市的生存状态。很多人说起喜欢大理的原因，首先就会谈到自己对都市生活的厌倦，以及在大理的舒适和自由。

在以游客的身份体验了一段时间的"异文化"之后，有的人离开大理重新回到自己的日常生活，还有一部分人则决定彻底告别都市，选择留在大理，开始另一种理想化的生活，这群人就是最早出现在大理的艺术群体。他们的工作相对自由，具有一定的生活品位，面对都市中的诸多现代性问题有更敏锐的感知力，希望能够寻找到一个平静陌生的环境，远离都市中复杂的社会关系，从而获得自己精神世界的满足。

艺术群体留在大理也具有一定的偶然性，他们一开始只是享受在大理的生活状态，对自己的未来并没有太多明确的规划，住在传统院落里，每天面对苍山洱海，时不时就能遇到各种民俗活动。但是这样的生活也需要一定的经济支持，尤其是对于一些原本没有太多财富积累的艺术群体，于是他们就开始发挥自己的才能，在大理从事一些摆地摊、做手工、开饭馆、开客栈等的商业经营活动，将工作与生活结合，一边赚钱一边继续享受生活。

在这个过程中，艺术群体就把自己现代的审美意识等融入装修布局、经营管理甚至是艺术创作当中，很多原本不属于大理的时尚的东西也在大理频频亮相，与大理传统的地方文化生活形态截然不同的新的生活形态开始出现。

在解决了基本的生计问题之后，艺术群体也开始为自己在大理的生活做起了更加长远的规划，诞生了很多新的需求。艺术群体本来就是一群在都市中有一定的生活情调，非常注重精神和物质的双重享受的人。他们在体验大理地方文化生活的同时，也希望能够享受跟都市中一样的生活条件，大理现有的环境设施显然无法满足他们，于是他们便着手用自己的能力对大理进行改造，将很多都市中的现代时尚的元素带到大理，酒吧、客栈、咖啡馆等文化艺术生活形态，在大理这块多元异质文化元素交融的土地上不断诞生。在现代需求的推动下，今天的大理既有传统的地方文化，又有便捷的生活设施和现代的消费场所，置于苍山洱海的景致之中，已经成为追求"诗意栖居"的艺术群体的天堂。但时至今日，在艺术群体的一番实践改造之后，大理已经与过去那个乡村民族地区完全不同，这得益于时代的发展进步，但大理能够在短短几年内发生天翻地覆的变化，艺术群体的推动力量同样不可忽视。

  大理地方民众的生活也因此发生了巨大的变化。大理地区的商业贸易自古以来就很发达，大理地方民众也一直都很有经商意识。面对外来需求的变化，年轻一点的学着做起商业经营，把很多现代时尚的东西都融入进去，年长一点的也能开个小店，对外售卖一些旅游纪念品，地方民众和艺术群体的生活不断交织在一起。

  3."诗意栖居"的选择

  1986年，大理古城人民路上开起了第一家咖啡馆——友谊咖啡馆。2003年，两个英国人卡尔和斯科特到大理旅游，习惯了西方俱乐部文化的他们，发现在大理竟寻觅不到一杯质量上乘的自酿啤酒，于是便在苍山脚下建立自己的啤酒厂，并在人民路上开了大理第一家酒吧——坏猴子酒吧，如今已经成为大理嬉皮士圣地。20世纪90年代中后期以来，随着基础设施的日渐完善，大理的宜居环境和文化氛围得到了现代人的追捧，各类不同的艺术群体逐渐在大理聚集。

周云蓬、欢庆、张杨、叶永青等一大批国内甚至是国际知名的音乐人、导演、画家、设计师都陆续选择移居大理，甚至在大理长期工作和进行艺术创作。杨丽萍、赵青、奚志农等许多出生在大理，在外面已经取得一定成就的知名人士，也纷纷选择回到自己的家乡。他们中不少人已经是颇具声望的成功艺术家，没有生计问题的困扰，在大理远离商业和物欲，享受自己的艺术和生活。还有其他决定"逃离北上广"的企业家、医生、老师，他们都放弃自己过去的身份和职业，在大理开始诗意的生活，并且逐渐在大理建构起不同的文化圈子。艺术群体在大理的聚集，形成了一种特殊的"大理现象"，他们在大理创造了许多与传统地方文化生活不同的文化艺术生活形态，并通过自己的艺术作品和行为方式，强化了大理自由独立的气质，同时向外散播了这个西南边陲小城的独特魅力。从最早聚集在古城洋人街、人民路一带的西方嬉皮士到如今充斥在各个角落的文艺青年、背包客、流浪艺人，多年来，大理已经成为人们逃离都市生活，追求"诗意栖居"的天堂。由此，大理也走出了一条与其他民族地区全然不同的发展道路。

在掌握着现代社交媒体话语权的艺术群体的极致渲染下，大理似乎成了一个美好的"乌托邦"。一时间，关于描绘在大理的"诗意栖居"生活的影视作品和文学作品层出不穷，在各种网友评选出来的与"诗和远方"相关的旅行榜单上总能找到大理。今天再说起大理，它已经不单是一个多元民族文化之都，还被贴上了"乌托邦""浪漫文艺""小资情调"等很多原本不属于它的现代时尚的标签。

真实的大理当然也不可能是完美的，但是由于大理的环境与人们熟悉并且产生厌倦的都市社会存在一定的差异，加上许多刻意的渲染，其中不完美的地方被忽视，理想化的部分则越来越凸显，这样的大理，无疑最能够满足人们对"诗意栖居"的想象。

大理开放包容的文化氛围和相对低廉的生存成本为各种各样的人和生活方式提供了生长的土壤。原来生活在大理的地方民众本来就对各种外来文化持有包容的态度，选择移居大理的艺术群体也都是能够接纳各种新鲜事物的人。于是大理被不断地赋予新的意义，越来越多不同的艺术群体聚集在大理，他们在大理尝试各种不同的生活实践，创造出各种不同的文化艺术生活形态，不光是大理古城，才村、沙溪、喜洲等周边的传统村落都变成了"诗意栖居"的理想选择。艺术群体在大理过着"不问世间事，只闻饭菜香"的超然于世的理想生活，不管过去是什么身份地位，在苍山洱海间都是英雄不问出处，做风投的改做面包，做动漫的改做酒吧，做电商的改做农夫，拿手术刀的改卖古玩。

除了很多成功之后渴望隐居的人，选择来到大理的，更多的是别人眼里的"失败者"，他们和主流社会格格不入，被现实法则所打败，于是从原来的生活中撤退，栖居在这个偏远小城。在别的地方，这样一群人，也许都会被世人所不理解，但庆幸的是，他们在大理都能找到自己的位置，不管是以何种状态生活，这也是另一种"诗意"的体现。大理对所有人一视同仁，敞开怀抱，每一种生活方式都能够被认同、被尊重，每一个人都被看作是大理的一分子。

时至今日，即使是音乐节、艺术展、创意集市等很多在大都市才能见到的文化艺术生活形态，在大理也屡见不鲜。一些生活在大理的理想主义者，还与地方民众的生活进一步交融，不断尝试新的艺术创作和生活实践，试图在大理建设一个理想中的"诗意栖居"之所。重庆人赵渝创立的大理床单厂艺术区，作为一个老厂房生命的新延续，摄影博物馆、小剧场、画廊、咖啡馆以及艺术家、手艺人们在其中叙说着新的故事。来自美国的林登夫妇创立的喜林苑，十多年来在从喜洲丰富的自然和人文资源中获取灵感的同时，也给当地社区带来了丰富的文化交流活动和不同主题的学术讲座，为当地社区注入外来的活力。大理的教育形式也多种多样，有公立学校、私立学校，有倾向于中国传统教育的，有倾向于双语教学的，还有倾向于自然教育的，更有一些思维超前的父母，让孩子们在家里上学。生态农业、禅修等许多前沿先进的理念，也在大理这个地方交汇，共同构成今天大理文化艺术生活丰富多样的表现形态。这不光为选择定居大理的艺术群体创造了更加良好的生活条件，也为来到大理的游客提供了更多体验的选择，为大理的城市发展注入了更多的可能性。

二、大理文化艺术生活的现状与价值

大理文化艺术生活在当下所呈现出来的表现形态，是传统与现代、本地与外来的多元力量相互碰撞交融共同形成的。一方面，地方民众仍在大理这片土地上享受着自己的生活，许多传统习俗、地方文化仍在延续。另一方面，艺术群体又在不断尝试新的实践，游客的消费需求也在不断变化，从而催生许多新的生活形态。这使得大理文化艺术生活在空间布局和业态结构等方面，既与大理地方文化资源有着密切的关系，又与传统的地方文化生活有着很大的不同。"风花雪月"不再仅指大理的自然环境，还被赋予很多现代意味，满足了人们对大理的各种想象，构成大理文化艺术生活空间的整体氛围。依托地方文化资源的空间分布和艺术群体的行为活动，大理文化艺术生活形成了不同的圈层空间，表现出不同的特点特征，形成各具特色的品牌（见表1）。在大理新一轮的旅游转型过程中，以独特的文化艺术生活体验为吸引力的大理文化旅游，已经形成了庞大的产业链，涵盖餐饮、住宿、交通等多个行业，衍生出了许多相关的产业群，对地方经济、文化、社会发展的带动作用日益增强。

表1 大理文化艺术生活圈层的构成

主要类型	空间分布	形成原因	特点特征	典型案例
与街区民居对接的大众消费空间	大理古城	现代旅游消费需求的变化	大众化；闲适性；消费性；商业与生活重合	古城民宿客栈；红龙井酒吧；洋人街餐饮；人民路咖啡馆；大理文庙；大理市博物馆等
与民族工艺对接的文化创意空间	传统村落	大众审美的提升；创意力量的进入	体验性；创意性；个性化；传统与现代结合	大理市周城村（扎染）；鹤庆银都新华村（银铜器）；剑川狮河村（木雕）等

（续表）

主要类型	空间分布	形成原因	特点特征	典型案例
与社区生活对接的文化艺术空间	洱海周边	艺术群体的生活诉求；知名艺术家个人力量的推动	现代性；前卫性；小众化；基于不同的圈子	四季街市；柴米多集市；大理床单厂艺术区；双廊农民画社；大理COART艺术节；大理毓英华德福新教育社区；猫猫果儿社区等

资料来源：笔者根据实地调研情况整理归纳。

（一）大理文化艺术生活的整体特征

"风花雪月"在过去是对大理自然生态和生存环境的最好概括，在现代意蕴的赋予下也构成空间的整体氛围，所有大理文化艺术生活都在其中演变发展。大理文化艺术生活圈层的空间分布依托资源的分布，呈现出点、线、面结合的特点，并处于长期的流变当中。空间的集聚、分散、再集聚，其背后也反映了大理艺术群体的行为活动特征。这些都构成大理文化艺术生活的整体特征，影响其具体的表现形态。

1. 文化艺术生活空间的整体氛围

大理文化艺术生活的独特性，首先在于其整体的空间氛围所营造出的独特体验感，这既来自大理原有的自然、人文资源，也来自现代人们不断赋予的新的意义，大理的"风花雪月"四个字，则很好地承接了所有意蕴。"风花雪月"在词义上有两种解释：一是指四时自然景色；二是指男女情爱之事和浪漫诗意的生活。在大理，这两层意蕴得到了很好的重合。在第一个层面上，"风花雪月"指代大理的四个具体意象，即下关风、上关花、苍山雪、洱海月，四个意象涵盖了大理不同时间、不同地点的自然景色，是对大理良好的生态环境最适宜的概括。千百年来，"风花雪月"养育了一代又一代生活在大理的人，大理地方民众的文化生活也一直与自然环境息息相关，不仅很多手工艺品的原材料取自大理的山水，很多仪式活动也是在表达对自然的情感。对很多大理地方民众，特别是年纪较大的人来说，"风花雪月"就代表了他们所生活的整个空间，他们在"风花雪月"之中出生、成长、老去，对自己生活在大理这片优越的土地上感到骄傲，并始终抱有敬畏和感激。

在很多外来者眼里，大理的"风花雪月"，则成为一种对完全不同于都市的生活状态的形容。特别是越来越多的艺术群体来到大理，他们一边享受大理舒适优越的自然环境，一边也从大理的"风花雪月"中寻找艺术创作的灵感。在这个过程中，他们也基于自己画家、诗人、导演、音乐人的身份，在大理创造了新的文化艺术生活，融入了现代的文化艺术元素，并通过自己的影响力和艺术表现手法，将大理塑造得更加"乌托邦"，也给大理的"风花雪月"赋予了更多的内涵。有很多叙述大理自由生活的艺术作品，都是以"风花雪月"所代表的景色作为开场，在网络上也能找到很多类似以"去大理，感受一场风花雪月的浪漫""大理，无关风花雪月，处处风花雪月"为标题的游记文章，表面是说大理的自然景色好，实则是在描述一种"别处的理想生活"。

经过长时间的符号化的渲染和强调，人们就将大理的自由生活与大理的风花雪月联系在了一起。此时的"风花雪月"，不仅是作为一种实实在在的自然环境提供给人们美景、空气、阳光，更是蒙上了一层浪漫主义的色彩，从第一个层面的意蕴延伸到第二个层面，成为对大理有别于其他都市的浪漫、闲适、包容的环境氛围的最好概括，从而构筑起一个承接现代人逃离都市的需求和追求"诗意栖居"的理想生活空间。这个空间不是有着明确地理界线的真实的空间，而是一个想象的诗意的空间。这种生活也有别于大理地方民众的真实的日常生活，是被各种媒介美化的生活，是与人们已经厌倦并且渴望逃离的都市生活，形成鲜明对比的理想生活。

2. 文化艺术生活圈层的空间分布

在"风花雪月"的整体空间氛围中，大理文化艺术生活也形成了不同的圈层，其空间分布与大理重要文化资源的分布相契合，呈现出"以大理古城为中心点，以洱海周边为线，串联附近特色村落成面"的特点。具体来说，大理古城作为一个最大的消费空间，其中以酒吧、客栈、餐饮等商业服务性的文化艺术生活形态为主，也夹杂着地方民众的日常生活。在古城周边，结合苍山洱海的自然资源和大理原有的文化景点，主要以生态农业、生态游学、创意集市等休闲体验性的文化艺术生活形态为主。环洱海沿线，传统村落文化与艺术群体的生活方式对接，主要以工作室、艺术村等浪漫闲适性的文化艺术生活形态为主。在周城等传统民族工艺资源集中的村落，主要以作坊式生产和民艺体验结合的创意性的文化艺术生活形态为主。从苍洱区域向外扩散，北边的沙溪古镇、剑川古城、鹤庆新华村，南边的巍山古城等地也依托各自的自然、人文资源形成不同的聚集圈层。

在大理古城等传统商业聚集区日趋商业化的发展态势下，艺术群体的生活成本不断上升，一些新的文化艺术生活聚集空间也开始出现。位于古城苍坪街56号的大理床单厂艺术区是一个由废弃的床单厂改建而成的现代化艺术园区，在保留原有建筑格局的基础上，融入了许多现代创意设计，并于2014年翻新完成，以相对低廉的价格，出租给隐居在大理的艺术群体。目前艺术区内有麦田手工、要物手造、乐天陶社、海豚阿德书店等涵盖音乐、绘画、摄影、茶艺、独立出版等不同类型的艺术工作室，还会不定期举办摄影展、电影节、生活汇等不同类型的文化活动。床单厂艺术区的国际艺术家驻地项目

（AIR）于2017年3月启动，试图通过国际艺术家驻地项目、艺术展览、艺术家分享会、月末市集、音乐会、艺术节等多种活动来提升大理在文化艺术领域的影响力。在这个理想化的小型文化艺术社区里，艺术群体集生活、创作、工作和娱乐于一体，彼此间形成良好的社会交往关系，共同尝试各种实践，也将床单厂塑造成为大理的一个重要景点。此外，大理大学附近的一些住宅区因为租金便宜，所处位置相对安静，也逐渐成为一个艺术群体的聚集区。新兴的聚集区与原有的聚集区，共同构成大理文化艺术生活演变发展的重要空间。

从整体趋势来看，大理文化艺术生活圈层的空间分布，由最早的以洋人街、人民路为核心的大理古城，逐渐转移分散到洱海周边，甚至更加偏僻的各个村落。不可避免的商业化浪潮，将原本相对闲适的文化艺术生活形态，如艺术工作室、手工作坊等赶出了大理古城核心区，取而代之的是更具营利性的酒吧、咖啡馆、高端客栈等。退居到更偏僻更传统的村落的艺术群体，则又会对所在地域产生新的影响，从而导致大理的文化艺术生活形态处在不断的流变当中。空间的变化是现代旅游发展给大理带来的影响，其中也蕴含着现代大众文化消费的趋势和旅游需求的变化。

3. 大理艺术群体的行为活动特征

大理文化艺术生活圈层的空间分布背后，体现的是艺术群体的行为活动特征。艺术群体在大理的生活方式不同于在都市，其来大理的根本目的是为了生活，工作只是为了满足生存的需要，享受生活的需求，要高于赚钱的需求，做许多事情都是出于喜好。艺术群体在大理的生活空间，大多都是一整个院落，也要远远大于都市里的小房子，院落空间往往既是艺术群体生活的场所，也是其工作的场所，很多还是面向游客的消费场所。艺术群体大多喜欢安静的生活环境，或者只与兴趣相投的人交往，院落内部已经为其提供了足够的活动空间，除了必要的出行，其日常活动范围相对有限。由于传统民居院落大多位于古城古镇一个相对有限的整体空间内，艺术群体的活动也呈现出聚集的态势。在这个过程中，艺术群体形成了一种既不同于传统乡村社会的基于地缘、血缘的社会关系，也不同于现代都市社会完全陌生的交往方式，他们将这种关系称为"圈子"。"圈子"的形成，大多基于共同的兴趣爱好和价值观念，一个人可以有很多个不同的圈子，有的彼此刚见面聊会儿天，就有可能成为朋友。很多大理文化艺术生活的出现，就是一个圈子里的艺术群体共同推动的。

美国经济学家理查德·佛罗里达的创意阶层理论提出，区域经济增长的驱动力是创意人才，因为创意人才总是愿意往多样化、有着较高宽容度和对新观念持开放态度的地区聚集。佛罗里达将其归结为人才、技术、宽容，即"3T"（talent、technology、tolerance）要素，它们都会对区域经济增长产生正向影响。大理艺术群体就是非常典型的创意人才，他们对自己的生活环境有很高的要求，被大理开放包容的文化氛围所吸引，在大理创造各种形态的文化艺术生活，并进一步强化了大理的宽容度，吸引更多的艺术群体来到大理生活，以此形成一个良性循环。对于这些具有高度创造力的人来说，他们的生活、创作、娱乐、休闲、消费等行为都没有明确的区分边界，随时可以投入生产创作当中，也随时可以抽离出来，进入自己的精神世界。大理提供了一个舒适、自由和多元的环境，艺术群体在大理享受生活的同时，创意、资本、人力等资源要素也随之在大理聚集，并对大理的发展起到积极作用。

（二）大理文化艺术生活的表现形态

大理文化艺术生活的现代建构，首先表现为不同空间圈层的建构。古城古镇、街区巷道、传统民居构成的具体空间，因其固有的特点成为承接各种生活实践的重要空间和场所，由此转变而来的各种大众消费空间，已经成为大理文化艺术生活的重要组成部分。民族民间手工艺作为大理多元地方传统文化的集中体现，不仅存在于地方民众的日常生产生活中，也与现代审美结合，形成许多新的以体验为主的文化创意空间。艺术群体集聚的社区还形成了新的社会关系，构成各种文化艺术空间。在这些不同的空间中，大理文化艺术生活又表现出许多不同的具体形态，如客栈民宿、民艺体验、生态农业、创意集市、新型教育等。

1. 与街区民居对接的大众消费空间

在大理风花雪月的整体空间氛围中，文化艺术生活还需要许多具体的空间来承接具体的活动。大理传统村镇大多具有明确的功能区域划分和四通八达的街道小巷，特别是大理古城，自明清时期延续下来的街巷格局被几条纵横交错的大道分割成若干个大小街坊，这使得古城街区具有改造成为供观光游览的大型消费空间的天然优势。置于其内的大理传统民居又因其固有的特点具有很强的可塑性，可以在保有传统的基础上，改造成为各具特色的客栈、酒吧等现代消费空间，从而在一个大空间内提供时时不同的体验感。

大理古城始建于明洪武十五年（1382年），自建成以来就一直延续着中国古代皇城的格局。从空间分布上看，大理古城呈现出"重南轻北，重西轻东"的特点。明代的府衙、县属、文庙、书院、清真寺等均位于古城偏南和偏西区域。清代的武庙、城隍庙以及杜文秀帅府、杨公祠等名人住所，同样位于古城西南部。古城的空间布局与中国古代的传统等级观念有关，城南较为繁华，城北相对荒凉，加上古城自然地势西高东低，重要的政治、宗教、军事建筑以及权贵人家的府邸都位于西南边，平民住宅区则主要位于东北边。大理古城的格局也一直延续至今,并对其现代发展产生重要影响。

大理古城和其他饱受争议的空壳化的古城最大的区别就是其始终保持着一定的真实性和生活性,这与大理古城的地理位置和空间布局有很大的关系。今天的游客大多是从位于大理下关的火车站、机场或其他交通枢纽处自南向北由大丽路前往大理古城,因此,古城南门也成为人流量和车流量最大的一个城门,加上城内重要的景点古迹都位于西南边,明显可以感受到古城的西南边比东北边热闹许多,重要的文化活动和商业演出也多位于西南边。东北边则一直以来都是平民住宅区,还有很多地方民众依然居住于此,很多地方传统集市贸易活动也延续至今。整个大理古城的街巷始终保持着明清以来的棋盘式方格网状结构,街道主次分明,疏密相间,有"九街十八巷"之称。今天主要的商业空间也都位于几条主要的街道上,如南北向的博爱路、复兴路和东西向的红龙井、人民路、洋人街,虽然直线形的街道在游览过程中削减了一定的神秘感和趣味性,但几条主干道发展的路径和商业选择各有特色,如红龙井以地产和酒吧为主,洋人街以餐饮为主,人民路以咖啡馆和书店为主,在一定程度上避免了古城街道的同质化竞争,更形成了鲜明的街道文化和街道品牌。除了线形的街道,古城内还有古榕会馆、玉洱园等块状的景观空间,从不同的城门进入古城也可以获得不同的观感体验,纵横交错的街巷则给古城里的观光游览路线提供了较多的随意性和偶然性。线形与块状的街区相结合,在大理古城这样一个相对有限的空间里,能够同时提供商业消费、宗教建筑、名人故居、地方生活等不同的体验感受,使其成为一个能够满足多样化需求的大众消费空间。

在主要的商业空间以外,大理古城里还有很多地方民众的生活照旧,学校、医院、超市、农贸市场等生活性场所依然存在,还有一些空间，则同时服务于地方民众和外来群体。如位于复兴路上的大理文庙，建于元代，清同治年间重建，是大理"文献名邦"浓厚文化内涵的见证和载体，也是历史文化的象征和地方文化的地标。大理文庙坐西向东，整体中轴线对称，呈合院逐台递进式布局，建筑风格以古色古香的木结构为主，体现了大理白族精湛的建筑技艺，如今已经成为古城内的一个重要景点。文庙向游客免费开放，内部的亭台楼阁，也为游客的短暂休憩提供了一个理想去处。大理市图书馆也设在文庙内，由于离大理一中和大理四中较近，经常可以看到本地的学生在图书馆内学习，住在附近的大理本地老人也经常会在图书馆看书看报。同时作为一个面向地方民众的生活空间和面向外来游客的展示空间，文庙真正实现了地方和外来的和谐，也让大理古城与其他过度商业化的古城古镇相比，留住了本地人和地方传统文化的根基。除了文庙之外，杜文秀帅府和大理市博物馆也位于同一个空间，很多古城内的公共空间既是地方民众日常生活和举行传统习俗活动的场所，也是艺术群体进行艺术创作和生活实践的场所，同时还是游客观光游览的场所。这种空间上的功能重合使得大理文化艺术生活具有传统性和现代性、体验性和生活性并存的特点，也使得整个大理古城能够成为一个整体的大众消费空间，让置于其中的各个由民居院落转变而来的具体的消费空间更有吸引力。

大理传统民居建筑是基于特殊的生存环境，融合白族传统建筑文化和多元民族文化，特别是汉族的合院民居建筑所形成的独特的建筑形式，具体来说，有"独坊院""一向两坊""三坊一照壁""四合五天井""六合同春"等。在传统社会中，大理传统民居是大理地方民众日常生活的场所，如今却成为承接艺术群体的各种生活实践和供游客消费体验的重要空间。大理之所以会出现形态丰富多样的文化艺术生活，与大理传统民居的空间格局也有着密切的关系。

首先，大理传统民居大多是独院式的建筑。宁静雅致的独立院落与都市中相对密闭狭小的生活空间形成鲜明对比，置于风花雪月之中则更加显得浪漫闲适，对厌倦都市生活的现代人和需要大空间进行艺术创作的艺术家都有着强烈的吸引力。在具体的古城古镇、街区巷道之中，大理传统民居在私人空间和公共空间之间也有着明确的划分，既能够确保生活在其中的隐私性，又能够与外部空间有着密切的联系。由于大理古城主要的商业消费空间都集中在主干道上，所以仍旧有许多幽静的院落隐匿于此，在其内可以自得其乐，不受外部商业活动的干扰，在其外则可以享受现代便捷的生活设施，颇有一种"关上门便是深山，打开门便是江湖"的体验感，这为大理文化艺术生活的发展提供了良好的大环境。

其次，在大理传统民居内部同样空间格局分明，这与大理自古以来重视伦理观念和民俗礼教有关，明确的格局使得大理的传统民居有别于其他少数民族地区的传统民居，如蒙古包、茅草房、竹楼等，其内部空间结构稳定，本来就有很多大大小小的房间，很容易在保有整体的地方传统特色的同时，将其改造成为极具现代化的生活空间和消费空间。最早一批在大理定居的艺术群体，大多都是租下一个院子，经过简单的装修就可以变成一个有七八间客房的客栈，既用来生活，也可对外经营。大理传统民居还明确地划分出了室内空间和室外空间，传统民居中的室外空间，原本是一个家庭进行集体活动的场所，如今为现代消费空间的改造提供了更多的选择，很多客栈将这部分空间改造成为茶吧、书吧等休闲空间，放置了台球桌、秋千等娱乐设施，使得大理的客栈能够区别于传统的只能在室内活动的酒店和宾馆，在客栈内部提供了进行娱乐、社交等多样性文化活动的场所。现在有很多人到了大理只是选择一个客栈住着，白天在院子里望着苍山洱海喝茶聊天，晚上出门不远，就能找到酒吧消费放松，这是在大理古城街区和传统民居特有的空间布局所形成的大众消费空间中才能够获得的体验感。

此外，大理传统民居本身就具有很深厚的文化底蕴，门楼、檐廊、围屏、照壁中的雕龙画凤和泼墨挥毫，无不体现着大理地方民众的审美情趣。传统文化与现代设计的结合，也在大理催生了很多独特的艺术空间，如喜林苑、柴米多农场餐厅等。这些建筑不仅构成一个个具体的物理空间，在其中承接了各种形态的文化艺术生活，而且也构筑起一个个想象的空间，不断丰富大理文化艺术生活的表现形态。近年来，大理出现很多网红客栈、酒吧、咖啡馆等，吸引一众游客争相拍照打卡，成为崇圣寺三塔、五华楼等传统建筑之外的大理新地标，甚至由此改变了游客的消费行为习惯。

2. 与民族工艺对接的文化创意空间

在外来力量的介入下，大理文化艺术生活呈现出很多新的形态，大理也出现了很多现代时尚与地方传统相结合的东西。除了具体的建筑空间外，大理地方传统文化中的很多元素也被提取出来，并以现代化的方式呈现。如"天天三月街"结合大理原有的"三月街"习俗，打造线上线下常态化的大型旅游综合集市，将大理州12县市的特色旅游商品集中售卖。这些，既不是大理地方民众原来的日常生活，也不是艺术群体带进来的全新的现代生活，而是二者在大理这块特定的土地上相互碰撞交融所产生的，并且已经成为大理文化艺术生活的重要组成部分。

然而，民族歌舞表演、民族节庆体验等主要面向外来游客的文化艺术生活是经过高度浓缩的，在很大程度上脱离真实生活的，游客对地方传统文化的体验，也大多仅止于简单的观看欣赏和旅游纪念品购买。真正最能够体现大理文化艺术生活融合地方与外来，兼具传统与现代，具有体验性和互动性，可被消费享受，同时又保持生活性的特点的就是大理的民族手工艺。大理地区自古以来拥有丰富的工艺文化资源，并且至今仍在大理地方民众的生活中扮演重要角色，体现着大理地方民众的工艺技艺和审美情趣。大理独特的工艺文化资源也越来越受到外界的关注，现代时尚的设计理念和科学技术不断与大理地方传统工艺结合。今天大理的民族工艺已经不是对民族文化元素的简单提取运用，而是迎合现代大众审美品位和消费需求，形成了从不同消费层次的民族工艺品销售到民艺体验的完整的产业链，在资源集中的传统村落中形成一个个文化创意空间，对大理的经济发展、文化传承、民众生活各方面产生重要影响。

扎染、木雕、大理石、银铜器等是大理地区的白族和其他世居民族在日常生产生活中形成的传统民族工艺。很多艺术群体来到大理，被这些具有多元性、地方性、生活性，与现代大工业机械产品形成鲜明对比的民族工艺品吸引，有些甚至选择留在大理学习相关的工艺技艺，在这个过程中，也将自己现代时尚的设计审美理念融入其中。特别是随着旅游业的发展，许多地方民众的日常生活用品在外来游客眼里成为满足对"异文化"的追寻的最好的旅游纪念品。为了适应旅游消费需求的变化，过去制作生产生活用品的手工艺人转向制作民族民间工艺品、旅游纪念品，形成了一批具有特色的传统民族工艺村落，如鹤庆银都新华村、剑川狮河木雕村、大理市周城村等。这些传统民族工艺村落在文化旅游业的带动下，在民族工艺品加工生产基地的基础上，通过适当的硬件建设和文化氛围的营造，已经成为集民族工艺品加工生产销售、文化观光体验、休闲度假为一体的重要旅游景区景点。

以周城扎染为例，在白族聚居的周城村，扎染是人们世代传承的生活必需品，人们从出生到死亡的各个重要节点，都与扎染息息相关。随着时代的发展，越来越多大机器生产的现代工业产品逐渐取代了传统的生活用品，与传统生活息息相关的工艺技艺也需要寻找新的出路。借助大理旅游发展的东风，周城顺势转型，将传统工艺与现代的设计理念结合，不仅开发出很多新的民族工艺旅游产品，而且周城已经成为白族扎染体验最重要的文化创意空间，吸引众多游客前来，带动整个地区的经济发展。

　　工艺仍在大理地方民众的日常生活中扮演重要的角色，并且处处体现着大理地方民众的艺术修养和审美情趣，很多手工艺人的工作还从农闲时候的辅助生产变成完全以此谋生的生计手段。另一方面，现代创意人才不断进入大理民艺创意领域，越来越多艺术院校、创意机构在大理的传统民族工艺村落设立实践基地，很多艺术家定居大理，从地方传统文化中寻找创作灵感，大理民族手工艺也成为这些艺术群体生活的一部分。越来越多的游客也参与到大理民族手工艺的体验中，并用自己的消费需求和审美倾向对其创新发展产生影响，与民艺相结合的体验游学等实践项目层出不穷，大理地方传统文化在创意空间中获得了新的生机。

　　3. 与社区生活对接的文化艺术空间

　　大理闲适的生活观念和包容的文化氛围影响至今，不仅可以对接当下各种度假休闲消费需求，而且在大理可以尝试不同的生活实践，各种形态的文化艺术生活是对千篇一律的现代都市生活的有力补充。除了得天独厚的自然条件，大理最不同于其他地方的特质就是这种氛围。这一方面来自大理地方民众自古形成的淡定从容，使得大理始终保持着乡村慢生活的状态。千百年来，各种不同的文化形态汇集在大理，相互之间碰撞交融，使得这块土地上具有产生各种文化的可能性。另一方面，则来自移居大理的艺术群体，他们来到大理，吸收了很多地方传统文化的养分，同时也带着自己新的文化观念在实践自己的生活方式。这是一种既有别于都市，但也并不完全等同于传统乡村社会的生活，虽然是追求一种朴素的价值观和接近自然的生活状态，但又蕴含着很多现代前卫的生活观念。志同道合的艺术群体集聚在一起形成了新的社区，也创造了很多新的文化艺术生活形态，如生态农业、创意集市、新型教育、禅修等。在大理出现的各种文化艺术生活都是与特殊的环境氛围相契合，依托大理有形的和无形的资源而存在。与艺术群体的社区生活对接的文化艺术空间，丰富了大理传统的地方文化生活，并且已经从艺术群体的自娱自乐转向推动大理旅游转型升级和城市更新发展的重要资源。

大理地方民众的生活与集市一直有着很深的联系，如日常购物的集市、与节庆相关的集市等。艺术群体又结合现代创意在大理做出很多新的集市，如四季街市、柴米多集市等，人民路、洋人街上的摆摊文化更是已经成为大理古城重要的景观。"集市"这个概念已经成为大理的一种生活方式，用集市把街坊邻居时不时聚在一起，大家平时不一定老见面，但是在集市上面，其实所有人可能都是认识的，大家在一起聊聊天，喝杯咖啡，买个东西，构成了一种特殊的社区生活。

这也与大理包容的氛围有着分不开的关系。床单厂艺术区但凡有活动，就会免费提供场地供摆摊展示销售各种不同的商品，商贩互相之间也不会形成激烈的竞争关系，地方管理者对于此类现象也采取相对宽容的态度。于是这些创意集市都逐渐演变成为大理的旅游品牌，吸引越来越多游客特地前来体验。

许多移居大理的艺术群体有后代，面临着教育问题，他们不满足于大理现有的教育资源，又是追求理想化生活的人，多数学历水平较高，有许多自己对教育的理解和与现行教育体制不同的想法，于是便聚集在一起，在大理这个地方尝试了很多新的教育模式。像大理毓英学校、剑湖学堂、猫猫果儿社区等，家长自发形成社区，一起讨论教育方法，共同参与学校管理，更多注重孩子的交流沟通和动手实践能力，将大理的乡村、自然当作课堂，鼓励孩子去和当地人交流，去了解当地文化，实践新型教育理念的同时，也在为地方发展、文化保护做出贡献。

除此之外，大理还有很多的艺术展、音乐节、电影节等，很多艺术群体定居在大理画画、摄影、写作，享受自己的文化艺术生活。近年来，大理自然生态环境、多元民族文化的价值更是受到关注，还产生了很多以此为依托的游学体验教育项目，其主要针对的消费对象是生活在都市中的中产阶级，特别是一些有孩子的家长，他们大多具有良好的经济基础，愿意支付一定的费用去体验不同于自己日常的生活，让孩子接触了解农耕文化和民族文化，也可以在这个过程中拉近亲子距离。这已经超越了简单的旅游需求，成为现代教育新需求，其中的商业理念更加先进，与环境保护、文化保护相结合，不仅产生了直接的经济价值，还因具有促进文化传承传播等社会效益而容易获得政策上的支持，并真正对地方产生有利的影响。

由于受到传统社会多种条件的限制，过去创造和享受文化生活的人大多局限在地方，并且地方文化生活更多的是用于满足实用功能或者浅层次的精神需求，在这个过程中并不产生经济价值或者只在地方非常有限的范围内具有一定的经济价值，其中的文化内涵更是没有得到凸显。到了现代社会，特别是伴随着旅游业的兴起，文化艺术生活则在大理旅游转型和城市发展中扮演了更重要的角色。

大理经过多年的发展已经脱离了传统社会依靠农业的发展模式，闲暇时间的增多，使得大理地方民众产生了更加多层次和多样化的精神需求，大量艺术群体的进入，则带来更加丰富和复杂的文化艺术生活形态，并由此构成大理的独特魅力。

（三）大理文化艺术生活的价值意义

随着都市生活节奏的进一步加快和环境的恶化，人们越来越渴望从都市的喧嚣中摆脱出来，享受到平和、安静和淳朴的生活状态，在审美的愉悦中得到身体和心灵的多重满足。形态丰富的文化艺术生活在大理形成了特殊的生活氛围和消费空间，吸引了大量的游客前来，这种沉浸在整体环境氛围中的互动体验式的文化旅游方式迎合了现代人的旅游需求，从而使得大理成为现代时尚消费群体的天堂。靠自然风光和民族风情赚钱，只能让人走马观花，只有转型为售卖"小资情调"和"诗意栖居"，才能承接中国进入以中产阶级为代表的新型社会的消费需求。独特的文化艺术生活不仅让大理地方传统文化在现代社会获得新的延展，而且创新了大理文化旅游产业业态，塑造了大理新的城市个性品质，拓展了城市发展空间，吸引越来越多兼具经济实力和艺术品位的人到大理休闲度假和定居生活，真正实现了从观光旅游到深度体验的转型升级。

1. 对地方文化的现代延展

大理经过漫长的历史变迁，已经形成了以白族文化为核心，多元民族文化并存的地方传统文化形态，包含文字、歌舞、节庆、宗教等一套完整的体系。但这在传统社会中只是作为大理地方民众的日常生活而存在，具有很强的地域性，对于该文化圈以外的人来说，大打了"文化折扣"，很难理解其中所包含的深刻内涵。随着时代的发展，由于地方传统文化与现代社会的日益脱节，其存在的范围和空间都变得越来越有限。现在大理的年轻人都和都市的年轻人一样穿时尚的服装、听流行的音乐、看最新的电影，传统的服饰、习俗等只有在特定的时间和场合才会出现。大理的地方传统文化在旅游发展中确实找到了一定的出路，但若只是对单一的民族文化形态进行旅游产业的开发，其发展潜力和后劲十分有限，简单的旅游纪念品和大型民族旅游演艺节目与年青一代旅游消费者的需求也有一定的距离。

艺术群体的出现不仅凸显了大理传统地方文化生活的价值，给民族文化注入了很多创意和活力，使其以一种更加现代化和时尚化的方式呈现出来，而且带来了酒吧、客栈、音乐节等新的文化艺术生活形态。现代文化与大理传统的民族文化、历史文化融合在一起，培育和带动了大理新的文化生境，形成了新的大理文化，补充和丰富了大理传统的相对局限的民族文化形态，实现了大理地方传统文化的现代延展。传统与现代的文化形态在大理和谐相融，无论是具有先见之明的朋克，还是枯禅发声的民乐，都变成了大理城市文艺精神的代表。在20世纪80年代涌现出来的西南当代艺术群落现象中，大理也是一个重要的当代艺术家集聚地，不仅很多外来艺术家隐居在大理，创作出具有国际影响力的艺术作品，出生成长于大理本地的艺术家，同样在其中占据重要的地位。"大理本地的当代艺术家群体显出了'生态性'的特征。如云南70后的年轻艺术家薛滔、石志明、苏亚碧等人都出生在此，早年一起成为'红心公社'的成员，逐渐执着于当代艺术的创作方向。而80后的年轻艺术家如李刚、杨文等人也都出自大理，他们在当代艺术领域的创作坚持着本真和个性。可见，大理本土保持着丰富的文化艺术层次，艺术家创作、生活相对较为独立。而大理的生活氛围与生态环境吸引了各方的艺术力量在此修身养性，渐渐也就形成了自身独特的'艺术生活'方式。"

大理地方传统文化受到现代化的冲击。不断进入大理的现代文化形态在影响大理地方传统文化，大理富有独特魅力的地方传统文化形态也在影响着外界。在这个过程中，地方传统文化并没有囿于传统而止步不前，也没有被现代化裹挟而随波逐流，反而是在碰撞交融中不断迸发出新的活力。许多艺术节会将国际艺术家引入大理，从大理地方传统文化中吸取借鉴进行艺术创作的同时，还邀请大理本土艺术家、地方文化人加入，尝试在大理这个西南边陲小城的土地上实现现代艺术的本土化，并将大理的地方传统文化以现代化的方式呈现给世界。最前卫的现代艺术与最传统的民族文化在大理和谐共存，通过文化艺术生活的引进来和走出去，大理受到了全世界的关注，实现了地方与全球的对接，大理地方传统文化也获得了更多传承创新的可能性。

2. 对文化旅游的业态创新

改革开放以来，大理的旅游业逐渐起步，大理也开始走上依托旅游带动地方发展的道路。这一阶段的大理旅游业主要以观光游览为主，旅游产品相对单一，游客来到大理短暂停留一两日，欣赏苍山、洱海、古城等大理的自然风光和风土人情，然后前往丽江、香格里拉或其他旅游目的地，在旅游过程中能够获得的体验感较少，长久留驻的愿望也不强烈。

随着旅游业的进一步蓬勃发展，大众观光旅游的机会越来越多，对旅游的需求也呈现出多元化，游客已经无法满足于简单的欣赏风景，大理的旅游也因为流于发展观光而出现疲态。如何挖掘新的元素，提升旅游深度，把游客留住，成为大理旅游转型必须思考的问题。大理本身就拥有丰富的历史文化资源和多样的民族文化资源，以白族文化为核心的传统少数民族文化，对于打造文化旅游产业来说是得天独厚的优势。地方传统文化通过与现代元素的融合，很容易打造成为旅游体验产品，为游客提供独特的文化体验。这一阶段，周城民俗旅游村、白族三道茶等民俗体验线路的推出，时至今日，大众的旅游需求又出现了新的变化，今天的游客想在大理获得的不仅是具体可见可感的旅游产品，还有对都市喧嚣环境和枯燥日常生活的逃离体验。同样的一瓶啤酒，在超市里售价只有四五块,在大理的酒吧却可以卖到五六十块,但游客还是乐此不疲,争相消费,这正是大理的"风花雪月"营造出的环境氛围带来的体验升值。

文化旅游产业已经成为最有代表性的体验经济,游客不光注重旅游产品本身的文化附加值,而且从对实物的消费发展到对感觉、空间的消费,旅游产品的外延将进一步扩大。在特定的情境中,大理古城里、洱海边的一杯茶、一瓶酒都可以变成旅游产品,游客消费的不再是产品实物本身,而是这个产品带来的感觉体验。大理不仅是游客消费物质产品的地方,也是他们消费文化氛围和空间、进行艺术体验和接受审美教育的地方。现代游客不再满足于过去观光式的欣赏,不再只是被动地接受文化的灌输,而是渴望以主动且具有创造性的方式,介入周围环境中,与地方和生活在地方的人产生互动,共同参与到大理文化艺术生活的现代建构中。

在大理古城、洱海周边甚至是其他偏远的传统村落,长期或短期集聚着大量艺术群体,这一群体流动性大,创造力丰富,已经成为大理地方发展的重要活力。几十年来,一波又一波艺术群体来来往往,使得大理并不缺少发展文化旅游产业的核心人才与资源。活跃在大理的艺术群体,与敏锐地嗅到了文旅产业转型升级的创业者一道,构成了对现代化发展模式导致的"去地方化"趋势的抵抗。不仅如此,厌倦了同质化旅游消费的游客也在寻求新的文化旅游体验。

据《2018中国民宿行业市场前景研究报告》统计,在中国重点城市民宿数量排行榜中,大理以2261家民宿排名全国第四。据大理州统计局发布的数据,2018年,大理州共接待海内外旅游者4710.84万人次,同比增长11.58%;旅游业总收入795.8亿元,同比增长22.28%。从苍洱水陆风光一日游、三道茶歌舞表演等"简单版",到"诗和远方"的"升级版",大理在自然风景观光和民族文化体验的传统旅游产业之外，又探索出新的文化旅游发展方向。无论是喜静还是喜闹，无论是欣赏风景还是感受人文，每个游客都能在大理找到属于自己的那份享受。

3.对城市发展的空间拓展

城市的个性品质，是指根据城市的历史遗迹以及在此过程中经济、文化、生活的经历，从精神层面赋予城市的特点。一座城市就像一个人，没有独特的个性品质，就失去了灵魂魅力。如何在快速城镇化、城市改造扩张的大背景下避免"千城一面"，成为城市发展中的关键问题。大理的城市个性品质来自它的历史、环境、人文等方方面面。唐宋时期的南诏大理国，以大理为中心创造了灿烂的古代文明，素称"文献名邦"。大理苍洱风光世界闻名，又有"天然公园"之誉，一些外宾还把它称作"东方的瑞士"。作为多民族长期聚居的地区，大理形成了丰富多彩的民族文化，还有"民族文化之都"的称号。这些都是大理在历史发展中所形成的城市个性品质，使得大理能够始终区别于其他地区。从中也可以看出，一个城市的个性品质一直都在随着时间改变，只有符合时代发展趋势的城市才有活力。当大理被置于全球化和现代化的浪潮中，很多过去的优势和特色都不复存在，越来越多高楼大厦平地而起，民族性、地方性的元素日益消解，大理也需要去寻找新的城市发展空间。

一开始，大理是由于自然环境和民族文化吸引艺术群体集聚，随着越来越多的艺术群体来到大理，他们在大理形成不同的交往圈子，尝试许多不同的生活实践，创造出新的文化艺术生活形态，并且不断对大理的理想生活进行渲染和对外传播，使得大理在自然环境和民族文化之外又具有了新的标识。现在大理的吸引力不再仅仅是一些外在条件，艺术群体选择大理更多的是欣赏和认同大理的城市个性品质——自由、闲适、多元、尊重。这些城市个性品质是大理过去没有的,"乌托邦""世外桃源"成为大理新的标识,强调了大理这个地方的独特体验感。正是文化艺术生活带来的独特体验感,成为当下大理旅游转型升级、城市更新发展的重要优势。

艺术群体的到来改变了大理原有的小桥流水、马蹄阵阵的宁静质朴的生活方式,改变了大理传统的地方文化生活形态,但同时也在大理创造出一个新的"乌托邦"。现代文化创意与大理的地方传统文化相融合,让大理在民族风情之外,又给人留下了浪漫之都的印象。在都市生活乏味、人际关系淡漠的时候,大理向世人传递了一种信息,似乎来到大理,就能在世俗之外获得短暂的逃离,实现理想的生活,真正找到生命的意义所在。传统与现代和谐相融的文化艺术生活,塑造了大理新的城市个性品质,使得大理在文化旅游城市中独树一帜。

一个城市的个性品质无论是对于生活在其中的人还是外来的游客都至关重要。近几十年来,中国的现代化、城镇化进程带来城市的飞速发展,但在过度追求经济发展指标的背后,却忽略了城市的主体,城市的主体应当是人,城市带给人的幸福感和满足感才是评价一个城市好坏的根本。大理文化艺术生活的出现给城市中人际关系的改善创造了可能,通过创意市集、音乐节、艺术展览等各种类型的活动,生活在大理的艺术群体有更多聚集在一起交流的机会,艺术群体与地方民众之间的关系也可以变得更加亲密,从而形成一种不同于都市的和谐社会关系。外来的游客也可以在旅游的过程中,通过体验大理文化艺术生活感受到地方文化和现代艺术的熏陶,体验真实的理想生活,并释放一些积聚已久的压力,以此拉近游客与旅游城市的距离。对于城市与城市间由于地方文化的差异造成的一些阻碍城市发展的现象,通过文化艺术氛围的营造,可以以更多形式向外传递大理独特的城市文化,缩小因为固有的认知而造成的文化隔阂，增强城市间的文化认同。从个人与个人、个人与城市、城市与城市三个层面来看，大理文化艺术生活不仅塑造了大理新的城市个性品质，而且为大理创造了一个更加开放、包容、多元的大环境，拓展了城市的发展空间。

三、大理文化艺术生活的矛盾与交融

在全球化时代，当一个地方被置于全球的视野中，来自各个地方的人口、资本和消费汇集到大理这个过去相对封闭、资源相对有限的中国西南边陲小城，一个常住人口几十万的城市，一年要接纳上千万的游客，新的文化形态和生活方式不断涌入，不同群体、文化、生活之间的碰撞和交融变得越来越激烈。一方面，艺术群体在大理享受"诗意栖居"的同时，也在与地方产生积极的联系，为地方注入现代创意力量，如喜林苑、大理床单厂艺术区等机构组织和个人在文化、环境、教育、生态等各个方面都在尝试对大理有益的实践。文化艺术生活的出现也为来到大理的游客提供了更多消费体验的选择，直接或间接推动大理旅游发展，为大理地方民众创造了更多的就业机会。大理地方政府也意识到了文化艺术生活的重要性，致力于营造大理良好的文化环境和艺术氛围，引导其他多元力量的不断参与，大理的基础设施等方面得到了切实的改善。另一方面，不可避免的商业化正在把真实的生活挤到边缘，大理古城里消费空间越来越多，生活空间越来越少，连周边的传统村落都出现了星罗棋布的客栈、酒吧，大理地方民众的生活诉求需要得到更多的重视。城镇化和现代化也在不断动摇大理地方传统文化的根基，文化的传承面临新的挑战。原本闲适的文化氛围被商业氛围取代，日益喧嚣的生活环境和逐年上升的生存成本，正在导致艺术群体像当初逃离大都市一样逃离大理，大理的独特性正在被消解。大理文化艺术生活的背后隐藏着传统与现代、地方与外来、保护与发展等诸多矛盾，只有厘清其中的复杂关系，才能促进大理的可持续发展。

（一）文化艺术生活的矛盾："根基"与"异质"

大理地方传统文化作为文化艺术生活现代建构的重要根基，在现代文化观念和生活方式的冲击下遭遇传承危机，很多地方文化人虽然焦虑，却也在积极寻求突破创新。外来文化资本作为异质性的力量，在消费享受大理地方传统文化的同时，也为其注入了现代创意，拓展了发展空间。

1.地方传统文化的危机与突破

说起非遗传承人、民间艺人等地方文化人，往往给人一种坚守者的形象，他们似乎都生活相对困难，靠着自己的一腔热血和政府的一点资助，默默地履行着自己的传承责任。大理州各级非物质文化遗产传承人加起来有1000多人，他们是地方文化最鲜明的标志符号，也是地方文化最重要的载体和展示者。他们大多从事的都是与文化艺术有关的工作，在大理文化艺术生活出现以前，就已经是地方文化生活的主体。虽然今天的大理文化艺术生活在很多方面被一些外来的艺术家和现代时尚的元素所主导，但地方文化人这一群体同样不可忽视，他们作为一股本土的力量，也应该是大理文化艺术生活的创造者和享受者，是大理艺术群体的一部分。在快速变化的现代社会，很多传统文化与现实生活逐渐脱离，他们当中确实有一部分人因此面临生计问题和传承危机，但也有很多地方文化人对于当下不同于他们熟悉的社会环境确实会感到焦虑，却也在顺应时代的发展，积极地寻求突破。尤其是随着年青一代的大理地方文化人的回归，他们在外面接受过良好的教育，心态、观念各方面更加开放，作为地方文化传承主体又有着强烈的文化自豪感和责任感，选择带着新的现代的设计创意、经营管理等理念回到大理。年青一代相比于老一辈人，对地方文化和外来文化都有着不一样的理解，也将对大理未来的发展提出不一样的愿景。比起外来艺术群体，他们是更为重要的地方艺术群体，其生活方式也会对大理地方传统文化的传承创新起到重要影响。

在传统社会中，年青一代总是要从老一代身上继承手工技艺等传统文化，并且将这些从上一代继承的文化再传承给下一代。这是一个贯穿一生的过程，是需要通过一代又一代的人朝夕相处、耳濡目染、言传身教来实现的。虽然有些时期为了适应新的情况，文化的传承也会发生变化，但总体而言这个过程是变化缓慢且相对稳定的。当传统社会相对封闭的边界被打破，外来的文化形态大量涌入的时候，情况就变得完全不同。这非常明显地体现在年青一代的地方文化人当中。在大理很多的非遗传承人都会选择让自己的下一代去接受正规的学校教育，这一方面是因为义务教育制度的普及，孩子们小时候都得去学校上课，另一方面，则是因为很多传统技艺的学习，需要几年甚至几十年的时间才能达到真正娴熟的程度，这个过程既枯燥又痛苦，不像上一辈的人必须学会这些技艺来谋生，年青一代的人有更多的选择，都不愿意吃苦，几十年如一日地耗费时间和精力。在外来文化的影响下，大理年青一代的文化艺术生活就与年长一代的地方文化生活有了很大的区别，他们更愿意去追求年轻时尚的生活方式，与地方传统文化的接触时间变少，也造成了一些文化的传承问题。与此同时，也因为年青一代接受了现代的观念，有些甚至去大城市甚至是国外读大学，接受专业的设计、管理等方面的高等教育，他们更加了解现代的文化，通过文化的对比，也更加珍惜自己的文化的独特价值，想要传承大理地方传统文化。但年青一代对于文化传承问题的焦虑相对要轻很多，更多想的是如何用自己的能力创新地方传统文化，让地方传统文化与现代社会接轨，以现代的方式得到传承。

对于老一辈的人来说也是如此，面对很多新的情况，一些年龄较大和受传统教育较多的地方文化人出现了一种跟不上时代变化的感觉，也有一些观念较为开放的地方文化人虽然担心传统文化在现代审美和现代消费的浪潮下会失去生存的空间，但是他们也明白，如果仅仅只是把传统的东西原封不动地保存下来已经无法维系自己的生存，文化的传承也变成空谈。于是他们也开始尝试将现代的元素融入地方传统文化之中以迎合现代的需求，从而获得生存和发展的空间。在新的观念的影响下，一些地方文化人已经不再满足于成为一个纯粹的手工艺从业者，而是开始想要争取艺术家的地位。他们积极地去学习新的知识和技术，主动地改变传统的生产创作方式，有意识地融入现代审美元素，将原本以地方民众为主要使用对象的民族工艺品等转化成为以外来游客为主要消费对象的文化创意产品。近年来，大理地方政府也在越来越有意识地打造地方文化符号，将非遗传承人等塑造成为地方文化名人，安排他们出去参加会议、访学等活动，利用官方资源宣传地方传统文化。同时老一辈的地方文化人自己也非常清楚，他们能够获得如此的地位和待遇，就是因为他们拥有相对完整的文化记忆，地方传统文化当中核心的部分是不能被抛弃的，也是文化创新发展的基础。今天大多数大理地方文化人的处境，就是一边积极创新，一边又尽可能地把地方传统文化完整地传承下来。

　　随着现代化进程的加快，在都市文化越来越趋同的时候，大理地方传统文化的价值会越来越受到关注，也因此会产生许多新的需求。关于文化的传承还是创新这个问题，始终会在商业逻辑和文化逻辑之间摇摆。地方文化人的焦虑正是来源于对自己文化的热爱和想要去保护的渴望，这是融于大理地方民众血液之中的，无法被外来的力量所替代的部分。未来的大理文化艺术生活是传统与现代并行的，尽管现在有很多的现代元素融入大理地方传统文化中，但传统始终会占据着重要的位置。就像周城扎染这样的传统作坊，虽然从生产日常生活用品转向生产旅游纪念品和旅游体验，但所有的作坊都是本地人在主导。从历史上看，大理地方传统文化的形式也一直在变化，今天不过是借助旅游发展的趋势以一种新的形式存在。过去大理的地方文化生活是面向地方、面向生活的，今天的文化艺术生活则是面向外来、面向经济的，更加凸显艺术价值和经济价值。危机会始终伴随着传承和创新存在，当传统文化形式突破固有的限制，新的文化形式被普遍接受，新的文化艺术生活也就成为大理地方文化人日常生活的一部分。

2. 外来文化资本的力量与空间

在大理地方文化人担心文化传承问题的同时，还有很多对大理地方传统文化感兴趣的外来者，他们厌倦了都市生活，来到大理体验感受甚至消费大理地方传统文化，从大理地方传统文化中寻找创意灵感，并对其进行解构。但外来者并不是一个入侵者和破坏者的角色，而是作为一种外来文化资本在对文化的解构中注入现代创意力量，完成对大理地方传统文化的重构，拓展了大理地方传统文化的发展空间。对于外来者而言，大理独特的"异文化"满足了他们的好奇体验，但是他们也并不是站在旁观者的角度要求大理地方传统文化始终保护不变，或者始终保持与现代文化的距离，而是用更加宽容的态度看待文化的变迁，并且在大理享受文化艺术生活的同时也用自己的实践去记录和传播大理地方传统文化。不只是一些有志于此的个人，越来越多的学校、创意机构等不同的外来组织也在与大理地方传统文化进行更多的接触，将大理地方传统文化进行创意性的呈现，游客的外来需求在这个过程中也起到推波助澜的作用。

虽然人们一直在担心传统文化的衰微，但其实更多时候改变的只是形式，传统文化中的内核一直被传承下来，以新的形式存在。

特别是在外来者眼里，这些改变都是稀松平常的，有人感兴趣，也有人不感兴趣。更多时候外来者关注的只是与自己的文化不同的部分，并不纠结这些文化到底是传统的还是现代的，是不是完全传统和纯正的。比如大理有很多类似"接本主"的传统习俗，随着时代的变化，大理地方民众的交通工具改进了，举行接本主仪式的时候交通工具自然也改进了，由过去的几个人抬本主变成用电动车、三轮车接本主。在外来者眼里，有趣的是接本主这个特殊的事件，用现代交通工具接传统文化里的本主反而变得更加新奇有趣。文化本来就是不断变化的，有人杞人忧天，也有感兴趣的人会自发去保护记录，甚至这个人可能是对中国民族文化感兴趣的外国人。

一些外来国际机构组织的进入更是给大理地方传统文化注入不一样的活力，这些机构组织带着国际性的视野，拥有比个人更丰富的资源，一边利用大理地方传统文化实现其本身的目的，一边也在进行记录、传播，在更高的平台上展示甚至是创新大理地方传统文化。自 2012 年起，上海美国学校（SAS）每年会选拔八年级学生，到喜洲镇参加为期 4 周的云游校园（Micro Campus）项目，真实地生活在乡土中国。

除此之外，外来的消费需求力量也在其中发挥着一定的作用。随着游客的旅游需求从简单的观光转向更深层次的文化体验，大理也出现了很多结合风景观光、文化展示、休闲消费的景区。位于大理洱海边的海舌景区摆脱了传统的观光景点发展模式，在景区内设置游客服务中心、环保厕所、书店、传统手工艺展示销售等服务项目，特别是那些原本在古村落里面临失传的白族技艺如今一一呈现在位于景区入口附近的"开物集"中。扎染、刺绣、甲马、羊毛毡，每一种技艺都有温度，每一件作品都试图让传统焕发新的生机。这样的景区过去只是游客匆匆路过的观光景点，游客消费需求发生变化，愿意在风景好的地方停下来喝杯咖啡看几页书，也愿意去了解"开物集"这样地方传统文化与现代生活美学结合的东西，大理地方传统文化也能够借助外来文化资本获得新的生存发展空间。

大理已经被卷入全球化的浪潮中，地方传统文化面临外来文化的冲击想要保持自己的独特性，反而更应该主动去适应现代社会，而不是只局限在地方。未来的地方传统文化应当是面向世界的，只有用世界的语言讲好民族的文化，民族的才可能是世界的，才可能具有源源不断的活力，这就需要借助更多外来的国际化的现代创意力量。大理本身就具有开放包容的文化氛围，地方文化人的执着坚守，加上外来文化资本的创意支持，可以让地方传统文化不断融入新的元素，并在这个过程中形成新的大理地方文化，置于风花雪月之中，能够始终为所有生活在大理的人和来到大理的人提供独特的体验感受。

（二）文化艺术生活的交融："区隔"与"边界"

大理地方民众与外来艺术群体因价值观念、文化背景等方面的差异，其生活始终存在区隔，但艺术群体试图改善地方的积极实践和年青一代大理地方民众的崛起也让二者的生活日渐交融。大理旅游业的发展打破了地方日常生活与文化旅游消费的边界，生活空间与商业空间处于长期博弈之中。

1. 大理地方民众与外来艺术群体的区隔与交融

大理文化艺术生活的背后是地方被置于全球的问题，大量的外来群体进入大理，在大理创造享受文化艺术生活，必然也会对大理地方民众的生活产生影响。这个问题想要解答的，也是当下所谓大众文化消费的"大众"到底包含哪些主体。同样，放到大理来看，今天在大理呈现出来的文化艺术生活，究竟是艺术群体的文化艺生活，还是所有生活在大理的人的文化艺术生活？来到大理享受文化艺术生活的除了那些兼具经济实力和审美品位的中产阶级消费者，地方民众与大理文化艺术生活有什么关系？都市人来到大理消费，实现了精神上的满足，但他们带给了大理什么，大理地方民众的精神需求又如何得到满足？关于大理地方民众和外来群体特别是外来艺术群体的生活边界问题非常值得探讨。

从目前来看，大理文化艺术生活的主体主要是艺术群体和游客。但从长远来看，大理文化艺术生活应当面向所有生活在大理的人，尤其是大理地方民众。因为在艺术群体来到大理之前，大理地方民众就已经有自己的地方文化生活。由于现代媒介的渲染，艺术群体在大理创造的文化艺术生活变得更加吸引人，也在一定程度上挤占了大理地方文化生活的空间。越来越多艺术群体带着自己的需求集聚在大理，地方民众的生活因为大理旅游业的发展也发生了很多变化，两个群体之间的生活碰撞交融变得越来越频繁。一方面，艺术群体在大理有自己的生活圈，其生活方式和行为模式与大理地方民众都有很大的不同，社会交往关系也大多局限在自己的圈子，与地方民众存在区隔。另一方面，二者的生活也有交融，旅游业的发展和游客的到来，不仅给地方民众创造了更多的就业机会，艺术群体也在积极尝试很多对地方产生有利影响的实践，也在改变地方民众的生活方式和行为模式。

除了外来艺术群体，本地的新生力量也在崛起。经济快速发展、城镇化进程加速、移动互联网创新变革、线上娱乐方式日益丰富，让不同层级城市之间的差距不断缩小。随着大理的发展，越来越多的大理本地青年选择在外读完大学后回家工作生活，他们也可以在大理开客栈、做生意，用更现代的思维谋求生计，同时享受在大理的文化艺术生活，成为大理艺术群体的一分子。他们与外来群体的交集更多，并且对建设自己的家乡满怀热情。

可以预见的是，未来社会将呈现出"都市逆城镇化"和"小镇都市化"两股浪潮并存的趋势，大理地方民众与外来群体的生活边界也将会越来越模糊。对于大理地方民众来说，如何在借助外来资源实现自我生活提升的同时保持住原有的质朴本质和平静内心，避免重复都市的现代性问题是关键。对于外来群体来说，不能自以为是地觉得是自己带来了资本和商机，让大理变得越来越繁荣，让本地人变得越来越有钱，从而滋生出天然的优越感。事实上，在外来群体到来以前，大理地方民众已经悠然地生活了千百年。两个群体之间只有相互接触、了解、理解，共同创造、共同享受生活，才能实现大理的和谐繁荣发展。

2. 地方日常生活与文化旅游消费的空间与边界

在现代性、商业化无孔不入的当下，大理在一定程度上成为有别于都市的避风港，大理文化艺术生活也因为有别于都市日常生活而提供了一种逃避和救赎功能。但这种生活虽然是理想化的、浪漫主义的，却始终都是真实的。随着越来越多以消费享乐为目的的游客来到大理，根据资本逐利的特性，以游客为消费对象，将文化和生活元素作集成式展示和销售的商业空间日益增多，带来的是地方民众甚至是艺术群体闲适的生活空间不断被挤压，大理文化艺术生活的真实性也在消逝。这就产生了一个发展的悖论：大理因为真实的生活具有吸引力，却又因为真实的生活带来的商业发展丧失吸引力。当人们厌倦了大理，或者大理不再具有这样的吸引力，开发商赚够了钱离开，艺术群体去别处寻找和创造新的文化艺术生活，游客也随之离去，除了被改变的环境、被改变的文化和被改变的生活，大理还会剩下什么？

大理的环境设施还在不断建设完善，这个过程中也需要大量的劳动力。一旦建设完成，又会给地方创造更多的就业机会。比起拆迁赔款，这样可持续的发展机遇才是大理地方民众真正需要的。对游客和外来艺术群体来说也是如此，交通信息的通达、卫生条件的改善，使得大理更加适合居住，不断出现的新需求也在反过来推动大理的持续发展。这样的大理无疑是最宜居的，既能摆脱高楼大厦的压抑感，享受乡村的自然慢节奏，同时又能随时连接城市的便利。这样的大理也才能不断吸引和留住不同的人，从而为地方带来源源不断的创意和活力。

但商业利益间的纠缠也导致了很多矛盾。在一些来投资的酒吧、客栈老板斥重金将大理民居改造后，房东坐地起价，单方面撕毁合同的事情时有发生。特别是随着旅游业的迅速崛起，确实有一些地方民众盖上了新楼、开上了豪车，但是很多今天依旧生活在景区里的老人，因为留恋故土，在熟悉的环境待了一辈子不想离开，又没有能力跟上时代变化，去了解装修、运营、宣传以适应现代旅游业发展，就只能进一些廉价旅游纪念品摆个小摊，或者在家门口卖点小零食。夹杂在装修精美的客栈和热闹喧嚣的酒吧中间，他们保持了原本用来生活的样子的房子在古城里反而显得格格不入。与额外多出的一丁点微薄的收入相比，他们却不得不忍受过度的喧嚣和连年上涨的生活成本。

但从另一方面看，地方民众的抱怨恰恰显示了大理生活性的存在。他们没有为了利益，毅然决然离开自己的土地，而是顽强地在商业空间中保留自己的生活空间。大理的开放包容似乎能够与这些商业化的现象自然融合，大理人自古以来的经商意识，也可以和现代商业社会对接，并将其逐渐变成真实生活的一部分。而淡然的处事态度则形成对商业化浪潮的抵抗，甚至是改变。

这和大理的城市空间布局有很大的关系。以丽江大研古城和大理古城作对比，因为丽江的新城和古城距离较近，本地人都选择把古城的房子租给外地人，自己去新城买房子住，平时也不去古城，这就与古城割断了联系，久而久之，丽江大研古城就变成了一个面向游客的商业空间，失去了真实性和生活性。而大理的新城位于下关，离古城较远，本地人不愿意简单地把房子卖掉租掉，除了人民路、洋人街等几条主干道，其他地方还能看到很多本地人在买菜、摆摊、闲聊，古城和地方民众的生活联系依旧紧密。本地人很自然地把从事各种商业经营活动变成自己的日常生活，也让大理古城的真实性以另一种形式保留下来，这也是大理古城和其他过度商业化的古城古镇不一样的地方。

周边景点的崛起也在一定程度上缓解了大理古城商业空间过度饱和的情况。立足于各地不同的自然、文化资源特色，涵盖历史宗教建筑文化欣赏、风景观光、民艺体验、休闲度假等多种类型的旅游体验，吸引了不同层次、不同类别的游客，满足了多方面的旅游消费需求，也分流了一部分大理古城的游客，为地方民众的日常生活保留了一定的空间。站在全州的角度看，大理州也摆脱了过度依赖苍洱区域的旅游发展思路，将发展重点由大理市一点向12县市多点分布，将发展模式由景点景区模式转向全域旅游模式。从长远来看，大理的变化一直存在，商业化的趋势也不可阻挡，但地方日常生活空间和文化旅游消费空间会始终处于博弈之中，没有一方可以完全主导。

（三）文化艺术生活的持续："基础"与"要素"

维系好大理独特的文化生境是大理文化艺术生活可持续发展的基础。面临大环境的改变，艺术群体也需要更加积极主动地发挥自觉性，避免落入生存困境。当仅仅依靠个人力量无法平衡复杂的矛盾与冲突的时候，政府引领作用的发挥以及其他多元力量的参与也至关重要。

1. 文化生境维系与艺术群体的自觉

艺术群体在对都市的逃离中完成了大理文化艺术生活的重构，同时也促进了大理地方的发展，并直接或间接地将大理变成了一个举世瞩目的知名旅游城市。但这又产生了另一个悖论：当越来越多的聚焦点集中在大理，大理从一个边缘的小城变成人们关注的中心，"别处的生活"变成了"此处的生活"，艺术群体的生存状态也和大理的发展一样处在很多的未知当中。生存成本的上升和不可避免的商业化带来的喧嚣浮躁，正在消解当初大理吸引人们前来的那些特质，导致越来越多原本隐居在大理的艺术群体像当初离开都市一样离开大理，"二次逃离"正在发生。当人们厌倦都市的刻板重复和枯燥乏味的时候，还有大理这样有人情味的地方可以承接人们的焦虑，可以包容人们的生活，但当大理也变得和都市一样刻板重复和枯燥乏味，当人们厌倦大理的时候，或者当大理不再有这样闲适自由的空间氛围的时候，人们又可以逃离去往哪里？

生活在大理的艺术群体有多元的价值取向，有的人是在大都市赚够了钱解决了生计问题，转而来到大理进行自由的艺术创作和理想生活；有的人则是因为喜欢大理而选择大理，一边在大理享受理想化的生活，一边也得想方设法解决生计问题。除了艺术群体，还有一部分人纯粹是因为看到大理发展中的商机，来大理是为了有更多赚钱的可能。不同的人交织在一起，理想生活和现实生存交替上演，共同构成了大理文化艺术生活的多样性。对于那些功成名就退隐到大理的艺术家而言，大理的环境氛围为创作提供了天然的有利条件，艺术家从大理的自然环境、民族文化中寻找创作灵感，但同时他们也是最容易因为大理的日益商业化而离开的人。他们的首要目的是寻找一个能够"诗意栖居"的地方，并不用太多考虑生存成本的问题，来到大理就是因为大理适合生活和创作，当不适合的时候，他们就选择离开，去别处寻找更适合的地方。近年来，周云蓬、野夫等一批当初喊着要"埋骨大理"的知名艺术家因为各种原因相继离开大理，同时带走的还有影响大理文化艺术生活可持续发展的一大波创意力量。

对于绝大多数的艺术群体而言，他们因为机缘巧合来到大理，喜欢上大理，于是便设法在大理找一份可以生存的活计，既解决了生计问题，同时又在大理享受生活。同样都是工作赚钱，大理却能够提供一份都市里没有的人情味，正是这份人情味吸引越来越多的艺术群体留在大理。但诗意的生活永远都是相对的，在极致渲染的"乌托邦"之下，大理也是一个普通的城市，也存在着许多不为人知的艰辛。有人在这里寻找"别处的生活"，有人在这里"诗意栖居"，但也有很多的人只是为了讨一个生存的可能。这些人来到大理工作和生活，并没有什么高尚和浪漫的目的，只是因为大理作为一个旅游城市来往的游客多，有更多赚钱的可能。高昂的店铺租金和转让费让他们望而却步，很多人只能选择摆摊，还要和城管斗智斗勇。这些人并不关注大理这个地方发展到什么地步，并不关注大理的文化艺术或者别的高大上的东西，只想着拼命多赚点钱然后离开大理，去过安稳的日子。毕竟他们在这里没法得到合法的身份，他们的下一代也没法接受这里正规的教育。对于这些人，大理纵然能够提供他们一个容身之处，却并不能给予他们更多生活的满足感。这些人是大理人情味的一部分，但生存成本的上升也让他们越来越无所适从。

即使是一些受过高等教育，原本在大城市有很好工作的中产阶级选择放弃以前的生活到大理定居，他们有自己来到大理的理由，对大理的旅游、环境、氛围的变化有更为敏锐的洞察力，有更多自己的体会，但是面对大理飞快迭变的发展状况，更多的也是无可奈何，对未来很难有明确的把握。大理的生存成本固然比大城市低，但是收入来源也不再像原本那么稳定，教育、医疗、日常开支都是需要考虑的实际问题，诗意的生活也就慢慢变成了柴米油盐的琐碎。商业化还在不断侵蚀最初大理吸引他们前来的那些地方独特性，但已经习惯了大理的生活节奏，又不愿重回都市，他们也面临着是毅然决然离开还是辛苦顽强坚守的纠结处境。

　　旅游发展导致大理的生存成本还在不断上升，使得原本闲适的生活一去不复返。第一批来大理租院子开客栈的人，合同一签就是一二十年，租金很低，有点生意能赚点钱就够生存。现在房租即将到期，再想续租，价格已经是当年的好几番，客栈的环境、客源、口碑都成了需要操心的事务。以前很多人来大理就是为了玩，但凡会门手艺，酒吧驻唱、街头卖艺，每天只需要卖力几小时，其余的时间大可用来挥霍。现在想赚钱的人来了，哄抬了物价房价，要赚够在大理的生活费，也得像在都市一样朝九晚五不停地工作，少有时间真正享受生活。当所有的事情都有利益掺杂其中的时候，大理的人际关系也不再那么纯粹简单，钩心斗角尔虞我诈同样存在。以文化艺术生活体验为核心的大理文化旅游形式是对现代都市快节奏生活的补充，它提供了一种诗意的生活方式，充实了人们的精神世界，带来全身心的愉悦和享受。但是，在这种空间和氛围中的消费也可能隐含着一定的消极因素。一些人来到大理就是为了在酒吧寻求简单粗暴的宣泄释放，大理因此被贴上了"艳遇""狂欢"的标签，"文艺""小资""诗和远方"也不再是充满艺术想象的词汇，而是随处可见的商业标语。所谓的"文艺青年"，把文艺变成了标签，把青年肢解成了符号，盲目从众，假装文艺，实际上并没有获得审美的享受和内心的愉悦。

大理文化艺术生活带来的应该是对宁静质朴的简单生活的体验，是一种返璞归真的内心感受。这与大理的自然环境和文化氛围都密切相关。正是因为大理远离都市的喧嚣，保留着原始美好生活的想象，才能够具有如此的吸引力。但再美的"诗和远方"也禁不起无节制的开发和污染。洱海周边那些原本安静开阔的村庄因为旅游业突然变得异常热闹，密密麻麻到处都是新盖的房子。2017年初，洱海的蓝藻爆发，一场环保整治风暴降临，很多人的"诗和远方"自此梦断大理。三年以后，政府整治洱海一刀切政策的余痛依旧存在，才村、双廊等地随处可见醒目的环保宣传标语，很多沿海客栈留了一半残骸在路边，废弃的砖瓦也没有处理，显得触目惊心，洱海边长满杂草，特别萧条，完全没了昔日的烟火气息。很多游客过来洱海边看一眼就走，都不愿留宿，当初天价的海景房价格都上不去。很大一部分经济遭遇重创无法坚守的人都离开了大理，回到大城市或是到别处避世。还有一部分人虽然没有受到经济打击，但这次整治让他们意识到大理并非世外桃源，基于对安全感的诉求和对大理市政管理的失望，同样选择离开大理。也有一些沿海客栈正在新建，想趁着各方面都开始规范的时候抢占先机，但整体规划建设的不确定性和时间的不可控性等问题，也让这样的行为变成一次充满风险的赌博。

大理作为一个旅游城市已经是一个不争的事实，旅游产业也是大理城市更新发展重要的引擎。但如何引导大理旅游产业朝更优质的方向发展，如何更充分地发挥艺术群体和他们创造出来的文化艺术生活的作用，还需要更多更高层面的制度引导。大理的旅游转型发展虽然出现很多问题和矛盾，但长久以来作为"亚洲文化十字路口的古都"的包容性，以及苍山洱海稳定的自然生态，又成为这种不确定性发展中的稳定性因素，使得大理能够在不断的吸收借鉴中，将地方文化与外来文化融合，既满足地方的生存发展，又迎合外来的消费需求。大理文化艺术生活的独特体验来源于大理的蓝天、白云、苍山、洱海等自然环境和与历史轨迹一脉相承的文化品格。在大理的城市发展过程中，必须维系好大理的文化生境，保持住大理独特的城市个性，才能不断带给人们美的享受。艺术群体是大理文化艺术生活最重要的创造主体，也是大理发展过程中最有活力的创意力量，他们为大理带来新的观念、新的商机，也为来到大理的游客提供了更多的体验选择。但艺术群体在大理最根本的目的还是为了满足自己理想生活的需要，虽然他们也有试图改善大环境的自觉，面对大理商业化的冲击，艺术群体在困境中挣扎，更多时候却也显得无能为力。当个人的力量无法抵抗大趋势带来的消极影响的时候，就需要更强大更多元的主体发挥作用。

2. 多元力量参与与政府作用的发挥

大理文化艺术生活已经从一个自发的文化现象，变成备受关注的、影响大理地方发展的重要文化资源。除了艺术群体和地方民众，商业资本、学术研究、政治权利等其他的多元力量也介入其中，决定大理文化艺术生活的演变发展。但各种力量都是出于自身的考虑出发，希望实现利益最大化，艺术家的反商业化本质、地方民众的生存诉求与发展需要、商业资本的逐利性质、学术研究中理论与实践的错位等，都让大理文化艺术生活中蕴含的矛盾变得愈加复杂。艺术群体和一些其他的个人固然能够通过自己的努力在小范围内产生一定的影响，但更多在大趋势的把握、整体环境氛围的营造等方面，更需要发挥政府的引领作用。无论是对机场、高铁、高速等基础设施的建设，对地方传统文化更有意识和有针对性的保护，还是对各个文化艺术园区的扶持和各个景区景点的规范治理，政府的投入、引导和支持是大理文化艺术生活能够保持丰富多样的表现形态和健康良性的发展方向的关键因素，也是艺术群体愿意继续留在大理创造享受文化艺术生活，游客愿意来到大理旅游消费的重要保障。在日益复杂的语境中，大理文化艺术生活的迭变越来越快，大理也不可能同时满足所有人的需求，这就更加需要政府担当一个重要的引领者的角色，从顶层设计的角度平衡各种个人不能解决的矛盾。

政府主体是在更高的层面制定相关发展规划、战略、政策，做出相关制度安排的主体。大理政府虽然没有明确提出过有关"文化艺术生活"的说法，但是却很早就认识到了大理这种独特的文化环境和艺术氛围的价值。在大理官方的城市宣传中，政府也很早就有意识地摆脱西南民族地区的定位和对单一的少数民族文化的依赖，而是将整个大理的环境氛围作为最具吸引力的特色进行造势宣传。自20世纪90年代起，大理推出了一系列城市形象广告语，诸如"大理好风光，世界共分享""大理，一生不能不到的地方""一路向西去大理"等，都在向外传播大理诗意、小资的形象。

除了软性的文化宣传，在旅游发展战略引导、消费场所经营规范、自然生态环境保护等方面，政府也通过政策制度起到重要作用。大理州将旅游业作为地区社会经济发展的支柱产业重点推动，确立了"建设成为最具民族风情的世界级休闲度假旅游目的地、中国全域旅游示范区、滇西旅游集散地和世界闻名的智慧旅游城市"的总体发展目标。面对大理市范围内一日游观光旅游模式的带动性有限和崇圣寺三塔、蝴蝶泉等传统景区景点商业化严重、创新性不足、吸引力减弱的情况，政府出台实施一系列的战略规划，全力打造苍洱观光休闲度假、佛教文化旅游、洱源温泉休疗度假、巍山南诏文化旅游、鹤庆银都水乡、剑川文化生态六大旅游景区。大理古城作为世界级的旅游景区和国家级的历史文化名城，其目前呈现出的实际形象与拥有的名声地位还有一定的差距。2019年10月开始，根据大理古城的建筑特点，参照白族民居和商铺的建筑形式及装饰风格，吸收当地的建筑元素，尊重大理古城的历史发展脉络，古城对人民路等主要街道进行保护性修缮，彻底清除私搭乱建现场，保护历史遗存，统一治理，恢复大理古城白族特色商业街区的历史风貌。民宿客栈是大理旅游的亮点之一，大理各级政府越来越重视其发展态势，相继出台《大理白族自治州人民政府关于规范发展民宿客栈的指导意见》《大理市乡村民宿客栈管理办法》等一系列政策文件，为大理地区民宿客栈的规范发展提供政策引导和制度保障，为游客营造更加良好的生活环境和消费空间。洱海保护治理工作的开展，同样是政府出于长远的利益考虑，以政治力量强制做出的"壮士断腕"的举措。大量沿海餐厅客栈集体关停、洱海周边生态搬迁等强制性工作的开展，虽然在短时间内对大理的旅游发展造成了巨大的打击，但是从长期来看，这也是为了大理的可持续发展作出的必要牺牲。这些都不是依靠个人的力量可以解决的矛盾，通过政府自上而下的规范引导，把握大理的发展方向，维系好大理的文化生态，才能保住大理文化艺术生活的根基，让艺术群体愿意留在大理。

　　大理的过度商业化挤占了地方民众的日常生活空间和艺术群体的闲适生活空间，日益趋同的商业空间，则在很大程度上消解了大理的多样性和包容性，环境氛围的变化也是导致艺术群体出走的重要原因。在佛罗里达的"3T"要素中，虽然技术被视为是促进创意滋生和区域发展最重要的要素，但是对于大理来说，其发展资源和基础条件都有别于大都市，以技术密集型产业为发展路径必然不适合大理，其他两个要素，尤其是宽容度的维系，在大理未来的发展中更加重要。尽可能地保持住大理的人文气候，创造有利于发挥艺术群体创意的生活环境也是大理文化艺术生活得以持续演变发展的关键。如今文化环境、艺术氛围等软性的力量在城市发展中的重要性已经逐渐被认知，关于"创意阶层崛起"的说辞甚嚣尘上，甚至演变成为各地的"抢人大战"。以发展文化产业之名，无数的文创园区、艺术村落如雨后春笋般建立起来，被寄予生产软实力的厚望。但"软实力"是一个抽象的概念，其投入和产出都很难衡量，艺术群体集聚的原因也不仅仅只是园区内低廉的房租，城市管理者需要发现并满足更深层次的诉求来留住创意人才。

如今已经有学者提出了"后城市"的概念，大理虽然是一个尚未完全实现现代化的地方，但却有可能在文化艺术生活的带动下赋予城市特殊的灵性，使大理跳过千篇一律的现代城市阶段。率先进入后城市阶段，满足后现代社会人们的生存需要。与此同时，越来越多的大都市也开始追求这些软性的力量，缺少大工业基础支撑的大理，在未来将会面临新的更强大的竞争。交通的进步缩小了空间距离，人们的活动范围因此变大，但活动的意愿却未必随之变大。在快节奏的时代，休闲时间越来越有限和碎片化，人们更希望在忙碌之后找个离家近又有不同体验的地方躲上一阵，然后继续投入日常工作和生活。大都市周边的乡村旅游发展日益兴盛，面对其更便捷的交通和更完善的服务，本土文化消费尚且不足，更多依靠旅游业外来输入的大理，不仅要明确自己的城市发展定位，在中小城市中更加独树一帜，也需要找到与大都市不同的竞争优势。在政府的各种顶层设计出台之后，更需要其他多元力量的参与和个人创意力量的发挥，共同促进大理城市的可持续发展。

文化艺术生活在大理出现的原因，单用"偶然"二字是难以解释的。大理优越的自然环境、特殊的地理位置、包容的文化氛围、多元的地方文化在全球化时代呈现出独特性和稀缺性，与艺术群体闲适、自由、理想主义的生活方式结合，在大理创造出"诗意栖居"

的感觉，吸引庞大的消费群体前来体验感受。当地方性的文化生活无法满足大量外来消费者的现代需求时，新的文化艺术生活形态不断出现，并与原有的地方文化生活一道构成大理独特的文化环境和艺术氛围。从风花雪月营造出的整体氛围，到与古城古镇、巷道街区、传统民居结合的具体消费空间，再到民艺体验、生态农业、创意集市、新型教育等艺术群体集聚创造的各种形态的文化艺术生活，大理势必因其特殊的体验性在文化旅游城市的竞争中脱颖而出。同时，艺术群体在大理创造享受文化艺术生活，既满足了自己生存发展的需要，又为现代旅游消费者提供了更多体验选择，也使得大理摆脱了作为偏远民族地区过度依赖传统地理区位优势和少数民族文化资源的发展路径，主动融入了全球化潮浪之中，在经济、文化、社会各方面获得了新的发展空间。

在大理文化艺术生活这一现象的特殊性之中，也有很多普适性规律。大理文化艺术生活的出现，显示了今天遭遇现代性问题的人们对于休闲体验、娱乐逃遁的要求和旅游产业转型升级的趋势，其背后蕴含着巨大的文化价值和经济价值。未来中国文化产业的发展将愈发明显地呈现出两个不同的态势，一是集中在东部发达地区的，以资本、技术、人才等核心要素聚集为特征的文创园区、数字文化产业等现代文化创意产业发展模式；二是集中在中西部民族地区、乡村地区的，以在场性、体验性为特征，地方传统文化与文化旅游体验结合的民族文化产业发展模式。在中国的中西部还有很多像大理这样自然环境优美、地方文化资源丰富的中小城市和乡村民族地区，相较于东部诸多已经崛起的发达城市，这些地方经济发展水平相对落后，文化较为小众和边缘，本土文化消费能力不足，各方面的基础条件都不支持发展高新技术密集型、工业化大规模复制生产型的文化产业业态。然而，这些地方的文化资源与地方民众的生产生活紧密结合，体现在宗教、节庆、歌舞、服饰、建筑等各个方面，与地方的自然环境、文化氛围等整体空间也密切相关，能够对日益趋同的现代大众文化形成抵抗和补充，在全球化时代显得弥足珍贵。

随着物质水平的进一步提高，人们对文化艺术的需求和对生活本身的关注还将进一步增强，文化艺术生活的价值会更加凸显。借助现代媒介等技术手段，对地方传统文化进行现代化、国际化的呈现，将在全球化的浪潮之中为地方传统文化找到新的生存发展空间，其价值不仅体现在地方认同、社会凝聚等方面，还将进一步体现在经济增长、区域整体发展等方面。利用地方传统文化与现代大众文化的差异，依托地方整体环境氛围，通过创新发展文化旅游等产业业态，营造传统与现代结合的独特体验感，吸引游客体验消费，吸引创意人才留驻，将是未来中西部中小城市和乡村民族地区实现经济跨越发展、产业结构调整的有效路径。

同时，大理文化艺术生活中存在的矛盾也反映了当地方被置于全球视野中时所面临的挑战。在外来文化、新兴观念的冲击下，地方在寻求新的创新发展路径的时候，若不能维系好文化生境，将会动摇发展的根基，使地方失去独特性。旅游业的发展、外来商业资本的进入，也使得商业空间与生活空间产生区隔、不断博弈，地方民众和外来群体的生活将处于长期的碰撞当中。在这个过程中，创意人才的力量与地方政府的引领，将对地方的可持续发展起到关键作用。

卸下"乌托邦""世外桃源"等所有被赋予和被想象的词汇，大理也不过是一个正常的城市，与之对应的，是中国数量庞大的正在疾速前行的其他城市和人们依旧在疯狂生长的欲望。相比"小隐隐于野"的状态，一方面由于大多数的人没有足够的时间和精力彻底逃离都市去乡村生活，另一方面乡村也在不断被席卷进城镇化的浪潮中，无奈之下更多人的选择只能是"大隐隐于市"。每个城市都需要创造出足够"大隐"的环境和条件，这在很大程度上寄希望于新群体、新艺术、新消费的出现，以及现代时尚与地方传统结合的文化艺术生活。通过对人的创造力的运用和对文化艺术氛围的营造，在钢筋水泥之外打造城市新的有温度的文化个性品质，是所有城市发展到一定阶段需要思考的问题。因此，大理文化艺术生活的出现，不仅对中小城市和乡村民族地区有启示，对大都市也有一定的借鉴意义。

成都明月村艺术乡建的文化经济互嵌研究

作　　者：雷静梅
　　　　　云南大学民族学与社会学学院
　　　　　2019级民族文化产业硕士研究生
指导老师：林　艺

中国是传统的农业大国，农村社会的进步关系整个国家的发展。2000年之后，国家加大对"三农"问题的高度重视，乡村产业、文化、生态等要素备受关注。美丽乡村与乡村振兴战略的提出，为乡村建设提供政策性支持，而当代艺术的价值寻求与人民对美好生活向往的需求契合，使艺术成为一种乡建新形式与新路径逐渐兴起并快速推广。本文选取四川成都近郊的明月村为田野点，在民族学的互嵌理论与经济学的共生理论视角下，采用田野调查与个案分析的研究方法，对携带艺术资本的外来艺术家与持有本土资源的当地村民间形成的艺术乡建现象进行观察，探讨艺术乡建背景下个案所反映出的借鉴意义与问题冲突，以对艺术乡建理论研究与实践探索进行补充。

本文立足乡村振兴战略背景，从明月村艺术乡建发展概况出发，具体阐述了明月村艺术乡建中的文化经济互嵌现象，即明月村文化经济互嵌是艺术家与村民在共生与互嵌目标指向下的经济互利与文化调适过程。具体而言，经济层面，艺术家的艺术资本与本土资源相结合，表现出资本与资源互嵌下的产业互嵌形态与问题；文化层面，艺术家与村民在资源的互用与互补中，呈现出文化互嵌与调适的一致性与冲突。在乡村这一特殊空间中，文化与经济交融共生，既有合力，也存在冲突，形成了明月村艺术乡建的特质。

从明月村个案来看，艺术乡建是实施美丽乡村与乡村振兴的有益尝试，但艺术所赋予的乡村生命力的持续问题有待实践去检验。尤其受新冠肺炎疫情的影响，旅游业遭受重创、乡村旅游更加脆弱的背景下，艺术家能否使其资本与乡村资源持续保持"互增"发展趋势，守住乡土，均受旅游市场活力恢复与乡村稳定扶持的发展政策等外部因素的影响。

一、明月村艺术乡建概况

明月村位于四川省成都市蒲江县甘溪镇，地处蒲江、邛崃、名山三县（市）交汇处，历史悠久，民风淳朴。村庄面积11.38平方千米，辖15个村民小组，1237户，总人口4086人。明月村拥有雷竹8000亩、茶园3000亩和大面积生态松林。2009年以前，明月村还是"市级贫困村"，第一产业是乡村产业结构的主要构成，村民生计依赖于水稻和玉米等粮食作物的种植。乡村基础设施薄弱，交通条件较落后；农民居住条件较差，生活环境较差。2001年，政府结合明月村生产实际，引入浙江雷竹，并鼓励村民广泛种植，促使明月村于2009年成功脱贫，村民生活水平显著提高。目前，明月村村民基本舍弃粮食作物的种植，均种植雷竹、茶叶、猕猴桃、柑橘等经济作物。

明月村自古以来就有采用邛窑工艺进行制陶的传统，村内现存4口古窑。其烧制工艺完整保存了唐代工艺，被称为"活着的邛窑"。2012年，明月村以修复明月窑为契机，打造明月国际陶艺村，以引入艺术家及其文创项目为抓手，大力开展乡村建设。明月村先后被评为全国文明村、四川乡村振兴战略实施示范村落，多次受到来自央视等多家媒体的采访报道。

（一）明月村艺术乡建的缘起

明月村位于四川省高岭土储藏量最大的区域之一，村内拥有超过300年历史的古窑，其中张碗厂被认为是"活着的邛窑"。2008年，受地震影响，窑址塌陷。陶艺家李敏在考察后，提出对其进行修复，并依托村内的制陶历史和制陶工艺，打造陶艺村。2014年，张碗厂修复完成，并以新名称"明月窑"面世，明月村由此开始打造明月国际陶艺村项目，引进新村民与文创项目。

张碗厂修复期间，李敏以自身影响力引起了政府、村民与外来人的许多关注。政府对明月村发展国际陶艺村项目展开讨论，充分认可其后期发展的可行性，并基于明月村前期已搭建的良好基础设施、交通条件及其生态环境，逐步投入明月村项目启动与推进资金，制定支持发展的相关政策，从基础设施的完善、项目规划总体部署等方面展开了政府行动。其后，在县委县政府的支持下，成立了"蒲江县明月国际陶艺村项目工作领导小组"，负责项目策划、规划、招商、推广和管理。项目组成立后，先后引入近百位建筑师、设计师、画家、策展人、摄影家、陶艺家、扎染工作者等艺术家新村民及40余个文创项目，并将明月村规划设计为"一核四区一中心一环线"空间布局（见图1）：一核为陶艺手工艺园区；四区为村民创业区、茶山竹海与松林保护区、林盘院落改造区；一中心为文化中心；一环线为紧靠318国道的乡村旅游环线。实现对全村空间形态、产业布局、生态保育、公共服务、景观风貌等进行统一规划、系统设计。在项目组的规划推动下，明月村乡村建设步伐逐步加快。2018年，项目组（乡村研究社）在完成明月村项目前期的引进和宣传的任务使命后，团队随即解散。其后，明月村乡村旅游合作社部分承担了项目组的责任，全面推进明月村的艺术乡村建设。

截至2021年9月，明月村共引进文创项目51项，带动村民创业项目30项（见表1），呈现出新老村民共建共治共享的发展图式。

表1 明月国际陶艺村项目

序号	项目名称	项目内容	项目状态
1	明月窑	陶艺参观、陶艺体验，禅茶，简餐	运营
2	呆住明月（1期）	院落式艺术酒店，成都市金芙蓉民宿	运营

（续表）

序号	项目名称	项目内容	项目状态
3	樱园	餐厅、民宿、农产品加工坊、艺术展厅	运营
4	云里艺术工作室	有朵云咖啡馆、艺术展厅、创作工作室、花艺房	运营
5	晓得民宿	民宿、餐饮、会议	运营
6	篱下	画廊、手工文创工作室	在建
7	远家（含宁远工作室）	制衣体验空间、创作工作室、染织制衣博物馆、民宿	运营
8	乐毛家	自然保护学校、农耕学院、农夫市集	运营
9	善本学堂	国学、艺术书馆与培训、民宿、展厅	运营
10	青木	设计工作室、民宿	在建
11	鹿熙	酒店、陶艺展厅、茶室	待建
12	生活世界	美术馆、公共艺术活动空间、民宿	待建
13	呆住明月（2期）	设计酒店、民宿	待建
14	乡香明月坊	酒店、SPA、慢生活方式体验馆	待建
15	明月剧场	集市、会议室、展览厅、剧场	在建
16	馀光堂（三三满满亲子酒店）	亲子酒店、花艺工作室、燕来华服设计工作室	待建
17	远远的阳光房	草木染体验、教学、展示	运营
18	晒里客栈	民宿	运营
19	蜀山小筑	蜀山窑陶瓷艺术博物馆，陶艺交流创作，陶艺体验	运营
20	蜀山窑工坊	陶艺产品生产与研发、村民培训	运营

（续表）

序号	项目名称	项目内容	项目状态
21	火痕柴窑工坊	柴窑研究、传承、展览	运营
22	明月轩篆刻研习所	篆刻书画展示、培训、民宿	运营
23	朴园	民宿	运营
24	素舍	新媒体工作室	运营
25	画月客栈	民宿	运营
26	归派·归塾	乡建研究、文创旅游	暂停营业
27	无名简居	手作、民宿	运营
28	云章乡居	民宿	运营
29	搞事情小酒馆	音乐酒馆	运营
30	青黛	蓝染	运营
31	明月食堂	主题餐厅	运营
32	邂逅别舍	民宿、展厅	运营
33	平静月	花园民宿	运营
34	想见	主题民宿	运营
35	俞明堂	张学勇艺术工作室（书法、陶艺）	运营
36	守望者音乐房子	音乐酒吧	运营
37	三木三舍	木雕、木器	运营
38	知北	艺术创作、民宿	运营
39	清泉烧陶艺工坊	陶瓷创意、生产、展示	暂停营业
40	乡土建筑研习所	乡土民居的研究、保护	运营

（续表）

序号	项目名称	项目内容	项目状态
41	翩翩小院	古风服饰文化工作室、展示	运营
42	觅花星野	美食、民宿	在建
43	指月山房	生态农业、禅茶生活	在建
44	贰叁伍玖	民宿	在建
45	曼陀罗茶人生活	茶空间、画室、展厅等	在建
46	不忙花墅	花廊、民宿	在建
47	归·墅	摄影展示	运营
48	四川金石研究会明月村创作基地	篆刻、书法研究创作	在建
49	八甲六朵柴窑美学生活馆	展厅、美食	在建
50	羽毛球馆		运营
51	谌家院子	民宿、餐饮	运营
52	门前椿宿	民宿、餐饮	运营
53	张冲的院子	民宿、餐饮	运营
54	竹苑人家	餐饮	运营
55	豆花饭	餐饮	运营
56	锦林苑	餐饮	运营
57	六姐葡萄	餐饮	运营
58	明月山房	餐饮/住宿	运营
59	山涧竹苑	餐饮	运营
60	柿子树家常菜	餐饮	运营

(续表)

序号	项目名称	项目内容	项目状态
61	唐园	餐饮	运营
62	兄弟农庄	餐饮	运营
63	周瑜农家乐	餐饮	运营
64	明月楠溪	民宿	运营
65	月溪客栈	民宿	运营
66	珍吾居	民宿	运营
67	竹间堂	民宿	运营
68	竹里拾家	民宿	运营
69	竹贤居	餐饮/民宿	运营
70	岚染工坊	蓝染体验	运营
71	刘氏陶艺	陶艺体验、蓝染体验	运营
72	明玥里陶艺工坊	陶艺体验	运营
73	香楠苑	民宿	运营
74	龚家大院	民宿、餐饮	运营
75	天成果园	有机农场	运营

资料来源：根据政府提供的相关资料整理自制，2021年7月。

（二）明月村艺术乡建的发展现状

明月村的乡村建设历程可大致可以分为三个阶段：2001年至2009年为脱贫阶段。明月村从依靠农业生产转变为借助茶叶、雷竹等经济作物种植，完成经济脱贫；2010年至2013年为乡村美化阶段。6000多万元社会资本入驻乡村，政府引导和村民参与相结合，加快乡村生存空间美化进程，优化生态环境，改善农民生活条件；2014年及以后为艺术乡建阶段。以修复明月窑为契机，大力引进文创项目，吸引来自全国各地的建筑师、设计师、画家、策展人、摄影家、陶艺家、扎染工作者等艺术家来到明月村，并成为"新村民"，明月村走上艺术乡建发展道路。

从明月村当前艺术乡建发展现状来看，明月村初步形成了共建共治共享的发展格局。共建机制在于在项目发展不同阶段因时制宜发挥各类主体作用，共治机制的构建是政府积极推动下形成的艺术家、村民、村集体与各类组织多元共治格局，共享机制围绕乡村产业发展、土地增值与生态保育促进艺术家与村民共享艺术乡建发展成果。总体而言，明月村围绕主体共建共治共享机制构建，进行了有益尝试，较好平衡了乡村参与主体的权力关系与义务行动，推动乡村产业经济、文化培育、人才塑造与就业、乡村品牌影响力等多方面提升。

1. 乡村产业、文化与人才振兴效果显著

农业、农村和农民是乡村的构成要素。伴随着51个文创项目的引进和培育，明月村逐步形成了"农创＋文创＋旅游"的产业发展模式。以种植业为基础和核心进行产业培育与打造，同时借助茶山竹海的生态环境与文创项目的边际效应，发展乡村文化创意产业与乡村旅游业。作为乡村产业发展的新经济业态，旅游业为乡村带去人气与商机。乡村旅游合作社成立，在本土悠久制陶历史的基础上，积极传承传统陶艺文化，并以竹叶、茶叶、板蓝根等常见草本植物为原材料引进蓝染、草木染文创项目，引导村民进行创业，打造出集研学旅游、农事体验、观光农业、民宿经济于一体的旅游新业态。开发独具明月特色的笋、茶、果、陶、染、酒酿等文创产品与旅游商品，提升产品附加值，并通过多渠道市场销售，提高村民收入。

明月村乡村文化振兴围绕三个方面具体展开：挖掘开发乡村传

统文化、举办与宣传新兴文化艺术活动、社区营造。基于悠久的制陶历史，明月村深挖邛窑历史文化特质，通过明月窑、蜀山窑等博物馆展示传统制陶工艺，并针对村民开展公益陶艺培训，引导村民开展陶艺相关生产经营活动。既实现对传统文化的保护与传承，同时村民通过创业活动提高收入，解决就业问题。在生态发展理念的影响下，明月村引入了蓝染和草木染两种扎染体验项目，以及篆刻、书法、绘画、木艺等文化项目类型，丰富了单一传统陶艺文化。激发和培育村民的文化自信与文化自觉是乡村文化振兴的重要举措。一年一度的春笋艺术月、中秋诗歌音乐会是明月村固定的节庆文化活动，而各类品牌文化活动的举办则极大丰富了村民文化生活。村民自发组织放牛班合唱团、明月之花歌舞团、守望者乐队等文化自组织，出版两期《明月村》期刊与《明月集》诗歌作品，既歌颂乡村文化，也将艺术融入日常生活，实现艺术"日常化"，村民逐渐成为乡土文化的代言人与发声者。

社区营造是其文化振兴的一个重要方面。人是乡村发展的内核所在，文化振兴的关键在于乡村中的人的培育。通过引入新村民，创造新活力，并对老村民进行培育，打造乡村发展的内生力量。明月村自2015年起，便通过明月讲堂与明月夜校对村民进行培训，内容涵盖乡村建设、生产经营、乡风文明等。据统计，截至2021年7月31日，明月村共举办明月讲堂54期，明月夜校101期，实地参与人数超8000人，网络受众超15万人，对村民生产生活产生了积极影响。而各类陶艺培训班、草木染培训计划、导员培训等技能培训活动则构成了明月村社区营造的重要组成部分，成为乡村人才培育、创业就业孵化的助推器。

2.就业方式转变，在地劳动力市场逐渐形成

传统乡村就业一般呈现出农业集中程度高、外出务工比例大、

村民受教育程度差距较大等特征。明月村作为一个传统型村落,依靠种植业生产,过着自给自足的田园生活,年轻人外出务工的工资性收入作为一项生计补偿,在明月村收入构成中占据重要地位。艺术介入使明月村产业形态发生变化,产业结构得到调整;村民就业渠道不断增加,乡村多元就业模式逐渐形成;与此相伴,村民收入来源的多元化趋势凸显,除传统种植业收入为主要构成外,劳务性工资收入、财产性与经营性收入也日益递增。

艺术乡建之于明月村,不仅是乡村艺术文化元素的入驻,同时也意味着文化创意产业与旅游业等新兴产业业态在乡村出现,第一产业与第三产业的乡村融合发展,为村民提供了更为多元的就业渠道。目前,明月村村民就业可大致分为以下几个部分:依靠种植雷竹、茶叶、柑橘与猕猴桃等经济作物为生的第一产业村民,囊括村庄大部分村民;通过模仿学习,新村民成为陶艺、扎染工艺的从业者;依靠旅游业发展成为民宿、农家乐等第三产业经营者;三轮车、导游、餐厅民宿工作人员等服务业从业人员;外出务工人员。区别于传统的农业种植与外出务工,艺术介入为乡村多元就业创造了条件。村民不仅以较低风险从事传统种植业,同时依靠旅游业的发展增加收入,提高生活水平。

随着艺术介入乡村程度加深,明月村逐渐成为一个地方劳动力市场。对内而言,明月村就业呈现出以传统种植业为根本,越来越多村民进入第三产业经营的趋势特征;而在劳动力的迁移上,则呈现出乡村外出务工人员逐年减少,回村创业或工作的村民越来越多的发展趋势,村内聘请临时工工资已达150元至200元一天。

各类文创项目的落地生根与旅游活动的开展,有助于提升农业人口就业,一定程度上减少当地村民长期务农与外出务工的情况,在家门口就能就业,不仅带动乡村经济发展,也有助于解决农村空洞化现实情境下，留守村民与残疾人等剩余劳动力的就业问题。从没有产业经验的农业人口转变为拥有一定就业技能、熟悉服务业运营的产业经营者，明月村就业方式发生明显变化。

而对于外部劳动力市场，明月村逐渐成为周边村落、乡镇，乃至县（市）的一个小型在地劳动力市场，市场化劳动体制逐渐形成。明月村的艺术乡建是成都市的先创之举，同时也是成果最为突出的项目之一。明月村的发展，不仅缓解了村内就业困境，同时也激发了对人才的需求。目前，除引进的新村民外，村内约有300名外乡进入明月村就业人员。户籍地主要是明月村周边村落和附近乡镇，以及雅安、名山、邛崃、蒲江等县（市）地区；就业选择涉及自主经营农家乐与民宿，或作为当地旅游产业中的服务人员，以及文创项目的工作人员等几大部分。外来人员的进入，让明月村同时作为就业人口迁出地与迁入地，并以市场化的体制机制展开竞争。外来人员携带资金、技术、关系，以有别于当地知识背景、文化信仰、经济基础的力量共同参与到同一个劳动力市场，在与村民的互动竞争中，劳动力之间经济生活差异逐渐缩小，乡村不断塑造具备市场竞争力的劳动力，在地统一劳动力市场逐渐出现和不断发展。

3. 乡建辐射效应突出

为更好地实现资源配置，明月村于2005年和2020年先后进行了行政村合并，形成了目前由四个行政村组成的明月村。明月村项目组最初对明月村的规划设计就已跳出村庄的行政地域范围，拟通过明月村案例，让"大明月村"概念辐射和惠及周边村落。其具体体现为在"大明月村"概念的辐射影响下，明月村吸引了大批返乡大学生回村创业和就业，同样也带动了周边村落、城镇、县市的大学生和村民跨地区就业。

明月模式是明月村通过引入艺术家和艺术工作者，与村民进行互动，开展艺术在地实践，并逐渐形成一个可供其他乡村借鉴参考的模式范本。明月模式的形成是三个因素共同作用下的结果：艺术家与艺术工作者、明月村项目团队、明月村地方性特色。明月模式的培育、形成、发展与成功，实际上为周边乃至全国其他"无特色"乡村摆脱贫困、改变村容村貌、建设乡村提供了一个新思路和有益借鉴，即基于本土文化元素，用艺术方式唤醒乡村内质，培育乡村真正主体——村民，从而促进乡村振兴。目前，明月村已成为蒲江县打造乡村振兴的品牌，影响了蒲江县如箭塔村、藕塘村、铁牛村等村落的乡村实践。

在明月模式的作用下，许多公益组织、工作室，以及半公益半商业化的机构入驻蒲江县，将蒲江县作为乡村建设圣地，从事建筑学、美学等艺术实践活动。以蒲江县西来镇铁牛村为例，该村由年轻人组成项目团队"丑美生活"，以种植本土作物"丑柑"为基础，引申出"丑美"概念，并进行一定程度的提炼升级，延伸至美学和哲学层面。由于项目培育时间较短，政府支持力度不充分，铁牛村项目推动进程缓慢，但其在明月效应影响下积极探索乡村建设可行路径，是乡村振兴的有益尝试。

二、共生：资本与资源的互嵌形态分析

经济学视角下的共生理论认为，经济共生是不同个体（群体）在商品、资金技术、信息等要素上所产生的全方位产业交流，是共生体形成与发展过程中赖以生存的基本条件，其目的在于形成较强的协调发展趋势与共进化作用。经济共生既是目标指向，也是产业发展的实施路径。

在明月村艺术乡建发展过程中，经济共生是主体达成的互利共识。在此目标驱动下，艺术家将艺术资本与乡村资源进行匹配，利益契合推动乡村共生产业形态出现，即基于对乡村种植基础与良好生态发展的生态农业与观光农业、基于乡村建筑资源利用的民宿经济业态、基于陶艺资源开发的乡村文创产业，以及兴起与发展的乡村旅游产业，而资本与资源的不匹配导致了乡村问题的产生，即村民艺术与生产经营区隔态势明显、村庄规范层面呈现出情感与理性交叠的矛盾局面。当然，为实现经济层面的有机结合与共生，艺术家与村民将持续在乡村展开互动，不断寻求个体与乡村利益的最大化实现。

（一）外来资本流向艺术乡建的资源形态

当代艺术对审美自律性与独创性的追求，催生了公共艺术与大地艺术等新艺术形式的出现。艺术乡建是艺术在乡村的实践表达，可被视为公共艺术下乡的结果，以及大地艺术的集中表现。也不乏有艺术家为寻求独特的艺术源泉与艺术作品，将艺术乡建视为一种个人行为艺术。

中国乡村是传统农业文明与传统秩序的积淀，保留了大量、独特文化品质，它为艺术下乡提供了充分的自然空间与社会文化空间。

艺术家介入乡村既是乡村振兴等战略的号召，但从更深层次意义上而言，乡村独有的建筑景观、民风习俗、宗教信仰、规则秩序等传统文化与自然生态契合了艺术家的审美需要，促使他们产生从乡村发掘灵感的冲动。除对艺术理想与艺术审美的深刻追求外，不同艺术家有着不同的利益诉求和价值目标，他们期待从乡村获得不一样的体验。乡村相对低廉的成本吸引了部分艺术家来此定居，明月村独特的文化生态成为许多艺术家入村的关键因素。而从经济利益角度而言，以较低廉的成本创作或销售艺术作品，或从事生产经营均能获得个人利益最大化，这也成为部分艺术家入驻乡村的原因之一。

根据法国社会学家布迪厄对文化资本的划分，文化资本具有三种表达形式，即具体形态、客观形态与制度形态。具体形态是指以精神、意识和修养等形式存在的能力；客观形态是文化要素附着在具体物质载体存在的形式，即文化产品；制度形态是我们通常而言的文化制度。艺术资本即是以具体形态和客观形态存在的文化资本类型，其表现形式主要包括艺术形态资本、艺术人才与艺术资金三类，其中艺术形态资本主要指现当代的艺术表达形式。下面将从艺术资本的三种形式对明月村艺术资本流入艺术乡建的资源类型进行阐述。

1. 艺术形态资本

明月村艺术家与艺术工作者们在乡村的艺术实践活动主要包括四个方面：一是通过建筑设计、绘画等艺术形式对乡村建筑景观与公共设施设计与改良；二是依赖建筑、设计、绘画等艺术形式进行文创产品及乡村旅游服务设计；三是借助音乐舞蹈、设计、会展、手工艺等艺术形式保护传承乡村文化与创造新文化；四是将多种艺术形式相结合，为培育乡村主体所进行的社区公共生活恢复与社区教育。艺术家利用各自专长开展丰富的艺术乡村在地实践，与乡村资源结合，不断寻求资本与资源的匹配和契合。

2. 艺术人才资本

明月村自2014年起陆续引进100多名陶艺家、扎染艺术工作者、设计师、建筑师、策展人、作家和画家等艺术家与艺术工作者。当然从严格意义上而言，进入明月村的新村民不是真正意义上的艺术家，而是有着"乡愁情结"和"艺术审美气息"的文创项目经营者。所有外来者包括乡村规划师、"艺术发烧友"（有一定艺术想法与追求的投资人）、艺术手工艺人。具有代表性的新村民有工艺美术大师李清、四川卫视主持人（作家、设计师）宁远、建筑师施国平等，以及各类文创项目的经营者。他们虽不是完全意义上的艺术家，但作为一种乡村中的新力量，拥有艺术审美与追求是其典型特征，这意味着他们的乡村实践活动均带有艺术与审美元素。他们将艺术形式、艺术理念与资本带到乡村，投资项目或成立个人工作室，创作艺术作品、寄托情感，并通过自身影响力吸引游客的到来，对乡村产生诸多影响。

3. 艺术资金

艺术家是艺术形式与资金的携带者，其对乡村的改造都是在艺术资金基础上所进行的多种艺术形式表达。明月村当前艺术家项目共计51项，大规模项目约10项，各项目投资均在2000万元以上；其余中小规模项目投资均在500万至1000万元之间。艺术家资金在乡村的投入，既完成了个人项目的打造，也促进了乡村景观、乡村产业与文化的多重变迁。其中也有艺术家个人对村民的投资，如新村民熊英、阿野和宁远各出资10万元，支持天成果园生态种植项目。

（二）艺术乡建过程中的本地资源类型

明月村的资源禀赋条件是艺术家入驻乡村的重要参考因素，也是明月村文化经济互嵌产生的基础与载体。本文所讨论的资源主要是从资源的基本属性来划分的，即包括土地、动植物、能源矿产等自然资源，以及人力、资本、技术、文化等社会资源。明月村资源构成较丰富，根据实地调研发现，外来艺术家对乡村资源的利用主要是基于对明月村文化资源展开的，同时明月村的生态资源与基础设施条件作为资源补充，推进了外来资本与本地资源的产业互嵌形态。

1. 文化经济的资源基础

文化资源是文化经济的资源基础。明月村文化资源数量较多、分布广泛、类型丰富，物质与非物质文化资源齐头并进，其多元丰富的文化资源，成为吸引众多艺术家入驻与实践的重要因素。

（1）川西民居风格的建筑文化

明月村位于成都市郊外，川西平原中心，其乡村民居有着川西民居建筑的基本特征，同时在社会历史的发展过程中，明月村民居建筑也逐渐形成了鲜明独特的地域性特征。在建筑选址上，明月村民居选址依山傍水，紧靠318国道和临溪河（从明月村发源，连接下游五个村庄），充分体现了因地制宜、与自然融合共生的哲学理念。在建筑空间布局与结构方面，明月村民居遵循川西民居风格特征，不完全对称的一字型、L型、庭院式建筑交错相间，穿斗式结构设计让乡村民居长久保留着地域建筑结构样式。在建筑色彩的选择上，除保留朴素淡雅的整体表征，也表现出多样丰富的色彩搭配。在建筑装饰上，位于乡村的民居建筑尚未将现代化的装饰元素引入并应用，更多将传统花鸟、书画、动物花草、历史人物等题材装饰到建筑门、窗、梁、柱上，且做工较简单。在建筑材料的使用上，明月村乡村民居建筑凸显了地方性建筑特色。丰富的乡土材料为明月村建筑提供了多种选择，取材广泛、用材环保经济、材料适应性强是其建筑材料的典型特征。除取材于传统的砖瓦木石材料，明月村还结合了其特有的竹材、泥土，以及废弃的陶制品和扎染植物原料。就地取材不仅节约成本，同时也体现出乡土建筑与乡村地理特征、自然生态、人文环境的协调共生。

（2）历史悠久的陶艺文化

邛窑，乃中国著名民间瓷窑，是四川烧造时间最长、产品最丰富、造型纹饰最美的陶瓷窑。自南北朝时兴起，邛窑已有1500年的悠久烧制历史。唐代兴盛，两宋衰落，但以成都平原为中心的窑场与窑系仍保持高速发展的态势，直至民国时期。四川省成都市蒲江县甘溪镇位于成都平原西部边缘，是经318国道进藏的必经之地。明月村得名于明月寺，因其右山像日，左山像月，故名明月寺。明月村历史悠久，烧窑传统自古有之。因其位于四川高岭土储量最大的区域之一，良好的资源条件使其烧窑工艺传承至今。

目前，明月村内共有窑址遗存超过10个，现存窑址有上下张碗厂（明月窑前身）窑址、孙碗厂窑址和吴碗厂窑址。值得一提的是张碗厂窑址，在2008年以前仍保留着较好的阶梯式龙窑，并以烧制农村土碗持续传承邛窑制陶工艺。该窑窑龄300多年，占地面积较大，窑工数量众多。就地取材，生产农村土碗、土杯盏、土罐、土钵等实用生活器物以及省油灯、双流壶等特色产品，产品自给自足，少量外销。2008年，受汶川地震影响，张碗厂塌陷，厂房与窑炉受损，不得已停产。孙碗厂窑址荒废时间已久，目前已被用作村民住房、厂房和果园用地。其烧制产品与张碗厂并无太大差异，均是为村民与周边村落服务。吴碗厂原为甘溪镇土陶社前身，从前属国营体制，员工众多，生产陶瓷产品种类丰富，不仅生产农村土碗，附带生产少量陶瓷杯盏盆钵等器物。其生产土碗表层均会涂以黄釉以耐高温，既经济实用，也美观大方，产品畅销雅安、名山、蒲江、邛崃、温江、大邑等地区。

2012年，著名旅游策划人、陶瓷品牌"扫云轩"创办人李敏考察发现张碗厂龙窑遗址，提出对其进行修复，并打造以陶艺为主的乡村旅游目的地和集陶艺生产、展示、体验和销售于一体的国际村。2014年，明月窑修复完毕，百年老窑焕发新春。这个窑口，从窑炉设备、陶土分析、釉料配方等各方面，既传承邛窑优质基因，又注入来自景德镇的现代陶瓷技艺的创意和技法。随着艺术乡建进程的推进，"蜀山窑工坊""蜀山小筑""火痕柴窑工坊"等项目相继入驻，明月村陶艺在造型结构、设计样式、烧制技术等方面与外来文化要素相结合，内涵更加丰富。

（3）独具特色的节庆文化资源

节日是人们在长期历史发展中形成的具有一定意义的并在特定时间举行庆祝或祭祀仪式活动的日子。节庆文化是节日的仪式化，它是人们主动创造的并为人们精神所需要的一种民俗文化仪式。不同地区的人民用劳动创造财富与文明，也创造出各具特色的多样节日与节庆活动。

节日是人们平淡生活和未来生活的承接，节庆活动为人们的休闲娱乐与祝福 祈祷提供了条件，能够在一定程度上强化集体记忆、凝聚集体意识与文化认同。以节日活动的内容划分，可将节日分为政治类节日（如国庆节）、民俗类节日（如春节、地方庙会）、民族宗教类节日（如开斋节）、农事类节日（如啤酒节、甘蔗节）等。明月村节庆活动主要由传统的政治类、民俗类节庆和新兴的节庆活动两部分构成。传统节庆主要有春节、端午节、中秋节，新兴节庆主要是明月村春笋艺术节。相对闭塞的地理位置让传统节庆活动在乡村得到较完整地保留。传统民俗类节日，如春节、端午节和中秋节承载了深厚的民族与民俗文化底蕴，因此，在节日活动的庆祝上往往以凝聚人心、慰藉与缅怀祖先、丰富和升华内心为主要目的。明月村传统节庆活动基本延续着从古至今的庆祝形式，如元宵节吃汤圆，中秋节赏月吃月饼，与城市和其他乡村并无较大差异。当然，传统节日活动在乡村的较完整保留，不仅为乡村平淡生活增添许多趣味，也为新村民进入后对传统节庆的开发实践奠定了基础。

明月春笋艺术月是在蒲江县政府支持下，由明月村村民委员会、明月村乡村旅游合作社与四川广播电视台合作，共同策划、组织、承办的乡村新兴节庆活动。活动自2012年开始，于每年3月至4月举办，至今已开展10届（2012—2021）。春笋艺术月设立之初便以"效益和品牌"为价值目标，立足于明月村本土特色产品"雷竹"，对笋产品本身及其元素进行提取，通过艺术节形式，吸引村民和游客参与活动。村民提供品质较好的笋产品与食物，游客参与挖笋体验和产品品尝。艺术节增加农产品销量，拓宽农产品销售渠道，促进明月村雷竹产品文化品牌打造，扩大明月村的品牌影响力。

2. 相关资源条件

（1）茶山竹海的良好生态环境

明月村自2001年引进雷竹，后在政府引导下开展茶叶种植，目前已构建了8000亩雷竹和3000亩茶园的茶山松林交错相间的良好生态环境。在现有自然资源基础上，明月村将"生态优先、绿色发展"理念贯彻在生态本底的夯实与培育中。村内马尾松、梁山渠、茶山、竹海，以及与之相协调的乡村自然景观均被纳入生态保育的规划范围，同时乡村绿道建设、旅游厕所、农户风貌、院落美化等人文生态环境也得以持续性地梳理与打造。经过政府与村民的协力建设，乡村"七改七化"与垃圾分类行动大力推进，明月村乡村生态环境得到有效保护，农村环境治理也取得明显成效。

（2）基本完备的基础设施条件

在政府支持下，明月村完善村落的基础设施条件，创造满足人民所需的消费场景和生活场景。明月村项目团队结合土地利用总体规划、环境保护规划等相关规划，对乡村公共基础设施与文化设施进行系统设计与构建。其较完备的基础设施条件，不仅让明月村在良好生态环境的基础上拥有了堪比城市的便捷条件，也成为吸引外来艺术家入驻明月村的重要因素。

公共基础设施是保证村民日常生活的基础物质条件，也是各项事业发展的基础。明月村建成 8.8 千米旅游环线、7.7 千米旅游绿道、6.7 千米步行道，1 个篮球和足球场地、2 个旅游接待中心、8 个生态停车场、6 个旅游厕所，实现了乡村景观的美化和公共服务设施的完善。村内安装了 LED 导视牌、电网、污水处理管道，同时进行了其他旅游相关基础设施项目建设。天然气入村、污水排放治理、光网全覆盖，不断满足人民生活需求与文化需求。在文化设施的搭建上，明月村强调"村民主体"的角色定位，开设了陶艺、篆刻、木艺博物馆，创建了明月书馆、制衣体验馆、书画展厅等个性化公共文化服务空间。建成面积 2310 平方米的明月村文化广场与配套文化墙，为村民创设良好的文化阵地。

（三）共生产业形态与问题

2001 年是明月村村民生计依赖发生转变的关键时间点。政府鼓励村民放弃收入较低的农作物种植，转为种植茶叶、柑橘、猕猴桃等产生较高经济效益的经济作物。2014 年后，艺术家入驻，艺术资本与乡村资源相互磨合，达成互利共识，明月村逐渐形成了基于种植基础与良好生态的生态农业与观光农业、基于乡村建筑资源利用的民宿经济、基于陶艺文化资源开发的乡村文创产业，乡村旅游产业逐步兴起与发展。乡村目前生成的产业形态是资本与资源的匹配与契合，而在互利行为之外的利益冲突则对乡村产生了不利影响，其问题主要表现在乡村艺术与产业经营区隔态势明显、村庄如何规范平衡传统感性信任与理性契约的交叠两个方面。

1. 基于种植基础和良好生态发展的生态农业与观光农业

茶山竹海是农民的生计依赖资本。村民依托茶山竹海松林的乡土景观构建乡村自然生态底色，同时通过产品生产获取种植收入和旅游收入。从第一产业总体发展情况来看，在新村民的引导帮助下，老村民以种植业为基底，创造性地在乡村兴起并发展了生态农业与观光农业。同时，新老村民根据茶、竹、松产业特色，不断延伸产业链，共同打造明月笋、明月果、明月酿与明月茶等农创品牌，借力互联网媒介，"线上"与"线下"相结合，促进农产品广泛销售，提升农业经营效益与农民收入。通过新老村民的共同努力，明月村茶叶年均产值2400余万元，雷竹年均产值5600余万元，带动旅游年收入约3300万元。

（1）生态农业的兴起与推广

基于土地可持续利用与生态环境改善的需求，以及增加村民收入的直接动因，由城市进入乡村的新村民，推崇健康环保的生活方式，偏好发展更环保、更自然的乡村生态农业。同时，为支持生态农业种植，阿野、宁远、熊英三位新村民每人出资10万，支持返乡大学生江维改造自家果园，带动周边10余户农户进行生态种植。但新发展理念的提出与村民的接受之间有一个过程，并非一蹴而就，新村民的生态发展理念在与老村民的矛盾冲突化解中逐渐得到深化。在维持生计与利润最大化的行为驱动下，明月村老村民坚持在茶叶种植中使用农药，老村民对生态种植的不信任是明月村前期发展生态农业的一大障碍。

村委会认可新村民的提议，动员老村民进行生态种植，但并未采取强制态度和手段。他们认为老村民无法在短时间内改变自己的传统认知。在此种情况下，村委支持返乡大学生开始生态种植的试点，成立生态联盟，并与新村民沟通，理解并帮助老村民转变观念，从生态种植中获益。对村内种植的农产品，新村民不仅主动购买，并作为"代言人"，广泛推广到社交平台，同时借助线上渠道帮助其销售，让老村民看到生态种植带来的好处，从而主动加入其中，助力乡村的生态种植产业。目前，明月村生态联盟已有10多户村民加入，乡村生态种植得到蓬勃发展。

（2）观光农业与农事体验的发展

茶山竹海松林的良好生态景观为现代观光农业的兴起创造了条件。农事体验的出现是明月村第一产业链延伸的具体体现，以区别于现代化的观光式旅游，而以深层次的体验式消费，创造了明月村乡村经济新形态与新表征。由于大多数村民仍以种植茶叶、雷竹为生，因此，挖笋与采茶体验得到了较大认可，都市农场采摘也得到了一定程度地推广，大多数从事农家乐与民宿经营的村民都将此作为一项收入来源。与挖笋体验活动对时间的更高要求相比，采茶体验得到了更广泛的普及。目前，明月村采茶体验活动定价为一次每人25—30元，游客参与率相对较高，且一般为家庭式体验消费。但由于明月村从事民宿、农家乐经营的村民仅占少数，因此，农事体验消费在乡村的推广与发展仍步履艰难。

（3）农产品附加值的提升

新型经济业态的出现，亦伴随着产品的生产、推广与销售。雷竹、茶叶、柑橘、猕猴桃等作物的产品设计、包装与宣传是农产品附加值提升的直接体现。目前，明月村大多数村民生计的主要来源是雷竹笋和茶叶种植。老村民在大面积种植经济作物基础上，对笋、茶等产品进行初步加工，制作笋丁或熟茶。新村民深度挖掘产品内涵，利用自身优势，帮助老村民设计包装出体现明月村本土元素和特色的产品，拓宽产品层次，实现产品的深加工，提高农民的市场议价能力。

为宣传推广明月村雷竹笋，新村民免费拍摄宣传海报和宣传片，并通过"开始吧"、网店等电商渠道和短视频、社交平台等新兴网络媒介宣传明月村特色农产品，新村民所开设的民宿、餐饮等文创项目，首先购买的是本村的农副产品。产品上市时，村民通过自销、与新村民合作销售或委托旅游合作社代销等方式获得收入。新村民的进入，以及旅游合作社的成立，一定程度上改变了传统村民仅依赖原产品的生产到批发或零售的单线模式，为农旅融合的逐步深入创造条件。而乡村节庆活动（如"春笋艺术月"）与地方餐饮、旅游体验和仪式习俗深度整合，则丰富了农产品的产品形态，提高了经济作物的文化内涵。

但从目前来看，明月村虽然对农产品进行一定程度的设计与包装，宣传媒介也起到了一定的推广作用，但对笋、茶等产品仍然停留在初步加工，对产品本身元素提取不充分，如对"笋""竹"元素的提取和加工的深加工能力较欠缺，产品附加值较低，产业链有待延伸。如何实现产品的深度加工，更多体现出地方特色与文化，增强市场竞争力，仍是明月村新老村民需要思考解决的问题。

三、互嵌：资本与资源互嵌的文化调适

艺术以一种较温和的方式进入乡村，成为乡村建设新路径。外来与本土文化在乡村场域发生碰撞，不同文化之间的交叉互嵌与相互作用，构建了乡村文化建设新氛围。民族互嵌理论强调不同族群间的空间、政治、经济、文化等要素互嵌，文化互嵌是不同文化之间的相互交流、兼容并包、异质共存，通过对文化资源的互用与互补，构建有机结合的文化生成状态。当然，不同文化持有者之间的互嵌过程不仅包含了相互包容与理解，同时伴随着由于立场、价值观念不同所带来的文化冲突。在此情境下，艺术家与村民针对冲突做出了理性行为选择和积极的文化调适，从而表现出明月村艺术乡建的特质。

具体来讲，明月村艺术乡建的文化互嵌体现在以下几个方面：艺术家利用艺术资本对乡村现有建筑资源与节庆文化进行改良与开发，村民在艺术家影响下逐步接受与认同外来文化，改造传统民居、组建乡村自组织等实践活动，是村民对自我文化进行主动调适的具体体现；而在乡村实体空间的转换与城市化审美趋从、文化艺术活动的开展与商业化倾向、社区教育的开设与村民的缺位等方面集中反映了资本与资源的契合与冲突，以及艺术家与村民在文化冲突情境下的调适。

（一）外来资本对当地文化的互嵌与利用

携带当代艺术形式、艺术资金、品牌价值、名人效应等艺术资本的艺术家入驻乡村，观察并对乡村资源加以利用，以促进自我艺术理想的实现与经济利益的获取。乡村建筑资源是艺术家关注乡土文化的初步探索，也是资本在明月村乡土文化利用中最突出的表征。

对节庆文化资源的利用是艺术家扎根乡村后的深度文化体验，它是大多艺术乡建实践者们能够发现并加以开发或直接植入的一类乡土文化资源，且能够以较快速度为乡村带去文化与经济效益。艺术家基于明月村现有节庆文化基础，对其节庆文化资源进行利用与开发，既为乡村带去直接或间接的文化经济效益，达成宣传乡村的目的，同时也促进了自我艺术思想与产品价值的实现。

1. 乡村实体空间的改造与修建

建筑是人类创造的最直观的物质文化，是历史记忆的承载和古今文化的沉淀。

乡土建筑作为人类建设的建筑场所，具有承载当地人类活动场所和村民记忆的普遍价值，因此它们非常鲜明地体现出某一时期独特的印象。这种印象或形象成为乡土建筑最为重要的概念，它与当地的历史文化有关，与当地村民的行为活动有关。

明月村历史悠久，当地民居独具地域特色，建筑形貌和整体布局印刻着外来艺术家与当地村民的互动选择。于外来艺术家而言，对乡村实体空间的观察、触碰、改造与再造，是其关注乡土文化的开始，乡村实体空间成为外来文化与本土文化发生关系的发端，而村民在艺术影响下对自身所居住的生活环境进行改变，则促使乡村实体空间成为现代文化与传统文化互嵌中最突出的体现。

（1）公共文化空间外形与功能的变化

明月村公共文化空间是指利用文化资源为村民提供公共文化活动的公共物理场所。它包括对现有空间的改造，也涉及艺术介入后新建构的文化空间。艺术家作为明月村乡村发展的一个重要驱动因素，成为推动明月村修建与改造乡村公共文化空间的重要力量。明月村现有的公共文化空间主要由以下几个部分组成：新修建作为甘溪镇文化馆、艺术家工作室和明月村图书室的石头房子；有着"明月夜校"培训、绘画培训等活动开展地等多重功能的村委会；修复为邛窑博物馆的明月窑以及引进陶瓷艺术博物馆的蜀山窑、俞明堂书法展厅、明月轩篆刻艺术博物馆、三木三舍木艺馆等艺术家工作室成为乡村公共文化空间的重要补充；以及守望者音乐房子（阡陌塔驿站）作为乡村的新兴城市业态——酒吧的入驻地，成为村民新消费空间和文化体验空间。

  明月村入口，矗立着2014年修建完成的新建筑，因其建筑材料取材于本土鹅卵石，被当地村民称为"石头房子"。2012年，李敏邀请PURE建筑事务所的施国平老师为明月村设计建造陶艺展厅与工作室空间。时任蒲江县政协主席的徐耘提出，希望该空间能够兼顾作为甘溪镇文化站的功能，因此在综合双方意见的情况后，石头房子设计作为文化展示厅、文化站（甘溪镇图书馆）以及陶艺家工作室。在明确空间功能后，就地取材，将附近临溪河中的鹅卵石作为主要建筑材料，由此形成了其独一无二的形象——石头房子。2014年底，陈奇及其团队接手明月村项目，并对石头房子功能进行调整，将文化站重新定义为接待中心与文化中心。自此，奠定了石头房子的功能作用，并充当村民与艺术家之间联系的桥梁，石头房子也成为明月村的地标建筑与象征符号，被广泛应用到明月村的对外宣传文本之中。

  受乡村产业结构调整的影响，明月村村民委员会工作内容与工作范围有所拓宽，原有场地不再能够满足日常工作需要。由此，在政府支持下，明月村在紧邻明月新村的核心位置修建了村委会新办公场地，以更好地服务新老村民和乡村建设。村委会的建筑风格与明月新村（小区）风格相协调，采用川西民居建筑的砖木结构，结合现代小区装饰元素，以红砖铺面，红灰相间，朴素淡雅，体现出建筑所富有的美学意义和功能价值。艺术家进入前，村委会功能单一，并未开展任何文化性活动。随着村内业态的丰富与乡村旅游的兴起，为帮助村民更好地参与到第三产业的经营，营造良好的乡风民俗，村委会在其空间内开设明月夜校，有针对性地培训明月村村民，改良村风民俗。明月画室也是村委会为村民开设的公益服务，聘请镇上专业美术老师为村内年纪较小的孩子教授美术技法，培养美学意识。课程中所产生的美术作品，会以会展形式进行展览，或直接作为装饰品，张贴到村内的公共文化空间。

明月窑博物馆是明月村公共文化空间的重要补充。明月窑自2012年开始修复，到2014年修复完成，建成明月窑博物馆，成为明月村首家具有现代意义的博物馆形态，保留了明月村陶文化的生存基地，为村民寻根问本、追本溯源奠定基础。同时作为明月村陶文化的展示空间，明月窑为宣传和推动地方陶艺文化走向世界创造条件，是地方文化的象征，也是明月村最重要的地方名片之一。目前，明月窑除作为博物馆提供参观展览服务外，也开发了陶艺体验、禅坐、冥想等新业态，丰富游客的旅游体验内容。而由艺术家工作室逐渐演变为公共文化空间最为典型的就是李清的蜀山窑陶瓷艺术博物馆。蜀山窑作为艺术家的工作室与经营场所，虽说具有一定的公开性，但游客是其主要目标对象，于村民而言，并不具有公共性。但通过开办公益课程，艺术家工作室成了明月村特殊的公共文化空间。

守望者音乐房子，原为明月村阡陌塔驿站，最初作为当地村民农业劳作时喝茶歇脚的公共空间。2018年6月，四川大学建筑学院设计团队对其进行规划设计。他们以当地民居与川西乡村教堂为构思原点，融合天主教堂与川西民居的建筑特点，在整体色彩运用、地形地势结合、环境映衬上，尽可能使驿站与周围环境相协调但又不失融合性与象征性功能，在相融中体现独立价值。采用西方巴西利卡式进行空间架构，借用西方教堂的彩绘玻璃窗要素，融合川西建筑的穿斗式结构、木制材料与朴素风格，中西有机融合。阡陌塔驿站试图通过"塔"这一意象，汇聚村民视觉焦点，从建筑外形和象征意义上重新定义村民心中的传统乡村建筑，构建村民群体记忆。2019年10月，驿站修建完成后，为实现建筑利用最大化，政府对阡陌塔驿站使用与功能进行了调整，在作为艺术家工作室的同时，兼具乐队排练、村民音乐培训、酒吧等多重效用。

无论是基于传统民居建筑进行改造，或是重新修建建筑空间，明月村公共文化空间总体呈现出将川西建筑与现代元素结合的建筑风格特点；建筑材料取材于当地石头、木材、乡土废旧物，生态环保观念突出；建筑空间功能从单一向多元转变，赋予明月村公共文化空间多重价值与意义。石头房子以其鹅卵石建造材料和象征意义，成为明月村村民心中最特殊的地标建筑；明月村村委会跳出传统，突破行政办公的空间价值的局限，为村民提供更为实际的培训服务；明月窑与蜀山窑作为明月村公共文化空间的重要补充，推动村民更好认识本土陶艺文化，提升文化自信；阡陌塔则是川西建筑风格保留与创新，留住村民共同的乡村记忆，赋予其标志性和向心性，为居民心中的乡土建筑增添了一份凝聚力。

（2）艺术家工作室

与公共空间相对的是私人空间，即新老村民所占有的私有建筑空间。新村民建筑空间的建造与改造主要分为两类：一是租借老村民的老房子加以改造，另一类是获取明月村的国有建筑用地，自主修建。截至目前，明月村新村民修建完成或正在修建的建筑项目共51个，内容涵盖陶艺、草木染等手工艺工坊，民宿、餐饮、咖啡等文创空间，以及画廊、剧场、酒吧等现代化消费空间。就整体而言，明月村艺术家项目功能大多具有多重性，不仅作为艺术家工作室，同时兼具民宿、餐饮、产品生产与销售、美学空间、艺术展厅等多重功能，本文将选取其中具有代表性的建筑空间加以阐述。

平静月民宿，位于明月村东环线的茶山松林保护区，是艺术家租借村民房屋加以改造的典型案例，其特殊性主要体现在该项目是村内唯一新老村民共同居住生活的艺术家项目。2017年底，平静月主人徐静在考察明月村生态人文环境后，毅然来到明月村，租借村民房屋进行改造，保留原有建筑的部分空间供老村民居住，并扩大原有空间经营民宿。平静月主人是从事绘画艺术的设计师，因此，建筑由主人自主设计完成，体现主人喜好与风格，砖木结合的建筑样式传达出与自然生态协调统一的建筑理念。目前，房屋原主人的老村民仍然作为工人与保洁，与平静月主人共同生活在同一空间内，并保持着良好互动关系。

明月樱园是明月村核心区最早建设完成，收益较好的艺术家项目。明月樱园是由著名设计师何多苓全程规划设计建造的建筑群，以"唯美极简现代主义"为设计理念，建筑表面以纯白色铺满，打造茶田绿道中的梦幻白房子。自2018年落成至今，明月樱园以其不同于川西民居建筑风格的建筑特色，逐渐成为明月村建筑新亮点。樱园的经营模式主要是部门负责制，樱园主人英姐将餐饮与住宿承包给外来人，本人仅负责樱园品牌打造与品控管理。开业经营3年，樱园俨然成为明月村盈利最佳的新村民项目。樱园还以明月村自有的松果、水果、茶竹、香草等材料为原料，酿造松酒、果酒，并加以设计包装，作为明月村特有的本土文创产品，获得市场的较大认可，产品供不应求。同时，通过产品媒介，樱园建立起与乡村、与村民的密切联系。

明月远家是明月村集书店、卖场、餐厅、露天剧场、染色展厅、手工教室、蓝染工坊、茶室、民宿等生活美学空间为一体的占地空间最大、内容最丰富多元的艺术家项目，于2021年8月全面修建完成。2015年知名作家、设计师、四川电视台主持人宁远带着其原创服装品牌"远远的阳光房"入驻明月村，从事蓝染工艺制作、体验与产品销售。作为明月村第一家租住老院子改造的文创品牌，"远远的阳光房"见证了明月村的改变，并实现了自我蜕变。2018年，宁远取得了核心区建筑用地的使用权，计划修建全新的远家品牌驻扎地。修建完成的远家占地面积13.5亩，三分之二的建筑是公共区域，包括书店、卖场、餐厅、露天剧场、染色展厅、手工教室、蓝染工坊、茶室、民宿等生活美学空间，另三分之一是其经营的民宿客房。远家整体建筑风格与明月樱园相似，建筑以纯白色打底，空间内部也以极简理念打造，表达纯洁、宁静、淡然的空间感受。远家自开业以来，已承办和举办了啤酒节、驻色展览、双手做工劳动者市集等多场活动，成为明月村丰富游客旅游体验、吸引外来游客的重要项目。

2. 节庆、会展及其他品牌文化活动

节庆产生于人类的生产生活中，与自然更迭、祭祀仪式、风俗习惯、作物丰收、礼敬伟人、情感抒发等有着密切关系，具有娱乐性、情境性、感染性和实践性等特征。节庆通常以娱乐化形式，多样化内容，实现对主客体的潜移默化影响，而也因其所具有的文化价值与经济效益的双重属性，受到艺术家及其艺术资本的青睐。

（1）传统节庆的现代化与新兴节庆的本土化

传统节日，如春节、端午节、七夕节、中秋节、国庆节、重阳节等在明月村有着其传统的韵味，村民坚守传统，以丰富多样的节庆活动表达对传统文化的态度，尤以中秋节为盛。新兴节庆则为明月村在乡村经济结构发生变化后所衍生出的庆祝活动，以春笋艺术节为主。艺术家将现代化的理念与设计融入明月村节庆文化内涵，实现对传统节庆的现代化与新兴节庆的现代化开发。下面以中秋诗歌音乐会与春笋艺术节两个节庆活动为案例，具体分析明月村艺术介入后节庆文化活动特征。

（2）会展及其他品牌文化活动

节庆活动是明月村文化艺术活动的主要构成，会展等其他品牌文化活动则为明月村文化生活的丰富做了有益补充。明月村新村民从乡村自然人文要素中产生灵感，创作艺术作品，并通过展览呈现艺术理想与艺术理念，或销售其艺术作品。如艺术工作者徐静于2019年展览自己在明月村创作的画作，同时她也承接外来者的展览，对新老村民的参观持欢迎态度。明月远家于2021年底联合驻色开办艺术展，同时创新性引入劳动者市集进入明月村，不同于乡村传统的"赶场"，"双手做工"劳动者市集将劳动诗意化，让人们感受到劳动所赋予的美学意义与美学价值。新老村民与外来商家共同参与，更是为市集增添了许多亮色。既实现陶冶身心的价值目标，也为乡村带去可观的经济效益。

除艺术家开办的个人展以外，明月村还开展陶瓷展、古琴诗会、皮影展、书画展等特色文化品牌活动，成功举办中韩竹海茶山明月跑、第七届中国成都国际非物质文化遗产节蒲江分会场活动、国际友谊小姐明月村巡游采风等国际文旅活动，持续扩大明月村的知名度和影响力。常态化开展民谣音乐会、皮影戏等明月村特色音乐活动，积极组织明月村新老村民代表参加各类品牌展会活动，赴日韩和国内其他省市区进行展示与交流等。打造了原创民谣歌曲《明月甘溪》，出版诗歌集《明月集》和两期明月村村刊。目前，明月村正在筹备明月期刊第三期，计划通过该期刊挖掘明月村乡土文化的根，更新刊载2018年至2021年明月村所发生的改变。刊物发行既创造集体收益，同时也充当明月村文化传播的有力媒介，对塑造与宣传明月村文化品牌发挥积极作用。

(二)村民对外来文化互嵌的认同

村民是乡村的主人,是乡村建设的主体。艺术乡建在明月村的初次发生,让村民被动成为乡村建设与乡村活动的接受者,而随着艺术乡建进程的推进,村民的态度也从事不关己、被动接受到主动参与,充分体现出村民与艺术家之间文化互动与互嵌过程。徐耘曾指出,"只做能做成产业的文化",让村民能从中获得经济收益是他们参与乡村建设的关键。世代生活在乡村的村民是乡村的主人,经济利益是其参与乡村建设的直接动因,而对传统文化的坚守,则是他们选择是否持续参与的潜在因素。换言之,艺术家的乡村在地实践是否对村民生活产生积极作用,村民能否从中获得实际利益,是村民对外来文化是否认同的主要影响因素。

1. 乡村民居的改造

受政府鼓励引导与艺术家影响,明月村老村民以从事第三产业经营为目的进行民居改造。其民居改造得到了多方力量的协助,政府提供政策与资金支持;村委会与旅游合作社对创业村民进行培训,提供经营方式与理念培训的服务;新村民则为老村民提供免费建筑设计规划帮助,也有部分村民聘请外来设计师进行民居改造。村民自行改造的民居大多变动较小,以方便、易改、实用为原则,取材于本土建筑材料,如石头、木材、砖瓦等,在建筑外形与内部结构上遵循着原有川西民居建筑风格,并尽可能使建筑与乡村景观相协调融合。聘请外来设计师改造的民居建筑更多运用现代化元素,建筑材料、外观、装修等方面均表现出以游客喜好为先的理念。从建筑的实际效用而言,村民将传统用于自住的民居改造成为民宿与农家乐,实现了建筑功能的转换。

当然,受制于与新村民之间文化素质与审美水平的差距,老村民的民居改造与新村民的部分想法会发生分歧。新村民主张在可改造的范围内，拆掉瓷砖装饰，改为泥土建筑材料，既保证村民的居住体验，也可获得美的享受。显然，艺术家更"现代""科学"的想法难以影响到"固守传统审美"的老村民，这一将泥土材料应用于本土建筑的想法最终也只在艺术家工作室得到实施。

建筑是乡村景观的直观体现。建筑风格的多样化、建筑材料的本土性、建筑功能的多元化共同呈现出具有明月村特色的建筑样式。总体而言，从公共文化空间到私人空间，明月村实体空间的转换与改造均是基于川西民居建筑风格的能动性改造，建筑结构上遵循穿斗式和抬梁式木结构结合的建筑特点，布局上不是严格对称，且将现代化元素集中体现在建筑外观、建筑材料与建筑功能三个方面。从建筑外观而言，对传统民居的改造或新修建的实体建筑，总体呈现出传统与现代结合的特征，既体现川西民居风格特色，同时融合现代极简风、ins风、北欧风等样式，打造属于明月村的建筑特色；建筑材料的本土性是明月村实体建筑空间的一大特色，取材于本土砖瓦木石，打造贴合乡村、实用至上的民居建筑；建筑功能的转变是艺术家与村民互动关系的集中体现，具有私密性的民居建筑在艺术家入驻后产生新的变化，从单一的居住功能向观赏、娱乐、会议、住宿等多重用途转变。

2.乡村自组织的成立与发展

明月村社区自组织主要分为四类：一是以村委会和村党委为代表的基层自治组织，二是以乡村旅游合作社、乡村雷竹产业合作社为代表的经济组织，三是以乡村研究社、村陶艺协会、村老年协会和奥北环保为代表的社会组织，四是以村舞蹈队、村合唱团、村红白理事会、村乡贤理事会为代表的村民自组织。各类组织在明月村乡村建设中发挥着不同作用。由于本文立足于外来与本土文化经济互嵌，因此，该部分仅对村民文化自组织和经济组织进行阐述，探讨艺术介入后乡村制度体系的建构与完善。

（1）文化自组织

明月村的文化自组织是明月村老村民自发组建的以丰富乡村文化生活为目的的队伍或机构。通过引进社会组织与文创项目，链接县市资源，明月村共孵化培育了守望者乐队、明月古琴社、明月之花歌舞团、明月诗社、放牛班合唱团等文化自组织6个，参与村民200余人。明月之花歌舞团成立于2017年，组建者为明月村女性村民（老村民），共有团队成员8人。她们在完成挖笋、采茶、摘果等生产生活任务后，每晚自发前往固定场地（村委会门口坝子）排练，以作为乡村农忙生活后的消遣与精神生活的补充。歌舞团的演出内容是多元丰富的，不仅表演村内大学生创作的小品节目，也为中秋诗歌音乐会与春笋艺术月创作舞蹈，同时她们代表明月村在甘溪镇春节联欢会、蒲江县乃至成都市的多场文化艺术活动上演出。她们是乡村勃勃生机的典型代表，在满足自我精神需求的同时，也为家乡宣传作出积极努力。放牛班合唱团成立于2017年暑期，它诞生于成都市文化馆和成都商报联合发起的"音乐种子计划"。合唱团成员均为明月村8岁以下的孩子，他们在蒲江县文化馆馆长何娟老师的指导下在课余时间进行学习和排练，团队会为村内节庆活动准备节目，部分孩子也会参加县、市比赛，均取得不错名次。

守望者乐队是明月村最为特殊的文化自组织，其特殊性主要体现在它是由新老村民共同组建的乐队。乐队组建于2017年，乐队成员既包括主唱新村民，也有操盘手团队成员，以及经纪人老村民。他们扎根本土，创作体现明月村特色的作品，宣传美好家乡，目前乐队已经创作出《跟我去蒲江》《明月似村》《画月》《重生之境》等原创歌曲。乐队成员工作之余，会在守望者音乐房子进行创作排练，同时也会举办音乐沙龙、为明月村孩子组织公益培训等。守望者乐队作为本土乐队，他们以提供乡村文化娱乐活动为根本，积极参与明月村中秋诗歌音乐会、明月春笋艺术月等本土节庆活动，也常常以举办音乐会的方式聚集新老村民，搭建村民心灵沟通的桥梁。他们也常被邀请到各类商业活动现场进行演出，如替上市公司撰写主题曲并演唱，以及为本土啤酒公司霍士丹品牌举办的啤酒节做积极宣传。虽商业演出邀约不断，但乐队并不以盈利为主要目的，对商业活动并非来者不拒，而是有选择性地参加与乡村有关的演出，以及参加以宣传家乡为目的的商业演出。

随着乐队演出活动的增加，本土化的队伍与运营模式已不再适应市场需求，且为创作和演出更好体现家乡特色的作品，对乐队成员进行了部分更换。目前，乐队成员除主唱刘梓庆为明月村新村民外，其余成员基本上都是有着专业素养的外部人员，如吉他手李政为专业教授吉他的艺术培训学校校长，词曲、录音、编曲则是蒲江县音乐协会会长，乐队经纪人为明月村老村民，在其中扮演着较重要的角色。更多专业人员的加入，催生出更好的乐队与更好的作品，为乐队走出明月村、走出成都、走向全国奠定基础。当然，虽乐队成员构成发生变化，但不变的是乐队始终以唱响家乡为初衷，他们成为外界认识与了解明月村一张绝佳名片。

（2）产业经济组织

在政府引导与资本介入下，村民生产经营业态发生转变，现实需求的变化促使村集体发起并组建了乡村产业组织，以更好适应村庄产业经济的发展，雷竹产业合作社和旅游合作社作为乡村自发组建的产业经济组织，两大组织各司其职，共同促进明月村产业经济的管理与发展。

雷竹产业合作社是村民根据现实发展需要自发组建的自组织，主要为村民雷竹生产、培育、产品销售等产业发展各环节服务，同时对农户种植进行培训、指导，把控农产品品质。明月村乡村旅游合作社成立于2015年3月，是文创项目在乡村培育与老村民自主项目孵化的产物。它是由政府财政资金（财政产业扶持资金）、村集体与村民各出资三分之一成立的半公益组织，其中，政府扶持部分不参与分红。合作社功能齐全，基本涵盖村民生产生活与乡村发展需求。对外作为经济组织，负责统筹协调明月村旅游接待与服务、产品研发与销售、人才引进、品牌塑造与推广等内容。为实现集体经济的增收，合作社研发了荷塘茶社、手工社、乡村工坊、茶叶、腐乳、明月酿等产品与项目。对内作为服务机构，对旅游合作社从业人员培训，对所有村民培训、教育、进行就业创业指导等，调和艺术家与村民关系，同时承担部分项目组职能，如承办明月夜校。

（三）文化互嵌与调适的一致性与冲突

艺术家携带的外来文化表现为现代性、艺术性、商业化与主流审美取向的特征，乡土文化则是地域性、独创性、传统性与根深蒂固的代名词。艺术介入乡村，让不同文化持有者在乡村相遇，既表现出资本与资源的有机互嵌形态，同时也呈现出文化的冲突，对自我文化进行调适是艺术家与村民为更好实现各自价值目标所进行的理性行为选择。

1. 乡村实体空间的转换与城市化审美趋从

乡村建筑不仅是乡土景观的重要构成部分，也是艺术家与村民生产生活的基本物质基础。艺术家率先开始的建筑空间改良与建造，丰富了明月村乡村建筑样式，乡土景观的改变与艺术家的影响带动了村民民居改造的模仿行为。建筑空间的改造集中表达了艺术家与村民的审美理念与文化逻辑，现代文化的因子在艺术家建筑空间的改造中受到广泛应用，而村民受其影响下的民居改造也凸显了现代文化与乡土文化的碰撞与调适。

（1）建筑空间转换与内涵缺失

目前，明月村乡村民居建筑从总体上围绕着川西民居建筑的外形建造与风格样式，而从地方传统建筑特性来看，明月村公共空间与私人空间呈现出建筑形式与风格现代化元素凸显，建筑材料来源多元化，建筑功能多重寓意价值的特征。经过7年建筑改造，明月村实现了乡村实体空间的转换。

现代村落的快速发展，促进了农村住宅的建造技术和效率的提升，但农村建筑的地域传统特色并没有得到很好的继承，反而随着外来文化的进入，现代化的审美思潮对乡村造成冲击，不同的乡村建筑盲目地追随城市建筑风格，导致乡村建筑文化内涵部分丧失，特色难以保留。艺术家进入前，明月村乡村民居建筑总体保留川西民居建筑风格，艺术家入驻后，租赁改造当地民居或购置土地修建工作室，他们携带的现代文化因子印刻在乡村民居建筑之上，使明月村公共空间与私人空间呈现出建筑形式与风格的现代化特征。艺术家内心深处渴望遵循情感逻辑，尊重村庄和村民的主体性，努力保留乡村建筑的文化特质，但艺术家往往不得不屈服于现实需求，将村庄建成都市人的文化消费对象。也存在部分艺术家仅以个人喜好改造乡村建筑，村民盲目迎合城市人与游客审美取向与消费需求而对自家民居进行改造的现象，导致ins风、极简风、古典风、田园风等新老建筑风格交织在乡村的田野上。长此以往，乡土建筑所承载的村民记忆与文化价值将逐渐消逝，建筑与乡村的联系愈发疏远，建筑风格对现代社会、对游客的迎合趋同终将导致明月村发展为现代盛强，而与乡土元素不完全融合的大众村。明月村是特色乡村还是城市在乡村的缩影，是乡村建设中需要谨慎考虑的问题。

（2）审美理念与文化逻辑的城市化趋同

乡村振兴战略提出以来，乡村以不同于城市的文化生态受到城市人的关注与青睐。艺术乡建者们大多主张尊重乡村肌理和乡土文化内质，不以现代的、都市的审美理念改造乡村，力图呈现乡村的固有之美。但随着艺术乡建进程的推进，明月村逐渐出现盲目趋同于城市的审美理念与文化逻辑的问题，在乡村民居建筑设计与价值认知上投射出城市消费欲望的审美幻象。对城市审美的迎合，艺术不再遵循审美逻辑，而是作为一种文化商品，屈从于城市消费社会中的消费逻辑。

在传统村落社会中，农民从家庭或宗族中寻求自我的价值意义，加之其生活和生产空间的稳定性，使其思维方式普遍具有安于现状的保守特征。明月村的艺术乡建，不仅意味着外来艺术家的进入，也代表着以外来艺术家和游客为主体所承载的外来文化以各种方式进入乡村，村民们在调整自我生产生活行为过程中也逐步调整着自己的价值观，具体体现为主动接近外来文化，甚至某种程度上迎合城市文化的"先进"价值体系。

酒吧有着城市文化的鲜明特征，是城市消费空间的场景选择，也是城市交际、娱乐、生活状态的缩影与表达。为吸引更多游客的逗留和消费，酒吧这一事物在乡村应运而生。它是艺术家新村民受城市文化影响后的行为选择，同时也是将城市文化以实体空间形式嵌入乡村的一种主动调适行为。而受此影响，村民自我认知体系也发生变化，其对自我价值意义的确立不再局限于家庭或宗族，而是更大范围的与外部世界产生互动与冲突，并与现代都市文化发生连结，在思维方式和审美层面，凸显出城乡文化互构的特征。

村民的矛盾态度昭示了当前乡村的两种存在形态，一方面作为传统意义层面的村庄，主要承载乡村居住和生活空间的功能形态；

另一方面，乡村成为旅游目的地，发挥消费与旅游的价值作用。而居住在村庄中的村民，其价值观念也内涵了双重面向，即作为村庄主体的乡村性面向和旅游目的地的城市性面向。

综上，明月村由于受到政府、艺术家、村民、乡村组织以及游客等多重主体的影响，可以观察到受村庄经营业态变化，村庄价值取向层面表现出本异互构的特征。首先，从物质层面而言，明月村保留了乡村基本自然风貌与景观特色，同时也兼具了城市的整洁、舒适与便捷；其次，从制度层面而言，乡村既有传统的感性信任体系，维持人际交往网络的稳定性，同时也运用现代化的理性契约精神处理利益冲突；最后，精神层面，乡村有着作为生存空间的乡村性面向，也迎合着充当旅游目的地情境下的城市性面向，乡村与城市之间的价值取向交叉互嵌，构建乡村本异互构的意义系统与价值体系。

2. 乡村文化艺术活动的举办与商业化倾向

文化艺术活动作为乡村公共活动的补充，对村民文化生活的丰富和文化素养的提升发挥至关重要的作用。艺术力量介入后，明月村文化艺术活动异彩纷呈，百花齐放。既有对传统节庆的现代化开发，也有对本土新兴节庆的发展，而各式会展与品牌文化活动更是传达出朝气蓬勃的乡村活力，呈现出外来文化与本土文化的深度融合态势。不可否认的是，文化艺术活动的开展为乡村艺术"生活化"创造良好氛围，同时也为乡村旅游业发展提供丰富的要素基础。因此，明月村文化艺术活动基于服务乡村建设、创造更多经济效益的目标，从活动内容选择、开展形式、产品设计与销售等方面迎合外来游客的喜好，游客成为活动的目标群体，村民处于边缘位置，村民和游客间参与率的较大差距是对城市和商品逻辑迎合的直接体现。如新兴节庆中秋诗歌音乐会，以沉浸式参与方式让村民与游客参与到明月游园会中，体会吃、住、娱在明月的真切感受。现代化的游戏形式进入乡村，虽为村民带去全新的视觉体验，但它仍将游客的体验式消费作为"第一要义"，所推崇的"游客至上"原则，使大部分老村民被阻隔在活动之外。如何使村民成为乡村活动的主要组织者、参与者、受益者，充分发挥其主体性，是明月村今后文化艺术活动策划执行中需重点关注的问题。

从上述分析可知，明月村各类文化艺术活动与乡村文化旅游产业发展之间形成交互关系。一方面，各类文化艺术活动成为外界认识明月村的重要渠道，带动文化旅游业的发展；另一方面，文化旅游业的快速发展导致更多外来资本强势入驻，与此伴随的各类商业活动在明月村亦泛滥成灾。目前，明月村所承接的商业活动主要有艺术家个人承办的商业活动，占商业活动的绝大部分；还有政府许可委托的商业活动，如明月远家承办的霍士丹啤酒节等。总体来看，明月村大多数商业活动的引进是由艺术家群体完成的，政府层面的招标或委托仅占少数，而各类商业活动均无须获得村集体层面的许可与安排，村民成为商业活动的被动接受者。各类商业资本的入驻，一方面使明月村受到外界的更多关注，另一方面也在一定程度上导致乡土文化受到商业资本的侵害。如何使乡村文化免受商业资本的吞噬，如何甄别、取舍并正确引导商业资本与商业活动，是政府、村集体与艺术家需共同斟酌的问题。

3. 社区教育的开设与村民的缺位

定期开展的明月讲堂与明月夜校和不定期的各类艺术培训构成了明月村的社区教育的主要部分。艺术家介入后所开展的社区教育反映了现代社会对乡村人才与文化教育的要求，以及村民对增长知识的迫切渴望。对社区教育的直接受益者村民而言，社区教育不仅是专业技能的学习，更是文化素养的提升，而较低的参与率与村民的缺位，则反映了资本与资源互嵌中的文化冲突。

（1）明月讲堂与明月夜校的举办

明月村项目组于2015年开始利用石头房子中的图书馆（即甘溪镇文化站）为村民开展培训，并命名为"明月讲堂"。明月讲堂是在蒲江县文旅局和甘溪镇政府的支持下，由明月村项目组发起，"3+2"读书荟的公益助推下，共同开展的明月村公共文化活动。作为乡村人才培训基地，邀请国内知名乡建实践者分享乡村建设与社区营造的理论与实践经验，为明月村村民带去丰富的知识补给，实现对新老村民的教育培训目标。截至2021年9月1日，明月讲堂共举办54期，每期现场参与村民达200人次以上，每年现场观众超过5000人，网上观众超过10万人。讲堂贴合村民实际，抓住村民需求，促进村民技能提升。讲堂开展地点固定在明月书馆，一月一期，为更好地服务于新老村民与社会人士，自2019年起明月讲堂开讲时间一般为周末。明月讲堂以服务明月村乡村振兴与丰富村民相关知识为目标，免费向村民开放，对其他乡村村民与市民参与也持欢迎态度。总体而言，明月讲堂是明月村村民与其他乡村建设能人沟通交流的契机，也是村民们学习发展的良机，是明月村规律性公共文化活动和社区教育的重要组成部分。生活在乡村中的新老村民，从听闻到接受，从偶尔参与到场场不落，从被动到主动的参与过程，呈现出乡村建设中人才培育与文化振兴的欣欣向荣气象。明月夜校，是由旅游合作社组织的为村民进行政策、理念、规划、建设、经营等方面培训，同时为村民创业提供技术培训、品牌建设、销售渠道建设、市场拓展等方面的培训活动。明月夜校一月两次，地点在村委会办公室。截至2021年7月28日，明月夜校已开展101期，在乡村人才培训、乡村产业经营、乡村乡风民俗营造上发挥了突出作用。

（2）艺术培训的开展

明月村在文创项目引进之初，便已规划了以李清、宁远为代表的新村民，以计划表、培训班和专业课的形式，定期为村民开设制陶、植物染、书画等"明月+"系列公益培训，搭建"新村民常驻、工作室常态化开放、公益培训常年开展"的艺术培训平台。目前，明月村共有艺术公益培训4大类，分别是以李清为主的陶艺培训、蓝染和草木染培训、"明月轩"篆刻培训，以及"三木三舍"木艺培训。以李清蜀山窑为例。蜀山窑入驻之初，李清每周六在村内开设公益课程，免费为村民进行陶艺培训，以相对固定的时间、地点和培训内容，教授村民制陶技艺，村民可自由出入蜀山窑并自行选择是否参加。该公益培训课程成为李清培养乡村陶艺工作者、传承明月村陶艺文化的重要途径，同时作为乡村有规律的文化活动，一定程度上提高了村民艺术审美素养，促进了乡村美育。此外，老村民在各类艺术培训的影响下，学习新技能，自主开设陶艺馆、扎染坊，增加收入，改变家庭收入构成。

除陶艺、扎染等文化传承类培训活动外，明月村邀请村内艺术家与艺术工作者或外聘专业老师在村内开展书法、绘画、诗歌、羽毛球、乐器等方面公益培训，此类培训参与对象主要是村里孩子或年轻人，培训时间一般为周末，培训地点一般位于村委会办公室或专业培训场馆。此类培训虽较"业余"，参与情况亦不及陶艺与扎染等技术类培训，但参与人数呈现出逐渐增多的趋势。据统计，明月村共搭建明月讲堂、明月夜校、明月画室等载体平台，开展陶艺、产业、经营管理等方面的公益培训400余期，培育了12名农业职业经理人。各类艺术培训的开展，拓宽明月村社区教育内容，形成深度与广度并举的明月村乡村培训机制。

（3）主体间的沟通机制与沉默的村民

明月讲堂从宏观层面关注乡村建设与发展，明月夜校涉及具象层面的消防安全、民宿经营、种植技术与乡风文明，各类艺术培训则从专业技术与美学意识等方面为新老村民提供一个丰富、合适的文化土壤。在明月讲堂与夜校的内容选择和嘉宾邀请上，项目组与村委会以明月村当前发展阶段的需要为首要考虑。要考虑明月村当前需要和未来的发展方向。基于对明月村现实情况的分析，并借助村委会、管理微信群等渠道收集新老村民的意见与建议，确定最终分享内容和邀请嘉宾。

目前明月村主体间的沟通机制主要由三部分构成，分别是村委会、政府专员、管理微信群，传统方式与新兴媒介的结合，为明月村主体间的沟通互动搭建桥梁。村委会作为基层群众自治组织，履行着传统机构的职责，不仅解决村民的基本困难，同时在新村民入驻后，作为主要后备力量，有意识地关注新老村民的生产生活问题，服务于新老村民。县政府每年派专员向村民收集意见，根据意见召开会议讨论明月村相关问题。

管理微信群是明月村当下使用频率最高、效果最突出的沟通工具，它是村民提出需求、反映问题、讨论交流的主要途径。作为一种自下而上的反馈渠道，是明月村主体间沟通机制的重要组成部分。微信群功能并不单一，它是集通知、沟通、反馈于一体的平台，不仅为明月讲堂与明月夜校服务，同时也充当了村内矛盾冲突的化解、村内杂事的解决、新老村民的交流、信息的分享与获取等角色。正如前文所提，在明月村乡村建设前期，项目组作为"引路人"，包揽了村内大小事务，他们不仅引进艺术家为其服务，同时也帮助老村民答疑解惑。项目组在充分收集意见后，向政府或县领导反映。当然，面对人口数量较大的明月村，纵使完备、通畅和常态化的沟通机制也会出现一些问题，如村民反馈意愿不强烈，积极性不高。而随着乡村建设进程的推进，微信群逐渐演变为有经营业态的新老村民间的沟通机制，反馈效用未能达到预期目标。沟通机制的建构为村民表达创造了条件，而不同程度的参与反馈则反映出村民主体意识的觉醒程度。

如果说参与各类培训活动并提出建议是村民的主动行动,那么"缺位",则是他们中多数人常用的"非暴力"的反抗手段。对村民而言,生计差别在一定程度上决定了村民参与培训的积极性。有第三产业经营业态的少部分村民往往成为活动的忠实拥护者,他们提前了解授课主题,主动参与,并为下一次活动开展提出建议。而对纯粹以种植业为生的村民而言,"缺位"是他们采用的沉默式反抗手段。这一部分村民不仅是公共文化活动中的"缺位者",也是乡村建设中的"沉默者"与"失声者"。除明月讲堂外,专门为新老村民而设立的明月夜校和各类艺术培训也呈现出因生产业态不同所导致参与度不一的特点,而文化活动的针对性不同又拉大了村民之间的差距,但缺位是村民们最为直接有效,也是最常使用的"反抗"手段。从事文化产业与旅游业的村民更有表达意愿,主动提出建议,也是与政府、艺术家博弈制衡中的村民代表力量;但是更多地以农业种植为主要经营手段的村民并未主动加入这场乡村建设中,成为在博弈较量中的"失声者"。

四、对乡建形式多样化的思考

自 21 世纪之初开始的艺术乡村实践，至今已有 20 余年的发展历程。从全国乡建版图来看，艺术乡建发展势头强劲，尤以浙江、云南、四川、安徽、广东、福建、江西、台湾等地为盛，艺术乡建方兴未艾。明月村是艺术乡建的实践个例，集中反映了艺术介入后，乡村产业、文化、生态等多方面变化。观察当下艺术乡建对乡村发展的双重影响，一方面促使艺术乡建村庄实现经济、文化、社会的提升，另一方面则是可能存在的乡建村庄难以持续发展的危机，如艺术群体撤出乡村，村民无法在短期内获得发展技能，导致难以持续获利等问题的产生。

本文通过对明月村个案的艺术乡建现象观察研究，分析其产生的乡村问题与潜在矛盾，思考互嵌与共生理论的运用，能更好地促进个案中项目发展和更好地解决本地村民的生存问题，即艺术乡建的可持续性问题。如何促使外来力量有效引导村民，实现从输血到造血功能的转变，是艺术乡建发展中的实际问题与理论探索方向。同时，以艺术乡建个案为开端，观察国内其他类型的乡建形式，思考其他乡建形式的可行性与价值。

（一）艺术乡建持续性的思考

艺术乡建是明月村从贫困村走向乡村振兴示范村落的重要推动力。通过政府、艺术家与村民的共同努力，明月村艺术乡建取得显著成效，乡村产业经济增值提升、乡村文化生活丰富多元、乡村生态环境与基础设施有效改善。就其本质而言，明月村的艺术乡建是在艺术家与村民不断满足各自利益诉求的过程中展开的，以产业提升为起点，不断推进外来者与本地村民的交往互动，从而实现经济共生与文化互嵌。这一路径的成功实施，遵循了乡村发展的内在逻辑，即在尊重村民主体性的基础上，推动不同主体利益诉求的充分实现，最终促进乡村经济、文化、社会等多层面发展。明月村个案是当下艺术乡建建设的一个缩影，它彰显艺术乡建是乡村振兴的有效形式，为其他地区的乡村建设提供有价值的参考。当然，在国内许多艺术乡建的实践案例中，均不可避免地出现了诸多现实问题与潜在冲突，除上文分析的明月村具体问题外，还有如乡村资源的过度开发与侵占，乡村项目引进与发展后的"脱嵌"，以及各主体间的矛盾冲突等问题。这些实践中所产生的，且尚未引起乡村、政府、学界和社会关注的问题，都需要在当下和未来乡村发展中引以重视并加以规避或解决。

如何促使艺术形式持续为乡村发展提供不竭动力，关键在于推动艺术乡建中文化经济深度互嵌，即经济共生与文化互嵌。经济共生是外来艺术家与当地村民之间的资本与资源置换、利用与互补，促进互利共识的达成；文化互嵌则是不同文化在冲突中不断调适，形成有机文化，即各有特色的嵌合发展。因而，对如何推动艺术乡建中文化经济的深度互嵌，有机结合，形成发展合力，促使艺术持续为乡村发展提供恒动力，是值得思考与研究的问题。具体包括以下三个方面：首先，村民主体性的确认是乡村建设的基础与核心，如何发挥村民乡建积极性是关键所在；其次，乡村空间内多元主体力量博弈，深刻影响了乡村建设成果的呈现，因此，应促进多元主体共同参与，以实现主体互利共识的最大化达成和利益共生的目标取向；最后，尊重地方性文化传统、充分挖掘乡土文化内涵，是减少不同文化冲突的有效途径。

1. 主体确认：村民主体性的唤醒与持续生长

（1）村民主体意识的激发

艺术乡建实践者们大多从重塑乡土景观和举办艺术节出发，将乡村资源与现代艺术相结合，以扩大乡村知名度，振兴乡村经济、文化与生态。但这一路径也暗含了危机，即忽视了村民的主体性问题，村民成为乡建的被动接受者。村民依赖于艺术家的名气与品牌效应，一旦艺术家撤离，势必导致乡村相关艺术建设陷入停滞不前的困境。因此，对村民主体性的确认，逐渐激发并培育村民主体意识是乡建的前提。林正碌在福建屏南县的乡村实践值得借鉴，他从"人人都是艺术家"基本理念出发，让每一位村民通过绘画讲出自己的故事，形成独具一格的艺术表达，逐渐唤醒村民的主体意识。从这一层面而言，艺术乡建的关键在于促进村民自我表达，进而重塑乡村的价值体系与精神系统，促进乡村与城市的精神汇通。

（2）乡村人才的培育

当下，留守乡村的村民大多是老弱病残幼，他们缺乏劳动能力与自我发展能力，被动成为乡村中"孤独的守望者"，如何促使留守乡村中的人"振作"，并吸引外出务工的村民乃至外来人回到乡村，是乡村人才振兴的内在逻辑。乡村建设实际上是人的建设，是漫长地等待村民成长的过程。而当下对乡村文化的关注群体往往只是学者和外来力量，作为本土文化生成者的大多数村民，往往对传统文化不自知、不自信。因此，加大对乡村人才培育是重中之重。

明月村提供了可供学习的范本，即通过开展常规化乡村发展培训（明月讲堂、明月夜校）和多元化的各类艺术培训（陶艺、扎染、书法、篆刻等），共同打造乡村社区营造的人才培育模式。这一模式从根源上立足于乡村主体——村民，使其在乡村建设中获益并不断成长，从而成为乡村后续发展的主要力量。就该层面而言，如果乡村建设是由本村的高素质人才队伍自主完成，虽孵化周期更长，但带有乡村情怀的本土村民更能从乡村文化出发，结合乡村发展特色，在传承本土文化的基础上进行乡村建设，从而能更好地保留并呈现出乡村地方性特色。

2. 利益共生：多元主体协同参与

明月村文化经济互嵌是多重因素作用下的结果，政府、艺术家、村民与游客等多主体基于各自利益诉求与价值目标在乡村场域发生互动，主体间的矛盾冲突也由此产生，主要表现在老村民、村民与艺术家、村民与政府之间的矛盾冲突。老村民的矛盾焦点在于是否丰富旅游设施，大力发展乡村旅游业。由于老村民间明显的产业区隔，导致对乡村旅游产业发展的态度不一，经营农家乐与民宿的小部分村民认为旅游业的发展能够创造更高的家庭收入，而以种植业为生的村民认为游客的到来是对乡村生活的打扰。村民与艺术家之间的矛盾更为多元，在产业经济与文化艺术活动等多个层面有着不同程度的冲突表现。如对乡村资源的利用，村民认为艺术家进入乡村，除带去实际经济效益，也是对乡村资源的侵占，高度饱和的市场让多数村民难以跨入第三产业经营市场。村民与政府间的矛盾主要表现在村民不满于政府对艺术家群体的明显扶持倾向。

究其各种矛盾的产生原因，根本在于各主体利益尚未实现匹配与共生。从个案产生的问题出发，进行反思，其他地区或乡村应重点解决乡村参与主体的利益分配与关系制衡问题。如何促进主体利益协调，关键在于使各主体协同参与乡村建设，关系制衡，利益共生，共同发力。因此，艺术乡建应在村民主体性确认的前提下，发挥多元主体协同参与的合力效应，助推乡建效果充分实现，主要涉及政府、艺术家、村委会和社会组织等主体。

（1）政府：提供基础性与支持性保障

从国内艺术乡建的案例来看，政府通常作为艺术乡建的主要推动力量，发起并引导艺术乡建，中后期则以协调者、保障者与服务者角色助力乡村建设。当下，人们对如火如荼开展的艺术乡建抱有较高期待，期望通过艺术乡建实现乡村产业兴旺与文化振兴。但实际反馈并不尽如人意，艺术乡建的作用往往被过分夸大，乡村美育或许才是最主要、具潜在价值的方面，社会动员、社区营造及乡村发展的其他问题往往也需要更多更加专业的人协同配合。

当下，政府通常是大多数艺术乡建实践的发起者与引导者，政府的助推作用至关重要，只有在政府政策、资金与人才等多方面支持下，艺术乡建的理论与经验才能落到实处。政府不仅要做到"权力不任性"，同时作为艺术家与村民之间的桥梁，应主动协调乡建主体之间的关系，减少冲突与矛盾，力求达到多方力量与想法的平衡。除此之外，在未来的乡村实践中，政府还应为艺术乡建提供基础性保障以及持续性支持，包括但不限于政策引导、资金投入、人才支撑等方面，充分激活乡村发展活力，在乡村建设中发挥政府强有力的支持作用。

（2）艺术家：促进艺术与乡村的更好结合

明月村乡村资源的利用过度开发与侵占问题，以及艺术项目中的的"脱嵌"趋势、野性发展问题，为其他地区乡村建设敲响警钟。艺术家是艺术乡建的主导者与关键力量，其艺术理念与实践对乡村发展产生重大影响。因此，为减少主体间由于立场、审美、利益诉求等差异造成的冲突，艺术乡建工作者要在对乡村本土文化内质与肌理充分挖掘的基础上，将现代艺术与传统文化相结合，实现外来与本土的有机互嵌。这种有机互嵌，既包括现代与传统、城市与乡村的结合，也有艺术理念与物质载体、审美与功能、人为与自然等多方面嵌合。当然，为减少艺术乡建在地性的矛盾与冲突，艺术家的一切艺术实践，均应在尊重地方性文化传统的基础上完成，不能将乡村视为个人艺术表演场。

也要警惕艺术家以高姿态进入乡村，切勿将其定位为"拯救者"角色，艺术家要以学习、尊重的平等姿态进入乡村。通过与村民间

"你与我"式的沟通、对话和交流,实现乡村美育的目标。艺术之于乡村,应是催化剂,促进村民对自我文化的认同,并主动用艺术讲述自我、讲述乡村。

(3) 其他参与主体:协助艺术乡建进程推进

艺术乡建通常由政府发起或艺术家个体自主开展,在其影响下,社会资本逐渐进入乡村,对乡村产业、生态、社会等方面产生影响,同时也在不同程度上推动艺术乡建发展进程。

村民、政府与艺术家是艺术乡建的主要参与主体和关键力量,同时村委会、社会资本等主体力量亦不可忽视,应充分发挥其补充作用,使其协助推进艺术乡建进程。从村委会本职而言,村委会作为基层群众自治组织,是村民意见表达的代表,同时也是村庄产业发展的推动力量和决策者。为村民发声,让村民真正从乡村建设中获益,是村委会不可推卸的责任。除此之外,艺术乡建中的村委会也充当了村民与外来者之间的中介,因此,应肩负起协调处理矛盾冲突的责任,促进艺术家与村民、政府等主体的和谐共处、利益共生。

社会资本主要包括公益组织、社会资金、外来企业等,社会资本入驻乡村能够一定程度上盘活乡村资源,带动乡村迈向更大市场。由于多数社会资本是自发入驻乡村,其自发性与利益驱动性难以受到控制,因此,乡村要合理辨别社会资本对乡村发展的有效程度,避免使乡村成为资本的扩张场。因此,合理利用社会资本力量能够有效促进乡村产业兴起与培育,促进乡村生态改善等作用。明月村案例提供了有效借鉴,如引进"3+2读书荟"开展社区培育、奥北环保垃圾分类改善乡村生活环境等。

(4) 主体互助:利益与义务的平衡

乡村建设的核心主体是本地村民,但参与主体之间的互助行为同样深刻影响乡村建设效果的呈现。如何实现主体互助,共同为乡村建设贡献力量，关键在于平衡好各参与主体的利益与义务关系。一方面，在利益获取层面，各主体基于各自的利益诉求展开乡建行为，当诉求得到较大满足或基本满足时，主体积极性将得到明显提升；相反，若主体无法从乡村建设中获益，则会成为乡建中的"失声者"，如明月村案例中沉默的老村民。另一方面，在义务履行方面，主体进入乡村成为主要建设力量，其义务的履行关系到乡村活动的开展和乡建效果的呈现。因此，构建主体互助的协同关系，应促进乡建主体间利益与义务的平衡。

具体而言，乡村要在关注外来群体（如艺术家、社会组织和外来资本等）利益的同时，更多重视村民利益的获得与提升，激发内生力量参与乡村建设，并逐渐建立起以政府为引导、村民为核心、艺术家为关键、其他参与主体为重要推动力量的主体互助模式。通过主体的协同参与，构建和谐共生的主体关系，推动实现持续"互增"的发展趋势。

3. 文化互嵌：地方性文化传统的尊重

艺术介入乡村包含艺术家、政府、村民、社会组织和游客等多重主体，他们基于利益诉求在乡村发生关系，而价值观念、行为思路、利益分配等冲突也激发了主体矛盾，文化冲突由此产生。就根本而言，如果说主体利益诉求不能充分满足是冲突产生的直接原因，那么对乡土文化内涵挖掘不充分，则是冲突产生的根本原因。艺术家群体虽在主观上尽可能尊重地方性文化传统，但效果甚微，明月村的乡建尚停留于物质表层，距离乡村精神信仰层面相差甚远。因此，乡风文明与乡土秩序的重建、乡土文化的充分挖掘开发是其他乡村或乡建者可重点关注的方面。

（1）乡风文明与乡土秩序的重建

明月村的乡村建设总体而言是缺失乡村精神与文化的，虽有艺术家们所谓的陶艺历史、理想乡村生活方式，但这类文化并不能真正凝聚明月村乡土文化内涵。明月村当前所搭建的文化体系是由陶艺文化为主体，扎染、木艺、篆刻等文化形式为辅助构成的。陶艺扎根明月村历史传统，拥有良好的发育基础和表达形态，而扎染、木艺、篆刻等新兴文化形式则是艺术家"嫁接"到乡村的产物。虽通过这一本土与嫁接的结合，实现了明月村经济的起飞，但乡村独一无二的文化特质与精神内涵尚未得到挖掘。

产业发展是艺术乡建的直接作用结果，但根本的在于对乡村文明与秩序的重建。一个乡村的文明本身才是凝聚村民的内核。应明确明月村独有的文化内质与精神，在明月模式可复制的情况下应凸显明月特色。乡村振兴不应该仅仅关注经济的发展，更要重振乡村文明。未来的艺术乡建应充分关注乡村的独特性，挖掘精神文明，凝聚村民，留住村民。

（2）乡土文化的挖掘与建设

乡村自我文化认知的不自觉与不自信是当下乡村文化振兴的困难所在。中国乡村建设是在城市化快速发展下被动开展的，城乡发展不均衡，不仅是经济水平的差距，同时存在文化认知上的巨大差异。乡村传统被认为是落后、需要抛弃的，这一错误的文化导向，导致村民对城市文化一味迎合，却对农业文明过度排斥，不愿将其进行创新性转化。中国是传统农耕文明社会，乡村是传统文化与文明秩序的集结地，它不应成为城市的复制体。因此，挖掘并重振乡土文化是乡村文化复兴与乡村振兴的重要使命。

艺术乡建的魂在于文化建设，核心在于把握文脉。尊重地方性文化传统与乡村秩序是艺术乡建的开始，借助现当代艺术的表达形式，将传统的、衰落的乡村文化要素焕发新生活力，传承乡土文脉，实现文化的更新与创造。

（二）其他乡建形式的思考

个案的价值在于能够为其他案例提供参考与借鉴意义。明月村以区别于传统以农工业振兴乡村的路径，采用较温和的艺术方式进行乡村建设，达到潜移默化的影响乡村经济、文化、政治、生态的目的。明月村艺术乡建成效的取得，彰显了艺术振兴乡村的可能性与巨大潜力。从当前乡村建设版图来看，艺术乡建作为乡村振兴战略下的创新理念与有效路径，受到更多的关注、研究与实践，而其他乡建形式也在萌芽并蓬勃发展。

当下，国家大力倡导民族互嵌与民族共生，即不同群体之间通过空间互构、经济互依、文化互动、社会互助和心理互通等多个维度，构建嵌入式社会结构与社会关系，以促进民族团结与共生。这一理念的倡导，让乡村建设更为紧要与迫切。当然，随着经济社会的长远发展，乡村中的人或将更多地聚集到城市，加速乡村衰败，但对乡村问题的关注是国家政策方针与战略规划中始终关注的焦点。中国是传统的农耕文明社会，乡村是传统秩序与文化的生成土壤，乡村问题仍是关键问题。因此，可以预见的是，未来乡村或将依托本土资源特色，深挖乡土文化内涵，走更加符合乡村资源优势的乡建形式，出现以自然生态，花卉、药材、食用菌、咖啡种植等特色农产业，以及手工艺、民俗体验、电商服务等特色服务业的多元乡村建设形式。

乡村应基于特色或寻求突破口，因地制宜地进行个性化建设，走特色乡村振兴之路。多类型的乡建形式构建起乡村建设新模式，通过对乡村资源的关注与利用，实现乡村经济提升，让乡村既能拥有城市的生活便捷性，同时还能承载村民的乡土情怀。村民能够从中看到乡村发展的可能性，从而返乡建设，外来人被乡村吸引，扎根乡土。艺术乡建为乡村振兴提供了新路径，而其他乡建形式的出现与落地，将使未来中国式乡村各具特色，百花齐放。

作为乡村振兴战略下的创新路径与有效形式，艺术乡建促使明月村完成了从贫困村向乡村振兴示范村落的完美转变。7年的艺术乡建进程，明月村形成了政府搭台、文创撬动、产业支撑、公益助推、共创共享的发展模式，从产业经济、文化生活、生态保护和乡村稳定等方面实现了有效提升。外来艺术家与当地村民相互影响，融合与共生同在，一致与冲突并存，呈现出文化经济的互嵌结果，以相对共生的状态持续在乡村产生互动。

乡村建设的动态性特征决定了要以发展的眼光开展乡村研究。因此，在互嵌与共生理论的指导下，亲身参与明月村艺术乡建的动态开展过程，以"第三者"视角进行实地调研与深入访谈，观察明月村艺术乡建的过程、成效、问题与反思。研究发现，明月村文化经济互嵌是艺术乡建背景下艺术家与村民的互动结果，携带艺术资本的外来艺术家与持有乡村资源的本地村民在乡村场域发生碰撞与沟通，表现在经济层面的互利共生与利益冲突和文化层面的有机互嵌与冲突调适。具体而言，经济层面，外来艺术资本与乡村资源形态相结合，资本与资源的契合呈现乡村产业互嵌形态，即生态农业与观光农业、民宿经济、文创产业和乡村旅游业等经济业态的兴起与发展；而资本与资源的不匹配则表现为利益的冲突，即乡村出现艺术与产业经营区隔态势明显、乡村不能很好地规范平衡传统感性信任与理性契约的矛盾等问题。文化层面，外来资本对乡村建筑资源和节庆文化资源的利用，村民受其影响下的主动性民居改造与组建乡村组织，均表现出资本与资源的文化互嵌形态；而乡村实体空间转换中对城市审美的趋同、艺术活动举办中的商业化倾向，以及在社区教育中村民的缺位等问题集中体现了主体调适一致化情境下的文化冲突。

从根本而言，受村民经济基础、文化水平、发展眼光和艺术家艺术影响力、利益诉求等因素的影响，艺术家与村民间的关系仍处于相对分离的各自独立形态。如何促进艺术家与村民之间达成"你中有我，我中有你"的有机结合状态，实现"1+1≥2"的合力效应，是明月村推进艺术振兴乡村进程中必须思考和解决的问题。明月村艺术乡建成效的取得，彰显了艺术振兴乡村的可能性与巨大潜力，但艺术乡建的可持续性问题仍值得思考。明月村个案所投射出的艺术可持续性问题值得反思与研究，如何促使艺术成为乡村发展的永续形式，主要在于艺术下乡后触发的利益共生与文化互嵌问题。应在村民主体性确认的前提下，多元主体协同参与并实现关系制衡，发挥主体合力效应；在尊重地方性传统的基础上，用现代艺术形式激活乡土文化，实现不同文化的有机结合。艺术乡建为其他乡建形式的萌芽与发展做出良好示范，未来中国式乡村也将呈现各具特色、百花齐放的发展形态。

通过对明月村个案的观察，发现新冠疫情对明月村艺术乡建进程造成了持久性的影响，尤其是具有"流动经济"特征的乡村旅游业遭遇重创，旅游市场进入"冰冻期"，呈现休眠和停摆的状态。以第一产业为根本、辅助发展第三产业的老村民，其自我保护机制发挥了有效作用。依赖乡村旅游发展的新村民利益受损，但多重职业身份也为他们的乡村生活撑起了保护伞。当然，纵观国内外旅游胜地、特色小镇、美丽乡村等地的旅游现状，不难发现，受疫情影响，出现从业者纷纷退出市场的现状，明月村是否会出现艺术家退出乡村的现象，艺术乡建的可持续性问题值得继续观察和思考。

由于自身学术能力有限，以及受疫情影响，实地调研不充分，本文还需进一步优化：首先，调研时间的延续性。本文对明月村艺术乡建的研究，主要基于2021年1月、7月与9月的三次实地调研结果。受疫情影响，调研时间相对较短，实地观察与访谈时间不够持续，调研的广度与深度有限。其次，对调研材料的整理、分析和总结上还存在不足。最后，对访谈内容的甄别上。由于涉及艺术家、村民与政府多个主体，且村民人数众多，加大了访谈难度，而对各主体表达内容的真实性甄别还有待加强。未来将通过明月村微信公众号、明月村新老村民社交平台发布内容，持续了解明月村艺术乡建发展情况，以充实现有研究内容。

社会主体关系与文化产业

- 禄劝彝族刺绣的多民族共同传承研究
- 大墨雨乡村旅游利益相关者共生关系研究
- 彝绣产业化与女性公共生活转型研究

禄劝彝族刺绣的多民族共同传承研究

作　　者：彭　丹
　　　　　云南大学民族学与社会学学院
　　　　　2020 级民族文化产业硕士研究生
指导老师：刘从水

创造性传承中华优秀传统文化是实现中华民族复兴伟业的精神动力。民族要复兴，文化当先行。民族的发展离不开其优秀传统文化持续不断地传承。禄劝彝族刺绣历史悠久、工艺精湛、内涵丰富，是传统技艺类非物质文化遗产的文化表现形式之一，是群体性的文化创造，承载着民族集体记忆。由于共居的地域环境、互嵌的民族格局、互补的经济资源、多元交融的文化氛围、常态化的族际通婚，以及受现代文化消费市场的影响，禄劝彝族刺绣在技艺、审美、习俗等方面逐渐糅合着现代技艺与时尚符号，多元文化共性逐渐强化，进而为各民族所接受和共享。各民族通过共传彝绣非遗事项、共享刺绣文化资源、共创禄劝刺绣市场、共同消费刺绣产品等文化实践，集中地向外展示了禄劝作为边疆民族地区，依托云南省级非遗项目"禄劝彝族刺绣"所关联起来的，具有非遗文化联系和市场经济互动等特征的民族团结风采。各民族或挖掘刺绣文化，或交流分享刺绣技艺，或生产经营及消费刺绣产品，从文化、技艺、产品三个方面综合而系统地展现了禄劝彝族刺绣作为非物质文化遗产所具有的物质性与精神性。各民族通过彝族刺绣所呈现出的文化参与、文化创造、文化共享，不仅有利于从工艺本体保护角度赓续传统工艺血脉，繁荣乡土文化；也有利于从刺绣经济效益层面带动民众就业，促进各民族人民增收致富；更有利于在民族关系发展态势上增强民族文化认同，进而从微观的手工艺文化入手，铸牢中华民族共同体意识。

一、禄劝彝族刺绣概述

（一）禄劝彝族刺绣的历史与现状

1. 禄劝彝族及彝族刺绣史

彝族刺绣的产生与发展必然离不开彝家人的民族史。有彝族人民生活的地方，刺绣就成为一种需要。彝族是一个有着悠久历史的民族，根据彝族与古羌人的渊源学说的相关文献记载，彝族距今已有6000—7000年的历史[1]，其人口繁多、分布广泛。"彝族主要分布在云南、四川、贵州三省及广西壮族自治区西北部，总体呈大分散小聚居的地理分布格局。四川凉山彝族自治州、云南省楚雄彝族自治州和红河哈尼族彝族自治州以及石林彝族自治县、禄劝彝族苗族自治县等19个自治县是彝族的主要聚居区。"[2]禄劝是彝族最早繁衍生息的地区之一，彝族人口占全县总人口约四分之一，以"大分散、小聚居"的特点，分布于全县17个乡镇（街道）。据相关记载，早在殷商时期，在禄劝境内金沙江一带就有彝族先民的活动轨迹。在我国现存的659部彝文古籍中，其中522部源自禄劝。[3]这些带有时代印记的古籍文献在寂静中无不道出了禄劝彝族悠久的民族发展史。

悠久的彝族发展史带来了彝族刺绣服饰数千年的存在史。在我国众多少数民族中，大部分的民族刺绣都是源于对衣物的保护，[4]禄劝彝族人民亦是如此。早期的彝族先民一般居住在山区或半山区，生存环境恶劣，为求生存，彝族先民或要上山打猎、采摘果实，或

---

[1] 白兴发：《彝族文化史》，昆明：云南民族出版社，2002年，第5页。
[2] 《彝族分布》，彝族人网 http://www.yizuren.com/survey/gyyz/32230.html，最后访问时间：2022年6月22日。
[3] 《禄劝彝族苗族自治县县情简介2020》，禄劝政府网 http://www.kmlq.gov.cn/c/2021-07-06/4588017.shtml，最后访问时间：2022年3月10日。
[4] 李阳：《石林彝族撒尼人刺绣在现代女装设计中的应用研究》，四川师范大学2021年硕士论文。

需下河捕鱼，大量、频繁、复杂的求生实践，给衣物带来了很大的磨损，缩短了衣物的使用时间。为延长衣物的使用期限，增强耐磨性，禄劝彝族先民选择在衣服领子、肩部、袖口、衣摆、裤口等容易磨损处，用针线以刺绣的形式绣制图案，进行二次缝制，在发挥实用功能的同时，也增加了服饰的审美效果。文化是人类能动适应生存环境的表现和成果。[1] 长期以来，随着生产生活的实践，禄劝彝族女子用自己勤劳的双手和智慧创造了优秀的传统手工艺文化——彝族刺绣。彝族刺绣历史源远流长，据考证可以追溯到三国时期以前，至今已有1700多年的历史。[2] 禄劝彝族刺绣起于何时虽无具体的文字记载，但它同属于"彝族刺绣"这一"大传统"之中，加上殷商时期就有彝族生活在禄劝境内的金沙江流域，从以上两点来看，禄劝彝族刺绣拥有上千年的历史确定无疑，而这在近期当地政府领导人的讲话中亦有体现。

2.禄劝彝族刺绣的发展现状

同人类的发展史一样，禄劝彝族刺绣的发展也经历了从简单到复杂的循序渐进的过程。作为历经禄劝彝族及其他民族共同世代传承至今的民族民间手工技艺，随着岁月的变迁和时间的沉淀，禄劝彝族刺绣在历史的长河中已逐渐发展成为一项技艺独特、构图精彩、针法丰富、色彩艳丽的民间手工刺绣，并以鲜活的现代实践于2013年11月23日以传统技艺类非遗之名，入选云南省第三批非物质文化遗产扩展项目名录[3]。自禄劝彝族刺绣成功申报省级"非遗"项目以来，在将近十年的时间里，禄劝按照中央"繁荣文化事业、发展文化产业"的

---

[1] 赵世林：《云南少数民族文化传承论纲》，昆明：云南民族出版社，2002年，第45页。
[2] 李正周、乐林会：《楚雄彝族传统刺绣工艺调查研究》，《湖南包装》2019年第1期，第54—57页。
[3] 《云南省第三批非物质文化遗产名录》，云南网 http://www.yn.gov.cn/ywdt/ynyw/201312/t20131213_173564.html，最后访问时间：2022年6月22日。

重大部署，组建成立了文化产业办公室，把彝族刺绣作为文化产业进行培育和扶持，通过统一思想、加大扶持、积极宣传和强化培训，有力促进了全县刺绣文化产业健康发展，发展态势良好。

（1）地方政策扶持有力度

禄劝县委、县政府极其重视文化遗产的发展与保护，把发展地方彝族刺绣作为一项富民产业来抓，积极出台相关政策，实施重要举措支持彝族刺绣的发展。在禄劝彝族刺绣申报非遗项目之初，禄劝县成立了项目实施领导小组以及刺绣协会，采用"公司+协会+农户"的模式，由县文产办、县妇联等单位协调引进订单，积极扶持刺绣企业及个体户。2010年，地方政府投资20余万元建成规模约120平方米的禄劝民族民间工艺品展厅，收集展出各类物品300余件，并把这些具有禄劝地域特色的民族服饰、手工刺绣品组织起来参加各种展览展销活动。[①] 为长远发展和保护彝族刺绣在内的优秀文化遗产，禄劝县先后出台《云南省禄劝彝族苗族自治县文化遗产保护条例》《禄劝彝族苗族自治县非物质文化遗产项目代表性传承人认定与管理暂行办法》，从法律层面保障了彝族刺绣的存续发展。此外，从2016年起，禄劝县文化馆主管部门为包括彝族刺绣在内的县级传承人每人每年发放传承补助金1000元，同时在凤家古镇和民族文化街为民族刺绣店铺减免租金。地方政府给予的相关政策及资金的有力扶持，不仅给彝族刺绣的市场发展带来了法律保障，也给刺绣手艺人带去了经济援助，提高了他们参与彝族刺绣文化传承和市场经营的积极性。

（2）传承队伍逐渐壮大

非物质文化遗产的传承需要以人为主体、以人为本体、以人为

---

① 刘晓蓉：《云南特色文化产业丛书·刺绣卷》，昆明：云南人民出版社，2015年，第60—61页。

核心，传承人数的多少，决定了禄劝彝族刺绣在其发展道路上能够走多远。为吸引更多农村妇女加入刺绣队伍，培养刺绣人才，禄劝县政府与禄劝县科协联合举办刺绣专业"农业函授大学"（简称"农函大"）和职业技能培训班。据禄劝县文化馆统计，2012年已有378名农村妇女参加"农函大"学习并获得证书，1700名妇女通过职业技能培训并获得刺绣专业技能证书；2014年，禄劝县专职及兼职从事刺绣人员已达到8万人。[1] 到2021年，拥有刺绣技能培训证书的民间刺绣艺人增加到2000余名。此外，肩负非遗传承使命的禄劝彝族刺绣代表性传承人数也逐渐增加。截至2022年12月，禄劝县共有彝族刺绣省、市、县各级代表性传承人12名。除了官方认定的代表性传承人和培训认证的民间艺人外，学校传承和社会传承更是占据了彝族刺绣群体很大的比例。禄劝县充分发挥彝族刺绣文化资源的优势，以优秀的民族文化为载体，以学校教育为平台，把彝族刺绣纳入教学体系，在禄劝民族小学建成"刺绣室"，为学生们开设"刺绣"选修课。另外，以代表性传承人为核心的家族传承也为彝族刺绣传承队伍的壮大贡献了力量，传承人子女在耳濡目染下也逐渐学会了彝族刺绣。如此，以代表性传承人为载体带来的家族传承、师徒传承、学校传承等多元化传承途径，逐渐壮大了彝族刺绣传承队伍。

（3）相关活动举办频繁

作为地方文化形象的代表，禄劝彝族刺绣频繁出现在各种展览、展销等活动现场。2003年，禄劝相关领导组织83套民族服饰参加首届"昆明春天杯"民族赛装节；2004年，参加首届昆明市文化产业博览会。2010年8月，参加昆明（泛亚）国际民族民间工艺品博览

---

[1] 刘晓蓉：《云南特色文化产业丛书·刺绣卷》，昆明：云南人民出版社，2015年，第60—61页。

会。2015年以来，在云南省非遗中心等上级业务部门的支持下，省级传承人游定美作为地方代表参加了墨西哥、德国、尼泊尔、新西兰、孟加拉国、缅甸等国际非遗文化交流活动，推动了禄劝彝族刺绣的传播范围的拓展。同时，禄劝县充分利用彝族火把节、苗族花山节、傈僳族阔时节等民族节庆活动资源，以活动为抓手，以轿子雪山、红色老区皎平渡、彝族刺绣之乡撒营盘镇、彝族生态文化保护区为阵地，以禄劝民间非遗文化展示、民族手工技艺展示为载体，积极宣传展示彝族刺绣产品，打造彝族刺绣品牌。从县到省再到国际，各种展示、培训、交流活动的举办，不仅有利于禄劝彝族刺绣的纵向传递，同时也促进了禄劝彝族刺绣的横向传播。

（4）市场规模日渐壮大

民族经济与民族文化是嵌合在一起的，民族文化资本化的实践活动是民族发展可资利用的一种方式。[①] 禄劝彝族刺绣除了文化内涵丰富之外，还具有极高的使用价值和潜在经济价值。在禄劝，彝族刺绣服饰是县民族小学学生的校服之一，是民族节日火把节活动的表演服装，是禄劝罗婺艺术团成员出镜的必需品，是彝族人民的人生礼仪（诞生礼、婚嫁礼）等上的见证物。除了学校校服、节庆表演、人生礼仪形成的对刺绣服饰的刚需之外，具有独特地域文化特征和鲜明的民族文化外观的彝族刺绣工艺品易收藏、便携带，更是成为当下发展民族文化旅游的一大宠儿。可以说，有彝族生活的地方，刺绣就成为一种需求。需求带动消费，消费促进生产，进而形成市场驱动力。为壮大刺绣市场规模，禄劝县组织相关人员开展了"禄劝民族刺绣产业发展情况"专题调研，积极开展刺绣技能培训，鼓励有才能的刺绣手艺人创办刺绣公司或刺绣厂。随着更多人的加入，禄劝彝族刺绣公司由2011年底的4家发展到2021年底的8家，个

---

① 马翀炜：《民族文化的资本化运用》，《民族研究》2001年第1期，第18—28、106—107页。

体民族刺绣工艺店铺由2011年底的35家发展到2021年底的75家,[①]并持续不断地增加。一个个不断增长的鲜明的数字都显示出了刺绣市场规模的日渐壮大,禄劝彝族刺绣品牌开始树立。

(二)指尖上的刺绣艺术

1. 刺绣工艺流程

禄劝彝族刺绣是手艺人通过双手带动针线在绣布上来回运行穿刺的一门传统技艺,被形象地称为"指尖上的技艺"。每一门手工技艺都离不开复杂、烦琐、严谨的工艺制作流程。禄劝彝族刺绣依附于特定布料,通过以布作画、以针代笔、以线为色,在针线的来回穿插之间形成富有文化内涵和审美意蕴的刺绣图案,禄劝彝族刺绣因而被誉为"针尖上的舞蹈"。禄劝彝族刺绣从原材料的选择到形成绣片到最后成品,其生产制作流程集画、绣、设计于一体,工艺流程烦琐且复杂,严谨而细致。与楚雄、石林等地区的工艺流程大同小异,禄劝彝族刺绣工艺流程主要包括选择材料—制作底布—确定题材—绘制图案—搭配绣线—确定针法—刺绣—裁剪与缝合等环节。而在这之中,绘画则是最为关键和难度最大的一个环节,是刺绣的基础。绣娘首先根据预设题材用笔在布料上绘制图案,一般以植物、动物、几何形图案为主,画时遵循黑布用白笔画、白布用黑笔画的原则,不需要用到尺子、模板等任何辅助工具,根据布料尺寸合理布局,构图对称工整,一气呵成,无一笔改动和重复,而能达到这样的画功,一般需要三五年的时间沉淀,因此在成千上万的绣娘里,绣得好的比比皆是,能画者却屈指可数。

2. 刺绣针法特点

刺绣针法是刺绣中的精髓,决定了绣品风格与价值。禄劝彝族

---

① 数据来源:根据禄劝县文化馆非遗中心负责人提供资料及访谈笔录整理得出。

刺绣手艺人擅长运用数以百计的刺绣针法，让各色各样的绣片产生出风格迥异的美感，艺术气息浓厚。禄劝彝族刺绣针法多种，称谓不一，虽说每种针法都是针与线间的交织，但特点各异，用法讲究。这里主要对其中几种较为典型的刺绣针法进行介绍。

（1）平针绣。平针绣也叫缎面绣，是刺绣里较为古老也是最简单的针法，是各种针法的基础，使用最为普遍，在云南各民族刺绣中皆有存在。绣时正面入针，背面出针，绣满图案即可，这种针法绣出的绣面平滑整齐，一般用在花草树叶等图案上。

（2）挑花绣。也叫数纱绣，依据面料的经纬线进行数纱，因针脉交叉呈"十"字状，故又称"十字绣"。挑花绣也是民间刺绣中使用较为普遍的一种，国家级非遗项目石林彝族（撒尼）刺绣就是以针法挑花而出名。

（3）锁边绣。由早期缝补服饰发展而来，绣时从外到里，上面锁一针，下面锁一针，直线三针，从中锁一针，把绣线套成圆圈，图案中间形似糊椒眼，用于鞋帽边上。这种刺绣能够对绣品起到一定的保护与装饰作用。

（4）打结绣。俗称打籽绣，针线从下往上拉出，左手拿针，右手拾线，将线往针上环绕两到三圈，从出针口往下插针变成结，使绣面形成立体状的颗粒，一般用于绣花芯和花籽。

（三）色彩及图案纹样的象征

人类本能地对象征表达方式情有独钟，通过赋予某种图形、色彩、纹样以新的含义，或借助某种动植物与人体部位的相似性，以"物"传"意"，可表现出难以用原型表达的物象及对人类来说属于神秘和神圣的主题。[1]禄劝彝族刺绣色彩丰富、图案精美、纹样奇特，

---

[1] 刘晓蓉：《云南特色文化产业丛书·刺绣卷》，昆明：云南人民出版社，2015年，第33页。

除了具有形式上的自然美，更具内容上的文化美，是彝族人民所处地域环境的综合反映，集中体现了彝族人民的历史渊源、宗教信仰、文化底蕴、价值取向、生活习俗、审美意识等民族文化观，可谓"衣绣无语，演绎大千世界"，也正是这些富有象征意义的色彩及图案纹样，为彝族刺绣产品外观的"形"，添加了内在的"魂"。

1. 色彩的象征

色彩文化是民族文化最突出醒目的部分，是民族审美心理外化的直观形式。[①]自古以来，色彩文化就是彝族文化的重要组成部分。早在彝族古籍《西南彝志》中就有关于色彩文化的描写，"青绫盖蓝天，红绫铺赤地，黄绫现彩龙……精心地刺绣，绣出红日影。"语句虽短，却极其鲜明地道出了彝族先民在早期就已经学会了把色彩文化体现在刺绣服饰上，把色彩作为一种表达的手段，以体现某种观念、理想与情感[②]。禄劝彝族刺绣色彩斑斓，艳丽而脱俗、素雅而不简单，具有很强的视觉冲击力和浓郁的民族气息。禄劝彝族是崇黑、尚虎、敬火、爱自然的民族，一块小小的绣片就能将彝族先民对黑虎的图腾崇拜、对"红"火的力量崇拜、对天的自然崇拜以及对蓝色的喜爱之情传达出来[③]。所以其刺绣产品往往以黑、白、红、黄、蓝五色为主体颜色，而这一色彩喜好的形成，源于其长期的生活环境。早期彝族先民的生活环境多为山区或半山区高寒地带，他们在与大自然长期的生产生活适应中，形成了对黑、红、黄、蓝、白的色彩偏爱。

2. 图案纹样的象征

图案纹样是刺绣文化的鲜明标志和符号元素，不同的文化和地

---

① 梁一儒：《民族审美心理学概论》，西宁：青海人民出版社，1994年，第218页。
② 余胜利：《中国色彩观论析》，《学术论坛》2007年第9期。
③ 彭瑶：《彝族花腰刺绣色彩特征》，《艺术教育》2012年第10期，第152—153页。

理环境孕育出不同的纹样图案。① 禄劝彝族刺绣图案纹样丰富多彩，按照呈现样式及题材的不同，可分为植物类图案、动物类图案、其他图案三大类样式，这些图案通过夸张的表达和变形的手法，化具象为抽象，集中体现了彝族人的生命崇拜、繁衍生息、民族迁徙、耕种收获、原始图腾、神话传说、宗教信仰等内容。

（1）植物类图案

植物类图案在禄劝彝族刺绣中使用最为普遍，频繁出现在各种绣品中，而这源于彝族人民对其生存的自然环境所怀有的敬畏之心、崇敬之情。禄劝彝族生活的地方多为树木茂盛、植物繁多的山林地带，在日常生产实践中，经常能够接触到各色各样的植物。自然是最大的艺术素材库，物为人用，彝族刺绣手艺人将各种喜闻乐见的花卉草木经过抽象化、夸张化处理后，绣在服饰和绣片上，实现了日常生活审美化。常见的植物类图案有马缨花、牡丹花、石榴花、太阳花、葫芦、蕨类、藤条类等。其中以马缨花最具代表性。马缨花既是美好爱情的象征，也是彝族人的祖先崇拜和英雄崇拜。牡丹花是富贵吉祥的象征，石榴花以其果肉籽多象征多子多福，太阳花象征对生活的热情及乐观的心态，葫芦在彝族人民看来是孕育胎儿的母腹，含有生殖崇拜之意，藤条类、蕨类则以其线条的延伸感象征彝族人民勇敢向上的精神。彝族人民把这些来源于大自然界的植物图案运用于布料之上，蕴含着丰富的生态审美智慧和生态伦理观念②，每一块绣片都是对自然的浓缩，体现了人与大自然和谐相处的美好状态。

（2）动物类图案

除了植物图案外，动物图案也是彝族刺绣中较为常见的纹样。

---

① 刘云：《特色文化产业语境下的彝族刺绣文化传承与创新问题研究》，《红河学院学报》2017年第2期，第24—27页。
② 姬田甜：《生态美学视域下的彝族传统刺绣图案研究》，《西部皮革》2021年第24期，第35—37页。

如虎、鹰、鱼、羊角纹、喜鹊、龙凤、凤凰等,其中,虎图案在彝族人中有着举足轻重的地位,虎图案是彝族人民的原始图腾,彝族人视虎为祖先,认为自己是虎的族人,爱虎敬虎。著名的"四方八虎"图,就体现彝族的"虎"图腾崇拜以及古老朴素的阴阳雌雄观。[①] 羊角纹也是彝族刺绣中特殊的图案,它记录了作为氐羌后裔的彝族人民曾经的游牧文化历史;[②] 此外,过去彝族擅长饲养绵羊,以羊肉为重要营养供给,羊角纹也寓意生活顺畅、安康。而喜鹊、龙凤、鱼则因为具有双喜临门、龙凤呈祥、年年有鱼等美好寓意也被绣进刺绣图案中。彝族刺绣图案中的动物图案一般不会单独出现,往往都与花草、山水巧妙地配搭在同一幅画上,[③] 且有主次之分。这样不仅避免了图案的单调乏味,也呈现了动植物和谐共存的美好画面。

(3)其他图案

其他图案主要有人物图案、文字图案、几何形图案等。其中,人物图案以"人形舞蹈纹"最为醒目,一般绣在裤口处,由很多小人手牵手围成一个圈,是当地彝族传统舞蹈"跌脚舞"的真实写照,不仅凸显了彝族人能歌善舞的天性,也烘托出彝族人丁兴旺、团结和谐的氛围感。其他人物形象一般与鸟兽、花卉一起构成具有完整内容的组合图案,或是田间种地的景象,或是妇女绣花的情景,或是篝火旁载歌载舞的场景。文字图案以汉字"寿"和"十"字较为突出,如彝族十字纹刺绣背包。这是因为"寿"字带有长寿的祝愿之意,"十"字带有圆满之意,是彝族在与汉族杂居的过程中自然受

---

① 陈俏巧:《彝族刺绣"四方八虎"的文化内涵和美学意义》,《经济与社会发展》2004年第6期。
② 罗菁、刘志宏:《民间刺绣在艺术设计教学中的应用研究——以禄劝地区彝族刺绣图样为例》,《设计》2015年第23期,第90—91页。
③ 彭瑶:《彝族花腰刺绣色彩特征》,《艺术教育》2012年第10期,第152—153页。

到的汉族文化影响的结果；同时，十字纹造型对称平衡，这与中国传统审美规律要求相符合，也契合彝族人民的审美观。① 几何图案由点、线、面三要素组合而成，常以平移、对称作为构图准则，图案排列有序，比较常见的有八角纹、火镰纹、太阳纹。八角纹因有八个角而得名，八个角分别代表作天、地、雷、风、水、火、山、泽等八种自然现象，准确地表达了彝族服饰艺术中天人合一的极高境界②，代表当地彝族的"巫"文化；火镰纹是火文化的直接体现，太阳纹则是火纹样的间接体现③。

（四）禄劝彝族刺绣的演变

作为人类群体社会生活模式的文化，从来就是一个流变的过程④。随着社会现代化进程的推进和大众文化消费时代的来临，以及非遗保护热的兴起，禄劝彝族刺绣渐渐从"深闺"走向民间，成为一般大众可接受和消费的文化商品。在现代消费市场及日常生活中，彝族刺绣虽然仍保持传统的民族文化元素，但在制作工艺、布料材质、图案纹样上已逐渐糅进现代技艺与时尚符号，这些民族文化符号因为被现代技术所包装、推介，有了为其他民族所接受和共享的条件，并与其他民族因素有着越来越多的融合，使得各民族文化之间的共性逐渐增多。当一种文化的共性大于个性，普遍多出特殊时，这种文化就能被人们所接纳与传承。禄劝彝族刺绣不可避免地自然而然的演变，推动了其传承群体由单一化向多元化发展，使得多民族共同传承禄劝彝族刺绣成为现实。

---

① 王建华、夏璐：《彝族刺绣文化在扶贫特色农产品包装设计中的应用》，《湖南包装》2021年第6期，第119页—122、190页。
② 邬松林：《彝族服饰纹样研究》，《才智》2013年第19期，第153—154页。
③ 冒晶：《火崇拜与彝族服饰艺术》，《辽宁丝绸》2013年第3期，第24—25、58页。
④ 陈庆德、郑宇、潘春梅：《民族文化产业论纲》，北京：人民出版社，2014年，第291页。

1.刺绣工具和材质由粗糙变为精细

过去,由于物资匮乏和经济拮据,没有充足的画笔和纸张,刺绣艺人就地取材,用白泥巴作为绘画原料,以细竹签或细木棒代替画笔。刺绣布料则主要以麻布为主,从麻的种植、麻线的制作,到麻布的纺织,每一道工序都极富技术性;绣线不仅颜色种类少、贵,购买渠道也单一,缝纫机也是唯一的缝合工具。现如今,市场上出现了各种布料,彩色丝线也越发齐全,绣花机亦应运而生,功能完备。目前,禄劝彝族刺绣材料以棉布为主,有时也用化纤布、法兰绒,画笔则用水性笔,绣线用彩色丝线。同时,还出现了冬装的刺绣服饰、夏款的 A 字裙等。可以说这是材质的丰富带来的一种服饰创新,是手艺人将现代技艺和时尚巧妙糅进传统刺绣的表达。随着交通的发达和网购的流行,各种刺绣面料、绣针、绣线等材质和工具的获取途径越发方便快捷,缩短了刺绣工艺的时间成本,从而给刺绣手艺人留出更多的时间去钻研刺绣的图案纹样。

2.图案纹样由平面单一变为立体多样

禄劝是典型的以农为主的民族地区,农业是地方民众的主要生计模式。在农忙时节,老一辈刺绣手艺人就要帮助家里上山干活。在与大自然零距离接触的过程中,他们对于身边花草树木的形状早已了然于心。当忙完一天的农活,饭后闲暇下来时,姑娘们开始拾起绣花针进行刺绣,此时,白天看到的奇花异草就会出现在她们的脑海里,并通过针线体现到刺绣产品之上,实现审美艺术的物化。这些老艺人并没有专门学过绘画、艺术之类的课程,刺绣图案及纹样仅仅来源于她们个人对自然的感受、对生活的领悟,虽持有刺绣技艺,但文化素养和艺术修养却比较欠缺。因此,早期的刺绣图案纹样难免会出现色彩单调、图案平面化的情况。进入互联网时代,资源获取比较方便,社会的发展带来了刺绣工具和材质的丰富性,从而为刺绣图案纹样的创新提供了物质条件，而人们审美意识的提高，更是成为刺绣图案纹样适时而变的驱动力。为适应大众文化消费时代，刺绣手艺人不得不由审美个人化向审美大众化迁移，开始不断改革创新，融入时代符号，刺绣图案纹样也随之开始百花齐放，刺绣图案立体感、层次感凸显，丰富饱满、生动形象。

3. 制作工艺由纯手工刺绣变为手绣与机绣共存

早期的彝族刺绣是彝族妇女农闲时进行的一项手工活动，在家庭内部自给自足、自产自销。进入市场后，耗时费力、效率低下的纯手工刺绣时常使得手艺人面临短时间内无法做出成品，处于无法满足消费者需求的尴尬境地，尤其是遇到婚宴节庆时，单靠刺绣手艺人更是忙不过来；此外，手工刺绣价格高昂的缺陷，也让大多数能力有限的消费者望而却步，难以满足不同消费者的需求。于是机器刺绣应运而生，"握手"手工刺绣。机器刺绣生产制作流程快、效率高，以其低廉的价格被大众接受，并呈现在不同的社会背景和文化层次的大众面前。尽管如此，带有温度的手工刺绣因其独有的文化特质仍占据着一定的市场份额。正如知名学者柳宗悦在《日本手工艺》一书里写道："手工与机器的根本区别就在于，手工总是和心相连接的，而机器则是无心的载体。"[1] 机器刺绣多用在日常生活等一般性场合，手工刺绣则主要用来收藏、送礼或者婚宴等重要仪式性场合。而且，机器绣花也是由手工刺绣的绣片打板而成的，手工刺绣越好，机器打板出来的效果也就越好。所以，手工刺绣和机器刺绣分别面对不同的消费需求，且机器刺绣离不开手工刺绣，手绣与机绣两者并存，并不矛盾。

4. 交易场所由零散变为集中

禄劝彝族刺绣的交易场所最初是在乡镇集市上。禄劝彝族刺绣

---

[1] 柳宗悦：《日本手工艺》，张鲁译，徐艺乙校，桂林：广西师范大学出版社，2006年。

手艺人们忙时地里干活,闲时家中绣花,在赶集当天把多余的绣品拿去街上售卖,摊点不固定,当地人俗称"赶转街"。"赶转街"是禄劝本地方言,根据字面意思可理解为"转着赶集"。在禄劝,17个乡镇(街道)皆有属于自己的赶集日,如撒营盘镇逢周四和周日赶集,中屏镇逢周一赶集。对于在禄劝做小买卖的经销商,如刺绣艺人,赶集并非固定在一个乡镇,而是逢哪个乡镇赶集就去到哪个乡镇。2005年以前,每逢周四和周日的赶集天,撒营盘镇街上售卖刺绣产品的零散摊位多达100余处,构成一道亮丽的风景线,正因如此,2005年,撒营盘镇被命名为县、市级刺绣之乡。之后,为集中管理这些零散的刺绣小摊贩,规范市场经营,镇政府启动了打造撒营盘镇刺绣一条街的工程。由此,撒营盘镇撒咪彝绣坊规划建成。由零散的刺绣摊位到固定的刺绣店铺,这种转变带来并形成了以家庭为单位的前店后院式的个体小作坊。渐渐地,刺绣产品经营场所继续向外迁移,由镇扩大到县城的屏山街道。2018年,禄劝县委在屏山街道彝城新都集中规划开发了"民族文化街",以减免租金的方式吸引刺绣企业入驻,到2021年底,经营民族刺绣产品的公司、个体工商户已达21家。此外,皎平渡镇、汤郎乡、中屏镇等其他乡镇上也有少数经营民族刺绣的个体小作坊。这样,随着市场化的逐渐深入,禄劝彝族刺绣市场由撒营盘镇到县城再辐射到其他乡镇,形成了以点引线带面的发展趋势,并从点式散状发展到线上、面上的集中。

5. 宣传阵地由线下延伸到线上

民族民间工艺不仅需要技艺上的实践,也需要文化上的传播。早期,禄劝彝族刺绣只能通过彝族人民日常生活的穿戴,以及火把节、婚礼等节庆仪式上的展示进行小范围的线下宣传。在2013年禄劝彝族刺绣成功入选云南省级非遗后,开始出现了与禄劝彝族刺绣文化相关的纪录片，如"针尖上的舞蹈""罗婺彝绣坊"等。2016年，各种短视频制作平台开始兴起，为禄劝彝族刺绣文化搭建了宣传新阵地。禄劝民族刺绣手艺人积极搭乘短视频"快车道"，开始通过抖音宣传禄劝彝族刺绣。如刺绣世家出生的梅祖兰在其高中毕业之后继承了祖母省级代表性传承人陈国稳的刺绣事业，其本人现在也是禄劝彝族刺绣县级代表人传承人，作为95后的她，巧用互联网平台，专门注册抖音账号，宣传弘扬禄劝彝族刺绣，作品内容皆与刺绣相关，涉及彝族服装及绣片展示、彝族刺绣工艺讲解、彝族刺绣服饰制作等。除此之外，其他的刺绣经销商在抖音上宣传并售卖刺绣产品的现象也广泛存在。互联网时代下，短视频宣传不仅是一种营销方式，也是一种文化宣传。禄劝彝族刺绣"上云"，通过抖音向广大用户、向各民族群体宣传展示彝族刺绣文化魅力，不仅能够扩大自身文化品牌优势，还能为禄劝地方文化建设贡献一份力量。这种由线下延伸到线上，通过线下展示和线上宣传两者相结合的方式，将推动禄劝彝族刺绣手工艺文化的发展。

6.传承群体由单一变为多元

彝族妇女素来是彝族刺绣的传承主力，是彝族刺绣的承载者和复述者，也是传统文化与现代文化的链接者[1]。随着社会不断向前发展，人类的文化创造对物质的原生性依赖越来越少，各民族文化之间的联通性也越来越强。[2] 文化间的互联互通带来了各民族文化的深度融合，加上技术进步带来刺绣工艺、市场模式、传播途径的改变，使得穿戴彝族服饰、使用彝族手工艺品的区域和人群都有所变化[3]。

---

[1] 张海玲：《彝绣：彝族传统刺绣技艺的文化符号建构研究》，昆明：云南大学2018年硕士论文，第42—44页。
[2] 王希恩：《民族文化与普同文化及其在当代中国的转易》，《兰州学刊》2017年第5期，第5—13页。
[3] 王爱梅：《楚雄州彝族刺绣产业发展探析》，《科技和产业》2019年第4版，第48—52页。

或出于喜爱、或迫于生计，包括男性在内的非彝族本民族的人也开始加入刺绣队伍中，禄劝彝族刺绣传承群体开始呈现多元化走向，传承主体由彝族本民族逐渐覆盖到其他民族。据调研了解，目前已被政府认定为禄劝彝族刺绣代表性传承人的 12 名传承人中，汉族 9 名，彝族 3 名，负责彝族刺绣非遗保护传承的相关行政人员也是傈僳族出身。在 2022 年底重新挂牌成立的"禄劝民族刺绣协会"中，协会成员共 50 人，民族成分就涉及汉族、彝族、傈僳族、白族、傣族 5 个民族。另外，在笔者所调查访谈过的 46 家刺绣店铺及公司里面，仅是彝族开店的有 19 家，仅是汉族开店的有 21 家，彝、汉、苗、白等民族一起合作开店的有 6 家，而且这些刺绣产品的消费群体也不仅只是彝族本民族，还有其他如汉族、白族等境内人员或者是外来游客、收藏家。以上数据和现象皆说明，由于彝族刺绣所蕴含的丰富的经济、文化、实用等价值而带来的经济互动与文化联系，逐渐形成了彝族、汉族、苗族、白族、傈僳族等各民族群体共同传承彝族刺绣集体行动，呈现出"彝族刺绣名称的单一民族性与实际持有人的多民族性共存"的文化现象。

二、禄劝彝族刺绣多民族传承的共生根基

禄劝地处滇中北部,山川雄伟、风光旖旎、历史悠久、民族众多、文化多元,是各民族和谐共生的大美之地。人类是理性共生的动物。[①]千百年来,各民族在禄劝这块土地上生存、繁衍,共同创造了源远流长的历史文明和多姿多彩的民族文化,[②]诚然,彝族刺绣手工艺文化亦在其中。"彝族刺绣名称的单一民族性与实际持有人的多民族性共存"是禄劝彝族刺绣在传承与发展过程中所呈现出的独有特点。俗话说,"水有源,树有根,万物皆有因"。事物产生与形成的原因并非受单一因素的影响,而是在多方面、多维度作用下的结果。所属地域环境的共居性、民族分布格局的互嵌性、经济资源的互补性、文化氛围的交融性、族际通婚的常态化,以上几种要素是多民族共同传承禄劝彝族刺绣手工艺文化的形成诱因,各要素之间相互作用、相互影响,共同构成了禄劝彝族刺绣传承群体民族身份多元化的共生根基。

(一)共居的地域环境

人的发展、文化的生成离不开其与环境的相伴相生。文化是环境的产物,各地区的文化与其地域环境之间是相互制约相、互影响的。禄劝彝族刺绣手工艺文化是彝族先民能动适应生存环境的社会成果,当然与其所处地域环境密切关联。

1. 自然地理环境

自然地理环境是民族生存发展和民族交往联系的自然物质基础,是文化产生的前提条件和文化生成的依托,它既孕育了丰富多样的

[①] 张永缜:《共生的论域》,北京:中国社会科学出版社,2016年,第6页。
[②] 杨甫旺:《共生·共融:楚雄彝族历史文化漫谈》,昆明:云南人民出版社,2016年。

文化，又在历史发展中丰富了文化的发展，给文化打上鲜明的自然烙印[1]。禄劝土壤类型丰富、动植物种类繁多、矿物资源丰厚。资源的丰富性能为人们创造物质文化提供有利的条件。禄劝各民族充分利用资源优势，将其用于彝族刺绣的生产和制作上。比如，作为境内分布最广、面积最大的土壤之一的红壤[2]是早期彝族刺绣手艺人绘画时用到的颜料；草本植物火草是早期常用来制作刺绣服饰的一种特殊布料，具有吸汗透气的功效；而有色金属"银"则是禄劝彝族刺绣服饰上的装饰物，禄劝手工银器制作技艺也于2020年入选昆明市第五批非物质文化遗产名录。以上物为人用的例子不一而足，都鲜明地体现了禄劝人民在文化创造上就地取材、物为所用的环境适应能力，反映了人与自然的和谐共生。

2. 人文地理环境

禄劝复杂的区域自然环境，为境内各民族及其文化的生存和发展提供了必要的支撑条件。位于西南边陲、地处山区的禄劝，由于自然阻隔而造成交通闭塞。目前，禄劝只建有汽车客运站，还未建成火车站或高铁站。自然区隔和交通不便形成了一定的区域环境封闭性。一方面，生活在本区域的各民族群体较难与外界进行广泛的社会联系；另一方面，各民族之间在物质生产生活资料方面能够互通有无，居住在山区或半山的苗族、傈僳族等民族擅长采桑、养蚕、种麻等，而生活在坝区的汉族等民族则擅长水稻、小麦、玉米的种植，由于地理环境的差异带来物资上的差异，必然使得不同民族之间发生物资的流通以及人际的交往，从而形成稳定的社会交往和经济联系。境内不同地区的民族群体能够带来物质生产生活材料的多

---

[1] 魏美仙：《文化生态：民族文化传承研究的一个视角》，《学术探索》2002年第4期，第106—109页。
[2] 禄劝彝族苗族自治县概况编写组：《禄劝彝族苗族自治县概况》，北京：民族出版社，2007年，第1—7页。

样性和丰富性，进而满足人们的基本生活需要。所以在此环境下生存的各民族群体同属于一个文化圈，居住空间相同，生活方式相近，拥有共同的心理特征，他们以地缘关系为纽带、以血缘联系为基础，在长期的相互联系和交往中，形成了一致的内聚意识和地域认同感。

（二）互嵌的民族格局

居住格局是某一区域内人口构成及其居住区域的空间组合方式，一个区域内各民族的居住格局是民族关系和民族文化在空间上的表现形式，也是各民族文化关系的直接表征。[①] 历史上，由于民族间的不断迁徙、融入和人口流动，造就了禄劝这一多民族交汇的地区。发展至今，禄劝4234.78平方千米的土地上居住着彝族、苗族、汉族、傈僳族、傣族、壮族、哈尼族、回族等总共24个民族。以上各民族人口分布中，少数民族占总人口的33.01%。长期的民族迁徙和人口流动形成了境内各民族交互错落杂居的居住格局。居住空间是人们社会交往的起点[②]。共同的居住空间有利于促进各民族间的交流互动。因此，互嵌的民族居住格局作为民族间社会交往的客观条件，为禄劝彝族刺绣的多民族共同传承奠定了较为广泛的现实基础。

1. 局部聚居

人类"同类而居"的规律，形成了原生性的民族聚居，聚居是民族的原生居住形态。彝族局部聚居有利于彝族刺绣手工艺文化的形成及其特质的保留。在禄劝境内，皎平渡镇永善村、中屏镇火本村、撒营盘镇书西村等都是典型的彝族聚居村。这些村寨人口以彝族为主，其他民族则较少。如中屏镇火本村，彝名为"海补"，意为水塘

---

① 饶旭鹏：《多民族杂居地区文化变迁研究》，西北师范大学2003年硕士论文。
② 郝亚明：《族际居住格局调整的西方实践和中国探索——兼论如何建立各民族相互嵌入式社区环境》，《民族研究》2016年第1期，第1—26、123—124页。

边上的村庄，全村32户112人，皆为彝族，是古老的土著彝族聚居地，也是禄劝县保留较为完整的彝族聚居传统村落，于2018年获评为昆明市民族团结示范单位，于2021年创建为少数民族特色村寨，是云南省旅游名村。走进火本村，村内青瓦白墙的民居、兼具彝文汉字的文化墙、穿着彝族刺绣服饰的男女老少等无不体现出彝族寨子的民族特色，随处可见的民族团结宣传标语也烘托出民族团结的温馨氛围。这种自产自用彝族刺绣服饰，是彝族刺绣生活化传承的生动写照。不同民族集中居住不仅有利于本民族内部凝聚力的形成，也有利于民族文化特质的保存。在此情况下，彝族的文化，尤其是具有视觉冲击力的服饰文化就会在无形之中感染着其他民族，这些民族从而对彝族刺绣手工艺文化形成一定的认知。

2. 广泛嵌合

居住格局作为社会交往的重要条件，不仅仅是民族关系在空间形式上的体现，还是各民族在日常生活中展开交往、进行互助的条件，各民族之间交错分布的程度越高，交往合作的可能性越大。[①] 人类的"同类而居"规律形成了原生性的民族聚居，也造就了民族交往后的杂居；而随着民族交往的深入，也必然造成你中有我、我中有你的散居。[②] 随着城乡一体化进程的加快，禄劝各民族群体因工作、婚姻等各种因素迁入或迁出，各民族人口流动加快，逐渐形成了从聚居到杂居再到散居的民族分布的演进规律，这种规律也是民族间实现交融的一种基本发展趋势。禄劝彝族以杂居、散居的形式广泛嵌合于境内各乡镇（街道）。散居在县城比较明显，在乡镇或村寨上杂居程度则相对较高。彝族人民善于与其他各族人民相处，不管是彝族少部分人口杂居在其他民族地区，或其他民族杂居在彝族地区，

---

① 董凯悦：《铸牢中华民族共同体意识的路径》，内蒙古大学2021年硕士论文。
② 王希恩：《民族的融合、交融及互嵌》，《学术界》2016年第4期，第33—44、324页。

皆能友好互助、共同生产、共同生活。① 多民族混合杂居的居住格局为禄劝各民族交往交流交融提供了发生场域，使得各民族之间互为邻里，语言上相互沟通、情感上相互亲近，在耳濡目染中、潜移默化下，不同民族的人们结识了彝族刺绣。

（三）互为补充的经济资源

互为补充的经济资源是禄劝彝族刺绣传承群体多元化的内生动力。禄劝是一个典型的农业县。长期以来，农耕的生计模式成为当地民众的主要经济来源。彝族刺绣以生产性保护、生活化传承的方式进行市场化生产、商业化运作，充分发挥出其潜在的经济价值，提供了不同的就业岗位，为当地群众带来就地就业的便捷，丰富了人们经济来源渠道。对于拥有官方认定的"禄劝彝族刺绣代表性传承人"称号的传承人来说，刺绣收入②是其主营业务收入来源，而对于未获得官方认定的刺绣手艺人或绣娘来说，刺绣收入更多只是作为他们的兼职业务收入来源。

1. 作为传承人的主营业务收入来源

禄劝彝族刺绣代表性传承人作为非遗传承的主体，肩负着文化传承的社会责任，但他们也抱有对更高物质生活水平的追求，只有在其基本生活需求得到保障的前提下，他们才能以更好的状态投入彝族刺绣手工艺文化的非遗传承中去。非遗代表性传承人的称号给他们贴上了一种符号标签，这种标签能够在商品消费文化领域被赋予商业品牌的意义。因此，受经济利益驱使，绝大部分非遗代表性传承人也在商业化运作其参与的非遗项目，即除了代表性传承人的身份外，他们同时也是参与市场竞争的商人。禄劝彝族刺绣代表性

---

① 方国瑜：《彝族史稿》，成都：四川民族出版社，1984年，第4页。
② 为便于理解，在此特把依托彝族刺绣所带来的收入简称为"刺绣收入"。

传承人以个体小作坊或公司的形式参与到彝族刺绣产品的市场生产浪潮中，通过生产售卖彝族刺绣产品获取了可观的经济收益，从而供养家人及子女上学，以发展小手工业的方式，既照顾了小家，又传承了彝族刺绣技艺及文化。以手艺为生，靠手艺吃饭。彝族刺绣在成就了刺绣手艺人人生的同时，也保障了他们的生活所需。

2.作为绣娘的兼职业务收入来源

绣娘是彝族刺绣的演绎者和复述者，在彝族刺绣产品生产环节中扮演着重要角色，发挥着重要作用。据调查了解，禄劝彝族刺绣个体小作坊或公司皆与绣娘有合作，多则二三十人，少则四五人。绣娘们不需要掌握多复杂的刺绣技艺，只要会其中某个环节就可以参与刺绣市场生产，工作时间地点由绣娘自由安排。这些绣娘或者是县城里的家庭主妇，或者是农村妇女，她们并没有以务工或主业的思维认知刺绣，而是以兼职的方式参与其中，或盘线、或钉纽扣、或锁边等等，一边顾家一边赚钱。这样，不仅有效解决了农村妇女剩余劳动力闲置和浪费的困境，也加强巩固了脱贫攻坚成果，实现了同乡村振兴有效衔接。不管是绣娘还是刺绣店铺经营者，诚然，刺绣已成为他们生活中不可或缺的一部分，但这并不是他们的全部，刺绣耗时长、变现慢的特点，使得在一个家庭中还需要其他的经济来源渠道，对这些家庭而言，从事刺绣产销只是他们的一项副业。

以刺绣为主业还是副业、全职还是兼职、职业化还是业余化是刺绣手艺人从生计角度出发而作出的理性的市场选择，在一定程度上促进了从业结构上的民族互嵌。这样，互为补充的经济资源支撑了一个家庭的日常开支。刺绣介入民生经济，能够为各民族群体提供经济土壤。刺绣手艺人通过自己的双手获得经济收入以补贴家用，变"指尖技艺"为"指尖经济"，是对以农业为主的生计模式的拓展，也是对家庭经济来源的补充。

（四）多元交融的文化氛围

民族文化的传承总是要借助一定的文化氛围，在一定的社会环境中进行。[①] 不同民族有不同的民族文化，多民族杂居地区也是多种民族文化的"杂居"地区。[②] 禄劝素有"三水一江地、彝歌苗舞乡"的美誉，境内文化资源丰富，集革命文化、民族文化、生态文化、饮食文化于一地，多元文化在此碰撞、杂糅，形成了稳定、共享的地域文化内核，从而为构造各民族文化相互吸收、相互促进、共同发展的新的文化格局营造了优良的文化氛围。多元交融的文化氛围，最终促成了地域文化的共享，不仅共享各民族的刺绣文化，各民族间文化的多样性也丰富了刺绣内容。

1. 服饰文化：民族文化展示的窗口

服饰是民族文化最直观的表现形式和重要标志，是民族文化展示的窗口。禄劝境内居住着彝、苗、傈僳、壮、傣等23个少数民族，民族众多，各民族文化各具特色。其中，绚丽多彩的少数民族服饰文化是禄劝民族文化中最耀眼的一朵奇葩。禄劝每个少数民族都有自己的民族服饰，除了最具代表性的彝族刺绣服饰之外，禄劝苗族和傈僳族的刺绣服饰也同样古老而靓丽。苗族刺绣简洁而清秀，服饰是苗绣的主要载体，其图案纹样通过夸张变形、巧妙组合，既有对生机勃勃的客观对象的表现，又融合有刺绣手艺人梦境般的主观性幻想色彩，其针法丰富多变，色调鲜明艳丽而又不失古朴协调；傈僳族服饰鲜艳而亮丽，其刺绣色彩多以红绿相配，色彩对比较为强烈，图案花团锦簇，绣饰繁缛。在禄劝，刺绣手艺人根据顾客需求生产制作民族服饰，在与顾客交流的过程中了解并学习到不同民族的服饰文化。在民族的生存和发展过程中，民族服饰往往以最直

---

① 赵世林：《云南少数民族文化传承论纲》，昆明：云南民族出版社，2002年，第91页。
② 饶旭鹏：《多民族杂居地区文化变迁研究》，西北师范大学2003年硕士论文。

观的方式参与民族间的联系和交往，在多种因素的综合作用下，正是以这种联系和交往为渠道，促进了民族间的文化认同、民族文化的发展和民族服饰的流变。①这种以消费需求驱动产品生产，并在生产中学习的市场流通形式，在某种程度上带来不同民族服饰文化的融合，从而产生不同民族刺绣间的文化互借，有利于民族服饰文化的传承与创新。

2. 节庆文化：民族交流的催化剂

节庆文化是重要的民族团结进步抓手。作为民族文化的重要载体和集中展示形式，欢快的节日氛围有利于提升各民族群体的参与积极性，促进各民族间文化交流与融合，传承民族文化，凝聚价值共识。多民族文化共融已成为禄劝各民族同胞的共识，这在节庆文化上体现得淋漓尽致。如，彝族的传统节日"火把节"，已经不单是本民族的节日，汉族和其他少数民族都投入这一节日活动中，民族文化相互包容，共同发展。②火把节是禄劝地区彝族古老而盛大的传统节日，也是各民族在共居的前提下共乐的节日，在当地已成为某种意义上的民族大联欢，不仅是境内彝族的狂欢节日，也是境内其他民族共同娱乐的节日，在各民族之间扮演着重要角色，是禄劝各民族群体的一项集体活动。火把节期间，自然少不了彝族刺绣元素的装饰和点缀，不管是台上表演者、幕后工作人员，还是台下观众、地方民众都对彝族刺绣服饰有着很大的需求，大量的需求为刺绣经营者带来了收益。各民族在火把节期间消费娱乐的同时，也在认同彝族刺绣服饰及产品所传递出来的价值准则和文化内涵。

禄劝多元交融的服饰文化、节庆文化等文化氛围有助于各民族

---

① 余梓东：《文化认同与民族服饰的流变》，《中央民族大学学报》2006年第6期，第82—87页。
② 禄劝彝族苗族自治县概况编写组：《禄劝彝族苗族自治县概况》，北京：民族出版社，2007年，第86—87页。

产生一致的文化心理。从古至今，人类都具有追求真善美、拒绝假恶丑、向往美好幸福生活的普同性文化心理。禄劝彝族刺绣所传达出的制度规范、道德观念、价值判断、精神追求、风俗习惯、文化基因、艺术思维及工匠精神，具有与其他文化一样的终极价值和一般性伦理，既合乎禄劝各民族对于真善美的价值追求，也契合各民族群体在思想交流、人际交往、生计互动上的和谐相处方式。正是得益于禄劝彝族刺绣在创造与发展过程中传递出的普适性的文化价值理念，使得禄劝各民族群体有了一致的文化心理，进而促使了禄劝各民族群体愿意接触、走近并传承彝族刺绣文化。

（五）常态化的族际通婚

互嵌的民族格局、密切的经济联系、多元的文化氛围造就了禄劝各民族紧密联系的历史和现实，其中一个重要的标识就是族际通婚。[1]族际通婚是指不同民族之间进行通婚结为夫妻、组建家庭的一种联姻形式，是推动民族融合的重要桥梁和纽带之一。一定程度上可以说，族际通婚的发展进程就是两个民族之间关系的缩影。族际通婚现象自古有之，历史上的"和亲"就是一种典型的族际通婚。统治阶级的和亲是基于政治上的需要，而民间各民族群众之间的结亲通婚却是常事。[2]新中国成立前，禄劝各少数民族之间存在相互歧视、互不通婚的现象；汉族与少数民族之间也有歧视，大部分语言不通、互不交往，汉族与少数民族之间一般也不通婚。新中国成立后，党的民族政策得到贯彻和落实，禄劝民族关系得到改善，各民族间彼此尊重，相互包容，逐渐形成"平等、团结、互助、和谐"的社

---

[1] 张少春：《互嵌式社会与民族团结：人类学的视角》，北京：社会科学文献出版社，2018年，第67页。

[2] 王瑜卿：《民族交往的多维审视》，中央民族大学2012年博士论文。

会主义民族关系，民族婚姻限制逐渐被打破，彝族与汉族、彝族与其他少数民族之间的通婚已不受传统观念的束缚。[1]1949年后，各民族之间已开始互相通婚，由两三个民族组成的家庭越来越多。[2] 禄劝是多民族交错杂居地，各民族之间相邻而居，这一客观现实为禄劝各民族进行族际通婚奠定了坚实的历史基础和发生场域，而随着社会发展带来的观念改变、政策开放，使得境内族际通婚更加成为可能。族际通婚能够促进民族间的有机互动，而这种互动的族际通婚则为禄劝彝族刺绣的多民族共同传承提供了强力的人力支撑。

作为人生礼仪中的关键组成部分，婚姻是体现民族之间交往互动的重要媒介，当族际通婚发生时，就意味着将异族成员纳入同族。族际通婚带来的不仅是两个人的结合，更是两个家庭乃至族群的结合，能够反映出各民族间文化上的彼此认同和心理接纳，这不仅要有本民族社会的理解，也需要对方民族社会上的支持。这样一种族际通婚，变地缘关系为姻亲关系，使得两个民族之间的交往程度加深，从而带来情感上的相互亲近或相通，文化上的相互借鉴及融合。因此，在婚后的日常家庭氛围中，非彝族本民族也会潜移默化地在一定程度上学习到彝族文化，如刺绣服饰上的图腾崇拜，刺绣技艺的工艺法则，主动形成文化适应，并进而加入彝族刺绣产品的生产或者消费当中，从而实现彝族刺绣的生产性保护和生活化传承。

---

[1] 禄劝彝族苗族自治县概况编写组：《禄劝彝族苗族自治县概况》，北京：民族出版社，2007年，第85—87页。
[2] 禄劝彝族苗族自治县地方志编撰委员会编：《禄劝彝族苗族自治县志》，昆明：云南人民出社，1994年。

三、禄劝彝族刺绣多民族共同传承的表现方式

在禄劝彝族刺绣多元化的传承群体中,有的因为成长环境的影响,在耳濡目染下无形之中对刺绣有着一种与生俱来的喜爱;有的迫于现实生活的需要,看到了彝族刺绣所蕴含的经济价值,把从事彝族刺绣视为一种谋生手段,助推民族文化资本化;有的出于内心对民族文化持有的崇敬,认同该民族文化而参与到彝族刺绣的生产经营过程中;有的缘于族际间的通婚联姻,在家庭里的日常互动中而学习到刺绣文化。不管是出于地缘、血缘、族缘、姻缘、业缘、趣缘、人缘的关系,抑或是其他种种因素,禄劝各民族通过共传彝绣非遗事、共享刺绣文化资源、共创禄劝刺绣市场、共同消费刺绣产品等文化实践,集中地向外展示了禄劝民族地区,依托云南省级非遗的"彝族刺绣"相互关联起来的,具有彝族刺绣非遗文化联系和彝族刺绣市场经济互动特征的各民族群体的聚集。禄劝各民族群体在该区域里经济依存、文化共塑、情感共育,或挖掘探索彝族刺绣文化、或交流分享彝族刺绣技艺、或生产经营及消费彝族刺绣产品,从文化、技艺、产品三个方面综合而系统地体现了禄劝彝族刺绣作为非物质文化遗产所具有的物质性与精神性,进而实现了禄劝彝族刺绣的多民族共同传承。

(一)共传彝绣非遗事象

禄劝彝族刺绣是云南省级非物质文化遗产的重要组成部分。"以人为本体,以人为主体,以人为载体"[①]是非物质文化遗产传承的本质。禄劝各民族作为彝族刺绣传承与发展的主体、本体和载体,通过参与彝族刺绣代表性传承人的申报认定与管理、非遗刺绣技艺培

---
① 向云驹:《非物质文化遗产学博士课程录》,北京:中华书局出版社,2013年。

训、刺绣文化交流、民族服装展演中的一个事象或几个事象，以手工艺文化共同体的形式，共同传承着禄劝彝族刺绣非遗手工艺文化。

1. 作为代表性传承人的申报认定

非遗代表性传承人作为非遗项目的核心主体，扮演着不容忽视的重要角色。自禄劝彝族刺绣入选省级非遗项目名录以来，禄劝县非物质文化遗产保护中心紧跟国家方针政策，根据国家有关规定，结合县情，因地制宜制定并出台了一系列政策文件，主要包括《云南省禄劝彝族苗族自治县文化遗产保护条例》和《禄劝彝族苗族自治县非物质文化遗产项目代表性传承人认定与管理暂行办法》。禄劝各级文化主管部门以政策文件为导向，认真地执行彝族刺绣非遗代表性传承人的认定与管理。截至2022年，禄劝已获得官方认证的彝族刺绣代表性传承人共有12名，其中汉族9人，彝族3人。这种非遗项目名称与代表性传承人之间出现民族称谓上的不完全匹配的现象在相关政策文件中有说明。在《禄劝彝族苗族自治县非物质文化遗产项目代表性传承人认定与管理暂行办法》中，对于代表性传承人的申报条件，文中明确提道："同等条件下优先考虑本民族民间艺人列为项目代表性传承人，本民族没有的可从其他民族中选取。"[①] 这说明，在禄劝，出于对非遗项目核心技艺及传承培训的客观现实考量，彝族刺绣代表性传承人的认定并无民族界限之分，其认定标准关键在于刺绣技艺的掌握程度，只要刺绣技艺达到一定的水平，各民族成员都可以申报传承人，都有可能成为彝族刺绣代表性传承人，共同拥有禄劝彝族刺绣代表性传承人称号，并将自身所掌握的刺绣技艺传授并继承下去。

---

① 参考资料：《禄劝彝族苗族自治县非物质文化遗产项目代表性传承人认定与管理暂行办法》，由禄劝县文化馆钱春林提供。

2. 作为管理者开展彝绣非遗工作

禄劝彝族刺绣于2013年入选云南省第三批省级非物质遗产项目扩展名录，保护单位隶属禄劝县文化馆。据调研得知，禄劝彝族刺绣传承人的申报、认定与管理、考核与监督、刺绣非遗活动的开展及培训等一系列活动主要由禄劝县文化馆非遗中心负责人"钱春林"[①]及其摄影助手"郎发智"[②]两人负责（皆为傈僳族），他们是禄劝彝族刺绣非遗工作的组织者与管理者，以国家代理人、受委托人的身份履行非遗项目保护责任，[③] 在禄劝彝族刺绣非遗工作的传承保护与发展中发挥着核心和主导作用。2022年，禄劝县文化馆调配了一位汉族工作人员作为非遗中心处钱春林的助理，也为后期完全接手非遗传承保护工作做准备。作为傈僳族、汉族出身的他们，在开展彝族刺绣传承与保护等一系列系统性工作的过程中，由于自身的专业性及文化间的交流，使他们更加深入地了解到彝族的民风民俗等文化事项，并在理论上形成了对彝族刺绣手工艺文化较为全面的认知与了解，进而从文化研究维度传承了禄劝彝族刺绣。

3. 作为传承人践行非遗传承使命

省、市、县三级代表性传承人是禄劝彝族刺绣传承与发展的核心主体，是刺绣技艺的实践者，承担着践行彝族刺绣的非遗传承使命。"作为以人为载体的传统活态文化表现形式，非遗的生成、赋形与延续无不借由传承人的参与而真实存在。"[④] 长期以来，家族传承和师徒传承一直是禄劝彝族刺绣的主要传承方式，其中以家族传承最

[①] 钱春林：男，傈僳族，1966年出生，1989年毕业于云南民族学院，本科。1989年到禄劝文化馆工作至今。从事群众文化工作30余年。昆明市文艺家协会会员、昆明市曲艺家协会会员、昆明市非遗协会副会长、禄劝彝族苗族自治县文化馆副研究员。

[②] 郎发智：男，傈僳族，1948年出生，禄劝县疾控中心退休职工，傈僳族文化研究学会会员，摄影爱好者。

[③] 宋俊华：《非遗代表性传承群体认定何以可为》，《文化遗产》2022年第4期，第1—8页。

[④] 谢中元：《非遗传承人的"米提斯"及其传承难题》，《学术论坛》2014年第12期。

有代表性。除了向家人和徒弟传授彝族刺绣外，禄劝彝族刺绣各级代表性传承人还经常受邀到各省、市、县及各高校，甚至去到国外参加各种非遗文化交流。传承人参加非遗文化交流通常以授课的方式向活动现场人员讲解刺绣技法技巧，学员们既有社会人士，也有高校学生，既有成人，也有小孩，身份多样，其中自然涉及不同民族，进而促进禄劝彝族刺绣手工艺文化的多民族共同传承。这种集家族传承、师徒传承、学校传承、社会传承于一体的综合性活态化传承方式，体现了传承人以身实践、用心传承的匠人精神。

4. 作为模特参与非遗刺绣服饰展演

彝族刺绣服饰不仅是禄劝民众日常生活所需，也是当地节庆活动上不可或缺的重要符号。禄劝节庆活动丰富多彩，为境内民族服饰提供了文化阵地和展演舞台，是传播与弘扬民族文化的有力抓手，更是彝族小伙和姑娘们赛美比帅、彝族刺绣手艺人们一展身手的最佳平台。在这些节庆活动上，总少不了一个活动，"民族服饰走秀展示"。2022年7月22日，禄劝迎来了继新冠疫情缓解之后首次一年一度的重大节日——彝族火把节。笔者有幸在现场全程观看了一场时长近两个半小时的"民族服饰展演 寻找最美马缨花"走秀表演，来自禄劝各乡镇（街道），彝、苗、傈僳族文化研究会及彝族刺绣传习馆的20支表演队盛装出席，他们中既有专业出身的模特，也有非专业出身的"临时模特"，覆盖各年龄阶段，男女皆有，涉及多个民族，既有彝族，也有汉族、苗族、傈僳族等民族群体，他们共同以最好的姿态将身上的民族服饰全面展现给现场观众。文化其实就是一种生活方式的呈现。模特们通过服饰外观展演的方式，把彝家人的民族文化尽情呈现，在传统与现代、民族与时尚的交融中，彰显彝族刺绣的民族魅力。除了舞台上的民族服装T台走秀，台下观众们也纷纷穿戴上自己最心仪最精致的彝族刺绣服装，为现场人员上演了一场绝美的视觉盛宴。

(二)共享刺绣文化资源

前文"共传彝绣非遗事象"是从非遗项目保护与传承的维度来谈及,是非遗传承链上具体的文化实践。而此处的共享刺绣文化资源的则在于把彝族刺绣视为一种资源,突出文化的共享性。禄劝彝族刺绣文化资源既包括有形的刺绣产品,又涵盖无形的刺绣技艺。各民族共享刺绣文化资源,为刺绣工艺注入活力,能够实现刺绣文化资源向刺绣经济资本的有效转化,从而使刺绣产品被更多的受众喜爱、接受、购买和消费,达到文化传承的目的。①

1. 有形刺绣产品的供给与合作

禄劝彝族刺绣从一块块离散的布料到变成完整的刺绣工艺产品为消费者所购买,中间需要逐步完成一系列的生产环节,涉及购买原材料、制作刺绣底布、绘制图案、刺绣形成半成品、半成品加工。各个生产环节之间具有严格的逻辑秩序要求,每一个环节都需要花费大量的时间和精力。而市场是以追求快速高效和利益最大化为目的的,在快节奏的现代生活下,除了代表性传承人之外,大部分刺绣生产商缺乏掌握系统完整的刺绣生产制作流程的经验,而是以其中某个环节为主,并对其他的生产环节产生需求上的依赖。需求催生市场的形成,市场的扩大,促使社会分工得以发展,因此便有了只从事刺绣制作的,只从事绣片加工的和只从事销售的等具体工作分工。这样,在刺绣产品的生产链条上逐渐呈现出差异化经营,各刺绣个体小作坊或刺绣公司有以单纯的生产制作或销售为主的,也有产销一体化的。这种由市场准则带来的生产分工的差异性,使得

---

① 柏贵喜:《民族传统文化传承体系及其建构——基于系统论、控制论的视角》,《西南民族大学学报(人文社科版)》2017年第5期,第62—67页。

各个商业主体间互相依赖、交流、沟通、合作、补充的愿望更加强烈。可以说市场划分越精细，联系越紧密。由此，各刺绣厂商以市场为主体进行经济协作，通过供给合作、相互依赖，实现刺绣产品之间的优势互补，进而实现共同发展。

2.无形刺绣技艺的交流与分享

禄劝彝族刺绣是集画、绣、设计于一体的一项民族非遗手工技艺。它工艺烦琐，流程复杂，只有不断地学习与探索才能熟练掌握。禄劝彝族刺绣手艺人的刺绣技巧并非一开始就完全出自自己之手，而是通过与他人不断进行交流和分享，或向长辈学习，或与同行交流，加上自己的不断摸索才练就的。禄劝彝族刺绣手艺人除了在生意上有往来与合作，在平常，代表性传承人、绣娘及其他刺绣手艺人之间也会聚在一起进行刺绣技艺的交流与分享，禄劝彝族刺绣省级传承人杨汉芬传帮带式的"扎堆刺绣"就为此提供了最好的例证。"扎堆刺绣"从字面上来看，也就是很多人聚集在一起刺绣，是一种互相学习，交流与分享，提高技艺的方法。

"一花独放不是春，百花齐放春满园。"作为一项非遗，禄劝彝族刺绣既是民族的，更是世界的，在刺绣上，各民族是一个文化共同体，通过实际行动，禄劝各民族群体切实做到了人民的非遗由人民共享。文化共享是文化传承的前提和基础。禄劝各民族以包容开发的心态彼此展示自己的文化，并吸收借鉴他人的文化成果，把多元民族文化汇聚在刺绣之上，共同推进禄劝民族刺绣文化的发展。

（三）共创禄劝刺绣市场

民族文化的传承是文化的创造和再生产过程[1]。禄劝彝族刺绣以

---
[1] 赵世林：《云南少数民族文化传承论纲》，昆明：云南民族出版社，2002年，第1页。

"物"的形式凝聚和粘合起与之相关的经济链条和文化链条上的个人。个人在共生协作中提高和增强了个性才能展现的水平和层次，产生了整体的新力量。[①]禄劝彝族刺绣文化传承主体通过各民族间共生协作、创意碰撞，在传承彝族刺绣的同时，也创造和再生产了彝族刺绣，有效推动了刺绣技艺的创新性传承和刺绣符号的创造性转换，这些传承主体同时兼营其他民族刺绣，共同开创和壮大了禄劝民族地区的刺绣市场。

1. 以市场流通为导向的刺绣技艺创新

禄劝彝族刺绣传承群体中民族成分构成的丰富性，把多民族汇聚在彝族刺绣这一物之上，变人力资源为智力资源，有助于拓展刺绣针法，实现生产制作分工化，从而创新性发展刺绣技艺。其一，融合其他针法。禄劝彝族刺绣针法多样，有游针绣、纱绣、锁针绣、打结绣、马尾绣等30余种绣法。受从艺时长和经验积累等因素的影响，每个刺绣手艺人所掌握的刺绣针法种类各异，有的只掌握单一的彝族刺绣针法，有的则不断借鉴其他民族或其他地区的刺绣技巧，在针法上融合进苏绣、绒绣等针法。其二，生产专业化。在彝族刺绣未走向市场之前，彝族刺绣从剪纸、绘画到刺绣等一整套烦琐的工艺流程往往由刺绣艺人独自完成。当彝族刺绣逐渐走向市场，进行商业模式生产时，以前仅由一人完成的手工刺绣耗时费力，无法满足纷至沓来的大批量的客户订单。为节约时间、降低成本、提高生产效率，开始引进机器刺绣。目前，禄劝彝族刺绣有三种刺绣方式，一是纯手工刺绣，二是纯机器机绣，三是半手工＋半机绣。刺绣在生产制作上的分工化，既有手绣与机绣的分工，也有各自绣制方式的分工。这样，实现专人专攻。生产环节上的专业化分工制作，使得掌握这项技艺的成员们相互依存、紧密联系，因为只有衔接和整

---

① 张永缜：《共生的论域》，北京：中国社会科学出版社，2016年，第16页。

合好每一个生产环节，才有助于刺绣生产效率的提高。

2. 以价值实现为宗旨的刺绣符号转化

在"我者"逐渐向"他者"转变的今天，"'他者'对民族文化的消费赋予了更深层次的文化和艺术追求，而进入商品市场的民族文化也以更多样性的方式得以呈现"。① 禄劝彝族刺绣手工艺品的色彩、图案等符号极具文化象征意义，具有再设计和转化的潜力。作为民族文化产业的创造主体，各民族在共事彝族刺绣的过程中，以时代语境与市场需求为参照，逐渐融入不同民族元素或时尚符号，以价值实现为宗旨在彝族刺绣产品上进行创造性转化，创新出适应市场需求、符合时代语境的彝族刺绣产品。

其一，以市场为导向。禄劝彝族刺绣依托布料这一物质载体而得以呈现。禄劝彝族刺绣各经营主体紧跟市场发展，借助当代产品的外在形态，注入彝族刺绣工艺的内在灵魂，通过创意再造、功能再生，使得彝族刺绣类型逐渐从日常服饰扩展到室内装饰再延伸到文创礼品，以丰富多元的产品类型，适应市场需求。其二，以时代为主题。紧跟时代主旋律是传统手工艺得以健康存续发展的应有之义。2021年是中国共产党建党百年、脱贫攻坚、防疫抗疫的特殊之年，禄劝彝族刺绣代表性传承人巧妙设计，以"旧瓶"装"新酒"，将防疫抗疫、乡村振兴、民族团结等热点话题符号化，利用彝族刺绣手工制作技艺，在布料上定格这些具有历史意义的重要场景，赋予其时代化表达、艺术化呈现，真正实现了刺绣符号的"创造性转化"。其三，以民族为元素。禄劝是典型的多民族杂居地，境内居住着24个民族，民族文化资源丰富。由于刺绣手艺人的文化背景及民族身份的不同，他们在进行刺绣时会选择性地融入一些其他的民族元素，

---

① 梁媛：《从经济共同体到文化共同体：传统手工艺传承与老城区社会整合——以喀什土陶为例》，《云南师范大学学报（哲学社会科学版）》2020年第6期，第124—130页。

以更好地凸显地域文化特征。一块布料，经过手艺人千针万线的来回穿插，形成了一幅精美的民族画卷，画卷上每个民族的特色都得到充分展示，民族元素的融入，实现了刺绣符号的创造性转化，通过刺绣的形式，生动形象地传达出了在民族构成上禄劝的县情、云南的省情、中国的国情。

（四）共同消费刺绣产品

禄劝彝族刺绣主要借助刺绣产品（包括实用型刺绣服饰和文创类刺绣产品）这一具体物质载体得以体现。作为一项非遗传统手工艺文化，彝族刺绣需要活态传承，体现"见人见物见生活"，而消费就是最佳的动态传承方式。对彝族刺绣进行管理、展示、生产，其最终目的都是为了以多元物质形态服务大众，带动刺绣产品的消费，使其走进寻常百姓家。在全球化下消费市场的扩张，大众的消费客体从消费"物"转化为消费"文化"，消费主体也逐渐从"我者"向"他者"转变，彝族刺绣因而成为"他者"身着的服饰或购买的文创产品，其消费对象也逐渐从个人延伸到群体、从本民族覆盖到各民族，这种消费对象的多元化，规避了彝族刺绣的单向度市场发展，实现了消费者与彝族刺绣产品的关系重组。各民族或因为日常生活里、节庆盛宴上的实用所需，或出于装饰、收藏、纪念的目的，以"物"的消费的方式，实现禄劝彝族刺绣文化的活态化传承。

1. 实用型刺绣服饰

禄劝彝族刺绣最初是彝家人用来驱寒取暖穿在身上的服饰。刺绣服饰以其固有的实用性功能成为彝族刺绣手工艺文化的主要代表杰作，在禄劝彝族刺绣市场中需求大，占比份额高，其消费频次也高。大多数人对于刺绣服饰的拥有量少则一两套，多则十来套。虽说都同属于刺绣服饰，但各民族穿戴彝族刺绣服饰的场合仍有一定的差异。彝族作为彝族刺绣服饰的固有持有者，刺绣服饰的适用场合较大，如有些彝族老人日常生活中仍然穿戴刺绣服饰；而作为"他者"的其他民族，除了节庆、婚姻等重大且特殊的仪式性场合穿戴彝族刺绣服饰外，其他场合则较少穿着。彝族和其他民族虽然穿戴刺绣服饰场合不同，消费需求却是一样，消费所带来的意义也一致，即各民族通过彝族刺绣服饰这一"物"的消费，进行着彝族刺绣的文化传承。

2. 文创类刺绣产品

禄劝彝族刺绣手工艺品是通过其实用功能来满足人们的物质生产需要。在人们对物质需求和精神需求都较高的当下，消费者对传统手工艺的期待是多元、多面和多维的[1]，"小而美、美而精、精而特"的文创类刺绣工艺品逐渐成为人们满足精神文化需要的追求。禄劝彝族刺绣文创类产品，是指将具有"黑、红、黄"三原色为代表的标志性色彩和以龙虎鹰、马缨花为典型的代表性图案等文化符号进行色彩提炼、图案重组、创意再造后，设计出的符合当下大众消费口味的新型刺绣工艺产品，如以刺绣做成的壁挂、屏风、装框、抱枕、杯垫、手机壳、钱包、帆布包、香袋、手账本等各式各样的文创产品，深受消费者的喜爱。作为体现少数民族文化的创意产品，还要寻求各民族文化的共通性，在体现本地域文化特点的同时，突出其所蕴含的人类文化普世价值观念，以期超越民族、信仰、语言的藩篱，为目标客户群所接受。[2] 文创类刺绣产品是彝族刺绣的衍生品，以其创意、精美、别致等普适性的特色受到消费者的关注，赢得消费者

---

[1] 张祥泉、叶丹：《基于用户需求的传统手工艺产品创新设计模式研究》，《艺术百家》2016年第1期，第237页。
[2] 李洁、况锐：《基于保护彝族非物质文化遗产的文化创意产品设计研究——以凉山州甘洛彝族传统刺绣产品为例》，《遗产与保护研究》2019年第4期，第91—94页。

的青睐。一般而言，越是具有普适意义的产品，其脱嵌性愈强，因而也更易被本民族以外的社会所接受。[①] 这样，不论民族，大家都在共同消费着文创类刺绣产品。

[①] 王宁：《消费全球化：视野分歧与理论重构》，《学术研究》2012年第8期，第30页。

四、禄劝彝族刺绣多民族共同传承的价值与意义

禄劝彝族刺绣以"物"的形式凝聚和粘合起与之相关的经济和文化链条上的"个人",这些"个人"身份多元,来自不同民族,他们通过参与彝族刺绣的管理、生产、消费等相关经济文化活动,进行着语言上的交流、婚姻上的互通、经济上的互动、文化上的交融,在互动共生中共同传承着禄劝彝族刺绣手工艺文化。这种互动共生的多民族共同传承具有多元意蕴,其带来的价值与意义是多重且积极的。一方面,有利于赓续彝族刺绣手工艺文化血脉,繁荣文化生态;另一方面,有利于培育各民族内部成员"各美其美"的文化自觉和"美人之美"的文化认同,以及各民族间"美美与共"的文化共享,巩固和谐民族关系,从而铸牢中华民族共同体意识。

(一)振兴传统手工艺,繁荣乡土文化

传统手工艺是先民们在数千年的农耕文明的生产实践中形成的一种生活智慧,是一种根植乡土社会的手工劳作形式,是中华传统文化的表征。在当前浓浓"乡愁"味和深深"工匠"情的时代诉求下,传承与振兴传统手工艺变得意义深远,传统手工艺相关研究俨然成为一门显学。振兴传统手工艺不仅是非物质文化遗产保护的需要,同时也是国家当前经济、文化的发展需要。[1] 而传统手工艺的振兴,关键在于"人"的振兴。多民族介入禄劝彝族刺绣的市场参与及文化实践,有利于推动彝族刺绣传承主体的身份建构与转型;有利于再现彝族刺绣手工艺魅力,振兴彝族刺绣手工艺,涵养文化生态,繁荣乡土文化,助力乡村振兴。

---

[1] 王潇:《传统手工艺的再生产研究》,西安美术学院2016年博士论文。

1. 重拾彝绣光韵

"光韵"是"一种非同寻常的时空层,是遥远的东西绝无仅有地作出的无法再贴近的显现"①,强调艺术品的独一无二性,也即"原真性"。作为手工艺类非物质文化遗产的禄劝彝族刺绣本身是具有"光韵"的。然而,随着机械复制时代的到来,以及彝族刺绣因生产性保护而卷入市场,并冠以"艺术品"之名,其膜拜价值逐渐向展示价值转移,智能化大生产、流水线式的工作模式,主宰了刺绣产品生产的各个环节,逐渐地替代了个性化的手工制作。在此之下,禄劝彝族刺绣手工艺不可避免地逐渐失去了其赖以生存的物质环境和文化土壤,其制作繁杂、耗时长、成本高、效率慢的缺陷,在工具理性和技术至上的面前更加相形见绌,彝族刺绣手工艺所蕴含的"光韵"在某种程度上逐渐被消解。然而,禄劝彝族刺绣"光韵"存在的魅力"并不在于物质层面的载体和呈现形式,而是蕴藏在这些物化形式背后的精湛的技艺、独到的思维方式、丰富的精神蕴涵等非物质形态的内容"②。无论是技艺还是思维方式、精神蕴含,它都是由"人"所生产和创造而成的,自然离不开人的社会活动,需要"人"去实践以及赋予。多民族参与到禄劝彝族刺绣的文化传承及市场实践中,为重拾和守护彝族刺绣非遗"光韵"提供了人力支撑。

2. 赋能乡村振兴

传统手工艺作为中华造物艺术体系的重要组成部分,孕育于我国传统农业社会,来源于民众日常生活。③禄劝彝族刺绣非遗传统手工艺是在漫长的农耕物质生产生活实践中形成和发展起来的,凝聚了彝家人的农耕文明,蕴含着浓厚的乡土文化,在乡村振兴中扮演

---

① [德] 瓦特尔·本雅明:《摄影小史》,王才勇译,南京:江苏人民出版社,2006年,第29页。
② 王文章:《非物质文化遗产保护概论》,北京:教育科学出版社,2013年,第7页。
③ 潘鲁生:《有效推进中华传统手工艺创造性转化》,《中国文化报》2021年10月27日第2版。

着重要角色。2022年3月21日，文化和旅游部等六部门印发《关于推动文化产业赋能乡村振兴意见》[1]，指出手工艺是赋能乡村振兴的重点领域之一。根据乡村振兴战略的总体要求，文化建设具有重要的作用和意义，要充分挖掘地方文化的价值，并将其纳入乡村振兴各个方面。[2] 各民族群体以县文化馆工作人员、彝族刺绣代表性传承人、设计师、彝族刺绣生产商、经营者、绣娘、模特等身份角色参与到禄劝彝族刺绣的传承与发展等现代实践中，凸显了彝族刺绣在传承与保护、创新与发展中"文化人"的核心作用，实现了人才振兴，并以人才振兴带动了包括文化、产业、生态、组织等内容在内的多重振兴。多元传承主体的积极参与及亲身实践，生动地展现了禄劝彝族刺绣从根植乡村到反哺乡村的手工艺价值的现实回归。

（二）带动就业，促进各民族增收致富

民族地区实现民族增收致富的关键在于解决好各族人民就业和经济发展两大问题。作为边疆民族地区，禄劝彝族刺绣的多民族共同传承，有助于推动彝族刺绣的市场化生产、产业化发展。而禄劝彝族刺绣进行产业化发展，是改善民生经济、解决民生问题的一种积极实践与有益探索。禄劝彝族刺绣是重要的产业资源，其所具有的经济属性使其能够产生经济效益，其分散式的产业特征，赋予了其作为生产方式在创造就业机会、提供经济增长渠道等经济层面的现实意义。

1. 创造就业机会

禄劝彝族刺绣作为一项非遗手工艺，在传承与保护、发展与创

---

[1] 文化和旅游部 教育部 自然资源部 农业农村部 国家乡村振兴局 国家开发银行《关于推动文化产业赋能乡村振兴的意见》，http://zwgk.mct.gov.cn/zfxxgkml/cyfz/202204/t20220406_932314.html，最后检索时间：2022年4月17日。
[2] 周锦、赵正玉：《乡村振兴战略背景下的文化建设路径研究》，《农村经济》2018年第9期，第9—15页。

新的过程中,皆离不开"文化人"的作用,这里的"文化人"指一切与彝族刺绣产生联系的人,如文化馆工作人员、彝族刺绣代表性传承人、设计师、彝族刺绣生产商、经营者、绣娘、模特等相关主体人员。其中,文化馆工作人员主要负责开展非遗传承端的相关工作,是禄劝彝族刺绣传承与发展的引导者。省、市、县三级代表性传承人是禄劝彝族刺绣传承的核心主体,是彝族刺绣手工技艺的实践者,肩负着非遗传承使命。设计师是驱动彝族刺绣手工艺创造性转化的创意人才。彝族刺绣生产商、经营者是禄劝彝族刺绣市场化运作、产业化发展的中坚力量,是传统文化与现代文化的连接者。作为兼职人员的绣娘是彝族刺绣的承载者和复述者,利用业余时间进行刺绣,实现了赚钱顾家两不误。而模特则是当地火把节、花山节等节庆活动期间"民族服饰走秀展示"的形象人物,他们以其完美的身姿,充分展示着民族服饰的魅力和手工刺绣的精湛。以上对不同类型的文化工作者的需求带来了不同的就业岗位,为禄劝各民族创造了就业机会,彝族、汉族、傈僳族、白族等群体或全职、或兼职,分布在以上不同就业岗位上,有效解决了境内各民族就业问题,从而提升了禄劝地方民众的就业率。

2. 变指尖技艺为指尖经济

禄劝彝族刺绣蕴含着极为丰富的经济价值。看似简单的一根丝线,"一端系着万千百姓的致富生计,一头连着千百余年的文化传承"[1]。禄劝彝族刺绣产品的生产制作流程烦琐复杂,涉及多道工序,具有分散式的产业特征,这为绣娘提供了灵活且自由的经济增收渠道。据调查,禄劝刺绣公司或小作坊都与绣娘有合作,多则二三十人,少则四五人,这些绣娘大多是农村妇女,从十几岁的青春少女到耄

---

[1]《筑脱贫之路 书人间奇迹——"全国脱贫攻坚楷模"素材集锦》,《课堂内外(高中版)》2021年第18期,第68—77页。

鲞之龄的阿奶，个个皆是守护者，人人堪当传承人。她们通过参与刺绣生产的某个环节，或盘线、或画花、或钉纽扣、或锁边等来获取收入以补贴家用，同时拥有了在家庭生活、市场生产、公共空间三个不同领域的话语权，慢慢地实现了从背上娃、绣着花，到养好家的角色定位转变。不论民族，只论技艺，只要她们懂一点刺绣活计，就可以利用闲暇时间兼职刺绣，实现居家就业，获取经济收入。如此，禄劝彝族刺绣手工艺介入民生经济，是对禄劝县域以农业为主的生计模式的拓展，解决了农村妇女剩余劳动力闲置和浪费的困境，巩固了脱贫攻坚成果同乡村振兴的有效衔接。禄劝彝族刺绣市场发展中不同岗位的需求，给禄劝境内各民族提供了就近就业、居家就业的机会，同时，不论民族与性别的自由选择，既促进了女性的角色转化，又打破了传统"女红"的性别区隔，同时带动地方经济增长，引领各民族一起走向增收致富的康庄大道。

（三）共建精神家园，加强民族文化认同

文化认同既是民族团结的命脉，也是铸牢中华民族共有精神家园的根基。[1]"精神家园"是一个比喻和象征性的说法，与物质家园相对应。从更为广泛的民族层面来说，精神家园同民族文化有着深刻的内在关联，是一个民族或多个民族在文化认同的基础上产生的"文化寄托和精神归宿"。禄劝多民族共居、多文化汇集，是多元一体中华文明的缩影。各民族通过彝族刺绣非遗文化的传承保护、刺绣商品的市场流通，以文化宽容和文化共享的情怀，参与禄劝彝族刺绣手工艺文化的传承与发展，有助于强化民族身份归属意识和心理认同感受，不仅能够唤醒文化持有者的民族身份自我意识的觉醒，

---

[1] 木拉提·黑尼亚提：《文化认同是筑牢中华民族共有精神家园之基》，《新疆大学学报（哲学·人文社会科学版）》2021年第4期，第50—57页。

也能增强禄劝各族人民对彝族刺绣的民族文化认同,是从实践层面对费孝通先生提出的"各美其美,美人之美,美美与共"这十二字方针的理论回应,生动鲜活地体现出了禄劝地区多民族文化"和而不同"的友好相处原则。

1. 提升民族文化自觉

每个民族都有自己民族的文化精粹,彝族刺绣是彝族文化的重要表征。"各美其美"要求彝族群体对自己的民族文化精粹有清晰的认知,有一定的文化自觉。"文化自觉"是"生活在一定文化中的人对其文化的'自知之明',明白其来源、形成过程及价值作用。"[①] 禄劝彝族刺绣非遗传承与发展中所体现出的广泛的社会参与,能够唤醒文化持有者的民族文化自我意识的觉醒,使彝族人民懂得欣赏自己的民族文化,实现各美其美。据调查了解,禄劝彝族刺绣跻身市场流通,以个体小作坊形式进行生产销售的第一人是汉族人,之后,彝族人、白族人陆续加入开店潮流,参与民族刺绣的市场化生产。"他者"的实践能够激励"我者"身份意识的觉醒。彝族群体之所以在汉族人开店之后选择加入其中,不仅是因为彝族刺绣有一定的经济价值,更多是看到了自己民族文化的多重意义,认为"自己民族的东西更应该需要自己去传承与守护",这是文化持有者民族文化自我意识的觉醒,是文化自觉的体现。通过汉族、傈僳族、白族等民族对彝族刺绣非遗文化的传承保护、刺绣商品的市场流通等实践,能够加深并强化彝族人民对彝族刺绣的历史脉络、图案纹样、工艺流程、文化内涵等内容的认知,从而促使他们从文化持有者这一核心主体角度出发,更加自觉、积极地加入彝族刺绣手工艺文化的传承与保护中。

2. 强化民族文化认同

诚然,独特的民族文化是我国各族人民引以为傲的"我之美",

---

① 费孝通:《费孝通论文化自觉》,呼和浩特:内蒙古人民出版社,2009年。

而各民族互借共享的非物质文化事项就成了链接"我之美"与"他之美"的不同文化基因链条上的氢键。[①]"美人之美"强调从"他者"的角度懂得欣赏并尊重其他民族的文化,简言之,即尊重差异,包容多样。禄劝多各民族在共事、共传彝族刺绣的过程中,能够养成以"美人之美"的视角看待彼此之间的文化。基于对现实生活的考量,彝族刺绣经营者最初结缘彝族刺绣,在于彝族刺绣所具有的经济价值,能够带来经济收入,而随着市场经营时长的增加以及在这个过程中不断的摸索学习,刺绣经营者将技术、技能、技巧运用于手艺,也将对艺术的理解、家乡的热爱和对文化的认同通过"造物"的方式予以表达[②],开始打心底的喜欢并热爱上彝族刺绣,由衷地赞美、认同彝族的民族文化。手工艺人通过彝族刺绣,共享民族文化,各美其美,美人之美,不仅坚定了对自己民族文化的自信基础,也提高了对其他民族文化的认可度,并且认为这些民族文化"是民族的,更是世界的",是中华民族优秀传统文化。这种对彝族刺绣文化的欣然接受和充分肯定,将能够有效促进刺绣文化走向美美与共的境界,也充分证明了禄劝各民族对于"中华文化是主干,各民族文化是枝叶,根深干壮才能枝繁叶茂"这一事实的高度赞同,从而有利于为建设禄劝共有精神家园夯实文化根基。

(四)巩固和谐民族关系,铸牢中华民族共同体意识

禄劝彝族刺绣的多民族共同传承是彝族刺绣手工艺文化与彝族、汉族、傈僳族、白族、苗族等民族群体的社会整合过程,这种社会整合过程需要借助文化认同才能得以实现,各民族在整合的过程中

[①] 刘丽娟:《"铸牢"视域下非物质文化遗产族际交融研究》,《乐山师范学院学报》2022年第1期,第1—9页。
[②] 梁媛:《从经济共同体到文化共同体:传统手工艺传承与老城区社会整合——以喀什土陶为例》,《云南范大学学报(哲学社会科学版)》2020年第6期,第124—130页。

不断进行着交往交流交融，并在文化认同中实现共同传承，在共同传承中增进文化认同，进而激发民族凝聚力的生成，从而有助于巩固和谐健康的民族关系，铸牢中华民族共同体意识。

1.增强民族内聚力与互聚力

彝、汉、白、苗、傈僳等民族群体共同参与到禄劝彝族刺绣的非遗实践与市场流通中，有利于促进各民族交往交流交融，增强民族间的凝聚力。一般认为，民族凝聚力指的是一个民族使其成员保持在该民族共同体内的向心力与合力。[1] 在学者赵世林看来，民族凝聚力又可分为民族互聚力（中华民族凝聚力）和民族内聚力，这种区分的存在是由我国统一的多民族国家身份决定的，具体展开分析，"民族内聚力"是指各民族的社会成员基于共同的民族文化和认同意识而使其连接成为一个人们共同体的向心合力，这是形成单一民族的内在动因，也是中华民族文化多元的根源；"民族互聚力"则是指在长期历史发展和相互交往中，各民族之间相互吸引、相互依存的聚合理论和发展趋向，这是民族内聚力的汇集，是中华各民族始终朝着一个整体发展的内在动力。[2] "他民族"加入彝族刺绣管理、生产及消费中，刺激了彝族以更加强有力的力量去团结和凝聚本民族成员，他们宛如一条绳索越拧越紧，是一个民族共同体。同时，各民族在以彝族刺绣搭建起的沟通桥梁中互动互敬，养成了以中华民族共同体的整体观来看待彼此的文化的习惯。这样，各民族在禄劝彝族刺绣上的经济文化联系，既能增强彝族的民族内聚力，又能增强彝、汉、苗、白、傈僳等民族之间的互聚力，同时也有利于实现民族内聚向民族互聚的有效转化，增强中华民族凝聚力，绽放新时代民族团结之花。

[1] 赵世林：《云南少数民族文化传承论纲》，昆明：云南民族出版社，2002年，第39页。
[2] 赵世林：《云南少数民族文化传承论纲》，昆明：云南民族出版社，2002年，第38—39页。

2.促进各民族交往交流交融

民族交往交流交融是有效构筑中华民族共同体的三重路径。我国悠久的历史本身就是一部各民族交流交往交融的历史。禄劝彝族刺绣手工艺文化传承主体多元化，是彝、汉、白、苗、傈僳等民族交流交往交融的体现，这些民族群体通过参与彝族刺绣的生产、管理、消费等相关实践活动，进行着社会间的交往、语言上的交流、文化上的交融。这种交往交流交融存在一定的逻辑关联。正是因为有了民族间婚姻上的互通、经济上的互动等社会交往，以及民族语言、通用语言的交流互通，才自然而然有了刺绣文化的民族融合。禄劝彝族刺绣"非遗"的特殊身份赋予了它作为公共文化进入公共空间，拥有公众话语权，为各民族所共有共赏共享。因而，彝族刺绣成为民族间进行广泛交往交流交融的重要媒介和助推器，为构建和谐民族关系创建了平台。各民族通过彝族刺绣这一经济活动和文化联系进行着广泛交往、全面交流、深度交融，通过彼此间文化的各有所长，实现教学相长，从而达到不同民族文化之间的交流互鉴，既能够在交往交流交融中实现民族文化的创造性转化和创新性发展，又能增进民族间情感上的亲近，推动和谐友好民族关系的构建，从而为铸牢中华民族共同体意识提供路径指南。

铸牢中华民族共同体意识是新时代党的民族工作主线。文化传承，特别是民族地区手工艺类非遗传承，是其中关键的一环。禄劝彝族刺绣作为传统技艺类非遗，具有文化普适性；作为现代市场商品，符合大众审美观，成为现代消费文化语境下各民族进行交往交流交融的重要媒介物，从深居彝家门户到走向寻常百姓家，成为一般性的文化商品，为禄劝各族人民所共享、共赏、共有、共传，成为"他者"研究的对象、身着的服饰或购买的产品，实现了文化研究者、生产者、消费者与彝族刺绣的关系重组。因此，彝族刺绣不再只是彝族所独有的民族身份标识，而更多地体现为民族文化的表征，是禄劝人民共享的文化符号，是禄劝区域中共存的文化事项，是禄劝文化共同体的建构载体。禄劝彝族刺绣以"物"的形式，凝聚和粘合起与之相关的文化和经济链条上的各民族群体，各族成员在此链条上进行着非遗文化联系和市场经济互动，以共同体的形式生动形象地描绘出一幅"彝族刺绣名称的单一民族性与实际持有人的多民族性共存"的美好画卷，在宏观上有力地体现了禄劝各民族所持有的对中华民族及中华文化的整体认同，有助于培育禄劝各民族和睦、交融、共生民族史观，有利于从微观的手工艺文化方面，铸牢中华民族共同体意识。

大墨雨乡村旅游利益相关者共生关系研究

作　　者：王巧琪
　　　　　云南大学民族学与社会学学院
　　　　　2016级民族文化产业研究生
指导老师：胡洪斌

随着我国社会经济、政治、文化的向前发展，广大民众对于旅游的需求逐渐增长，乡村旅游作为一种能够满足人们对于田园风光、乡村文化及怀旧追忆等多种需求的旅游形式成为旅游市场的发展热点。同时，由于乡村旅游在带动就业、增加农民收入、改善农村产业结构方面的优势，使其成为国家乡村振兴、旅游扶贫的重要方式。

大墨雨隶属于云南省昆明市西山区团结乡雨花居委会，紧邻区域性中心城市昆明，是一个彝族人口数占总人口数达90%的传统民族村落，以2016年第一家精品民宿"丽日"进驻大墨雨为起点，大墨雨乡村旅游迅速发展起来。由于牵扯到地方行政管理、土地制度及环境保护等问题，大墨雨乡村旅游的开发建设及经营管理活动相对比较复杂，涉及外来经营者、大墨雨村村民、当地政府、旅游者等多个层面的利益相关者，不同利益相关者之间的共生关系如何，怎样实现各利益相关者的和谐共生，是大墨雨乡村旅游实现可持续发展必须面对的重要问题。

在以往的研究中，利益相关者理论多被应用于探讨多主体间的诉求与冲突，欠缺对冲突协调的理论指导，因此本研究引入共生理论，尝试通过生态位调整、共生模式改进等方式满足大墨雨乡村旅游利益相关者的利益诉求并解决其共生矛盾，从而形成更加良好的共生关系，为大墨雨乡村旅游利益相关者实现和谐共生打下基础。

大墨雨独特的乡村旅游资源吸引了外来经营者的投资与旅游者的到访，对大墨雨村村民的生产生活与当地政府的管理服务都产生一定程度上的影响，各利益相关者间的利益诉求差异显著，不同的利益诉求使得利益相关者之间存在一定的矛盾和冲突，影响着他们的和谐共生。与此同时，在矛盾与冲突的背后，不同利益相关者之间也存在一些共同的利益诉求，如对文化、环境的保护与对可持续发展的渴求等。在对大墨雨乡村旅游利益相关者利益诉求研究的基础上，通过对共生矛盾及利益相关者生态位现状分析，得出大墨雨乡村旅游利益相关者共生行为模式为非对称互惠共生，共生组织模式为间歇共生，为达到各利益相关者间的和谐共生，尝试从明确目标模式、生态位的调整及利益平衡体系的建立来探讨大墨雨乡村旅游利益相关者共生关系的改进。

一、大墨雨乡村旅游发展现状及利益相关者界定

（一）大墨雨乡村旅游发展现状

1. 大墨雨乡村旅游资源禀赋概况

大墨雨村隶属于云南省昆明市西山区团结乡雨花居委会，位于雨花居委会南部，棋盘山西麓，距省会城市昆明车程40分钟左右，紧邻绕城高速，区位优势明显。大墨雨村为山地地形，平均海拔达2200米，大墨雨村耕地总面积为940亩，有水源的平坦耕地约为200亩，其余为旱地，大墨雨村三面环山，林地资源丰富，林地总面积为11829亩，其中经济型林果地约为800亩，其余因紧邻棋盘山国家森林公园而划入林地保护区域。

大墨雨村水资源较为优质，拥有山泉资源，目前村中建有多处山泉水池，供村民日常饮用，其中"龙潭"最为当地人看重，逢初一、十五还会有村民进行祭祀。"龙潭"的水为棋盘山天然山泉水，村民修建三级水池，第一级为"龙潭"供村民饮用，第二级供洗蔬菜瓜果，第三级则供洗衣。"龙潭"水远近闻名，周边村民也会特意来打水饮用。除山泉水资源外，大墨雨还拥有水面面积达70亩的大墨雨水库，水质优良，生态环境良好。

大墨雨村四季气候温暖适宜，气候优势明显，其年平均气温为13.2℃，极端最低气温和最高气温分别为-8.6℃和28.3℃；年降水量920毫米，无霜期为170—180天；年平均日照时长多达2200小时，气候条件优越。同时，优良的气候条件奠定了大墨雨村农业的基础，大墨雨村主要粮食作物为玉米，主要经济作物为白菜、卷心菜等各类蔬菜，且因毗邻棋盘山，野生动植物资源丰富，其特有的松雀鹰已经被设计成大墨雨乡村旅游的标志。

大墨雨村不仅自然条件优越，且拥有丰富的文化资源。大墨雨

村是一个有着300多年历史的彝族村寨，村名"墨雨"是从彝语音译而来，"墨"在彝语中为"竹子"，"雨"为"林"，因此大墨雨为大片竹林之意。大墨雨村人口约848人，其中彝族756人，占90%；汉族92人，占10%。"能"和"熊"为村中主要姓氏，据村中老人讲述，能姓族长原为马帮首领，因生意原因受人追杀，为隐姓埋名而将一部分族人的姓氏改为"熊"姓。大墨雨村村民由于生活和工作需要，目前分别生活在新村和老村，生活在老村的人口约有300人。大墨雨村老村以土木结构建筑为主，多为滇中地区特有的"一颗印"民居形式，其中有126户土木结构住房，95户砖混结构住房，21户砖木结构住房。

村民根据墓碑等考证，大墨雨村的彝族是由于在大理受到政治迫害而从大理州迁徙而来，属于白彝支系，普遍信奉传统宗教，村中建有土主庙及关圣庙，其中土主庙常年会有村民祭拜祈福，较为隆重的是春节、火把节及"娘娘会"。春节祭祀，村民会在土主庙中贴春联，在通往土主庙的道路上挂红灯笼并用"松毛"（松针）装饰土主庙的庙门，用来祈求新一年的平安顺遂。火把节作为彝族新年，是彝族最隆重的传统节日，大墨雨的火把节为农历六月二十五日。火把节期间家家户户都要杀羊祭祀火神与祖先，中午进行传统的彝族歌舞表演，在夜幕降临时将以打火石的方式点燃"圣火"，由家中老人率先点燃火把，儿孙接过照亮屋子，驱赶"恶魔"及不祥。村民逐渐会集到街道上，对村庄、田地等日常生活的范围进行"驱魔"，最后进行歌舞狂欢，火把熄灭后会将火把的灰烬涂抹于周围人的脸上，寓意美好的祝愿。除春节及火把节外，每年农历三月十六日大墨雨村举办的娘娘会同样极具地方色彩，主要祭祀道教及传统宗教中的女性神灵。在大墨雨村每年的"娘娘会"主要由正当36周岁、年富力强的男性主持。他们主持祭祀活动并集资宴请全村村民，"娘娘会"举办的成果关系到当年组织者的"运势"及名声。

除传统节庆外，大墨雨村彝族的传统服饰及彝语使用也在生产生活中获得了较好的保存。村中女性保留有穿传统手工刺绣的彝族服饰的习惯，较为年长的女性身着全套彝族服装，年轻女性或儿童穿着传统彝族刺绣的手工布鞋。在大墨雨村，土生土长的彝族会使用彝语进行交谈，儿童亦是如此。

2. 大墨雨乡村旅游概况

大墨雨凭借良好的自然资源及保存完好的民族文化资源，乡村旅游快速发展，成为昆明周边游的重要目的地。同时借助网络传播吸引了国内外背包客及各类研学营的关注，成为近两年昆明旅游的"网红"级产品。依据发展状态，将大墨雨乡村旅游划分为两个发展阶段。

第一阶段，2016年到2017年底为乡村旅游探索阶段。2016年，在全国各地寻找适合居住及发展乡村民宿事业的李婷婷，经人介绍对大墨雨进行了初步考察并投资，租下大墨雨的一座传统院落并依据永续生活的理念对其进行改造，建立了"丽日"这一民宿品牌，成为大墨雨乡村旅游探索的开端。因"丽日"独特的经营理念及广泛的网络宣传，大墨雨引起众多生活在大城市却渴望乡村生活的投资者的关注，他们出于自住或投资经营的目的，租赁了大墨雨的传统民居。但无论是"丽日"还是后来的投资者，在这一阶段都处于探索经营模式与发展方向的阶段，游客数量较少，参访者多为相关领域的学者或政府调研团队。这一阶段的大墨雨乡村旅游并没有产生良好的经济效益，旅游基础设施也十分简陋，村内路面不平、缺乏排水系统及路灯照明系统。

第二阶段，2017年底至今为快速发展阶段。早期到大墨雨进行投资的外来经营者中不乏艺术、设计、学术界的"文化精英"，其自身具有很强的影响力，随着早期经营者将大墨雨乡村旅游的资讯通过新媒体不断向外传播，大墨雨乡村旅游吸引了越来越多的投资者及旅游者的关注，前后共有来自全国和日本、法国等国家的近100位"新村民"进入大墨雨乡村的旅游开发中，租赁了大墨雨传统民居60座，大墨雨乡村旅游获得了快速发展。"新村民"在大墨雨村各自租下一至十处不等的传统院落，或自住或进行商业开发。截至2018年底，大墨雨村乡村旅游接待人数约10万人，且旅游者平均花费超千元，成功打造了丽日、墨雨暄、饮光、蔓山遍野等文化旅游品牌，拥有品牌精品民宿25家左右，可提供近500张床位。每家民宿都可以提供餐饮服务，并有木工、咖啡、制皂手工体验工坊5家左右，乡村旅游接待能力逐步增强，是乡村旅游小而精的代表。大墨雨乡村旅游的发展，获得了云南省、昆明市、西山区等各级相关单位的重点关注。政府相关部门拨款800余万元，逐步完善了大墨雨村的村内道路、排水设施、照明设施及停车场等基础服务设施，并通过网络等手段对大墨雨村乡村旅游进行推广宣传。

从总体来看，自2016年以来，大墨雨村基本实现了从乡村旅游零基础到依靠乡村旅游实现人民增收并获得良好的社会效益的发展，但在发展过程中也遇到了一些问题，比如村民宅基地租赁产权问题、乡村文化资源利用不足、收益分配不均等。由此可见，大墨雨村乡村旅游的可持续发展必须重视各利益相关者的诉求与其中的共生矛盾，调整共生关系，才能在利益和责任之间达到平衡。

（二）大墨雨乡村旅游利益相关者的界定与理论假设

1.大墨雨乡村旅游利益相关者界定

根据对乡村旅游及利益相关者的概念研究，可将与乡村旅游有关的利益相关者定义为：与乡村旅游开发、经营、管理及可持续发展存在一定联系或影响的群体或个人。因此乡村旅游的利益相关者大致可分为以下三类：

第一类，与乡村旅游经营相关的利益相关者。在乡村旅游区域内的外来经营者、员工、大墨雨村村民等，以及一些与乡村旅游存在供需或合作关系的外部企业组织、社会团体及个人，例如旅行社、旅游者等。他们直接或间接地参与了乡村旅游的生产、运作、服务、销售等环节，并从中获益，所以他们都是乡村旅游的利益相关者。

第二类，与乡村旅游管理相关的利益相关者。该分类下的利益相关者主要以政府管理机构为主，包括文化旅游体育局、风景区管理局、市场监督管理局、农林局、交通运输局、环境保护局等，他们负责对乡村旅游的开发建设进行监督和管理。此外，一些由国家机构下派的行政管理部门以及乡村旅游所在地的街道办事处、社区、居民小组等各级人民政府及派出机构、群众自治组织等，也都是乡村旅游的利益相关者。

第三类，其他关注当地乡村旅游发展的利益相关者。该分类下的利益相关者主要以专家学者、新闻媒体、社会公众及其他非政府组织为主。他们通过研究、探索、建言献策、影响舆论等方式对乡村旅游产生影响，虽然具有间接性，但在传播极度发达的当今社会，却有着较为重要的意义，所以应将他们列入乡村旅游发展的利益相关者当中。

基于以上对乡村旅游利益相关者的分类，以学者夏赞才的"以利益性质、关系程度和影响力大小"作为利益相关者的分类依据[①]，可进一步对大墨雨乡村旅游利益相关者进行层次上的划分，得出大墨雨乡村旅游利益相关者分层图谱。该图谱包括三个层级，其中当

---

① 夏赞才：《利益相关者理论及旅行社利益相关者基本图谱》，《湖北师范大学社会科学学报》2003年第3期，第72—77页。

地政府、外来经营者（乡村旅游企业）、大墨雨村村民、旅游者处于核心层；新闻媒体、专家学者、其他外部相关企业处于中间层；社会团体、社会公众等处于外围层。需要说明的是，大墨雨乡村旅游涉及区域的社会经济、政治文化等环境是在不断变化的，所以利益相关者分层也不是绝对不变的，内外部环境的变化也会引发利益相关者分层的变化，所以图谱中利益相关者所处的层级也会有所变化。

乡村旅游利益相关者包含多个层级，涉及者众多，因此本文选取与大墨雨乡村旅游的协调发展密切相关的组织或个人，大墨雨乡村旅游在其参与下才得以正常运转和经营，同时大墨雨乡村旅游的发展也为其提供了最直接的收益的几个主体进行研究，包括外来经营者、大墨雨村村民、当地政府、旅游者。

（1）外来经营者

2016年，"丽日"作为一家推广永续生活的精品民宿，率先对大墨雨进行了投资，"丽日"这一品牌在大墨雨共租赁三栋传统民居，分别改造成"丽日 center""丽 H gooday"和"丽日 cafe"，主营民宿兼营餐饮，并租赁几十亩山地作为"食物森林"及户外课程场地，"丽日"的经营者通过对现代城市居民缺乏自然、农业体验这一市场需求的把握，获得了经营上的成功，并引起了众多投资者对大墨雨的关注，随着"丽日"的发展，众多外来经营者在其影响下对大墨雨进行了投资，文化品牌"墨雨暄"在大墨雨村租赁十余栋传统民居，目前为大墨雨规模最大的外来投资者，在大墨雨进行餐饮及民宿的经营，其他外来经营者多租赁一到两处不等的传统民居，经营手工体验坊、茶室、餐厅、民宿等业态。大墨雨外来经营者多为各领域佼佼者，拥有较强的社会影响力，不仅能够从经济上对大墨雨乡村旅游做出影响，还通过与政府合作，参与相关发展规划的制定，并通过举办文化分享活动，对大墨雨的文化生活形成影响，因此，外来经营者在大墨雨乡村旅游发展中扮演较为重要的角色，使其成为核心利益相关者。

（2）大墨雨村村民

在大墨雨乡村旅游发展当中，大墨雨村村民是重要的利益相关者，首先，大墨雨村村民百分之九十以上为世代居住于此的彝族，彝族文化及村民世代传承的传统文化、农耕文化是大墨雨发展乡村旅游的重要文化基础。所以当地的村民可以说是大墨雨乡村旅游资源的持有者，如果村民没有真正参与进去，那么大墨雨乡村旅游自然也就没有开发的可行性。其次，大墨雨村村民本身也是乡村旅游资源的重要组成，旅游者所追求的"乡村性"与真实性要通过大墨雨村村民与旅游者的交流互动来体现，村民不是乡村旅游的环境背景，而是重要的旅游资源。并且在大墨雨乡村旅游发展中，村民作为房屋产权所有者、基础服务的提供者及文化的展示者，发挥着不可替代的作用。最后，在乡村旅游发展中，社区居民会成为环境破坏、文化变迁等结果的直接承担者，但其权利极易被忽视，进而引发阻碍乡村旅游发展的问题，对大墨雨村村民进行深入研究，可以从村民的角度来化解或消除可能产生的矛盾，实现大墨雨乡村旅游的向前发展。

（3）当地政府

乡村旅游中的政府，指乡村旅游区域所在地的地方政府、景区基层政府、基层村委会等带有政府权力性质或代表政府，行使权力的机构及组织。大墨雨乡村旅游利益相关者研究中的政府具体指团结街道办事处及雨花社区大墨雨居民小组。

从目前大墨雨乡村旅游的发展状况来看，2016年发展至今经历了三年的发展，还处于发展的初级阶段，规模较小，市场不成熟，并且因大墨雨紧邻棋盘山国家森林公园，存在环境保护的硬性要求，需要市场手段之外的调节，当地政府成为重要的管理者与监督者，在大墨雨乡村旅游发展中起着重要作用。一方面，在大墨雨乡村旅游发展的初期，当地政府发挥其职能，通过政府资金扶持、政策引领等方式，加大大墨雨的基础设施建设，并加强环境的治理与保护，为乡村旅游的长远发展奠定了基础，而这也是一般的旅游企业无法做到的。与此同时，当地政府还发挥着对大墨雨乡村旅游进行宣传推广的作用。通过营造旅游投资环境，吸引更多的外来经营者前来入驻，为大墨雨乡村旅游的发展提供源源不断的资金保障。

（4）旅游者

旅游者是乡村旅游的主要目标市场和消费群体，乡村旅游开发建设的一个核心目的也是为了增加景区吸引力，使更多的游客前来消费，进而将消费转化为旅游收入。而对于旅游者而言，其通过购买乡村旅游提供的产品或服务，既获得了物质上的满足，又得到了精神上的享受，其从乡村旅游获得愉悦的身心体验也是其核心利益诉求之一。因此，旅游者在乡村旅游利益相关者中的地位和作用不容忽视，关注旅游者的需求，是保障乡村旅游生存和发展的条件。基于此，在实地调研中使用问卷调查和深入访谈的方式，了解大墨雨乡村旅游者的基本情况和利益诉求，总共发放问卷150份，回收有效问卷140份，对大墨雨乡村旅游者的诉求进行研究整理。研究发现，大墨雨乡村旅游者女性占比55%，高于男性，但差距不大，结合观察，家庭出游情况普遍。年龄分布上，20岁以下占比12.86%；21到40岁占比最高，达62.14%；41到60岁占比25%；20岁以下旅游者多为家庭出游，大墨雨乡村旅游的最大群体仍为中青年，但中老年群体由于时间空闲、寻找养老地等原因也占比较大。受教育程度方面，大墨雨乡村旅游者总体受教育程度高，小学及以下占比4.29%，初中占比2.14%，高中占比5%，这一部分基本为年龄较小的群体；中专大专32.14%，本科及以上更是达到56.42%。与之相应的，旅游者的人均月收入集中于3000—5000元、5000—10000元之间，分别占比39.28%和42.14%，月收入超过10000元的旅游者也占比5%，虽然收入调查因具有一定的敏感性而可能存在偏差，但从目前数据来看，大墨雨村乡村旅游者的收入水平属于中等偏上，因而也具备一定的消费能力。在大墨雨乡村旅游者的职业调查当中显示，企业员工占比最高达48.57%，其次为离退休人员占比17.14%，学生群体占比15%，经商、公务员、事业单位从业者共占比19.28%，其中通过对一部分离退休旅游者的访谈得知，大墨雨良好生态环境及区位优势对其来此养老定居，有较强吸引力。

2. 大墨雨乡村旅游共生的理论假设

不同共生单元按照某种共生模式会形成一定的共生关系，而共生系统就是由多种共生关系共同构成的一种关系集合。一般来讲，共生系统由三个要素构成：共生单元、共生模式和共生环境，这几个要素通过共生界面相互联系、相互作用。为了更加清晰地阐明大墨雨乡村旅游共生系统的内涵，下面将对几个相关要素分别进行阐释。

（1）共生单元

共生单元是具备能量生产和交换功能的基本单位，若干个共生单元能够组成共生体或构建某种共生关系[1]。从这个概念来看，大墨雨乡村旅游的利益相关者就像是多个共生单元，外来经营者与大墨雨村村民、旅游者之间进行旅游产品、服务的交换，政府与外来经营者、大墨雨村村民、旅游者之间进行信息的传递，并且他们之间通过竞争与合作、管理与被管理形成了一定的共生关系，在物质与非物质的交换中，各利益相关者都能够依赖自身的资源优势或社会关系，从中获取相关利益，进而形成了彼此赖以生存的共同体。因此，

---

[1] 袁纯清：《共生理论——兼论小型经济》，北京：经济科学出版社，1998年，第8页。

可以将外来经营者、大墨雨村村民、当地政府与旅游者假设为大墨雨乡村旅游这一共生系统中的共生单元。

（2）共生模式

共生模式是不同共生单元构成共生关系的一种方式。不同共生单元之间通过相互影响、相互结合等方式，使彼此联系到一起，然后进行物质的交换、信息的交流、能量的转换等[①]。一般来讲，共生模式的类型是多种多样的，大体有两种划分方式。第一种是从行为模式方面进行分类的，其中有寄生、偏利共生、非对称互惠共生、对称性互惠共生模式；第二种是从组织模式方面进行分类的，其中有点共生、间歇共生、连续共生、一体化共生模式。将行为模式与组织模式相结合，基本的共生模式有16种，且共生模式并不是一成不变的，在不同条件下，共生模式也会随之变化。在大墨雨乡村旅游中，各利益相关者之间会存在某种共生模式，在这种共生模式中，大墨雨乡村旅游利益相关者需要通过关系调整来达到共生模式的改进。

（3）共生环境

在共生理论中，除了共生单元直接决定共生关系以外，还有其他多种因素，都会作用于共生关系，而这些所有的因素共同组成了共生环境[②]。而且对于任何一个共生单元而言，其与共生环境之间都会产生或正向或反向或中性的互动。所以，共生环境会对共生单元的进化、发展起到促进或阻碍作用。对于大墨雨乡村旅游发展而言，其共生环境包括自然环境、政治环境、文化环境与市场环境等，目前，大墨雨自然环境保持良好，彝族文化资源得到传承，当地乡村文化保留较为完整，且处在国内经济快速增长，居民人均收入不断提高，

[①] 袁纯清：《共生理论——兼论小型经济》，北京：经济科学出版社，1998年，第8—9页。
[②] 袁纯清：《共生理论——兼论小型经济》，北京：经济科学出版社，1998年，第10页。

国家重点关注乡村振兴的社会大背景下，可得出大墨雨乡村旅游的共生环境是对大墨雨共生单元的发展起到促进作用的。

（4）共生界面

在共生关系中，不同共生单元之间物质、信息和能量的交流或交换，都需要一定的联系方式或机制才能完成，而这种交流或交换的载体或媒介就是共生界面。共生界面可以是有形界面也可以是无形界面，既可以通过介质进行运转，也可以不通过介质进行运转。共生界面是共生关系存在的基础，完整、畅通的共生界面能够为共生单元间的资源流通和传递提供便利条件，能够促进共生关系的良性发展；而残缺、闭塞的共生界面则不利于共生关系的发展，很有可能造成共生关系的弱化、衰亡。大墨雨乡村旅游利益相关者相互作用的共生界面为乡村旅游，各利益相关者通过乡村旅游这一界面进行商业活动、文化交流、行政管理等物质或信息的传递，共生界面的形成是大墨雨乡村旅游利益相关者共生关系改进的良好基础。

二、大墨雨乡村旅游利益相关者利益诉求及共生关系分析

（一）大墨雨乡村旅游利益相关者的利益诉求

1. 外来经营者的利益诉求

大墨雨村的外来经营者将自己定义为大墨雨的"新村民"，通过深入调研，将大墨雨的"新村民"分为生活型和利益型，不同类型的经营者对于经济利益、政府管理及文化、生态保护诉求各有不同。生活型外来经营者来到大墨雨主要是为了追求向往的生活方式，做自己想做的事情，并不完全以经济利益为导向，会关注大墨雨的文化及环境，对大墨雨的彝族文化和居民的生活方式持尊重及保护的态度，甚至比当地居民更注重对于大墨雨村环境及文化的保存。

生活型外来经营者希望大墨雨村的乡村旅游能够走精品化道路，拒绝大量旅游者的涌入，与大力开发乡村旅游获得经济收入相比，此类经营者更希望政府能够在保护大墨雨环境及文化的基础上进行旅游开发。

从本质上讲，外来经营者将资金投入乡村旅游中，其目的就是为了从中获利。但对于外来经营者而言，他们的投资也不会是盲目的，其投资的前提是未来的收益达到预期水平。大墨雨乡村旅游发展中的利益型外来经营者与生活型外来经营者相比经济实力较强，其中最大的利益型外来经营者为来自成都的民宿经营者，在大墨雨租赁民居达十栋，主要发展品牌民宿及餐饮，目前已经有五栋院子投入了运营使用。在对大墨雨进行了大量投资后，大墨雨村的利益型外来经营者迫切希望大墨雨能够尽早完善基础设施、尽快投入市场，实现盈利。对于大墨雨村的利益型外来经营者而言，目前阶段的一个重要诉求是对政府加大对大墨雨村乡村旅游投入的诉求。大

墨雨村因毗邻棋盘山只有一条道路可通至村庄，且村内不能通行机动车，车辆只能放置在进村道路周边，利益型外来经营者希望政府能够加大对大墨雨村的投入，完善村内交通及路灯、排水系统等，来增强大墨雨乡村旅游的市场竞争力。

除基础设施建设外，外来经营者还存在对有效地进行行政管理的诉求。大墨雨村民居因是宅基地并不能买卖，外来经营者只能采取租赁手段获得20年及以下的使用权，但大墨雨村民居存在较多因继承等原因造成产权不明晰的情况，情况最复杂的民居涉及7位产权人，一般也会存在一栋民居有两位产权人，其中牵涉到家庭财产分配，情况异常复杂，因此外来经营者会遇到较多租房问题，需要有管理机构进行一定的协调管理。

大墨雨乡村旅游不同类型的外来经营者的诉求各有侧重，综合来讲，大墨雨村外来经营者的利益诉求可总结为：对政府，诉求其加强基础设施建设和有效地管理治理；对当地居民，诉求互相尊重生活方式及平等协商的租赁条件；对旅游者，期望能够保护当地自然环境，尊重文化，旅游过程之中能够做到文明礼貌。

2. 大墨雨村村民利益诉求

大墨雨村村民作为当地的常住居民，其在生活生产的过程中创造的文化习俗是大墨雨发展乡村旅游的重要资源，因此大墨雨村村民在提供乡村旅游的商品、服务及塑造大墨雨乡村旅游形象等方面有重要的作用。大墨雨村村民作为乡村旅游资源的持有者，他们的利益和态度对大墨雨乡村旅游发展的走向十分关键。通过走访调查，大墨雨发展乡村旅游的核心区域被称作"老村"，老村居民多是出生于本地的彝族，在年龄层次上中老年居多，青壮年多移居至相距不远的新村，在调研当中，大部分本地居民表示支持当地乡村旅游的发展，普遍存在着如下诉求：其一是对经济利益的诉求，大墨雨村的土地、民居等旅游资源，所有权基本上都掌握在村民手里。而外来投资者的旅游开发活动会向村民租赁这些资源，使得大墨雨村房屋房租逐渐上涨，许多村民一次性获得10到20年不等的租金，村民对于出租房屋的意愿加强，并希望获得更高的租金。大墨雨发展乡村旅游涉及民宿、餐饮等服务业，村民希望通过参与服务产业增加家庭收入，并有部分村民表示在大墨雨乡村旅游发展较为成熟后，有自己进行相关经营的意愿。在调研当中，大部分村民表达出改善基础设施建设的要求，认为完善的交通和良好的村庄环境能够促进大墨雨乡村旅游的良性发展。

其二是对大墨雨乡村旅游参与权利的诉求。提高社区居民的参与度，使社区居民成为旅游规划、决策、实施和监督等各环节中的一员，不仅能够极大地提高居民的参与意识，实现旅游产业和社区的协同发展，而且能够使社区居民从旅游活动中获得更多的收入，提高社区居民的生活水平。但就大墨雨乡村旅游发展的实际情况来看，大墨雨乡村旅游的规划、决策等话语权通常掌握在拥有社会资源、相对强势的一方手中，大墨雨当地居民由于没有接受过专业的乡村旅游培训，对市场和国家政策了解不足，被其他利益相关者在话语权问题上所忽略。在调研中了解到，大墨雨村村民有参与乡村旅游建设的需求，却缺乏相应的渠道。

其三是对安全管理的诉求，安全既包括人身财产安全，也包括村民对于环境保护、文化传承的诉求。在大墨雨乡村旅游发展中，许多村民面对外来旅游者和经营者的增多，表现出对安全管理的诉求，担忧自身及财产安全，希望相关部门加强监督管理。大墨雨村自然环境优美且保留了较多民族文化及传统文化，对于外来旅游者或经营者，村民诉求不要影响其正常生活，并自觉保持周边环境整洁。

综上，大墨雨村村民对乡村旅游的利益诉求表现为三方面：第一，经济上，获得就业机会，增加收入，提高生活水平，改善公共基础设施建设。第二，政治上，话语权的加强，获得参与决策和监督管理的权利。第三，文化及生活上，保护大墨雨人文和自然环境，保障安全的生活空间。

3. 政府的利益诉求

在农业税改革后，乡镇政府面临财政税收减少问题，团结乡也不例外，团结乡作为西山区的涉农街道，蔬菜种植、苹果种植一直是该地区的主要经济来源，并且作为团结街道办事处重要财税收入来源的砂石开采业，由于环境污染于2017年底全部关停，当地政府财政收入受到一定影响，迫切需要扶持其他产业的发展来稳定其财税收入。乡村旅游产业由于经济带动性强等原因，获得团结街道办事处的关注，政府希望大墨雨村的乡村旅游能够形成一定规模，促进当地经济发展，完善当地产业结构，并带动周边村子的发展，产生联动效应。

乡村旅游本质上属于服务业，能够带动当地就业，与其他许多乡村地区居民会大量外出打工不同，在2017年以前，大墨雨村村民的就业主要依赖砂石开采业，通过运输、采砂等工作拥有较好的经济收入，但砂石开采业的关停极大地影响了大墨雨村村民的就业，政府希望通过发展乡村旅游业解决当地居民就业，提高居民收入。

在大墨雨乡村旅游发展过程中，打造优质乡村旅游目的地，提升当地知名度，塑造良好的旅游形象也是当地政府的重要诉求。

"云南一直都是旅游大省，从省里、市里到西山区里都将旅游产业的发展放到了重要位置，团结乡也一直响应各级政府号召大力发展旅游业，本身团结街道就是涉农街道，有比较好的乡村旅游、农业旅游资源，秋天会有团结乡苹果节活动等，但据我们了解，这些活动对年轻消费群体的吸引力不大，大墨雨的'丽日'做的活动倒是在网上很火,有很好的口碑,我们就希望在这个基础上,将大墨雨打造成团结乡乡村旅游的品牌,推广出去,让旅游者通过大墨雨的乡村旅游记住团结乡,吸引更多人来。现在大墨雨已经承接了国家美丽乡村等多个项目,我们也在全力支持大墨雨的发展。"在访问中一位政府部门人员说了以上内容。

保障大墨雨乡村旅游安全也是当地政府的重要诉求,大墨雨村传统建筑多为土木结构,防火能力较差,因此在投资者进行房屋改造时,当地政府会特别关注用电的线路问题及冬季采暖问题,避免火灾隐患。

保持乡村旅游资源的多样性,当地政府有重要的责任。因此注重文化和生态保护,对大墨雨乡村旅游资源进行监管,保证大墨雨乡村旅游健康可持续发展是当地政府的诉求之一,主要表现在保护大墨雨的自然环境和彝族文化方面。大墨雨水库是居民日常饮用水的来源,也是大墨雨村自然景观的重要组成,为保护大墨雨水库的自然环境免受破坏,雨花社区大墨雨居民小组制定了《水资源管理暂行办法》,禁止居民在水库进行游泳、垂钓等活动。在彝族文化保护方面,政府希望外来经营者及旅游者能够尊重大墨雨村村民的生活文化习惯。

综上,当地政府关心大墨雨乡村旅游的可持续发展,希望通过扩大大墨雨的知名度、维护乡村旅游安全、保护当地居民利益来提升整体的社会效益,传承彝族文化以增加文化效益,加强环境保护及治理获得环境效益,并进一步缓解当地的就业压力,增加农民收入,保障当地农村经济的发展、社会的稳定。

4. 旅游者的利益诉求

法国社会理论家让·鲍德里亚指出,消费不仅具有享受功能,其生产功能才是消费的真相。消费是源于需求,而需求并不只是对使用价值的追求。[①] 作为乡村旅游活动中的主要消费者，乡村旅游者通过购买旅游产品，得到旅游体验，收获身心的满足。通过对大墨雨村旅游者的访谈及问卷研究，大墨雨乡村旅游消费的对象主要是周边城市居民，昆明居民占比较大，但也不乏山东、北京等省市慕名而来的旅游者；参与大墨雨乡村旅游的旅游者中青年及少年儿童占比较高，家庭出游较为普遍，由于城市工作、生活压力巨大且城市儿童缺乏自然教育，所以很多旅游者为了排解压力、舒缓心情，会选择到大墨雨进行乡村旅游，除了欣赏乡村美景、体验乡村风情以外，还可以进行学习和家庭教育活动。

"我们是昆明人，在朋友圈看见有朋友带孩子来这里参加学习课程，离得也不远，这几天有时间我就带着孩子过来了。如果说主要诉求，那可能是希望在大墨雨能获得和去大众景点不一样的体验吧，在来之前就看到过很多关于大墨雨的宣传，说不仅环境好而且有比较特别的民宿。来了之后也很惊喜，以前没参加过这种学习型的乡村旅游，边玩还能学到很多东西，我们去了山上的农场捡柴，摘了一些他们种的蔬菜，都是用自然农法种植的，然后用砍回来的柴，烤了面包，还听老师讲解了永续生活的理念，了解怎么堆肥，孩子从来没接触过这些，但他也很喜欢。"[②]

大墨雨乡村旅游旅游者中，成年人普遍受教育程度高，拥有较为可观的家庭收入，消费能力较强，对乡村旅游品质有一定要求，反感走马观花式的旅游活动，在大墨雨乡村旅游的过程中，追求体验感和参与性，主要表现在对住宿体验及特色餐饮的期望较高，感受乡村的自然气息及特色的人文环境，并希望了解当地文化及生活

---

① [法] 鲍德里亚：《让消费社会》，刘成富、全志刚译，南京：南京大学出版社，2008年，第60页。
② 访谈地点：大墨雨丽日民宿。访谈时间：2019年3月2日。被访谈人：LTY，大学老师。

方式，参与到乡村的生产活动中。大墨雨乡村旅游者除对旅游活动本身有利益诉求外，还对消费者权益保障及基础配套设施的完善有着一定的要求。

通过对大墨雨乡村旅游利益相关者的利益诉求研究可知，其诉求各不相同，但同时都表露出对大墨雨环境及文化保护的要求，并对大墨雨乡村旅游的可持续发展寄予期望，共同的利益诉求，是大墨雨乡村旅游利益相关者共生关系改进的有利条件。

表1 大墨雨乡村旅游利益相关者利益诉求总结表

大墨雨乡村旅游利益相关者	利益诉求
外来经营者	经济利润
	环境保护
	文化传承
	完善的基础设施
	有效的行政管理
大墨雨村村民	提高租金
	增加就业
	完善基础设施
	参与乡村旅游规划
	保障人身财产安全
	环境保护
当地政府	稳定财政收入
	带动当地就业
	提升当地知名度
	保障安全
	文化和生态保护

（续表）

大墨雨乡村旅游利益相关者	利益诉求
旅游者	优美的自然风光
	丰富的乡村体验项目
	特色民宿体验
	消费者权益保障
	完善的基础设施

资料来源：作者整理，2019年2月。

（二）大墨雨乡村旅游利益相关者间的共生矛盾

大墨雨乡村旅游的外来经营者、大墨雨村村民、当地政府及旅游者出于自身考量对于大墨雨乡村旅游提出不同的利益诉求，利益诉求的差异性导致大墨雨乡村旅游利益相关者间共生矛盾的产生。

1. 外来经营者与大墨雨村村民

房屋租赁是外来经营者与大墨雨村村民的主要矛盾点。大量保存完好的传统民居是大墨雨乡村旅游极具吸引力的资源，2016年第一批外来经营者来到大墨雨，以2000多元一年的价格，从当地村民手中租下一栋传统民居，到2018年中旬，租赁传统民居的价格则涨至6000到8000元一年，并且房源稀少。随着大墨雨乡村旅游知名度的提升，有许多投资者慕名而来，这进一步让大墨雨村村民意识到传统民居的经济价值，临时加价的行为时有发生，引发双方矛盾。对于房租问题外来经营者和大墨雨村村民持不同观点，采访到的一位外来经营者谈到他的租房过程：

"我来得比较晚，是2018年6、7月份才打算在大墨雨租房的，因为想要租带院子的民居，所以并不容易找，很多带院子的早就租出去了，剩下的房子不是产权在很多家手里，就是房子太过破败，最后才选择了现在这栋,但这栋房子也是有两个房东的。租房的过程也比较曲折,本来谈的是3800元一年,结果过了一天,房东看我们特别想租又说要涨到4200元一年,我当时特别生气,但也没有办法,怕租不到了,最后还是租下了。我对临时加价这种行为比较反感,如果这样做的人多了,谁还敢来大墨雨租房啊,现在的租金还可以负担,就怕以后会漫天要价。"①

大墨雨村村民的说法却有不同。

"我的房子租金是3000块钱一年,2017年租出去的,现在看价格是便宜的,我们家的房子有院子,位置好,现在租金翻一番了,今年租的都涨价了,我妹妹家的房子租金有7000多呢。来租房的人都挺有钱的,开民宿赚得也多,房租对他们来说并不多。还是有一些后悔便宜租出去了。"②

大墨雨村村民与外来经营者就房租问题产生的矛盾虽未激化,但已经令双方都产生了不满情绪,村民的随意抬价行为,对大墨雨乡村旅游的健康发展极为不利,不仅影响投资者的热情,更会影响到大墨雨的旅游形象。

大墨雨乡村旅游发展起来后,外来经营者为大墨雨村村民创造了一定的就业机会,但数量并不多,而且大部分都是基础性岗位,如保洁、帮厨等,村中只有几位村民参与到民宿的日常经营管理中,但普遍不满意当前的工资水平。

"一个月就只有3000块钱,我需要负责三个民宿的日常管理,平时还好,每天打扫一下就可以,但周六周日或节假日人多的时候根本忙不过来,有时候我就只能把床单和被罩拿给客人让他们自己去铺。公众号和其他活动,我其实不是很想做,只有我一个人,忙

---

① 访谈地点:大墨雨新村民家中。访谈时间:2019年1月6日。被访谈人:DJ,自由职业者。
② 访谈地点:大墨雨。访谈时间:2018年11月2日。被访谈人:XWB,彝族。

不过来。我是看在和老板之前认识的缘故上才帮忙的，能做到什么时候也说不好，我有以后自己开店的想法。"①

大墨雨当地的旅游资源属于当地全体居民所有，这些资源全部被用于发展乡村旅游，当地居民不仅难以从中获得更多利益，反而要承担旅游活动带来的噪声、污染等负面影响，并且没有得到相应的收益或补偿，双方因利益分配的失衡引发矛盾。

除了利益分配问题，由于外来经营者逐步占据大墨雨村的民居及优质土地进行乡村旅游开发，大墨雨村村民逐渐产生一种被排斥感，对外来经营者将自己定义为"新村民"，将大墨雨村村民定义为"老村民"而感到不满，大墨雨村村民的生活习惯也在一定程度上受到影响，外来经营者忽视了大墨雨村村民的主体地位，长久发展下去，可能会造成老村民的迁出，大墨雨逐渐成为被外来经营者改造的"实验品"。

2. 外来经营者与当地政府

团结乡因砂石开采业的全面关停而形成较为严重的失业问题，政府为促进就业、加快经济转型，希望大墨雨乡村旅游能扩大规模，吸纳更多当地村民就业，提高大墨雨村村民收入。但大墨雨的外来经营者为更高的回报率及自身追求的生活方式，希望将大墨雨乡村旅游向精品化而非大众化方向打造，精品化发展吸纳就业的能力有限，且用工门槛较高，与当地政府发展乡村旅游的理念存在一定分歧。

当地政府工作人员表示"我们街道牵头做过几次发展座谈会，也请了'丽日'和其他几个经营者过来，但是效果不是很好，现在对大墨雨的发展我们就是做一些引导和简单的宣传推介活动。"但外来经营者对政府的规划又是另一种看法"是请我去参加过座谈会，

---

① 访谈地点：大墨雨某民宿。访谈时间：2019年3月10日。被访谈人：SZ，民宿管家，大墨雨村村民。

但政府的理念与我们想要发展的方向有一些分歧。政府想要按照比较传统的思路对大墨雨进行旅游开发,但对于很多新村民来说,我们追求的不仅是经济利益,我们也生活在大墨雨,因此不希望走盲目的扩大规模、涌入很多游客的道路。在开始做'丽日'的时候我也尝试过接散客,但后来我发现有些客人与我们的价值观不符合,就开始慢慢的对客人做一些筛选,现在只接有预约的团队客人,价格上也做了区隔,有时候看到价格很多人就会发现不适合了。我们发展的是乡村旅游,但不仅是乡村旅游。"①

面对发展理念上的矛盾,政府并没有采取强制手段,外来经营者也选择在一定程度上忽视政府的规划,双方的矛盾处于隐而未发的阶段,为大墨雨乡村旅游的可持续发展埋下隐患。

当地政府的缺位现象也引发了其与外来经营者的矛盾。就现在的情况来看,大墨雨乡村旅游正是刚刚起步时期,发展还不成熟,住宿、餐饮、交通等基础设施的建设还不够完善,一些旅游资源的开发、保护工作也不够合理、到位,这些都需要政府提供后续资金。然而,当地政府往往以财政困难等理由控制资金投入,造成资金支持不足,大墨雨基础建设的改善速度缓慢,引发外来经营者的不满。

3. 外来经营者与旅游者

从市场供求关系的角度来看,乡村旅游经营者是产品和服务的提供方,而旅游者则是乡村旅游产品和服务的需求方。外来经营者根据旅游者的旅游需求,向其提供丰富多样的产品和服务,外来经营者从旅游者的消费中获得收入。大墨雨乡村旅游者与外来经营者的矛盾体现在外来经营者未能提供足够优质的旅游产品和服务,来满足旅游者的期望。大墨雨外来经营者对大墨雨乡村旅游资源开发程度还比较低,只对生态农场、本主庙、大墨雨水库等

---

① 访谈地点:大墨雨丽日 center。访谈时间:2018 年 11 月 9 日。被访谈人:LTT。

旅游资源进行了基础的观光开发，大墨雨乡村文化融入旅游产品当中的力度不足，虽然会定期举办公开的旅游活动，但各项活动并不频繁，村民市集一个月才举行一次，其他活动的时间表也并不明确，没有活动时，旅游者除了观赏民居、了解村庄历史，没有更多的旅游参与项目，并且大墨雨的外来经营者也没有开发出具有大墨雨特色的旅游纪念品。

其中有游客就对大墨雨乡村旅游感到不满："没有想象的好，因为我在来之前就在网上看了很多对大墨雨的推荐，因此期待很高，但来了之后还是有些失望，行程有些单调，虽然有烤面包的活动，挺有意思，但还是想多了解一下当地人的生活状态，体验当地人的生活，而不是换到乡村来上手工课。"[1]

旅游者与外来经营者的矛盾还体现在因某些旅游者文明素质的问题，出现旅游者对经营者财产的破坏的情况，从而产生矛盾。有民宿经营者表示："都是难免的，开始的时候会接一些散客，就有很多问题，因为我们提倡的是永续生活，厕所是环保的厕所，需要用到木屑，也有很多相应的提示，但有些客人就不会遵守，有些还抱怨为什么没有空调和24小时热水，'丽日'的定位就不是酒店呀，如果需要这些服务为什么要选择来'丽日'？"[2]

4. 大墨雨村村民与当地政府

在大墨雨发展乡村旅游的过程中，就拥有的权利而言，政府是明显优于当地村民的，而且在信息获取渠道、信息的完整性和准确性方面，政府也是完全优于当地村民，且政府并没有意识到村民对于大墨雨乡村旅游发展的重要性，因而很多决策就直接绕过村民进行，这样一来，村民基本上无法参与大墨雨乡村旅游的管理与规划，

---

[1] 访谈地点：大墨雨。访谈时间：2018年11月14日。被访谈人：SYQ。
[2] 访谈地点：大墨雨丽日center。访谈时间：2018年11月9日。被访谈人：LTT。

被排挤出乡村旅游的经营决策主体外,处于弱势地位。当地政府曾多次与相关的外来投资者就大墨雨乡村旅游的发展方式、发展规划等问题进行会议讨论,但大墨雨村村民作为旅游资源的所有者却"只是走个过场,不太清楚有没有做过规划,我没有参加过,村委会那边的人应该会知道,征求意见也会先联系村长、村支书的,而且我们村民也不懂这些。"① 没有话语权,处在被支配的地位,参与决策的权利长期被忽略。

此外,由于大墨雨村相对闭塞,教育资源配套落后,村民教育水平与维权意识较低,政府无法保证政策法规的告知与解释工作做到位,导致大墨雨村村民在面对乡村旅游者及外来经营者时总是存在一定的"敌对"情绪,在遇到农作物被破坏、房屋租赁等相关问题时,首先就是抱怨政府的工作能力不足。村民对当地政府的不信任还突出体现在对政府为村里修建排污管道的项目多有怀疑。"政府说是为村里修建排污管道,但就只做了表面工程,下水道的铺设估计也就只有三分之一,而且不知道污水排到了哪里,我们田里用水的水渠倒是越来越脏了。"②

5. 大墨雨村村民与旅游者

乡村旅游者来乡村旅游目的地旅游、放松心情,渴望的就是感受到与城市不同的"乡村性",但随着乡村经济的发展,当地居民获得较好的经济收入而渴望对自身生活条件进行改变,当地居民生活习惯或民居的改变,直接影响到旅游者的旅游体验,从而产生矛盾。访谈时发现,旅游者对村内沿街建筑过于现代化较为不满,认为现代化的建筑破坏了大墨雨整体的古朴风貌。大墨雨因离昆明城区较

---

① 访谈地点:大墨雨。访谈时间:2019年1月10日。被访谈人:NWB。
② 访谈地点:大墨雨某民宿。访谈时间:2019年3月10日。被访谈人:SZ,民宿管家,大墨雨村村民。

近，村民依靠采石运输等积累了一定财富，经济条件的改善、生活观念的更新，使得当地村民通过改建房屋来提高自身生活品质，但新建筑并没有保留传统民居的形制，而是偏向所谓"欧式"风格，落地窗、高门楼，与大墨雨整体的乡村环境格格不入，影响了大墨雨乡村旅游者的旅游体验，引起旅游者的不满。对于大墨雨村村民而言，其主要经济来源为蔬菜种植，田地多分布在村周围，部分旅游者为欣赏风景、拍照等原因对农作物形成破坏，造成村民的经济损失，部分村民形成对游客的抵触心理，而大墨雨乡村旅游的一个重要卖点就是淳朴和善的民风民情，若村民的抵触情绪进一步加剧将会对大墨雨乡村旅游造成严重影响。并且旅游者的不文明行为带来了环境污染、生活噪声等问题，当地居民的正常生活秩序被打破，生存空间也进一步缩小，当地居民与旅游者之间的矛盾有加剧趋势。

6. 当地政府与旅游者

地方政府与旅游者间的矛盾主要由地方政府的管理能力不足而引发，据调研反映，当地政府并没有在大墨雨设置旅游维权机构，旅游者在旅游过程中权益受到侵害没有途径进行反馈来维护自身权益。

"我是第二次来大墨雨了，我第一次来的时候遇到了黑车，本来想着也没有其他的交通工具就只能打黑车，约定好了送到村口结果把我放到了村子的后面就离开了，我一个人找了半天才找到我定的民宿，真的很想投诉，让政府整改一下这些情况，但大墨雨并没有投诉的渠道。"①

除维权问题外，旅游者对政府配套设施建设不足也多有不满。"来大墨雨旅游我感觉最不方便的一点是配套的设施做得太差，道路窄、停车位少就不说了，地方也不大，可能真的没地方建，但厕所总是要保障的啊，整个村里只有两个公共厕所，人一多就要长时间

---

① 访谈地点：大墨雨。访谈时间：2019年1月19日。被访谈人：QLG。

排队，而且村子里也没有指示标志，岔路又多，游客第一次来很容易迷路，这都是政府的责任，投入不够。"①

上述意见或不满，大多被旅游者认为是政府方面的责任，政府对乡村旅游资源的保护不够重视，相关措施不到位，管理力度不强，没有从长远的角度去看待大墨雨乡村旅游的发展，影响了旅游者的体验。

（三）大墨雨乡村旅游利益相关者生态位现状

关于生态位的研究，最早开始于20世纪初期，1910年，生态学家Chris Johnson在研究中第一次提出了生态位的概念。1917年，学者J.Grinnel在Chris Johnson研究的基础上，定义了生态位的基本概念。其认为，生态位强调的是一种空间范围，即生物栖息的空间或生境。在国内相关研究中，学者纪金雄将生态位理论应用于古村落旅游的共生研究当中，认为生态位是一种相对的生态地位，是在特定的生态系统中，由生物单元之间的相互作用，以及生物单元与周围环境的相互作用中形成的。②

大墨雨利益相关者的生态位是指在大墨雨乡村旅游中，各利益相关者通过彼此间互动、周围共生环境互动而占据的大墨雨乡村旅游共生空间中某个特定的部分及该部分带来的条件和利益。对于大墨雨乡村旅游利益相关者而言，其生态位是由彼此的竞争及合作关系决定的，是共生关系的表现形式，并且会随着大墨雨乡村旅游进入不同的发展阶段而产生变化，具有动态性。因此通过对大墨雨乡村旅游利益相关者生态位现状的研究能够更清晰地展现其目前的共生状态，为共生关系改进研究奠定基础。

---

① 访谈地点：大墨雨。访谈时间：2019年1月25日。被访谈人：YT。
② 纪金雄：《下梅古村落旅游利益相关者共生机制构建研究》，福建农林大学2010年，第47—48页。

1. 占据主导地位的外来经营者

在大墨雨乡村旅游中,外来经营者处于优势地位,这是因为大墨雨乡村旅游的建设、宣传等离不开资金支持,而外来经营者最具经济实力,因而在大墨雨乡村旅游发展中具有较高的影响力。同时,外来经营者在利益分配方面也占据着主动地位,个别外来经营者在大墨雨乡村旅游的未来发展规划方面甚至还具有较大的话语权。这足以说明,外来经营者在大墨雨乡村旅游利益相关者的生态位中是处于主导地位的,经济及政治权利都向其进行了倾斜。但另一方面,乡村旅游产品及服务的开发本应是外来经营者经营工作的重点,而目前其对相关旅游产品及服务的开发还不够深入,缺乏地域特色,没有与大墨雨独特的生活方式、风土民情等旅游资源进行紧密结合,其向旅游者提供的产品及服务类型单一,比如说对于村子的历史及彝族文化经营者就只提供相应的讲解,没有与大墨雨村村民进行合作,旅游者很少能在旅游活动中与当地居民直接进行互动,缺少直观的体验活动,很难为旅游者留下深刻印象。同时,外来经营者用较低的成本向大墨雨当地村民租赁民居,引发一些居民的抱怨和不满情绪,不愿配合外来经营者的旅游开发活动,这在一定程度上给大墨雨乡村旅游的对外形象带来负面影响。虽然部分外来经营者看到了这一问题,并着手采取相关措施来改善大墨雨乡村旅游形象,如兴建大墨雨村学,组织儿童参加英语培训等,但由于制定的方案不够严谨科学,且缺乏激励机制,所以落实难度较大,村民的参与意愿并不强烈,目前进展仍比较缓慢。

2. 管理职能缺位的当地政府

在大墨雨乡村旅游中,当地政府应当作为乡村旅游事业的引领者,目前却因管理职能的缺位,以而造成其他利益相关者对其工作能力的不满及不信任。砂石开采业关停后,以蔬菜种植为主的农业成为大墨雨的主导产业，产业结构比较单一，当地政府承担并发挥着发展经济、促进就业、保护环境等政府职能，所以在大墨雨发展乡村旅游方面，当地政府的态度是积极的。大墨雨乡村旅游的发展一直由市场主导，加上部分外来经营者在经营手段上较为强势，而当地政府又缺乏足够的指导经验，对宏观性和整体性的把握不够准确。长此以往，政府管理的缺位和市场的自发性将导致大墨雨乡村旅游的无序发展，所以有必要针对当地政府现有的生态位进行重新审视、调整和优化。

3. 主体权益缺失的大墨雨村村民

当前，在大墨雨乡村旅游发展的过程中，大墨雨村村民处于被动参与、主体权益缺失的地位。在调研中发现，蔬菜种植和外出打工是大墨雨村村民的主要家庭收入来源，从参与大墨雨乡村旅游来维持家庭生计的村民非常少来看，说明大墨雨依旧延续着以外来经营者为主导的乡村旅游发展模式，当地居民的参与度不高，无法从乡村旅游中获取较大的收益。究其原因，第一，乡村旅游利益分配不均衡。大墨雨村村民从大墨雨乡村旅游中获得收入一般是通过两个渠道。其一是将民居租赁给外来经营者，但获得的租金并不多，其二是通过乡村旅游获得就业机会，但村民的就业岗位大都集中在清洁、帮厨、木匠等低收入岗位。大墨雨村村民在无法从乡村旅游中获得较多收益的同时，反而要承担旅游者影响生活等外部成本。第二，村民参与度不高。大墨雨村村民是乡村旅游资源的拥有者，但是大部分村民都没有机会和渠道参与到大墨雨乡村旅游的经营开发中去，无论是大墨雨乡村旅游的发展规划，还是后期的资源开发，村民的参与度都不高，无法决定大墨雨乡村旅游的未来发展方向。在调研的过程中，许多村民反映，他们对大墨雨乡村旅游开发现状的了解，还是通过外来旅游者的不断增加才得知的，跟大墨雨乡村旅游发展方向相关的一些重大问题，外来经营者和政府通常都是"独断专行"，很少征求当地村民的意见。并且由于各项诉求长久得不到关注，一部分大墨雨村村民开始以消极的态度对待自身权利的争取，认为"我什么都不懂，不要来问我"。大墨雨村村民主体权益缺失，且面临经济、政治及文化上被逐渐边缘化的生存危机。

4. 多元需求难以满足的旅游者

在对旅游者进行调查的过程中发现，大墨雨村"一颗印"形式的传统民居、山水田园风光及彝族文化等，是吸引旅游者前来旅游的几大因素。但游客普遍反映，大墨雨村的交通条件比较落后，进出村庄、停车多有不便，而且大墨雨外来经营者为旅游者提供的旅游项目较为单一且同质化，旅游者一般只会在大墨雨停留一到两天的时间，重游率低，虽然大墨雨以"永续生活""慢生活"等理念取得了较好的宣传效果，但在当今这种旅游者注意力高度分散的市场背景下，宣传效果的可持续性受到挑战，大墨雨乡村旅游亟须开发更为丰富多样的旅游活动，增加旅游者的乡村旅游体验。

三、大墨雨乡村旅游利益相关者共生关系改进研究

（一）对称互惠一体化共生模式的改进方案设计

1. 大墨雨乡村旅游利益相关者现有共生模式分析

如前文所讲，不同划分标准下的共生模式包含有多种类型。通过对大墨雨乡村旅游利益相关者的调查研究发现，非对称互惠共生是其主要的行为模式，表现在外来经营者、大墨雨村村民、当地政府、旅游者这些利益相关者，在大墨雨乡村旅游开发的过程中，过多的收益被外来经营者获取，总体的收益存在不平衡性。而从组织模式来看，利益相关者的间歇共生特点比较明显，表现在当地政府、外来经营者、大墨雨村村民、旅游者这些利益相关者，他们通过交易、合作、管理等方式产生联系，并且他们之间的联系在磨合中得到增强，但彼此间的关系由于矛盾与摩擦的存在而缺乏稳定性。

2016年到2018年，三年时间里大墨雨乡村旅游从无到有发展起来，表面来看，大墨雨乡村旅游的发展为当地政府、外来经营者、大墨雨村村民都带来了较好的经济效益和社会效益，大墨雨乡村旅游的行为模式是较为和谐互利的关系，但从根本上来看，大墨雨乡村旅游之所以能够实现较快发展，很大程度离不开外来经营者的资金及影响力，他们用较低的价格，向大墨雨村村民租赁最具旅游开发价值的民居，在大墨雨乡村旅游的利益分配中占据着主要地位。而大墨雨村村民将房屋低价出租给外来经营者以后，村民只能在大墨雨旅游产业链条的底端从事一些技术水平较低、收入不高的基础性工作，在利益分配中处于弱势地位或被支配地位。因此，大墨雨乡村旅游的行为模式处于非对称互惠共生阶段，各利益相关主体的收益分配并不均衡。

在组织模式方面，大墨雨乡村旅游的利益相关者中，外来经营

者、当地政府、大墨雨村村民及旅游者之间存在着管理与被管理、消费与被消费等关系，彼此间的冲突与矛盾也比较明显，如果这些冲突与矛盾未能得到及时有效地解决，会影响旅游者的旅游感受，退出对大墨雨乡村旅游的参与，也会给外来经营者造成较大的经营压力，导致外来资本的中断或退出，势必会打乱当前各利益相关者的共生关系，对大墨雨乡村旅游造成不可挽回的伤害。间歇共生模式作为大墨雨乡村旅游利益相关者现有的组织模式，具有不稳定性，很容易引起各利益相关者为了追求个人的短期利益，而忽视了整体的长期利益，诱发各种矛盾，影响利益相关者的和谐共生。因此，有必要对大墨雨乡村旅游利益相关者现有的共生模式进行优化和改进，使其共生关系更加稳定、和谐。

2. 大墨雨乡村旅游利益相关者共生模式改进方向

大墨雨乡村旅游利益相关者间共生关系的调整是一项系统性的工程，共生模式进化方向的确立具有基础性的指引作用。共生进化体现在两方面：在行为方式方面，由寄生向对称互惠共生方向进化，各共生单元间利益分配更为公平、均衡，并且整体的共生利益也随之不断增长；在组织化程度方面，由点共生向一体化共生方向进化，各共生单元间的联系方式更为复杂，联系程度更为紧密，稳定性提升[1]。因此，对称互惠共生行为模式和一体化共生组织模式均有利于共生单元共生关系和共生利益的增进，是较为科学、合理、有效的两种共生模式。

（1）共生行为模式的改进方向

对称互惠共生模式具有高效率，共生单元之间的利益分配也具有相对公平性，因而成为乡村旅游利益相关者最佳的共生行为模

---

[1] 纪金雄：《下梅古村落旅游利益相关者共生机制构建研究》，《福建农林大学》2010年，第47—48页。

式①。当前,大墨雨乡村旅游利益相关者之间存在非对称互惠共生关系,缺乏足够的稳定性,长此以往,将很难形成和谐的共生关系。因此大墨雨乡村旅游利益相关者应该看到当前彼此共生行为模式中的弊端,将实现对称互惠共生模式作为共同追求的目标。通过共生契约等形式,明确当地政府、外来经营者、大墨雨村村民和旅游者的权利和责任,将利益共享和义务共担,作为连接各利益相关者共生关系的纽带,在乡村旅游这一共生界面中相互协作、紧密配合,谋求共同发展,实现互惠共赢。

表2 乡村旅游共生行为模式类型表

共生行为模式	模式特点
寄生	乡村旅游外来经营者依靠当地政府的扶持,属于发展的初始进入阶段
偏利寄生	乡村旅游外来经营者获得发展,仅限外来经营者受益阶段
非对称互惠共生	外来经营者、当地村民、当地政府与乡村旅游者从乡村旅游开发中不能均衡受益
对称互惠共生	外来经营者、当地村民、当地政府与乡村旅游者都能从乡村旅游中均衡受益

资料来源:作者根据袁纯清《共生理论———兼论小型经济》中内容整理,2019年2月。

(2)共生组织模式的进化方向

从共生组织模式来看,乡村旅游利益相关者共生的最佳组织模式是一体化共生。所以,大墨雨乡村旅游利益相关者也应该努力追求和实现一体化共生的组织模式。从目前的实际情况来看,间歇共生是大墨雨乡村旅游利益相关者的共生组织模式,该模式下引发了各种矛盾冲突,远远达不到一体化共生的水平。所以需要对大墨雨乡村旅游利益相关者的组织结构进行优化,明确大墨雨各利益相关者的权利与义务,通过协商、合作等方式,实现管理、反馈、监督等功能上的互补;完善信息交流的通道,构建大墨雨乡村旅游资源共享机制,共

---

① 纪金雄、陈秋华:《生态旅游利益相关者共生机制研究》,《现代农业》2009年第6期,第109—112页。

同担负起资源开发、环境保护等职责，最终完成资源的优化配置，形成一体化共生的大墨雨乡村旅游经营发展模式。

表3 乡村旅游共生组织模式类型表

模式特点	共生组织模式
点共生	外来经营者、当地村民、当地政府与乡村旅游者联系松散，共生情况随机发生
间歇共生	外来经营者、当地村民、当地政府与乡村旅游者联系增强，但稳定性不强，处于磨合状态
连续共生	外来经营者、当地村民、当地政府与乡村旅游者联系加强、互生依赖
一体化共生	外来经营者、当地村民、当地政府与乡村旅游者关系稳定发展，形成一体化

资料来源：作者根据袁纯清《共生理论——兼论小型经济》中内容整理，2019年2月。

根据大墨雨乡村旅游利益相关者共生模式的分析结果，大墨雨乡村旅游应向对称互惠一体化共生模式发展。该模式无论是在共生行为上，还是在共生组织程度上，都兼具高效率与稳定性，可以实现集体最优。

（二）通过明晰权责边界减少"扯皮"成本和缺位现象

对生态位进行界定，实际上是对共生单元之间是否具有融合性和互补性进行考察，使共生单元在相互协作的基础上，既提高了自身的发展能力，又提升了整体的发展水平和竞争力。对生态位进行优化调整，能够进一步明确大墨雨乡村旅游各利益相关者间的权利与义务，从而减少"扯皮"和缺位现象。根据对大墨雨乡村旅游利益相关者生态位现状的研究，本文将外来经营者、大墨雨村村民、当地政府、旅游者的生态位分别界定为大墨雨乡村旅游的开发共建者、参与建设者、统筹管理者、体验反馈者。

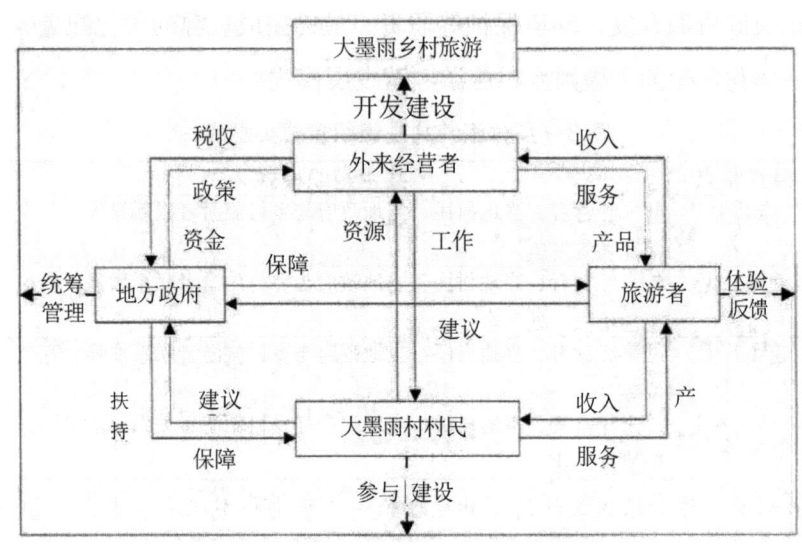

图1 大墨雨乡村旅游核心利益相关者生态位

资料来源：作者自绘，2018年11月。

1. 开发共建者

就大墨雨乡村旅游的经济开发而言，外来经营者无疑是经营开发的主体，其应该在当地政府的监督和引导下，有计划、有步骤地对大墨雨乡村旅游区域内的资源进行合理开发和科学经营。从前文对大墨雨外来经营者生态位现状的分析可知，大墨雨外来经营者对当地乡村旅游资源的挖掘和利用还有所欠缺。一方面，外来经营者要在保护当地文化及生态资源的条件下对当地的彝族文化、乡村生活生产文化进行活化利用，保证大墨雨乡村旅游产品开发的可持续性；另一方面，外来经营者应该进一步丰富大墨雨乡村旅游的旅游产品，不仅要增加无形的体验活动，还应该提供高质量、融合当地特色的旅游纪念品，满足旅游者对大墨雨乡村旅游的要求。此外，外来经营者应该充分利用现代化的营销工具和传播媒介，塑造大墨雨乡村旅游良好的对外形象。

从空间层面来看，大墨雨乡村旅游的发展区域与大墨雨村落社区是重叠的，外来经营者不仅是大墨雨乡村旅游的开发经营者，而且与当地村民一样，都是大墨雨村落社区的共同建设者，对一部分生活型的外来经营者而言，大墨雨就是其第二个生活社区，因此要着重强调其共建者的身份，因为对于大墨雨当地村民而言，外来经营者就像是外部势力，当地居民对其会存在天然的不信任，所以如果外来经营者不能很好地尊重当地居民的地位、保护当地居民的权益，那么其对大墨雨乡村旅游的开发行为，必然会受到来自当地居民的阻力，而且也容易引发各种矛盾冲突。所以外来经营者在发展大墨雨乡村旅游、谋求经济利益的同时，也要关注大墨雨村庄的协同发展建设，自觉承担起发展地方经济、保护地方文化的社会责任，比如为当地村民提供更多就业机会，在旅游活动中提醒游客尊重大墨雨村民的生活习惯并保护大墨雨的自然及文化，与大墨雨村村民共享乡村旅游发展带来的经济收益和社会效益。

2.参与建设者

乡村旅游目的地和当地社区在地理位置、空间范围等方面具有较高的重合性，因此，发展乡村旅游，应该坚持从社区的角度，用社区管理的思维来对旅游目的地进行开发建设，实现旅游地与社区的协同发展。大墨雨当地居民作为大墨雨乡村旅游区域内的常住居民，其为当地旅游资源的持有者，但同时随着大墨雨乡村旅游外来经营者及旅游者的增多，大墨雨村村民也将承受文化入侵、环境破坏等负面压力，可以说大墨雨乡村旅游的发展变化，不仅对当前生活在大墨雨村的村民有影响，还会对这一族群未来的生存状态有着深刻影响，所以当地居民应该有充分的参与权和决策权，同时也应拥有对外来经营者从事旅游开发经营活动的监督权。外来经营者与政府作为掌握经济与政治资源的一方，应该正视并尊重居民的相关权利，建立起与居民代表进行对话、协商的机制，而居民也应该提高权利意识，采取相应行动来维护和保障自身的合法权益。此外，大墨雨村村民应该转变自身观念，不能仅仅将租赁民居或就业上岗作为自己参与乡村旅游的唯一方式，而是应该提高参与意识，主动加入大墨雨乡村旅游的开发建设、经营管理及旅游资源的传承保护当中，树立主体意识，成为大墨雨乡村旅游的参与者、受益者和保护者。同时，大墨雨村村民还应该积极学习相关的旅游经营管理知识，不断提高自己的文化素养，强化旅游服务意识，更好地促进大墨雨乡村旅游的健康发展。

3. 统筹管理者

当地政府在大墨雨乡村旅游发展的过程中，要发挥统筹管理的职能，应扮演的是监督者、引领者的角色，其主要任务是借助自身的政治权力，对大墨雨乡村旅游的开发活动进行有效控制和监督，确保其朝着科学、可持续的方向发展。当地政府应该积极主动地为公众提供乡村旅游发展相关的信息及服务，当外来经营者与村民或其他利益相关者产生冲突或矛盾的时候，当地政府需要及时出面进行调解，以维护正常的市场秩序。

同时，当地政府应该积极发挥政府职能，为大墨雨乡村旅游的发展提供一些必要的政策、资金支持。当地政府应加强对外来经营者的监督与管理，通过制定大墨雨乡村旅游开发管理制度等相关政策，明确外来经营者的各项权利与义务，对外来经营者的开发及经营行为进行监督；尊重大墨雨村村民对相关决策制定的参与权，不断提高居民在乡村旅游中的参与度，争取获得更多居民的认可和支持；还应设立相关机构，听取旅游者的意见建议，解决旅游者在旅游过程中遇到的权利侵害事件。此外，当地政府还需要通过设立专项旅游发展扶持资金等方式，为大墨雨乡村旅游的发展提供资金援助。资金援助的方式要多样化，可以采取增加基础设施建设资金、维修资金等方式，也可以采取为对外来经营者提供税收优惠、贷款优惠、资金补贴等方式。

4.体验反馈者

乡村旅游交易的达成是一切的起点和终点，这"危险的一跃"，取决于旅游者核心诉求的达成状况。因此，大墨雨乡村旅游在基础设施建设、旅游商品及旅游服务的开发方面，都应该考虑旅游者的实际需要。大墨雨还保留着将厕所置于院外的生活习惯，旅游者对于此种现象则表现出"十分难以接受"的态度，但目前大墨雨只建设了两处公共厕所，且缺乏指示牌，给旅游者带来一定困扰。增加公共厕所等基础设施建设力度，改善大墨雨村内及周边的交通条件，强化自然资源及文化传统的保护力度等，成为改善大墨雨乡村旅游环境的当务之急。对旅游者而言，尊重当地居民的生活习俗，维护当地生态环境是乡村旅游体验者应具备的个人素养。当然旅游者也应该不仅仅作为大墨雨乡村旅游的"旁观者"，而是要将旅游感受、旅游诉求向相关经营者或政府进行反馈，从而促进大墨雨乡村旅游的发展，有利共生系统的改进。

（三）以尊重各方权益和地位为基础的共生机制构建

大墨雨乡村旅游利益相关者共生关系改进的最终实现，需要构建有效的共生机制，使利益相关者彼此间的共生关系更加稳定、紧密，而这需要相当长时间的磨合。为此，要以充分尊重各利益相关者的权利和地位为前提，通过沟通协调、利益让渡和责任分担等方式，使各利益相关者都能从中获得所属利益。因此，本文尝试从以下四个方面来构建大墨雨乡村旅游利益相关者的共生机制。

1.建立合理的利益分配体系

大墨雨乡村旅游的可持续发展离不开村民的广泛支持。对于大墨雨村的村民而言，其参与大墨雨乡村旅游的发展建设，核心的目的是从中获得经济利益、政治利益和文化利益，所以利益分配是否均衡、公平，就成为决定大墨雨乡村旅游利益相关者共生机制能否建立的关键。对大墨雨村村民进行利益分配，不单单要进行经济利益的分配，而且还要兼顾文化教育机会、就业机会、创业机会的分配。在科学合理的利益分配体系下，村民参与大墨雨乡村旅游开发建设的积极性和主动性才能得到最大限度的调动，这是大墨雨乡村旅游利益相关者共生矛盾解决的关键点。

合理、科学的乡村旅游利益分配体系的建立，首先要根据大墨雨乡村旅游发展的现实情况，重新调整和分配旅游收益。目前，当地村民在大墨雨乡村旅游中是被动的弱势地位，缺少参与度和话语权，且大墨雨乡村旅游对外是免费开放的，所以并不存在门票收益。村民作为旅游资源的所有者，只能将民居出租给外来经营者来获得微薄的收入，房租为一座民居2000到8000元一年不等，租赁期限为10到20年。但对于投资者来说，房租并不是一笔较大支出，据了解，大墨雨外来经营者组织一场20人左右的乡村旅游活动，两天的收益就可达5万到6万元。外来经营者依靠大墨雨良好的自然环境及民族文化资源进行营利活动，占据着大墨雨个人或集体大部分的旅游资源，除了付给村民房租外，并没有为村民带来额外的经济利益，导致多数村民不满现有的利益分配方式。因此，大墨雨乡村旅游的各利益主体应该进行充分协商，可将外来经营者的收益，按一定比例应用于大墨雨乡村旅游的基础设施完善当中，这种分配对大墨雨村村民而言虽然不是最直接的经济利益，但基础设施的完善却能吸引更多旅游者的到来，间接也会增加村民收入，并且外来经营者的利益让渡举措，会逐步消除大墨雨村村民的排外情绪，对大墨雨乡村旅游利益相关者的和谐共生产生长远影响。同时，利益分配机制也不能僵化，而是要随着乡村旅游的发展程度和创收情况进行阶段性调整，可以设置利益分配比例调整周期，以三年或五年为限，根据大墨雨乡村旅游的发展情况及周边物价上涨比例进行变化，保障村民的利益分配空间，尽可能地使利益分配均衡、公平。

除调整直接的利益分配外，还要对大墨雨村村民在就业及从事乡村旅游经营活动上给予一定的政策倾斜。目前，大墨雨村村民参与大墨雨乡村旅游的方式主要是从事一些基础性的岗位工作，如民宿清洁、帮厨、房屋改造翻修等。外来经营者表示，当地劳动力成本较低，并且许多村民出于离家距离较近、不耽误日常生活等原因，大多愿意参与乡村旅游服务工作，以获得更多的家庭收入。因此，应该充分尊重并重视大墨雨村村民参与旅游发展的优先权，扩大其收入来源。外来经营者在自身发展的同时，要考虑为当地村民增加就业机会，在招聘旅游服务人员的时候，应该优先考虑大墨雨村村民，为其提供专业的旅游服务培训，提高他们的工作能力。政府也应在税收等方面对本地经营者给予优惠，促进村民参与大墨雨乡村旅游建设，将村民留在本地，能够在很大程度上减少本地村民外流造成的乡村旅游区域"空心化"问题。

2.成立独立的利益协调组织

利益分配体系的建立是一个不断调适的过程，可能会出现个别利益相关者的利益无法得到满足、彼此矛盾冲突增多的情况。这时就需要成立独立的利益协调组织，当利益相关者在利益分配过程中出现矛盾时，利益协调组织就能从中进行调节，这样有助于消除阻碍利益相关者实现和谐共生的各种阻碍。

利益协调组织要强调独立性，在按比例由外来经营者、大墨雨村村民、政府成立常设的监督协调组织外，还应邀请相关的非营利组织、专家学者等第三方参与进来，保证站在公平、公正的角度，去处理利益相关者之间的矛盾和冲突。并且利益协调组织的行为方式要以书面协定的方式加以确立，面向涉及的利益相关者进行公示，一旦出现利益冲突，利益协调组织应按照既定的调解程序进行协调。利益协调组织的成立，收集不同利益相关者的利益诉求也更加直接和高效，利益协调组织可根据不同利益主体的利益诉求，分析矛盾冲突的起因，采取更具针对性的调解方式，提高调解成功率，同时也能够为利益分配体系的改进和优化，提供有价值的参考意见。

3.建立通畅的表达渠道

不同利益相关者之间的沟通渠道是否通畅，直接影响着彼此间矛盾冲突的发生频率。大墨雨村村民作为乡村旅游发展的重要利益相关者，由于他们很少直接参与乡村旅游的规划和发展决策，所以他们的利益诉求往往得不到重视，却又没有便捷的渠道向其他利益相关者进行反映和协商。长此以往，难免会因为矛盾积压而产生过激行为，无疑会对其他利益相关者的利益带来损害，也不利于彼此间的和谐共生。大墨雨乡村旅游者也面临着相似的问题，在旅游过程中遇到权利侵害或存在意见建议都很难得到关注。因此，大墨雨乡村旅游的各利益相关者应该建立一个利益表达机构，专门负责收集和整理各方的利益诉求，并定期进行公示、讨论，使不同的利益相关者都能够了解彼此的利益诉求，促使各方对自己的行动策略进行调整。利益表达机构要兼顾各个年龄层及教育水平的人群，可以通过构建网络平台、微信群、微信公众号等方式，广泛收集各利益相关者及社会大众的意见和建议，但也要考虑到村民中老龄人口比例较高且受教育水平的有限性，保留如电话、邮箱等表达方式。

除固定的利益表达渠道外，当地政府应联合雨花社区委员会，定期举行大墨雨村村民会议、大墨雨村民意调查、大墨雨村听证会等多样化活动，拓宽大墨雨村村民的表达通道，并在景区范围内设立消费者维权点，通过这种方式，增强大墨雨乡村旅游各利益相关者间的联系，能够有效避免不同利益主体间出现的矛盾冲突，有利于各利益主体不同诉求的共同实现。

4.完善基础保障体系

无论是利益分配还是利益协调、利益表达体系的建立及完善，其目的都是为了实现利益分配公平、避免矛盾冲突、增进大墨雨乡村旅游利益相关者之间的协调和默契程度，促进彼此间的和谐共生。除了上述措施以外，还应该完善相应基础保障体系，使各项措施能够稳步推进和有效落实。

基础保障体系的完善首先要重视大墨雨乡村文化旅游资源的传承与保护。大墨雨乡村旅游之所以能吸引旅游者的一个重要因素，是保存良好的彝族文化与乡村文化，但受年轻人的外流、旅游者与外来经营者带来的文化及生活方式的冲击等因素影响，大墨雨彝族文化及乡村文化资源面临消逝与瓦解，因此，提高对大墨雨乡村文化旅游资源传承、保护的重视程度具有长远意义。首先，应该鼓励年轻人学习传承彝族传统手工艺、歌舞等，对其进行免费培训，并给予一定的经济补助；其次，因大墨雨的许多外来经营者都具有设计、艺术背景，可以鼓励当地手工艺者与外来经营者合作推出具有大墨雨特色的旅游商品，既丰富了大墨雨的旅游产品体系，又可以促进传统文化的继承与保护。

基础保障体系的完善要重视人才的培养与积累。通过对大墨雨村村民的调查发现，多数村民的文化知识基础比较薄弱，文化水平偏低。虽然他们生活在大墨雨这样一个旅游资源丰富的地区，但是缺乏专业化的旅游服务意识和能够提供专业指导的人才队伍，而很难融入大墨雨乡村旅游的核心管理当中去。但大墨雨乡村旅游的发展离不开了解当地文化又具有旅游管理能力的专业人才，只有配备了专业化的人才队伍，才能为大墨雨乡村旅游的可持续发展添砖加瓦。因此，当地政府应该制定专门针对大墨雨乡村旅游可持续发展的人才储备计划，一方面要提高大墨雨村村民的文化程度，通过定期、不定期举办文化知识教育、旅游知识和技能培训等活动，提高大墨雨村村民参与乡村旅游开发建设的信心和积极性，提高大墨雨乡村旅游的服务质量；另一方面，要通过引进专业的旅游管理人才，带动大墨雨乡村旅游整体管理能力和服务水平的提升，努力构建出一个现代化和谐文明的乡村旅游社区。

本文以大墨雨乡村旅游利益相关者为研究对象，依据利益相关者理论与共生理论的理论特点，将二者结合，用于分析大墨雨乡村旅游中各主体间的诉求与共生关系，根据其目前的共生现状，再进一步探讨大墨雨利益相关者的共生模式、生态位的改进方向，最后在利益分配、利益协调、利益表达与利益保障这四方面为大墨雨乡村旅游利益相关者的共生机制构建提供探索方向，本研究主要得出以下结论：

从利益关系程度及影响力等几个方面来界定本文主要研究的大墨雨乡村旅游利益相关者为外来经营者、大墨雨村村民、当地政府与旅游者。通过调研，大墨雨乡村旅游利益相关者利益诉求各不相同，在经济、政治、文化、环境等方面的关注差异显著，并且由于利益诉求的差异性，而进一步造成了各利益相关者之间的矛盾与冲突。虽然利益诉求的不同及矛盾冲突客观存在，但各利益相关者间也存在对文化、环境保护及可持续发展的共同诉求，这为其共生关系的发展，提供了基础。

目前大墨雨乡村旅游利益相关者的共生模式主要是非对称互惠共生条件下的间歇共生模式，该模式存在不稳定性，不利于大墨雨乡村旅游的长远发展。因此，本文依据共生理论认为对称互惠一体化共生模式是大墨雨乡村旅游利益相关者共生模式的发展方向。

大墨雨乡村旅游利益相关者的生态位目前存在权责不清、错位等问题，通过对大墨雨乡村旅游利益相关者生态位现状的研究，本文将大墨雨外来经营者、大墨雨村村民、当地政府、旅游者的生态位分别界定为大墨雨乡村旅游的开发共建者、参与建设者、统筹管理者、体验反馈者，以期通过生态位的调整来促进大墨雨乡村旅游利益相关者整体优势的发挥。

大墨雨乡村旅游利益相关者对称互惠一体化共生的实现还需要建立科学合理的乡村旅游利益分配体系、成立独立的利益协调组织、建立通畅的表达渠道及完善相应的基础保障体系，最终实现各利益相关者的和谐共生。

本文在对大墨雨乡村旅游利益相关者的研究中，融入了共生理论和利益相关者理论，用于阐述大墨雨乡村旅游利益相关者之间的共生关系，具有较强的理论分析力，对于大墨雨乡村旅游不同利益相关者之间和谐共生的各类因素研究更为深入透彻。同时，本文通过深入的实地调查研究对大墨雨乡村旅游利益相关者的共生关系和生态位进行了明确界定，为最终的共生模式的改进与发展奠定基础。

但由于个人水平及时间等限制，本文的研究还存在诸多不足，例如只选取了大墨雨乡村旅游中的外来经营者、大墨雨村村民、当地政府、旅游者进行研究，而忽视了其他诸如学者、新闻媒体等利益相关者的研究，使研究不够全面。并且共生关系的发展是一个长期、变化的过程，但调研时间的限制使本文只能呈现出其中较为突出的部分，而对其他部分进行了舍弃，期待未来可以进行更为全面深入的探讨。

彝绣产业化与女性公共生活转型研究
——以永仁县莲池乡为例

作　者：闵以佳
　　　　云南大学民族学与社会学学院
　　　　2019级民族文化产业硕士研究生
指导老师：李　佳

有着"彝绣之根"之称的永仁县直苴地区彝绣文化源远流长，经由漫长的发展，彝绣已经成为当地彝族女性必备的生活技艺。2000年前后，从直苴搬迁到莲池乡的彝族女性首先开始将原先的家用刺绣品进行买卖，开创了永仁县彝绣产业发展的先声。在彝绣产业化进程中，彝族女性的性别角色发生着变迁，她们走出家庭，参与市场活动，从以家庭为中心的私领域进入以男性为主导的社会公领域，其公共生活也获得了转型发展。伴随着彝族女性公共生活的转型变化，彝族女性的能动性和实践能力不断得到发挥与提高，她们开始对自己的社会性别和命运加以反思，采取行动来改善自身在传统民族文化语境中的地位，更好地融入现代社会。本研究通过参与式观察和深度访谈等方法，来描绘出彝族女性在彝绣产业发展进程中的生存图景变化，揭示出彝族女性不断调适发展的生存策略与智慧。在介绍莲池乡的人文历史以及彝绣产业发展概况，勾勒出莲池乡彝族女性角色实践与公共生活转型的时空语境之后，转入对莲池乡绣女群体的考察，发现地方传统文化的规范和市场经济运行的逻辑以及官方政策话语的引导，在彝绣产业化进程中共同影响着彝族女性的角色表现与认识，对彝族女性的角色进行着重构。莲池乡彝族女性的角色逐渐从较封闭的、依附性的"家庭妇女"角色向较开放的、独立的"生产者"角色转变，使她们能够以与以往不同的姿态参与到公共生活之中。就此，从经济、政治与文化三方面，就莲池乡彝族女性的公共生活状态展开分析。在彝绣产业化进程中，彝族女性主动建立起经济生产的新联结，积累起可供自身利用的官方话语资源，拓宽着民族文化交流的边界，其公共生活呈现出日益开放与平等的多元形态。进而探究在民族文化经济的生产实践与公共生活的转型发展中，莲池乡彝族女性如何进行调适并建立起自身的主体性。莲池乡彝族女性在围绕彝绣产业而获得拓展的公共生活中拓展着对自我主体的认识，并在此基础上展开行动，确立着自身的价值与意义。

一、莲池乡彝绣及绣女概况

（一）莲池乡的地理历史文化背景

人类在社会中所进行的所有活动都与其自然及社会文化背景相联结，不同的自然与社会文化背景影响，形成了人们丰富多样的生产生活方式。因此，对莲池乡绣女展开考察，首先需要了解当地的地理与历史文化背景。

1. 永仁县概况

永仁县位于东经 101°14′~101°49′，北纬 25°51′~26°30′ 之间。永仁县地处云南省北部与四川交界地带，是云南与四川沟通往来的咽喉要道，楚雄彝族自治州的北大门。永仁县北部与四川省攀枝花市接壤，东部一江之隔则是四川省会理县。永仁县南部与元谋县相邻，西南部则接大姚县，西北部则是丽江市华坪县，南距楚雄彝族自治州州府楚雄市 180 千米，东南距离云南省省会昆明市 226 千米。

永仁原名为苴却，于民国十三年（1924 年）设县，最初设定县名为方山县，后来从县内两大集镇永定、仁和的镇名中摘取首字，即"永仁"这一县名得以确立，含有"永远施行仁义"之意。1958 年永仁县并入大姚县，1961 年从大姚县析出至今。永仁县现辖"四乡三镇"，即莲池乡、猛虎乡、维的乡、永兴乡以及宜就镇、中和镇、永定镇，其中包括 63 个村委会（社区）、667 个村民小组。

永仁县是楚雄彝族自治州彝族人口最多的山区县，彝族人民在此大量聚居，同时也有汉族、傣族、回族、白族等其他民族人口居住于此。截至 2020 年 11 月 1 日零时，永仁县常住人口共 97985 人，其中，汉族人口为 37293 人，占总人口的 38.06%；各少数民族人口为 60692 人，占总人口的 61.94%。彝族人口在永仁县内数量最多，共 52204 人，占总人口的 53.28%。①

2. 莲池乡概况

从永仁县县城中心朝着东南方向沿 227 国道行约 5 千米，道路东南侧即莲池乡。莲池乡地处永仁县城郊接合地带，东边与永定镇接壤，东南毗邻元谋县，西南边为宜就镇，北部则与猛虎乡相连。这里的地形主要为山间平原，地势较为平缓，平均海拔高 1520~1560 米。乡境内平均海拔在 1520~1560 米之间，最高海拔 1969 米。莲池乡光热资源丰富，年均温度为 18 摄氏度，全年平均日照时长达 2847 小时，无霜期可达 270 余天，加上平缓起伏的山地，为种植油橄榄、柑橘和葡萄等作物提供了良好条件。②放眼望去，橄榄树与其他各种果树在绵延的坡地上层层堆叠，形成了一片片五颜六色果实装点成的绿色海洋，伴随风的吹动，扬起阵阵波浪。

莲池乡包括莲池、查利么、班别、勐莲、格红、羊旧乍 6 个村民委员会，共 76 个村民小组。③莲池乡是一个典型的彝族乡民搬迁安置乡，其中许多乡民是从永仁县的永兴镇、中和镇、猛虎乡等相对贫困高寒山区搬迁而来的，目前整个莲池乡有 11 个易地扶贫搬迁安置村组，达 4000 余人。④其中，查利么村委会下属的凹泥奔新村、秧渔河新村村民多是从中和直苴搬来的，也是莲池乡彝绣产业发展最早，目前发展最好的村民小组。凹泥奔新村还于 2014 年云南文博会上被评为"云南十大刺绣名村"。

彝绣产业是莲池乡重点发展的特色产业，2020 年彝绣产业产值达 800 多万元。⑤莲池乡彝绣产业首先是由从直苴搬迁至此的彝族女

---

① 数据来源于永仁县统计局，永仁县第七次全国人口普查领导小组办公室：《永仁县第七次全国人口普查主要数据公报》2021 年 7 月。
② 数据来源：莲池乡人民政府：《莲池乡工作情况汇报》，2021 年 5 月 28 日。
③ 数据来源：莲池乡人民政府：《莲池乡工作情况汇报》，2021 年 5 月 28 日。
④ 数据来源：莲池乡人民政府：《莲池乡工作情况汇报》，2021 年 5 月 28 日。
⑤ 数据来源：莲池乡人民政府：《莲池乡工作情况汇报》，2021 年 5 月 28 日。

性带头发起，论及如今莲池乡乃至整个永仁县的彝绣发展，不得不提及直苴地区。

3. 直苴

直苴隶属于永仁县中和镇，地处永仁县西部，中和镇南部，距镇政府有15千米，距县城有73千米。直苴以山地为主，地形崎岖地势陡峭，交通较为不便。

当地人将直苴念为zhí zuǒ，这一地名由彝语而来，"直"意为"黑色的泥潭"；"苴"则表示"小"，于是"直苴"即"小小的黑色泥潭"之意。这一地名与当地的地形特征相关，此外还伴随着一则传说。

唐朝初期，在洱海地区形成了六个部落，史称"六诏"。这六诏同宗同族，都为"蛮夷"后裔，即彝族先民。"蒙舍"为六诏之一，其首领姓"蒙"名"舍龙"，早期居住在哀牢永昌地带，后带领其子"细奴逻"一支哀牢夷，迁居至巍宝山麓前新村一带。迁居后地区的自然与气候条件优越，蒙舍诏的种植业与畜牧业获得发展，经济也逐渐发展。舍龙逝世之后，其子细奴逻成为蒙舍诏的最高统治者，并在唐王朝的支持下兼并了其他五诏，统一了洱海地区。公元649年，细奴逻建立蒙舍诏号称大蒙国，称奇嘉王，通称南诏。其后，细奴逻委派其亲信，一名彝族战士俄逻布带队到月利拉巴（今大姚县的三台一带）驻守边疆。俄逻布与当地一名彝族姑娘夷迷阿巴嫫喜结连理，并生育下三个儿子，依次取名为朝里若、朝拉若与朝巴若。三兄弟继承了父亲强健的体魄，并在成长中练就了一身本领。公元664年4月，俄逻布被南诏首领细奴逻召回以商要事，就在俄逻布出发后不久，其长子朝里若和次子朝拉若突然失踪，十余天未归家。俄逻布得到消息后紧急赶回，而朝里若朝巴若兄弟俩也在同时回到家中，还带回一只麂子。

相传，兄弟俩当时从月利拉巴来到一处地方打猎，将一头野猪赶到一片沼泽地，之后却难以寻觅到这头野猪的踪迹。就在他们饥渴交加，满是疲惫地坐在沼泽地旁时，发觉周边景色秀丽，不远处还流淌着潺潺清泉。正当他们走向泉水，弯下腰准备痛饮泉水之时，箭筒里掉落出三颗饱满的谷粒。两人在诧异之余赶忙捡起谷粒，并将谷粒播撒到一旁的泥塘里，期盼三颗谷粒能够长出三丛高大粗壮的谷草。到了秋季，兄弟俩又返回此地，发现之前种下的谷种已经长成了茂盛的谷丛，长长的谷穗垂落着，颗颗金黄饱满。他们带着丰收的粮食赶回家中，并决定要搬迁至此居住。这一消息传遍了各个村寨。公元664年农历冬月，许多人都跟随着朝里若一家人迁至此定居。之后，家家户户开垦土地，种植稻谷，结束了居无定所、饱暖不均的狩猎生活。南诏首领听说此事，派遣一名将军到此查看，并将此地取名为"直苴"，这一地名便流传下来。

直苴地区历史文化悠久，但由于其属高山偏远地区，居民的交通生计生活极为不便，因此，从2000年开始，永仁政府开始组织易地扶贫搬迁工作。

搬迁为直苴居民提供了一个更加便捷宜居的生活环境，直苴居民早先稍显闭塞的生产生活方式也发生着变化。搬迁到莲池乡的彝族女性首先开始将原先的家用刺绣品进行买卖，开创了永仁县彝绣产业发展的先声。

综上所述，本文将莲池乡作为研究永仁县彝绣产业中女性公共生活的田野点。莲池乡的彝绣发展有一定的代表性，通过对其的研究，也可以反映出永仁县彝绣女性公共生活的整个状况。

（二）莲池乡彝绣发展历程

1.莲池乡彝绣的历史与象征

直苴地区一直流传着这样一种说法："会喝水就会喝酒，会走路就会打跳，会拿针就会刺绣，会说话就会唱歌；葫芦笙一响，脚板就发痒。"直苴也有着"赛装之源，彝绣之根"的称谓，这与传说中发现直苴的朝里若兄弟相关。相传，在朝里若兄弟俩发现了直苴，并带领乡亲们迁居至此之后，人们生活水平大为改善。村民们为了感谢朝里若兄弟所作的贡献，便积极为他们寻找称心如意的对象。当被询问到喜欢哪个姑娘时，朝里若回答说，直苴的山水草木与鲜花果实是他的最爱，若是有哪位姑娘能够将这些东西都绣到衣服上，便是他的意中人。待朝里若的择偶条件在全村公开之后，村中居民便商议于来年的正月十五在直苴村边的林间空地上举行刺绣比赛，比赛结果则决定两门受人瞩目的婚事的主角。此后，全村的姑娘们都开始在农忙之余绣制服饰。到了公元666年正月十五，直苴村中万人空巷，每人都着盛装欢聚赛场。朝里若、朝巴若兄弟俩在认真观赏比较后，选中了自己的结婚对象。之后，每年的正月十五，直苴人民都会盛装打扮聚集到赛场之上，这一活动便得以延续下来，形成当地的独特节庆活动"赛装节"，刺绣与赛装的文化习俗也延续至今，成为直苴地方文化的重要标识，也是永仁县彝族刺绣文化的重要内容。

　　发源于特定的社会文化背景之下，彝族刺绣具有其独特文化内涵以及民族特色，也是记载民族历史、传递情感信息的一种载体，集中表现了当地长期以来的文化风俗，也与当地人们的衣食住行、婚丧嫁娶紧密联系在一起。传统的彝绣绣品以服饰为主，包括衣裤鞋帽以及挎包等物件。彝族服装的主要构成为上衣下裤，多以黑色或蓝色纯棉布料为底，其中女装上衣以传统的直线式平面裁剪而成，衣领为方形或圆形的立领，衣襟呈斜面从领口开至右边腋下，衣袖偏窄，衣长至大腿的中上段。在后肩至胸前门襟处，以及手肘至袖口用挑花的手法绣上山茶花、牡丹花或是荷花的图样，花朵之间有枝叶连接，边缘处辅以花边线条作为装饰。裤子则为直筒裤，从膝盖周围开始伴有刺绣装饰，多绣有花朵与一圈圈手拉手的小人图案或环环相扣的菱形几何图案。此外，女性服装还多了围裙（也叫围腰）与挑带，围裙穿戴于身前，长至膝盖，上面的绣纹图案也以花朵与几何图形为主，排列方式多种多样。围裙的底端挂着一串串线球，这些线球在女性行走时会随之摆动，为整体增添了些许动感。挑带则系于身后，一般由两块与三角形相近的绣花布料组合而成。绣花鞋也是彝族服装的一部分，传统绣花鞋以多层旧布堆叠制成鞋底，鞋面上绣满各种花朵草木的图案。男性上衣则较为简单，背后绣有花纹或口中叼着长刀的老虎图纹。此外，女性佩戴的鸡冠帽是当地彝族服饰的一大亮点，帽子顶部的形状呈三道起伏的弧线，其中之一接近尖角，帽子底部同样呈三道弧线状，不过弧度更为平缓。帽檐上绣着的是盛开的牡丹花图案，边缘处点缀着各色丝线，许多颗白色纽扣镶绣在底部帽边围绕一周。整体形状犹如一只昂首长啼的公鸡。鸡冠帽多为年轻女性的帽饰，年长的女性多佩戴圆盘帽，相较于鸡冠帽，圆盘帽体积更大，重量也更重。

在以前，彝族女性在出嫁前必须得亲手缝制嫁衣，连同其他绣品一起作为嫁妆。在婚礼仪式当天，女方的亲属会为新娘穿戴好嫁衣之后才可将其送嫁。在婚礼上，不论是未成年的小女孩还是年迈的老奶奶，都身着整套彝族服装。

尽管彝族刺绣图纹丰富多样，但其中最为频繁出现的是火、山茶花、牡丹花等形象，这些来源于自然的图样，经过抽象化地艺术加工，表达出丰富的文化意涵。这些象征性意涵直至今日仍保留，刺绣所用的针法也依旧以传统针法为主，并在其基础之上进行改进。在彝绣的变迁中最为明显的是其绣品内容的丰富，随着彝绣的发展，其他的彝绣制品，例如绣片、绣制的饰品、镜子等其他小物件逐渐增多，成为当前彝绣绣品的主要内容。

2. 莲池乡彝绣产业的兴起与发展

早期在直苴地区，彝族女性刺绣多是自己绣来自己穿，满足日常生活所需，村中居民之间也有一些彝绣交换，但交换范围较为有限。

1992年，由于楚雄州举行火把节活动，永仁县政府找到直苴绣女，向绣女定制表演服装，此次活动被绣女们视为开启其商品化尝试的契机，在此之后，绣女们展开了彝绣买卖的尝试。

随着绣女们从直苴地区搬迁至县城近郊，有关彝绣买卖的商业尝试也逐渐活跃起来。在莲池乡查利么村，几名带头人首先带领部分绣女开始接订单绣制绣品。直至2006年，莲池乡彝绣多以个体经营的方式生产，绣女们多为散户经营，并未形成规模。因为散户经营存在着缺陷，难以形成规模化生产，在2006年，莲池乡几位绣女带头人便有了将绣女联合起来的打算，首先组织起了几个彝绣合作社。

2013年莲池乡彝绣协会正式成立，将莲池乡各村中的绣女与合作社组织起来，在莲池乡彝绣协会成立之后，莲池乡的彝绣产业开始朝规模化方向发展。

莲池乡彝绣协会在成立之初包括一家公司、两个合作社，236名绣女；目前已有十多家公司、三个合作社加入，会员数量也在不断增加中。莲池乡绣女的彝绣生产活动主要是在莲池乡彝绣协会的组织下开展的，近两年通过莲池乡彝绣协会接到的几笔大规模订单成为莲池乡绣女日常生产活动的主要内容。伴随莲池乡彝绣产业的发展壮大，莲池乡彝绣协会正在申请升级为永仁彝族刺绣产业协会，以莲池乡为基点日益扩展生产规模，带动永仁全县的彝绣产业发展。

（三）莲池乡绣女群体

据统计，莲池乡现有绣女 2000 余人，大多数绣女未加入莲池乡彝绣协会成为正式会员，但是她们仍然参与到协会内的彝绣作品生产制作之中。莲池乡彝绣协会在接到大批量的订单之后，会将其分配给协会内外的绣女手中进行生产。

本文基于莲池乡彝绣协会的日常经济生产活动展开对绣女的考察，不限于协会会员，也不限于莲池乡境内，本文所述的绣女是参与刺绣生产，利用刺绣赚取经济利润的彝族女性，其中既包括自己开店，全职进行生产彝绣的彝族女性，也包括主要通过订单方式参与彝绣生产的彝族女性。尽管她们在彝绣产业生产中的具体生产内容或参与生产的路径有所差异，但她们如今的日常生产生活都无疑受到彝绣产业发展的影响，她们在彝绣产业发展这一背景之中探寻着自身发展的道路。

二、彝绣产业化中彝族女性的角色实践及其变迁

社会规范对性别角色的确定促成了社会性别的形成，身处不同社会文化背景之下的个体则在日常实践之中扮演着自己的社会性别角色，并伴随着时代背景的更迭而演变。彝绣经济的发展，深刻地影响着当地社会的性别领域和性别关系，地方传统文化的规范和市场经济运行的逻辑以及官方政策话语的引导在彝绣产业化进程中相结合，影响着彝族女性的角色表现与认知，对彝族女性的角色进行着重构。下面将就彝绣产业化以来彝族女性角色实践的变迁展开分析。

（一）"绣着花"：作为少数民族女性的角色实践及其变迁

东西方文化中都存在着将刺绣与女性角色相系的传统。俄罗斯艺术史学家罗斯卡·派克尔（Pozsika Parker）指出，早在欧洲文艺复兴时期，刺绣就已经是一种社会对女性施加压制，促使女性趋于顺从的手段。16世纪，刺绣的社会化教育开展，完成了向女性反复持续灌输顺从、谦卑与贞洁等所谓良好品质的任务。到了19世纪，刺绣已经完全与女性捆绑在一起，刺绣活动被视为"女性天性的自然流露"。刺绣锻炼了女性的柔弱气质及其耐心程度，从文化心理层面将女性限制于家户空间之中，进一步巩固了男性在公共空间的优势地位。[1] 加拿大华裔汉学家格蕾丝·方（Grace Fong）则通过对晚期帝制背景下中国社会中女性刺绣活动的考察，说明了刺绣作为一种身体性的训练，对培养女性的心性与品行具有重要作用。[2] "绣花"，即刺绣，是每个莲池乡彝族女性成长中不可分割的一份经验，长期

---

[1] Parker R. The subversive stitch: embroidery and the making of the feminine [M]. Saint Paul:- Women's Press, 1984: 11, 60- 64, 128, 189.
[2] Fong G S. Female hands: embroidery as a knowledge field in women's everyday life in late imperial and early Republican China [J]. Late Imperial China, 2004, 25(1): 1 - 58.

以来便被视为莲池乡彝族女性的必备技能，深深烙印着彝族女性的社会角色。

1."绣花的女人"：传统背景下外界对彝族女性角色认知

在莲池乡，彝绣被认为是彝族女性的专属，被认为是"女人的活计"。刺绣实践是专属女性的实践，外界对刺绣的认知与评价也专指向女性。从传说中久远的赛装节开始，彝族刺绣就与女性相连，成为当地社会评价女性的一项标尺。与此同时，在莲池乡有这样一种说法，即彝族女性"生下来就会绣花"。这一叙述并非指彝族女性都是伴随着某种会绣花的自然基因出生的，而是隐含了当地认为女性从性格气质方面，天生适合绣花的认知。

基于这一差异，能够"坐得住"的女孩，便被长辈留在身边学习刺绣，"坐不住"的男孩，便不受约束到处跑，也就缺失了坐下来学习刺绣的机会。表面上看来是男孩与女孩不同的性格气质决定了当地社会对其不同的教育方式，然而实际上其背后发挥作用的是当地社会对于男性与女性的不同性别期待。当地社会对女性与男性的性别期待是截然不同的。女性被期待更多地待在家中，乖巧听话、安静懂事的女孩多收到表扬。当女孩像男孩一般到处疯跑玩乐时，往往会受到家里人的批评："你看你，小姑娘家呢坐么坐不住，一天在外面瞎跑哪样？"[①] 男孩则与之相反，一个安静内向的男孩会受到批评"像个小姑娘一样"，活泼好动的男孩反倒会收获更多正向评价。如美国人类学家米德指出的那样：文化可以扭曲气质的表露方式：它将气质的某种变异形式进行褒扬，而对其他任何与此相背离或冲突的气质表现，则竭尽贬低之能事。文化也可以定一套专门的

---

① 访谈时间：2021年7月12日；访谈地点：永仁县永定老街；被访谈人：李JY。

规范和戒律,以便赏罚分明,促进个体间气质的高度一致性。[1]无疑,不同行为表现获得的不同评价,会对不同性别的气质表现产生影响。"坐得住"的彝族女孩会受到认可,被认为是适合刺绣的,而即使是一开始并未表现出"坐得住"的特质的女孩,也会被朝着此方向加以教导。刺绣于是成为进一步磨炼女孩"坐得住"的气性的途径。

在幼年时期,彝族女孩便被鼓励向着安静隐忍的性格发展,这一气质表现被认为是适于刺绣的,之后刺绣又作为性别规训的方式进一步强化着女性的角色气质。彝族女性进行刺绣时,首先端坐将绣布置于腿上,一手拿布一手拿针,眼睛需时刻盯着针线的走向,谨防出错或者戳到自己。即使是在技艺娴熟之后,女性能够一边刺绣一边说话聊天,但其视线也不能离开绣布太久,否则其刺绣活动便难以继续。更重要的是,刺绣需要固定在一个地方进行,一旦开始刺绣,女性便不能随意走动,因为走着动着自然是难以绣好的。刺绣并非在短时间内就能够完成,尤其莲池乡彝绣十分讲究精巧美观,彝族女性刺绣,常常一坐就是几小时。彝族女性从幼年时期即开始刺绣,从小块布料到整套服装乃至被褥,从简单的花样到复杂的花样,刺绣的难度与其需要耗费的时间与精力也逐渐增加,耐性也得到磨炼。

当地社会文化规范将刺绣与女性绑定,以此展开对女性角色的形塑,同时刺绣这一具体实践本身,也通过身体的规训影响着女性气质的呈现。由此,"绣花的女人"成为外界对彝族女性角色具有限定性的认知与规范:安定的、顺从的、勤劳的、有耐心的。

2. "想绣花的女人":传统背景下彝族女性自身的角色认知

从彝族女性自身角度而言,正是通过刺绣这一途径,彝族女性

---

[1] [美]玛格丽特·米德:《三个原始部落的性别与气质》,宋践译,杭州:浙江人民出版社,1988年,第134页。

得以实现自我的角色塑造，记录日常生活，表达自身的情感以及对世界的认知。

首先，彝族女性是通过自己的身体来感知学习刺绣的，刺绣这一体化实践塑造着彝族女性的身体姿态与表现。当地女性家中座椅多为矮凳，坐在上面刺绣就需要双腿折叠并拢，从远处看整个人缩成一团，这一姿势恰好与当地对女性小鸟依人，男性高大威猛的体态期待相一致。躬身低头安坐在某处，目光聚焦，手指在绣布上不停劳作，女性在刺绣中逐渐养成的身体姿势以及日益熟练的肢体动作已然成为其性别化的身体仪态，并在此过程中实现着与其社会性别身份相关的规范的再生产。[1] 伴随着彝族女性日常的仪态表现，其自身也在此过程中不断实践当地社会对女性的行为规范，并在对此规范的践行中完成自我性别身份的认同与强化。

其次，对莲池乡彝族女性而言，当她于幼年开始学习绣花的时候，也是她开始学习作为女性融入集体的时候。彝族女性通过刺绣完成对自身的族群认同。一方面，当地彝族女性日常身着彝族服装，其中刺绣便是主要的标识。另一方面，是否掌握刺绣的技艺也被视为一种判断是否为自己人的标准。在访谈中，多位受访者都说过"我们彝族么，不会刺绣呢女呢没得。"可见，刺绣已经成为绣女们对自身的身份标识。刺绣的过程同样是女性之间加强情感纽带，维持关系联结的过程。许多关于女性织造与刺绣的研究都指出纺织品或绣品的共同制作或赠予，对于加强女性联结的作用。在莲池乡，女性自幼便从家中女性长辈那里学习刺绣，互相之间也会赠送绣品作为礼物，这些经历在她们心中是亲情温暖、友谊深厚的证明。

---

[1] 叶荫茵：《社会身份的视觉性表征：苗族刺绣的身份认同探析》，《贵州民族研究》2018年第3期，第123—127页。

此外，在长期的耳濡目染与身体力行之中，刺绣已经成为彝族女性生活中不可分割的一部分。莲池乡彝绣的内容丰富多样，从自然界的鸟兽鱼虫、花草树木、山川河流到人类社会中的各种事象，无不记录着彝族女性日常生活中看到、听到、想到的一切。许多彝族女性已经养成习惯通过刺绣来表达自己的情绪，无论是开心还是难过，都将其诉诸针尖之上。

在身体规训、群体联结以及个体情感表达的影响之下，彝族女性内心中自己想要刺绣的念头油然而生，"想绣花的女人"便成为女性自身的角色认知。为了实现想绣花的诉求，彝族女性便需要不断进行自我调整以符合绣花的需要，也在这一过程中加深了其性别气质的呈现。

当地社会通过将刺绣与女性绑定，以敦促教导女性更加贴合当地社会对女性角色的认知标准，女性自身也将此社会规训与身体规训加以内化，遵循角色期待，努力达到乖顺、勤劳、有耐心的标准。如此这般，在传统背景下，外界将彝族女性视为"绣花的女人"，女性自身作为一个"想绣花的女人"，外部与内部共同完成了对彝族女性角色的形塑。

3."绣得好的女人"：彝绣产业中彝族女性角色的变迁

伴随绣品在家庭、村庄范围的流动到在市场范围内的流动，彝绣逐渐产业化之后，绣女寄予刺绣的目的取向也发生了变化。在彝绣产业化之前，彝族女性绣花在满足日常需要之外，更多的是基于当地对女性的社会期待，对彝族女性"绣花绣得好"的评价，包含着对其品格与智慧的肯定与赞许。而在彝绣产业化之后，通过绣品赚钱以贴补家用成为绣女们的主要目的，"绣得好"在极大程度上与"卖得好"联系在一起，影响着外界对绣女以及绣女自身的性别角色期待。如何通过刺绣获取经济收益，如何增加通过刺绣得来的经济收益，这些问题也在思想与行动层面给绣女们提出了有别于此前的要求。

无疑，不论是彝绣产业化之前还是之后，在彝绣发展的不同阶段，不断精进刺绣技艺都是每一位绣女的自我要求，每一位绣女都想绣得更好。然而，在不同阶段上，绣女们对于"好"的定义是有所差别的。在彝绣产业化之前，判断一名绣女刺绣绣得好与否的标准，主要是基于当地社会对其作品的评价，绣女通常只有通过不断磨炼绣功这一途径来争取获得更高评价。在彝绣产业化之后，绣品的市场价值逐渐成为判断绣品质量的重要标准，一件绣品是否达到了"好"这一标准，主要是由市场来进行定义，一名绣女的绣功如何也通过其作品的销售数量与价格得到体现。

相较于产业化之前彝绣受众较为稳定的情况，产业化之后彝绣的受众市场得到扩展，细分的不同的市场存在着差异化的偏好，如今一名绣女绣花要达到市场定义的"好"的标准，还需要积极探索市场信息，了解市场偏好。这就对绣女提出了新的要求，即在稳坐家中绣花以外，也得踏出家门主动与外界进行沟通交流，以获取更多市场信息。

在彝绣产业化的发展中，刺绣目的取向的变化，促使绣女对自我角色认知的变化，绣女们开始意识到，像以前那般整天待在家中"大门不出二门不迈"的行为已不适合当下的境况，于是萌发出向外探索的渴望，对于与外界保持交流联系的重要性的认识也不断加深。此前受到推崇的彝族女性内敛、安静沉默的角色特质在此境况下遭受冷遇，如今，外向开放、能言善道等特质的重要性在"想绣好花的女人"心中与日俱增，影响着彝族绣女的性别气质呈现。

不仅如此，如今对绣女"绣得好"的要求更进一步，需要绣女在认识了解当下什么是"好"的基础上，对此加以内化理解与实践。

能绣得好，也即最终能卖得好，要对自己有清晰的认知，知道自己目前能够绣出什么；要深入了解市场状况，知道什么绣品在什么市场上受欢迎，什么绣品在某些市场中卖不出去；还要根据获取到的市场信息进行判断取舍，决定自己的下一步举措。具体而言，绣制什么产品，用什么材料绣，绣什么花样，都是绣女需要考虑的问题。并且，对于这些问题，绣女不仅得做到"知其然"，还得做到"知其所以然"。

可以看出，在彝绣产业中，绣女们要做到"绣得好"，让绣品最终能够"卖得好"，必须是积极主动、善于思考的，而非习惯性的被动的状况。不同阶段中女性于刺绣实践中展露的性别气质发生着变化。在彝绣产业化之前，彝族绣女的刺绣实践是面向自身而收敛的，既是对其社会性别规范的遵从以及对女性身体的规训，在其中呈现出的女性角色定位是安定顺从、细心勤勉的。而在彝绣产业化之后，绣女的刺绣实践是面向外界而开放的，成为女性发挥才智、获取收益的途径，在其中绣女展现出了积极开放、勇于思考探索的特质，而这些恰好是传统背景下，彝族社会对于男性的角色认知，也是在性别研究中被归为"男性气概"范畴的特质。[①]

此外，在彝绣产业获得发展的当下，当地社会对于"刺绣是女人的活计"的认知也在发生着改变。区别于此前在论及男性刺绣时大众否定质疑的态度，如今大家对男性刺绣的评价日益开放：

"以前么大家还是有点觉得一个大男人绣花是有点问题呢，但是现在慢慢又觉得也是一门技术，都是为了生活嘛，都可以换点钱么，都是这种呢。现在大家对男士绣花很没得什么看法了，都觉得还是

---

① [美] R.W. 康奈尔：《男性气质》，柳莉等译，北京：社会科学文献出版社，2003年，第97页。

很有手艺呢。"①

尽管目前在莲池乡乃至整个永仁县，实际进行刺绣的男性数量仍旧稀少。然而也有部分男性以不同的方式参与到彝绣产业之中，"是否刺绣"这一横亘在两性之间的壁垒，看起来似有消减之势。在伴随着彝绣从普通家用品到市场流通商品的产业化发展中，围绕着彝绣而建构起的性别藩篱正接受着挑战，连同绣女角色气质的差异化呈现一起，推动着绣女性别角色的持续变迁。

（二）"背上娃"：作为母亲的角色实践及其变迁

女性的母亲角色是关于女性角色的讨论中的重要部分，持不同观点的不同学者的讨论都承认一个事实，即社会将养育儿童的角色完全与女性等同起来，把母亲这一身份视为女性必然要承担的义务。"母性"一词，即表达出社会对两性在养育后代方面的不同期待，强化着女性天生更加适合照顾孩子的性别刻板印象。这样的观念盛行之下，女性无法逃脱母亲这一角色，没有做过母亲的女人，被认为不是一个完整的女人，女人的价值被紧密地和母亲的身份、子女绑定在一起。②莲池乡彝族女性的处境也并不例外，她们首先要符合当地对女性的性别期待，才"像个女人"，而在生育之后，才可被视为真正完成了身为一个女人的最主要职责。

1. 从"裹背"看彝族女性"母性"气质的变迁

"裹背"是莲池乡地区女性用来背孩子的物件，是彝族孩子们出生之后母亲给孩子的第一件礼物，上面绣着的各种花纹图案，表达着母亲寄予孩子的美好祝愿。裹背的原材料只能是旧布，需事先准

---

① 受访人：殷HH；访谈时间：2021年4月5日；访谈地点：永仁县永定老街。
② 沈奕斐：《被建构的女性：当代社会性别理论》，上海：上海人民出版社，2005年，第214页。

备好,从旧的床单、被褥等拆下来洗干净并晾晒好。基础部分由一块黑色棉布组成,四周绣有八角花、方块、小人等图案。裹背中心则是一块绣满花纹的布,不同的花纹蕴含着不同的寓意。牡丹花寓意着富贵平安;石榴花寓意着多子多福;鸡冠花寓意着勤劳勇敢;火镰寓意着日子红红火火;蝙蝠代表着福禄寿喜。裹背上方系有两条背带,背带上也有花纹,先将小块不同颜色的布贴在带子上,然后用手做出花样,再用针加固。一块裹背通常会用到平针、挑针等十多种针法,十分考验绣女的技艺。完整绣制一块裹背需要花费近一个月的时间。根据地方习俗,莲池乡女性正是在坐月子期间进行裹背的绣制。

　　如波兰裔人类学家马林诺夫斯基所言,"生殖作用在人类社会中已成为一种文化体系。种族的需要绵续,并不是靠单纯的生理行动即生理作用而满足的,而是一套传统的规则和一套相关的物质文化的设备活动的后果。"①在女性进入母亲这一角色的过程中,怀孕、生产和生产后俗称"坐月子"的阶段,都受到当地文化习俗的影响。其中,"坐月子"是从女性生产结束开始的休养调整,连接着生产环节与抚育环节,除开本能的生物适应以外,还要加上风俗、道德、礼仪等社会作用,将母子相互联接起来,起到使母亲的亲密之情得以圆满的作用。社会与自然合作,使因生育之伤而被冲破的怀妊乐趣得以恢复。②在坐月子期间,孩子安睡在身旁,彝族女性边绣制裹背边照料孩子,这一过程,既是培养与孩子情感的过程,同时也是锻炼女性意志品质的过程。由于当地并无举办庆祝孩子满月的习惯,在孩子满月,也即女性出月子之后,女性得用其缝制好的裹背背着

---

① [英] 马林诺夫斯基:《文化论》,费孝通译,北京:商务印书馆,1997年,第25页。
② [英] 马林诺夫斯基:《两性社会学——母系社会与父系社会之比较》,李安宅译,上海:上海人民出版社,2003年,第23—24页。

孩子"走四方",即用裹背背着一个月大的孩子出门走走转转,给孩子"望望新鲜"。这一举措,不仅是为了把自己的孩子带出去看看世界,也是为了让大家看看孩子,看看出月子的女性状态如何。裹背绣得好不好,显示出女性在坐月子期间是否恪守有关规范,是大家对女性气质及育儿能力的考验。

使用裹背时,首先用裹背从孩子的背面裹住其身体,将背带从母亲肩上绕到胸前,交叉之后再绕上几圈。裹背作为辅助工具将孩子附着在女性身后,女性的双手双脚可以自由活动,可以背着孩子开展其他劳作活动。出于便利,彝族孩子从出生之后就时常被母亲背在身上,一块裹背可以用到孩子两三岁。年幼的子女背在身上,稍年长的孩子跟在身旁,就这样,不论是从物理角度上看,还是从象征意义上看,女性作为母亲这一角色都与其孩子绑定在一起。

随着时间的流逝,如今围绕裹背产生的意义已经发生改变。各式各样的绣花裹背仍然表达着对后代的美好祝愿,但其中对女性气质的检验意涵已在慢慢褪去。对于绣女而言,繁忙的日常以及日渐改善的经济条件,使更多年轻女性选择购买新的裹背,而非依循传统使用旧布缝制。此外,如今裹背已不再是检验女性气质、考察为人母的能力价值的主要体现。如今彝族女性并非必须在坐月子期间绣制裹背,给孩子绣制裹背的人也并非必须是孩子的母亲。如今在莲池乡能看到的大多是年迈的女性在为其孙辈绣制裹背。

即便如此,彝族女性与孩子一体的角色形象依旧稳固。曾经彝族女性亲手绣制裹背,用裹背背着自己的孩子,有形的裹背,象征的是女性与生俱来的"母性"气质及其必须担负的责任。如今,尽管绣女们无须再用绣制裹背来展现自己符合做一名母亲必须具备的女性特质,但"母亲"的责任仍然存在着。

2. 从"娃"看彝族女性"母职"的变迁

由于生理上注定了要做母亲，这使妇女要完成培养孩子适应社会的使命。在抚养孩子过程中，妇女完成了她们主要的社会功能。① 大多数的社会认为，女性由于自然原因，更加适宜于从事养育孩子的工作。而有关学者指出，此种观点并非必然的。法国人类学家列维·施特劳斯指出，"每个人类群体中，妇女生育并抚养孩子，男人则从事他们擅长的工作——狩猎打仗等诸如此类的活动，但是我们也遇到模棱两可的情况：男人当然永远也不会生孩子，但在许多社会中，他们受到良好的训练，好像他们要生孩子。"② 米德则指出社会中对于女性与抚育的自然性假设，"我们设想因为母亲抚养孩子很方便，所以这是被进化过程慷慨赋予的一个特征；也设想，因为男人狩猎，这是一项需要进取心、勇敢和主动精神的活动，他们赋予这些有用的才能作为其性别气质的一部分"。③ 对于养育孩子的角色分配，无疑是社会文化作用下的结果。

在莲池乡，教养子女是彝族女性作为母亲的首要职责。从女性年少时起，协助母亲照料好、教育好弟妹便是无可推卸的责任。作为兄长的彝族男性在年少时也会承担一些照料弟妹的责任，但随着年纪逐渐增长，照料弟妹已经不再是其生活中的重要任务。男性从青少年时期便拥有更多的机会，比如外出打工、参与劳作等，这些机会，使其从需要片刻不离看护弟妹的责任中解脱出来。而对于彝族女性，即使是在劳动过程中，也需要担负看管弟妹的职责。到了彝族女性生育之后，其此前照料儿童的经历派上了用场，就好像多

---

① 李银河：《妇女：最漫长的革命——当代西方女性主义理论精选》，北京：中国妇女出版社，2007年，第19页。
② Claude Lévi-Strauss, The Family, Man, Culture and Society, H. L. Shapiro 主编（1956），p.274.
③ [美] 玛格丽特·米德：《三个原始部落的性别与气质》，宋践译，杭州：浙江人民出版社，1988年，第207—208页。

年演练，终于迎来实战的时刻，女性需要将既往所有的知识储备调动起来，以展开对子女的教育。传统背景下，作为母亲的彝族女性在言传身教中向子女传授着有关社会文化规范及日常生活常识的习俗化教育，只有把自己的孩子教养得好，讲规矩懂礼数，才能说明这位母亲做得称职。彝绣产业化之前，绣女的日常生活即围绕着自家孩子展开的，绣女的个人期望与价值实现都通过其子女得以完成。

在彝绣产业之中，绣女不仅通过绣品的交易获取着经济收益，也在绣制绣品的同时，延续着民族文化的传承。自然，这并非单凭绣女们自身就能够完成的，如今绣女们也身负着启发新一代文化传承意识的责任。在官方的支持下，绣女们时常举行刺绣培训活动，并且与永仁县职业中学等学校合作，定期开展刺绣教学工作。伴随着彝绣产业的发展壮大，一些绣女还萌发了开办工作室培育新一代的想法，这其中包含着经济收益的考量，也蕴含着绣女们对于民族文化继承发展的期望。

此时，绣女们肩上背着的"娃"，不再仅仅是自家的孩子，还有整个地区整个民族的新一代。从前绣女在家庭中的责任主要在于如何将自己的子女教育好，使其日后能够把握人生，过好个人生活，如今绣女进入公共教育视野，还需要关注如何鼓励引导更多的年轻人，把民族文化传承好发展好。在面临着更大责任的同时，女性此前的育儿职责并未消除，但绣女们在承担更大责任之时，也发挥出新的潜质，探索着其角色实践的更多可能。

3.松绑与彝绣产业中彝族女性母亲角色的变迁

彝族女性用裹背将孩子背在身后，最关键的一步动作是将背带系紧。而要将孩子从裹背上放下来，首先得做一个松绑的动作。传统背景下，当地社会对女性母性气质与母亲职责的规范要求，犹如裹背背带一般将孩子紧紧系在女性身上，女性的角色形象也与其孩子紧紧绑定在一起。人们习惯于将女性与孩子视为一体,认为女性与孩子一样思想幼稚,缺乏成熟理性思考能力,处于需要被引导的位置上,并未给予其与男性平等的尊重。并且,因为将女性与孩子视为一体,所以对于女性在抚育照料子女方面付出的心血毫无意识,将其视为理所应当。而彝族女性难有机会意识到这一职责安排并非是自然而然,也难有放松的机会。在彝绣产业化中,绣女们通过自身技艺,发掘出一条重现自身的道路,当地对于女性养育子女的舆论环境也有所放松,大家逐渐意识到绣女作为个体的独立存在,对于绣女的要求不再如从前那般苛刻。当绣女忙于工作,把孩子交给家中长辈或者亲戚朋友帮忙看管时,也不再会被另眼相看。

总体而言,无论是对绣女还是当地其他人,在思想上都正经历着一个将女性与孩子松绑的过程。尽管这将是一段漫长艰辛的过程,毕竟由于长期的文化习俗规范的影响,母亲这一角色仍然是已生育的彝族女性的重要角色形象。然而相较于此前对于女性作为母亲角色的认知,即为了孩子完全奉献牺牲自我,如今绣女有了更多自主意识,会为自己的个人价值进行思考,其家庭也给予其更多支持,整体的舆论环境有所改善。在彝绣产业中,即使仍然背着娃,女性的个体也重获了展现的可能。

(三)"养好家":作为家庭经济来源的角色实践及其变迁

在传统的社会认知体系中,女人的最高价值和唯一使命是自身女性特征的完善,她们的角色就是丈夫的妻子、孩子的母亲,满足丈夫、孩子和家庭的种种自然需要,[①] 在劳动分工中,女性主要承担着再生产的角色,作为生产者的角色不受重视,生产贡献被严重低

---

① [美] 贝蒂·弗里丹:《女性的奥秘》,程锡麟等译,成都:四川人民出版社,1988年,第16页。

估。如前文所述,在传统背景之下,当地社会首先规定了彝族女性的性别角色气质,女性在符合性别期待之后,才会被评价为"像个女人",在生育之后才能够真正"成为女人"。除此之外,彝族女性还需要扮演好"妻子"的角色,在"男主外女主内"的规范之下,辅佐丈夫为家庭经济做出贡献,才能算得上一个"好女人"。彝绣产业化推动着彝族女性的性别角色气质与责任范围发生变化,随着彝族女性们在彝绣产业中获得的经济利益逐渐提高,个人劳动价值得以凸显,彝族女性"养家"的角色,也得到了当地社会的肯定。

1. 传统背景下彝族女性劳动价值被遮蔽

传统背景下莲池乡地区以农业为主,奉行"男主外女主内"的生计模式分工。在漫长的历史发展中,人们已经将其视为一种源于自然的安排:因为男性力气大,有能耐"会冲闯",所以从事更重的活计,在外为了家庭奔波;而女性体力弱,纤柔敏感,更适合待在家中负责轻巧的辅佐性的任务。然而,相关研究表明,劳动的社会性别分工是社会利用两性差别所安排出来的分工体系,并不完全是男女生理和心理上的差别而引起他们所能做的工作的不同。[1] 看似自然形成的分工实际上与当地社会的文化背景息息相关。

传统生计模式下,莲池乡彝族女性需要承担所有的家务劳动。这些活动在大众视野中被赋予了简单不费力的标签,被认为轻轻松松就能够完成。加上不被支持外出的彝族女性大多数时候都只能待在家中,家务劳动对于整天在家的女性而言就是顺手就能完成的事。并且由于家务劳动无法产生直接的经济收益,与在外能够赚钱的男性劳动相比,女性在家中进行的劳动更是不值一提。

彝族女性的家务劳动不受承认,即使是在为了家务忙得不可开交,也还是会面临"你们女人一天在家收(家里)整些什么"的疑问。

---

[1] 白志红:《女性主义与人类学》,北京:知识产权出版社,2014年。

彝族女性家务劳动的价值也不受认可，因为与社会期望的女性气质相符，所做的家务都是分内之事；因为无法取得可量化的价值，做的家务也都是"没用的活计"。于是，彝族女性在承担了所有家务劳动的情况下依然陷入"什么有用的事都没干"的境遇。

此外，彝族女性并非只负责家务劳动而完全不参与其他劳动。实际上，与男性多承担重活累活、女性则不承担的一般假设相反，在田野劳动之中，彝族女性同样承担着繁重的任务，几乎所有的农业劳动，女性都参与其中，相反，男性在一些劳动中是缺席的。整体而言，彝族女性甚至比彝族男性负担着更多的田野劳动，插秧这一农业劳动的性别差异极为明显。

然而在传统背景下，人们以家庭为单位开展农业劳动，在具体劳动中尽管女性付出再多，其劳动成果也是被合入家庭之中进行整体计算。在这样的计算方式之下，通常家庭农业劳动所得都由一家之主来代表。而在莲池乡，一家之主多为男性，要么是女性的丈夫，要么是女性丈夫的父亲来代表，女性的劳动价值被淹没于其中。就这样，男性被当作是养家者，女性被视为被养者，女性个体创造的经济价值被遮蔽。

2. 彝绣产业化中女性"养家"能力凸显

恩格斯认为女性体力的弱小，导致其处于较为劣势的地位，获得工作能力将使女性得到解放："只要妇女仍然被排除在社会的生产劳动之外，而只限于从事家庭私人劳动，那么妇女的解放，妇女同男子的平等，现在和将来都是不可能的。妇女的解放，只有在妇女可以大量地、社会规模地参加生产，且家务劳动只占她们极少的工夫的时候，才有可能。"[①] 在此基础上，又指出："妇女解放的第一个先决条件就是一切女性重新回到公共的劳动中去，而要达到这一点，

[①]《马克思恩格斯选集（第4卷）》，北京：人民出版社，2012年，第85页。

又要求个体家庭不再成为社会的经济单位。"①

长期以来，众多学者都强调女性参与社会生产劳动的重要性。在彝绣产业中，绣女从家庭单位走出来，以个体的身份，参与到市场经济劳动之中，在其中通过自己掌握的技艺创造经济收益。不少绣女现在已经完全脱离土地，全职从事刺绣。绣品转换成商品进入市场流通，刺绣这项原本属于绣女家务的活动，有了市场价值。绣女在彝绣产业中获取的经济利益以其付出的劳动为标准，付出与回报都清晰明白，可以计算。这时，绣女的个人能力与价值展现出来，经济状况得以改善，家庭地位也有所提升。许多男性的行为意识也在看到绣女创造的经济利润之后有所变化，具体表现在对女性态度的转变以及开始主动分担家务的行动上。

随着彝绣产业的不断发展，绣女们接到的订单越来越多，经济收益也逐渐增加，一些绣女的收入甚至超过了家中的男性，绣女的刺绣劳动成为家庭的重要收入来源，改善着家中的经济状况，"帮助家里买了车买了房"。于是，绣女对家庭经济的贡献就此展露，"养家"的角色也逐渐受到了大众的认可。

3. 从依附到独立，彝绣产业中彝族女性生产角色的变迁

在彝绣产业中，绣女完成着从依附走向独立，从"被养者"到"养家者"的角色转换。区别于传统生计模式下对于女性的角色设定就是嫁人生子为家庭牺牲，在彝绣经济的实践中，绣女意识到经济能力也十分重要，自己作为一名女性并非只能依附于男性，依附于家庭。

在此基础上，绣女也逐渐能够以更宏观的视野看待问题，而非仅仅把目光聚焦在自己家庭之中。在日常的经济实践中也进行着多重的观察思考，关注着彝绣产业的整体发展。受访绣女的叙述也表现出对于当前永仁彝绣产业发展状况的反思。

---

①《马克思恩格斯选集（第4卷）》，北京：人民出版社，2012年，第85页。

加拿大社会文化人类学家朱爱岚指出乡村企业的发展与农村的政治经济有着紧密关系，其中的性别分工则显示出当地的性别政治情况，对当地女性与男性的直接日常生活有着深远影响。因此，在20世纪80年代末的山东村办企业中，虽然女性参与其中，但在极大程度上被排除在管理层、销售和采购等关键性的经济活动之外。①这一现象直至今日仍然屡见不鲜。尽管彝绣产业的核心要素，即绣女的刺绣技艺，与当地的性别文化政治不无关系，然而也正是这一原本与女性弱势地位关联的技艺劳动为女性带来了转变的可能。在参与彝绣产业的过程中，绣女的经济能力也得到了进一步的锻炼，自主进行管理，独立进行决策，甚至成为雇佣男性劳动力的管理者。还有的绣女通过刺绣积累起了属于自己的"小金库"，以此为物质资本开启了农家乐、美容店等副业，并且将自己在彝绣产业的经济实践中积累的社交网络等各类资源投入其中。绣女的各项经济实践冲击了传统男主外女主内的认知，扩展着女性的生存边界。

"在性别话语的构成要素中，国家、市场与传统文化是三种不可忽视的基本力量，它们时而对抗、时而分立、时而联手，在不同时期充当了社会性别建构中的不同角色。"②在彝绣产业化之前，长期以来，刺绣作为一种社会规训的手段被加以运用，地方文化传统通过将刺绣与女性捆绑来规定来培养彝族女性的性别角色气质，为其日后履行作为母亲、作为妻子的角色的职责做好准备，此后，将女性与孩子视为一体，视为无劳动价值的被供养者，在男主外女主内的话语权之下，将女性限制于家庭之中。随着彝绣产业化的发展，绣女的角色气质发生变化，思想上行为上开始转变，在一定程度上与

---

① [加]朱爱岚：《中国北方村落的社会性别与权力》，胡玉坤译，南京：江苏人民出版社，2004年，第69页。
② 吴小英：《市场化背景下性别话语的转型》，《中国社会科学》2009年第2期，第163—176页。

孩子松绑，获得了走出家庭展现个体的机会。彝绣产业为彝族女性提供了一个融合家内和家外二元性别角色区分的舞台：一方面，彝族女性的刺绣实践，确实是按照传统性别话语中家庭内男女角色分工的逻辑进行的；而另一方面，彝绣劳动转换为市场劳动，也为彝族女性提供了家庭之外角色的实践机会，在一定程度上改变了彝族女性的传统角色和地位。当越来越多的彝族女性开始彝绣生产活动，其生产功能从家庭的私人领域转移到公共的市场经济领域，彝族女性的角色相应地从较封闭的、依附性的"家庭妇女"角色转变为较开放的、独立的"生产者"角色，当地也开始显露出支持女性走出家庭进入公共领域的趋势，绣女们得以展开不同于以往的公共生活实践。

三、彝绣产业化中彝族女性公共生活的转型

女性在公共话语的舞台上一直都是一个沉默的群体。在长期的教化中，她们担任的性别角色将他们置于次要的位置之上。[①] 在彝绣产业化的发展中，莲池乡彝族女性从家里走向家外，参与到市场经济活动中。彝绣产业的生产与销售，为彝族绣女提供了家庭之外的活动空间，她们在一定程度上挣脱了传统的家庭妇女的角色扮演模式，进入了家庭之外的公共领域。在此过程中，经济、政治与社会文化交织，影响着女性公共生活的呈现，在发展变迁和相互协调中共同推动着彝族女性公共生活的转型发展。

（一）彝绣产业化中彝族女性公共经济生活的转型

在以农业生产为主的传统背景下，以家庭为基本生产单位的经济，把人们依照家庭和生产的需要，安置在不同的地理空间内，在这一自足的生产、分配和消费系统中，无须与熟人圈以外的陌生人进行生产合作与产品交换，家庭起着至关重要的作用。[②] 这时，以父系继嗣为核心的利益联结，维系着彝族女性的公共经济生活，彝族女性参与公共经济生活的内容单一，范围狭窄。在彝绣产业化的过程中，绣女开始参与到市场交易、市场开拓等市场经济活动之中，在市场经济这一充满竞争与创造性的开放空间中开展自己的创造性经济生活，市场理性成为引导其公共经济生活发展的首要内容，主要表现在基于绣品生产不同环节的内部分工协作所构筑起的绣女之间新生产联结以及基于绣品生产销售的交换机制推动的绣女群体与

[①] [美]让·爱尔斯坦：《公共的男人，私人的女人：社会和政治思想中的女性》，葛耘娜、陈雪飞译，北京：生活·读书·新知三联书店，2019年，第15页。
[②] 晏辉：《在公共生活与私人生活之间：传统伦理的现代境遇》，《中国人民大学学报》2008年第1期，第78—85页。

外部市场的持续交互两个方面。

1.传统背景下彝族女性的公共经济生活状况

20世纪70年代末80年代初家庭联产承包责任制的实行,对全国农村居民的生产劳动产生了深远影响。在此之前的集体化时代中,农村女性的劳动被集体组织起来,广大农村女性在一定程度上得到走出家门参与社会化劳动生产的机会。[1]这些早期参与集体劳动的经历,现在仍保留于部分莲池乡年长绣女的记忆之中。而对于目前在莲池乡绣女群体中占大多数的青年绣女而言,并未经历过此阶段。她们大多出生于家庭联产承包责任制推行之后,在参与彝绣产业化生产之前所进行的农业劳动便是在这一制度框架之下展开的。

莲池乡绣女在2000年之前主要居住在直苴地区,在20世纪80年代,原本集体所有的土地下放至各家各户。日常农业活动中,各家各户分开劳作,而到了农忙时节,邻近居住或是关系密切的家庭便会相互换工,以补充此时缺乏的劳动力。在这一时期,绣女们主要参与的公共经济活动即换工,她们也将之称为"帮忙",通常是这样进行的:

在农忙时期,居住距离相近的家庭之间会一起商定好各家劳作的时间,今天到这家帮忙,明天又去给另一家帮忙,一家一家轮换着进行,一般在实际劳作的前一天即需将此确定下来。换工的人数通常是相等的,例如家庭A有一男一女到家庭B帮忙,那么之后家庭B也同样出一男一女到A家帮忙。如果有冲突,例如家庭A收到了来自B、C两家的换工邀约,那么经过协调之后,家庭A可能在第二天分作两拨到B、C家参与换工,之后B、C家庭又以相同性别相同数量的劳动力到A家帮忙。于是到了劳作日,早上七八点钟大

---

[1] 闫红红、郭燕平、古学斌:《合作经济、集体劳动与农村妇女——一个华南村落的乡村旅舍实践案例》,《妇女研究论丛》2017年第6期,第36—47页。

家便开始下地干活，赶在太阳炙烤之前多完成一些劳动。临近午饭时分，当日劳作的田地所属家庭的女性便提前回家准备午饭。①大家估计着午饭做好的时间，一同回到主人家中吃午饭。午饭之后休息一会儿，大家又回到田里干活。一般大家会赶在晚饭之前将田里的活干完，之后再一起吃过晚饭之后返回各自家中，完成一日的换工劳动。在此后几日里，除去每日耕作的田地位置以及吃饭的地方有所变化之外，大家每天劳动的模式以及劳动的内容都是同样的。

换工在一定程度上解决了当地农忙时分劳动力不足的问题，这一于村庄邻里之间发生的劳动力交换，维持着当地农业生产劳动领域的秩序和效率。②对于莲池乡彝族女性而言，每年的换工劳动是其参与公共经济活动的最主要途径。然而，此项以家庭为单位的换工劳动核心是围绕着男性而展开的，是男性而不是女性使她们的家庭与其他家庭产生经济生产的合作关系。③首先，换工的人员范围以家庭住址为中心而扩散，在当地从夫居的家庭居住模式下，换工劳动中发生的人际交往与经济合作都主要围绕着男性的人际关系展开。其次，换工劳动的最终目的是为了获取农业劳动的家庭收益，彝族女性在其中的劳动围绕着各自的家庭进行。在劳动过程中，她们会暂时形成一个集体展开劳动，但此时将其联结到一起的却是以父系继嗣为核心的利益联结。

到 2000 年左右，部分女性开始进行雇佣劳动。主要有两种情况，一是参与农业劳动。伴随着市场经济的发展，许多村民开始到外地打工，于是此前农忙时节中展开的换工劳动难以持续，当地的

---

① 若家中有老人一同居住，则通常老人会承担此项工作；有时此项工作也由家中年纪较大的子女负责。
② 刘勤：《自我、主体性与村庄》，华中科技大学博士论文，2008年。
③ [加] 朱爱岚：《中国北方村落的社会性别与权力》，胡玉坤译，南京：江苏人民出版社，2004年，第126页。

农业雇工活动逐渐兴起，部分女性即受雇参与农业生产。农业劳动受限于时令，在农忙时期劳动力需求量大，农闲时期则几乎无须额外雇佣劳动力。因此，当地女性只有在农忙时节才有机会参与此类经济活动，与换工时期相差无几。雇工产生的经济合作仍然以村落为核心，只是交换方式转向经由货币为媒介进行。另一种是女性到乡镇上或是县城里打工，一般在餐厅、超市里边做服务员、售货员等。相较于之前农业生产中的换工劳动，此时莲池乡彝族女性的经济活动范围有所扩大，与其产生经济往来的人员也更加多样，但彝族女性的活动空间仍然十分有限。

2. 彝绣产业化中彝族女性公共经济生活的新联结

在彝绣产业化的发展中，彝族女性从土地上走出来，通过绣品的生产劳动建立起与此前农业劳动背景下相异的经济联结。并且，随着彝绣产业的壮大，绣女之间的生产联结也逐步扩张，逐渐打破农业劳作中的父系利益联结屏障。

绣女最初在家庭之中农忙之余进行彝绣生产，此时彝绣的商品属性尚不明显。随着绣女意识到彝绣绣品的经济价值，开始以个体形式制作彝绣绣品，在最初绣女以个体展开的彝绣商品化尝试之中，补贴家用仍为其主要目的。此时仍然是家庭利益构建着女性在绣品制作交易之中的关系的核心，家庭利益成为女性生产联结之中的天平。在未涉及明显家庭利益的时候，绣女之间时常进行着交流沟通，呈现出合作的关系，而当交易时，面对着有限的买方及其有限的需求，绣女之间又存在着一定的竞争关系。

此后，绣女们在一次次的经济实践中意识到个体经营存在的局限性，发现"单干"不可取，需要"抱团"发展，几个绣女便首先成立了彝绣合作社。彝绣合作社将来自不同家庭之中的绣女联系起来，绣女们在其中一起展开刺绣生产，共享劳动成果。此时，由于绣女的劳动收益是与彝绣合作社的整体生产劳动直接相关的，合作社整体收益良好的时候绣女会获得更多经济回报，而合作社发展不好之时，绣女的利益也会受损，绣女的生产策略由关注个体家庭转向专注合作社整体。

在彝绣产业发展初期，彝绣合作社为绣女提供了一种突破家庭限制的经济生产方式，绣女们于其中拓展着公共经济生活。随着彝绣产业的发展壮大，莲池乡彝绣协会的成立，为绣女经济活动的开展提供了更多可能。与彝绣合作社相比，彝绣协会的参与人员与形式，覆盖范围也更广，其中既包括以个体形式参与的绣女，也包括彝绣合作社与彝绣公司。并且，莲池乡彝绣协会已跨越了村落、乡镇甚至县域范围，超越了最初的亲缘血缘关系限定。如今莲池乡绣女参与彝绣生产多通过彝绣协会来展开。根据相关规定，协会不能进行实际的商业运作，即不能进行实际的买卖操作，因此目前的彝绣生产多是以协会的名义，组织绣女参与生产，具体的交易则经由协会中的公司或是合作社来进行。这一过程中，绣女们参与的经济活动便涉及多种的组织形式，在其中绣女们需要根据实际场景的变换，采取多样的经济策略。

不仅绣女的生产联结范围逐渐扩大，如今在彝绣产业中，莲池乡绣女之间的生产联结逐渐朝向层级变化，绣女之间形成了一个以彝绣生产为核心的经济关系圈。这一关系圈以绣女在刺绣生产中的不同位置为基础，居于核心位置的是莲池乡彝绣产业中的两三个带头人，彝绣生产活动的有关决策最终由她们来制定；彝绣协会中的14名理事则位居其后，协助带头人开展日常彝绣生产活动相关内容的执行与管理；此外还有十几个绣女担任着组长的职责，负责具体生产任务的分配，搭建起普通绣女与管理层沟通交流的桥梁。在其中，她们的统一劳动并不是整齐划一的参与，而是结合了某种乡村伦理习惯的合作式生产,其中充满了微观的协商与互动。[①]就这样,伴随彝绣产业的发展,绣女们通过彝绣合作社、彝绣协会等组织方式,在参与彝绣经济的过程中建立起了日益扩展、渐趋立体层级化的生产联结。

3. 彝绣产业化中彝族女性与外部市场的交互

美国人类学家施坚雅在对中国农村市场体系的研究中指出,传统村庄并不是一个"自给自足"的社会,"基层市场社区"才是农村的生活共同体,农民需要通过市场交换获得生活资料,市场对于乡土社会的农民生活具有着重要的作用。[②]随着市场浪潮的推进,其在莲池乡女性日常的生产生活中发挥着越来越重要的作用。彝绣产业化中,莲池乡绣女通过刺绣生产代替了传统的农业生产,如何面对日新月异的外部市场,在其中找到交易的机会,成为绣女们必须考量的问题。她们与外部市场之间的交流互动,形塑着其公共经济生活的样貌。

从时间线来看,莲池乡绣女与市场的交互是伴随着彝绣产业化发展的不同阶段而逐渐变化的。在2000年搬出直苴之前,仅有少数绣女通过刺绣获得些许经济收入,绣品销售范围基本上仅限于村庄之内,除此之外,只有政府部门在节庆活动时的采购需求。这时,她们面对市场的策略,即是"坐"在家中等市场。这样的市场策略在不久之后便只有迎来失败的结局。

在搬出直苴之后,绣女们再次开启了销售彝绣绣品的尝试,此时她们已经吸取了之前的经验,开始试着"走出去",在这一阶段,"走"成为绣女们拓展市场的主要途径。乡镇上、县城里的集市成为

---

① 闫红红、郭燕平、古学斌:《合作经济、集体劳动与农村妇女——一个华南村落的乡村旅舍实践案例》,《妇女研究论丛》2017年第6期,第36—47页。
② [美]施坚雅:《中国农村的市场和社会结构》,史建云、徐秀丽译,北京:中国社会科学出版社,1998年,第40页。

绣女们的首选，在家中制作绣品，等到赶集的日子就把绣品带到集市上去卖。然而，由于集市日一般固定在周日，只有在周日人流量才足够大，绣女才能够遇到较多的客户，顺利将绣品销售出去。在其余的时间里，许多已完成的绣品只能留置在家中，待下次售出。一些胆子稍大的绣女也开始进行绣品的推销，主动出去寻找商机。绣女们挨家挨户询问对方是否需要绣品，并在交易中与买家建立起较为稳固的关系，由此开辟出一条新的市场路径。在此，绣女与市场之间，从此前的单向单线联系转变为双向互动。

到了2010年左右，莲池乡彝绣产业发展已经初具雏形，2013年彝绣协会的成立，推动彝绣产业迅速发展，绣女们与市场交互的频率与范围也在这之后呈现出显著的变化。此时，绣女对于市场拓展的重要性的认识不断加深，跑市场成为其中的重要环节。同时，在政府的支持引导下，绣女们外出跑市场的机会逐渐增加，涉及的市场范围也有所扩展。其中，各类展销会是绣女与市场互动的主要窗口。绣女们带着自己的绣品前往分置在全国各地的展销会，其中有来自世界各地的消费者。为了将绣品推销出去，绣女们要对绣品进行介绍，与消费者直接沟通交流。对于绣女而言，当场把带去的绣品卖出去只是最低要求，最好的是通过每次展销活动拉到更多的订单。

当然，市场状况是在不断发生变化的，带出去的绣品有时卖得好，有时结果也不尽如人意。外部市场的变动，影响着绣女在不同时点所采取的不同市场交互模式。2020年后，由于新型冠状病毒的蔓延，绣女与外部市场的连结大幅减弱。在此状况下，绣女们以往跑市场的途径被切断，与市场的互动又向"家中坐"回归，不过，如今的"坐"等市场呈现出新的特点。绣女们依旧主要在家中刺绣，但是通过其他平台，借助其他渠道进行着市场拓展的尝试。一方面通过社交网络媒体拓展客源；另一方面与当地农产品等进行联合销售。

不仅是绣女与外部市场交流的方式在不同阶段发生着变化，不同的绣女与市场交互的程度与方式也有所差异。首先，绣女所处的不同位置，影响着其与市场交互的程度。在彝绣协会内部，订单生产任务、外出展销活动的安排，根据协会内部绣女的层级不同而存在着先后次序，居于管理层的绣女机会更多，普通绣女则次之。在整个莲池乡彝绣产业中，已经成为彝绣协会会员的绣女又优先于非协会成员绣女。其次，不同的绣女所侧重的生产内容差异，也影响着其与市场交互的频率与方式。

不论是在传统农业生产背景下还是在彝绣产业发展中，利益始终是构筑莲池乡绣女公共经济生活的核心。然而在不同的生产方式之下，影响绣女公共生活形态的利益联结有所差异。首先，在彝绣产业中，绣女因不同的生产分工而展开协作，建立起区别于传统农业生产中以男性为核心的家庭利益而形成的利益联结。其次，随着彝绣产业化的发展，莲池乡绣女的传统经济生活模式被打破，她们的刺绣制品成了社会分工中的一部分，莲池乡绣女通过彝绣产业化发展之路与外在的社会形成了一种有机的连结，这种分工的参与"使人们牢固地结合起来形成一种联系，这种功能不止是在暂时的互让互助中发挥作用，它的影响范围是很广的"。[①] 在更高层级市场的垂直整合之下，绣女与外在社会形成了一种更加紧密的利益联结，其公共经济生活，也由传统背景下基于父系继嗣核心利益，遵循人情伦理而展开的互惠合作构建起的公共经济生活，转向基于女性生产者利益联结和遵循市场理性而展开的有机合作构建起的公共经济生活。

---

① [法]埃米尔·涂尔干：《社会分工论》，渠东译，北京：生活·读书·新知三联书店，2000年，第24页。

（二）彝绣产业化中彝族女性公共政治生活的转型

女性进入公共领域最艰难不是参与经济，而是参与政治。[①] 在传统背景下，彝族女性囿于家庭领域，参与公共政治生活的意愿、能力较低，参与渠道也较窄。在彝绣产业化过程中，莲池乡女性从家庭中走出来，参与到社会大生产之中，与社会组织、政府机构等不断对话与合作，其生产劳动在不同阶段与官方政治话语相融合，为绣女与政府之间的交往互动与关系模式带来了变化，形塑着绣女公共政治生活的样貌。

1. 官方话语变化与绣女公共政治生活变迁

在以农业为主要生计方式的传统乡土社会中，"礼治"成为维持社会秩序规范主要的特征。由传统礼俗惯习形成的一套社会规范影响着乡村社会治理体系的运转。受到传统观念的影响，对外公共事务是男性分内之事，男性执掌着对外交流的权力，女性参与公共事务讨论的机会微乎其微。随着社会的变迁，国家相关治理体系逐渐完善，乡村社会的秩序被重新调整。在19世纪80年代家庭联产承包责任制改革之后，乡村政府形式上退出了对乡村社会全面而直接的控制，官僚科层体系只延伸到乡镇一级，主要行使各项国家管理职能；乡（镇）以下建立村民自治委员会，农村全面实行村民自治；生产经营活动交由农户个体承担，农户成为基本的生产生活单位和纳税单位。[②] 在此背景之下，女性的政治参与状况相较于"礼治"社会有所改善，然而在家庭单位中女性仍被隐于男性之后，其政治诉求以家庭利益为重，此时其公共政治生活主要是围绕男性建立的被动的公共政治生活，在其中女性个人的发展空间有限。

---

① 许敏敏：《走出私人领域——从农村妇女在家庭工厂中的作用看妇女地位》，《社会学研究》2002年第1期，第108—119页。

② 徐勇：《现代国家、乡土社会与制度建构》，北京：中国物资出版社，2009年，第211页。

近年来，村庄基层治理权力结构由村委会的单一选择转变为村委会、专业协会、专业合作社等多元格局，对于女性而言，存在多种政治力量就意味着她们拥有获得政治地位的多元途径和渠道，助推了妇女主体性的提升。[1]莲池乡彝族女性正是在此基础上，通过彝绣产业化的发展而开辟出了一条新的公共政治生活路径。在彝绣产业化的经济实践中，绣女的生产实践与"脱贫攻坚""产业振兴""民族文化传承"等官方话语融合到一起，绣女的日常生产劳动也随之进入了政治性的公共舞台之上，突破了既往"女性被排除于公共政治领域及其有关话语之外"[2]的境况。

2.彝绣产业化中彝族女性与政府互动模式的转变

莲池乡彝绣产业化的发展与政府的引导不无关系，自莲池乡彝绣产业化以来，绣女们一直与政府产生着多样的互动交往。一方面，绣女与政府之间仍然沿袭以往政府引导绣女跟随，政府提供支持绣女接收的互动模式。

莲池乡彝绣协会最初是在政府引导下成立的，在协会成立之后，日常协会的组织与管理由绣女自主开展，政府等有关机构则负责相关程序文件的审批以及日常运作状况的监察。在这一过程中，绣女获得了更多的自主权。其次，数年来彝绣产业的发展离不开政府对绣女生产准备资金、设备等的支持。在莲池乡，不少绣女开展刺绣买卖的第一笔启动资金都来自政府。

绣女们在一开始发展彝绣生产之时并没有太多的资源，此时，是政府的引导与支持促成了成为其经济实践的开端。除去政府直接购买绣女产品，为绣女提供经费支持外，政府还为绣女提供了日常

---

[1] 姜佳将：《流动的主体性——乡村振兴中的妇女意识与实践》，《浙江学刊》2018年第6期，第116—123页。
[2] 陈顺馨、戴锦华：《妇女、民族与女性主义》，北京：中央编译出版社，2004年，第20页。

生产办公的场地，以及生产发展所需的设备仪器。对于绣女而言，来自政府的这些支持不仅构成了其日常生产发展的物质基础，同时也带来了一种精神上的认可，一种身份合法性的认可。

另一方面，绣女们在获得更多自主权的基础上发挥出更强的自主性，展开了与政府的平等对话与交流。如今在政府官方组织的互动交往中，绣女有了更多的主动性，在涉及彝绣产业的很多具体活动事务上，绣女开始唱主角，政府官方组织则居于幕后。绣女因为个人能力的突出表现而登上一个公共表演的舞台，在其中，绣女可以自由发挥自己的才干，也在其中积攒起个人的社会资本与公共交往的经验。在此基础上，绣女开始主动参与到公共资源分配的讨论中。

公共资源的分配是一个各方不断展开博弈的过程。一方面，绣女们为彝绣产业谋求发展资源的尝试势必会遇到来自其他行业获取所需资源的挑战，多方力量在此交汇展开角逐，试图在这场博弈之中取胜。另一方面，虽然各方都在试图争夺有限的资源，但总体而言这并非一场零和博弈。在其中，政府、绣女以及其他行业人员围绕公共资源的分配去向构筑起一个多方参与的讨论，各方以平等的姿态进行对话协商，共同努力得出公共资源分配的最优解，即通过对该公共资源的分配与运用最终实现对生活于同一片土地上的大家生活状况的改善。

彝绣产业化的发展为绣女群体与政府官方组织以及其他行业人员之间搭建起一道对话交流的桥梁，在与政府官方组织的一次次往来中，绣女们与政府之间逐渐开始以平等的位置展开对话与协作，逐渐建立起双向平等的互动模式。

3. 彝绣产业化中彝族女性与政府关系的转变

在绣女群体内部，不同绣女的公共政治生活参与程度与方式存在着差异。基于绣女所处位置的不同、经济生产水平的不同、个人交往能力的不同，在与官方互动的过程中，绣女内部也逐渐呈现出一种差异化层级化的趋势。

首先，绣女所处的不同位置影响着其与政府官方组织来往的频率以及参与有关公共事务讨论的机会。在莲池乡彝绣协会内部，组织培训活动、主持节庆活动的角色往往由协会内居于管理层的绣女来担任，她们往往也承担着直接与政府官方沟通交流的角色，与政府有关人员的关系较之普通绣女而言也更为密切。莲池乡彝绣协会每年与政府有关机构组织共同举办多次培训活动，其中有相当一部分培训活动是与不同村委会合作来教授当地村民刺绣技艺。在培训结束之后的聚餐活动中，往往是普通绣女坐一起，而有关领导与几位绣女带头人坐一桌。同桌吃饭不免展开交谈，便也成为绣女与官方代表人员之间建立关系的契机。在几位经常与政府有关部门往来的绣女口中，"一起吃过饭"也成为其与有关官方人员关系密切的证据。在普通绣女眼里，也是带头人与政府官方关系更近，互动更多，"她们几个（带头人）这差（现在）么经常跟政府来往，走呢近。"

其次，不同的绣女所展现出的经济生产水平差异也影响着其在官方话语中的表现。在彝绣产业中，绣女的生产劳动被整合进"脱贫攻坚""产业振兴"的官方话语中，在其中表现突出的绣女便成为宣传的模范，获得更多公共展示的机会。

此外，绣女自身交往能力的不同，也影响着其获得更多参与公共事务的机会，相较于前述两者，以交往能力为代表的个人特质，在其中更多起到的是锦上添花的作用。

不同绣女与官方互动的不同程度、建立起的不同关系带来的是对此的不同认识。在这一点上，普通绣女更多的还是认为政府官方处于一个主导的位置，自身的主要责任即是跟从；而与政府时常往来的绣女则认为其与政府之间更像是一种互帮互助的关系,"他们也需要我们,我们也需要他们",由此双方达成一种交往合作。

总体而言,如今莲池乡绣女的公共政治生活突破了以往以男性为核心,围绕家庭权益展开的局面。在彝绣产业化的过程中,绣女的生产劳动与官方话语相衔接,绣女与政府官方组织不断展开互动交流,就这样,绣女整体与政府之间形成了多样化的互动模式,绣女内部与政府之间建立起多层次的关系往来,推动着绣女公共政治生活朝向更加平等多元的方向前进。

(三)彝绣产业化中彝族女性公共文化生活的转型

不仅在经济、政治领域中,女性居于男性之后,长期以来,女性在公共文化生活中也处于从属地位。传统乡土社会中的人情伦理影响着乡村女性公共文化生活的呈现,对于莲池乡彝族绣女而言,本民族本地区传统文化伦理的长期规制,使其公共文化生活缺乏开放性与平等性。在彝绣产业化的过程中,绣女们获得公开的平台,以平等开放的姿态参与到公共文化事项之中,她们借由此为本民族文化的保护与传承发声,为公共文化生活注入新的力量,推动着自身公共文化生活的丰富发展。

1. 乡土社会与彝族女性传统公共文化生活

费孝通指出,中国传统乡村社会是"乡土性"的,并认为这"并不是具体的中国社会的素描,而是包含在具体的中国基层传统社会里的一种特具的体系,支配着社会生活的各个方面。"[①] 乡土社会的结构又是以差序格局来呈现的,生活于乡土社会中的农民从出生之始便进入了熟人社会,并且在其成长过程中逐渐融入一个基于亲缘与地缘建立的大家族之中,在其中,每个人的关系,以自己为中心而

---

① 费孝通:《乡土中国》,北京:人民出版社,2008年,第10页。

向四周发散出去,"像水的波纹一般,一圈圈推出去,愈推愈远,也愈推愈薄。"①随着社会的变迁,乡村社会中的"乡土性"也发生了变化,朝向"后乡土性"发展,即在乡土结构依然留存的情况下,部分乡土文化也继续得到传承,但社会经济与文化的观念和行为都已经受到了现代化的渗透,并或多或少具有了现代性特征。②差序格局也呈现出新的特点,首先,工业化与市场化的冲击,带来了乡村的过疏化,传统如"家共同体""邻人共同体"的乡村公共系统面临着瓦解的可能③;其次,以同村而居为基础的熟人社会已经在范围上大大拓展,熟人社会网络随着流动性的提高不断向外延伸④,人与人之间的关系联结,也从传统的情感基础逐渐发展为情感与利益的结合。⑤总之,在后乡土社会中,农村家庭日益核心化,人们的社会交往范围也逐渐扩大,此前家族在构建公共生活中的核心作用日益弱化,传统乡村文化于其中持续产生影响的同时也发生着变迁。

莲池乡彝族女性生活在乡村之中,其日常生活受到乡土社会文化传统的长期浸润,公共生活也依循着乡土社会中的差序格局而建构起来。同时,传统文化中的性别话语也为其公共生活状况带来了深刻影响。对于莲池乡彝族绣女而言,其公共文化生活便是在乡村社会差序格局与男尊女卑性别文化传统的双重作用下展开的。在此双重作用下,莲池乡彝族绣女的公共文化生活呈现两项鲜明的特征,其一是具有较强的封闭性,围绕着家庭、地区、民族来展开,对于这一群

---

① 费孝通:《乡土中国》,北京:人民出版社,2008年,第30页。
② 陆益龙:《乡土中国的转型与后乡土性特征的形成》,《人文杂志》2010年第5期,第161—168页。
③ 田毅鹏:《村落过疏化与乡土公共性的重建》,《社会科学战线》2014年第6期,第8—17页。
④ 陆益龙:《乡土中国的转型与后乡土性特征的形成》,《人文杂志》2010年第5期,第161—168页。
⑤ 杨善华、侯红蕊:《血缘、姻缘、亲情与利益——现阶段中国农村社会中"差序格局"的"理性化"趋势》,《宁夏社会科学》1999年第6期,第51—58页。

体之外的人则是较难以进入的；其二是明显的等级制，在传统家文化的影响下，围绕着父系权力中心而展开，女性在其中居于次级地位。在传统背景下，无论是在日常的公共文化生活事项，或是红白喜事之中，还是在节庆仪式活动之中，这两项特征表现都十分突出。即使是在如今处于后乡土社会的语境之中，莲池乡彝族女性的公共文化生活仍然受到深刻影响，其中以红白喜事尤甚。然而得益于彝绣产业化的发展，赛装节的变化以及绣花节的兴起，为莲池乡彝族绣女的公共文化生活状况带来了新的突破。在其中，彝族女性逐渐获得了民族文化传承的话语权，拓展着公共文化生活的发挥空间。

2. 传统节庆与彝族女性公共文化生活变化

赛装节起源于直苴地区，每年农历的正月十五日在直苴村举行，对于莲池乡绣女而言，这个节日构成了其公共文化生活中的重要部分。关于赛装节的起源存在着两种说法，都得从意外撒下谷种之后带领后人开垦直苴土地的朝里若、朝巴若两兄弟说起。在第一种说法中，朝里若、朝巴若撒下了谷种的田地被称为"伙头田"，此后人们为祭祀祖先祈愿丰收而举行祭祀仪式，从而衍生出一套被称为"伙头制"的民间组织体系。为了庆祝伙头制组织中首领"取西"的换届选举，每年正月初一开始到正月十五，当地人便开始举行各类活动，赛装节便是这样发展而成的。[①] 第二种说法，则认为赛装节是由大家为感谢朝里若、朝巴若两兄弟发现直苴而举行的选妻活动发展而来。在赛装节发展的不同时期，有关其起源的两种说法流传度有所不同。第一种说法与早期赛装节的组织开展以及意义追求较为吻合，第二种说法则是在官方将其收编之后受到推行。

早期赛装节的组织主要由伙头制组织来开展，其中的主要活动

[①] 李娜：《云南省永仁县直苴村彝族赛装节调查报告》，《节日研究》2015年第1期，第174—190页。

都围绕"取西"来进行。"取西"是伙头制组织中的首领，由民主推选产生，每年轮换，于正月初一举行交接仪式。在正月初一的早上，现任"取西"便需将其地位的象征物"且伙"取出，置于自家院子里的方桌之上，由其亲友组成的祝贺队伍一边吹着芦笙一边带着礼物与纸花前来，将纸花插在"且伙"上，将礼物送至主人家中。之后，中老年男子围着放有"且伙"的桌子打跳，之后，将"且伙"转移到对面草楼上，女性又开始打跳。第二天，大家将"且伙"取出送往新任"取西"家中草楼上藏起来，新任"取西"在正月十五日将其取出重新存放，并且献酒祭祀，代表着其担任"取西"的职责正式开始。当天，其亲友邻居也身着新装前来祝贺，大家又聚到一起打跳庆祝。在这一仪式中，彝族女性在许多环节是被排斥在外的。首先在送礼物环节，女性不能触碰纸花；其次，在男性围着"且伙"打跳时，会宣布"什么人不能来？娃娃不能来，汉人不能来，女人不能来，我要关牛了"，要求女性不能在场；最后，在将"且伙"送至新任"取西"家的过程中，女性也需回避，否则会被认为将有灾祸降临。

围绕"取西"轮换而举行的祭祀仪式在20世纪六七十年代受到冲击而日益衰微，直到80年代，当地政府对赛装节的起源进行了新的诠释并予以认可之后，赛装节才以如今围绕着"赛装"而展开的形式重新得以呈现。

从20世纪80年代开始，赛装节开始在政府的引导之下举行。以"赛装"为中心，主要包括以下几项内容：首先仍然是祭祀，相较于此前的取西祭祀仪式，如今的祭祀仪式已经大为简化，由毕摩在赛装场边大榕树下供奉祭品、悼念祭词，祈愿当年风调雨顺、人畜兴旺。在祭祀之后，节日活动于下午1点半正式开始。首先进行文艺表演，其中有些是由当地村民自己编排自己演出的节目，也有的是由相关的文艺团体进行表演。在文艺演出结束之后，赛装正式开始。赛装分不同队伍进行，每支队伍依次入场，驱邪祈福的毕摩队首先入场，其后由中老年男性组成的"老倌"队、由中老年女性组成的"老奶"队、由强壮男性组成的"猎人"队、背着小孩的少妇队、儿童赛装队、青少年男女组成的少男少女队以及普通农民组成的劳作队依次上场，身着彝族服饰跳舞赛装。在各个队伍打跳结束之后，大家在各个队伍中评选出各种奖项，其中，服装的美观程度、跳舞的姿态等都被纳入考量范畴。在这其中，最受瞩目的便是青年姑娘们，她们的赛装打跳不仅是进行表演，其中也暗含着以此吸引男性青睐的动机。到了晚上10点之后，大家便无须再按照队伍次序，可以自由组队打跳至第二天。这时候继续打跳的基本上都是未婚的青年男性与女性，在先前的表演中"看对了眼"的人，便相约继续一起活动。大家在跳舞的过程中联络感情，也会在打跳的间隙中聊天，以增进对对方的了解。除了赛装打跳之外，也会举行其他的活动。刺绣比赛便是其中一项，也是绣女们最主要的活动内容，谁能在最短的时间内绣出一朵花，谁绣的花最好看，便可成为比赛的优胜者。此外，各项体育活动便是男性的主场，女性的参与程度较低。近年来，赛装节的商业属性逐渐增强，赛装节逐渐成为永仁县旅游宣传的重点，以及彝族刺绣、当地各色农特产品的推广与销售平台。

可以看到，早期以"取西"轮换仪式为核心而展开的赛装节活动，蕴含着强烈的"娱神"色彩，现实中的世俗权威通过一系列祭祀仪式得以强化。这一仪式的开展，具有着强烈的封闭性以及等级性，在作为当地彝族人民族群认同的仪式资源，将其他民族的人群排斥在外的同时，无论是从象征意义的角度上，还是从具体运作的角度，也将彝族女性排斥在外，彝族女性无法参与其中的关键环节，所担任的也仅仅是辅助性的次要的角色。在官方力量介入其中之后，赛装节的内涵逐渐发展了变化。这时候，赛装节由娱神向娱人转变，在这一转变的过程中，彝族女性被排斥在外的局面也有了改善。在传统时代的新旧伙头交接仪式上，妇女的服饰只是族群认同中一个不起眼的副产品，而在伙头制、"且伙"等一系列重要的族群文化表征被迫退出历史舞台之后，妇女才和她们的服饰一起从失语状态中被凸显出来，成为节日的主角。[①]在赛装节的变迁之中，彝族女性参与公共文化生活的状况有了显著的提升，随着彝绣产业的发展，彝族绣女的表演活动以及商贸活动也成为在赛装节中至关重要的内容。官方话语赋予了彝族女性及其刺绣服饰更大的重要性，推动着彝族女性从幕后走向台前。

在赛装节的变迁中，彝族女性逐渐获得了以较为平等的姿态参与公共文化生活的机会。然而，在绣女及其刺绣活动的文化内涵与经济价值被挖掘出来并被官方话语加以运用的这一过程之中，绣女们仍然处于一个较为被动的状态。并且，在近年来赛装节的场面越办越大，内容越来越多的同时，绣女们的被动性更加明显。在繁杂的节日活动中，绣女及其刺绣活动被安置于其中的几个环节，绣女们听从安排参与活动，其主动的发挥空间仍然有限。在此基础上，另一个近些年兴起的节日"绣花节"，为彝族绣女公共文化生活的丰富开展带来了新的可能。

3.彝绣产业化中彝族女性主导新节庆的兴起

绣花节是在彝绣产业化的背景下，莲池乡绣女们自发组织开展的一项节庆活动，从2006年开始，每年农历正月十六日在莲池乡举行。总体而言，绣花节更像是对赛装节的延续。这一点首先可以从绣女关于发起绣花节的动机的叙述中看出。绣女们最初计划举行绣

[①] 蒋星梅、张先清：《公共文化与族群边界：直苴彝族赛装节的族性表达》，《中央民族大学学报（哲学社会科学版）》2016年第2期，第66—71页。

花节，一方面，是出于从直苴搬迁出来之后对传统民间文化的延续的尝试，另一方面，则是想要通过绣花节的开展，推广彝绣文化，为彝绣产业做宣传。

其次，节日活动的开展中，绣花节和直苴赛装节的内容也有相似之处。在绣花节上，各个村庄组成队伍参加比赛，以刺绣为中心，主要包括四个比赛环节，首先是赛装，即绣女们比赛刺绣，看谁绣得又快又好；其次是赛舞，即比赛打跳，看哪支队伍跳得更好；之后是赛歌与赛乐，即当地的民间歌谣演唱与乐器演奏比赛。各项比赛由观众选出代表进行评判，最终各支队伍按照比赛名次获得相应奖励。

从2006年开始至今，绣花节大致历经了四个发展阶段。第一阶段是在2006—2007年，当时莲池乡绣女已经从直苴搬到莲池乡生活了三四年，各自分散经营着自己的彝绣买卖生意，其中有的绣女已经开始计划着将大家组织起来合作生产。这一阶段的两届绣花节是以赛装节的名义举办起来的，"绣花节"这一名字尚未出现。到了2008年，政府指出这一活动的名称与直苴赛装节有所冲突，要求绣女们更换名称，"绣花节"才有了正式的名称。在此之后，绣花节才正式以独立的形式展开，在2008年至2011年期间，绣花节一直由绣女们自己组织开展。

2012年莲池乡彝绣协会开始组建，绣花节便由莲池乡彝绣协会组织开展，政府力量也开始介入，在其中承担起舞台搭建、安全维护等工作。到了2015年左右，绣女们正式将绣花节移交给政府，此后绣花节的主办方由彝绣协会转移到了政府，绣花节也从民间自发组织的"自娱自乐"的活动转变为由官方开展的节庆活动，文化旅游、商贸推广等活动也逐渐融入其中。经过数年发展，绣花节的规模也越发壮大，近年来，每年绣花节都能吸引到数万人。

绣花节的发展，显示出莲池乡绣女公共文化生活不断扩展的可能。从最初自发组织开展到之后将其移交给政府的整个过程中，莲池乡绣女都在绣花节这一公共文化活动中占据着毋庸置疑的主体地位。

　　从发起节日活动到组织人员、筹备相关事宜，活动的全过程绣女都参与其中。首先，举办绣花节的设想是由几位绣女带头人在日常共同的刺绣活动中共同讨论提出的，绣花节不仅是对此前直苴赛装文化的延续，也是绣女们在新的环境新的生产方式中彰显自己主体性的尝试。在绣女看来，"先有绣花才有赛装"，绣女对于"绣花在前"的强调，一方面表现出其对自身所掌握的文化技艺有了更深的认识，另一方面也表现出绣女在刺绣生产的过程中开始主动利用文化话语权来拓展自身未来生产生存发展空间。其次，节日相关活动的筹备组织也是由绣女们共同推进的。绣女们平常聚在一起刺绣的时候便共同商量着每次绣花节的具体组织情况，大家面对面提出想法提出问题，再共同讨论解决方案，很多活动安排都是在此过程中确定下来的。几名主要负责的绣女对节日活动进行统筹，并将每项具体事务落实到各个绣女代表头上。对于每一位参与到组织活动中的绣女而言，需要完成的任务是十分精细而具体的。最初号召数个村庄组队参加绣花节活动需要将宣传组织任务安排给各村庄绣女，再由各个绣女在自己村庄进行宣传。虽然随着通讯技术的发展，宣传媒介也从口耳相传发展为海报、手机、网络等现代通讯设备，但绣女宣传推广中的作用仍是不可小觑的。除此之外，绣女还需确认有哪些人参赛，各自参加哪项比赛，比赛的队伍如何组建，以及如何排练以取得好名次。以四项赛事中的"赛歌"和"赛乐"为例，"赛歌"多为男女搭配进行，如何编排歌曲、依照各人音色安排其演唱的段落、将男女声搭配出最佳效果，这些问题都需要经过反复考量；"赛乐"则主要是男性参加，哪些人共同演奏更有默契，演奏哪些歌曲更有现场感染力,以上问题的答案,都得在一次次组织排练的过程中不断进行验证。再次,经过悉心组织,比赛顺利结束之后还有名次评比、奖品发放的环节,这就涉及了经费筹集与开支的问题。在最初几届节日活动中,活动经费完全由绣女们自行筹集。一名绣女回忆说,当时绣女们收入尚且微薄,绣花节的费用完全是由她们"自掏腰包凑出来的",凑出的经费主要用于赛后发放奖品,奖品以生活用品为主,从一等奖到只要参与都能得到的参与奖,奖品价值也依次递减。后期政府给予了部分补贴,绣女们再自己凑上一点,绣花节便得以继续进行。

即使是之后将绣花节全权移交给政府组织举办,也是绣女们自身出于现实状况做出的自主决定。在提到为何将绣花节移交给政府,退出节日活动组织的时候,绣女们提到的原因主要在于"政府举办更有排面",以及"政府举办更为正式"。在绣女们看来,将绣花节交由政府举办,不仅能够提升绣花节的影响力,推动绣花节从民间自发的非正式节日转变为受到官方认可推行的正式节日,还能够借由政府的力量拓展彝绣市场,推动彝绣产业的发展。

如今,对于莲池乡的大多数绣女而言,绣花节已经逐渐超过赛装节,在其公共文化生活中占据了更加重要的地位。尽管赛装节历史悠久,但其活动举办的地方太过偏远,"主要还是当地人为主,外面的人很少去到",如今已"比不得绣花节热闹"。比起源远流长的赛装节,绣花节更像是绣女"自己的节日",在其中,绣女们构建起以女性为主体的公共文化圈,并且随着绣花节的不断发展,这一圈子也在不断扩张,为莲池乡彝族女性开辟着公共文化生活发展的新路径。

从赛装节的变迁与绣花节的兴起之中,可以看到莲池乡绣女公共文化生活转变的方向。一方面,彝族女性在传统背景下于公共文化生活中被排斥区隔的状况有所突破,在彝绣文化与彝绣产业发展日益受到重视的背景下,绣女们建立起了独具特色的女性联结,越来越脱离传统男尊女卑等级的桎梏;另一方面,伴随着外部环境的变迁与彝绣产业化不断壮大的进程,通过绣女自身的努力以及政府、市场力量的推动,原本限定于特定群体、特定地区的传统文化活动转变为跨越群体、跨越地区限制的公共文化活动,使得绣女公共文化生活迎来了新发展。

总体而言,多元、开放与平等是如今莲池乡彝族女性公共生活的新特征,在其中,彝族女性获得了主体展现的新舞台。在彝绣产业化的过程中,经济、政治与文化三个层面三股力量共同推动了绣女公共生活的转型发展。虽然上述分析讨论分别以经济、政治与文化的侧重不同而展开,但在以上分析中也可看出,三者并非泾渭分明的,在很多场景下,三者之间相互交叠融合在一起。公共生活作为一个具有包容性的结构,并不要求不同主体利益、规则活动和价值的同一,而是允许并可以为这些复杂多样的诉求提供更广阔的实现空间。① 在多维多面的公共生活中,"每个人从不同的角度来看和听"②,这些不同,构成了公共生活的多样性,而并不改变其关注对象的同一性。在共同世界的条件下,实在性不是首先由构成世界的所有人的"共同本性"来保证,而是由这一事实来保证:虽然每个人有不同立场,从而有不同视角,但他们却总是关注着同一对象。③ 即公共生活并不因其中大家的民族、性别或其他属性一致就能够构成的,而是基于大家对同一对象的关切所形成的。具体而言,彝绣产业化的发展,正是为莲池乡绣女提供了一个平台,在其中,大家从

---

① 李家驹:《多元主体与公共生活的生成:美国新奥尔良非裔狂欢的案例》,《中南民族大学学报(人文社会科学版)》2018年第1期,第69—73页。
② [德]汉娜·阿伦特:《人的境况》,王寅丽译,上海:上海人民出版社,2009年,第38页。
③ [德]汉娜·阿伦特:《人的境况》,王寅丽译,上海:上海人民出版社,2009年,第38页。

自己的不同立场角度出发，同样对彝绣文化、彝绣产业的发展投入关切，不同主体与力量聚拢在一起，展开行动，为绣女的公共生活状况带来了新的发展可能，推动其向更具有开放性和平等性的方向前进。

四、公共生活转型中彝族女性的调适与发展

彝族女性通过彝绣产业化的途径,以民族文化发展传承等官方话语作为参照,在其中获取丰富资源并对其加以改造运用,从而实现民族文化经济的发展,并迎接着公共生活的转型发展。在此过程中,莲池乡绣女的自我意识也在持续发生着变化,她们在围绕彝绣产业而获得拓展的公共生活中拓展着对自我主体的认识,并在此基础上展开行动。既往研究,通常将女性主体分为三种类型加以阐释,其一是将女性视为理性主体,认为女性是以明确的主观意义目的来参与公共事务行动的,其于公共生活之中的理性考量更多地偏向于与当地的社会文化相系,受到当地生计方式生产状况制约的生存理性[1];其二是将女性视为情感主体,强调"女性自我是情感主体的自我"[2],认为女性在对他人进行无功利或弱功利付出的同时,也会以自身的感性行为对既有的习俗与规则提出挑战;其三是在比较前述两者的基础上,认为女性是自我规则定义的主体,她们在日常实践中,尝试打破传统父权制下以男性中心建构起来的规则体系和意义确认系统,为自己制定行为的规则和确认行为的意义。[3] 而在莲池乡绣女的叙述及其行动中,可以发觉存在着与上述女性主体确立类型相契合的三套并行的叙事观与行动模式。其一集中表现出莲池乡绣女作为理性主体对公共意识规范的认识与理解,主要是基于莲池乡绣女在彝绣产业化与公共生活的参与,逐渐发展而成的;其二表现出莲池乡绣女作为情感主体对于私人情感伦理的思考与审视,这部分内

---
[1] 陆益龙:《仪式角色表演与乡村女性主体性的建构——皖东T村妇女"做会"现象的深描》,《中国人民大学学报》2017年第2期,第97—107页。
[2] 崔应令:《乡村女性自我的再认识——一项来自恩施土家族双龙村的研究》,《社会》2009年第2期,第79—98、224—225页。
[3] 王会、杨华:《规则的自我界定:对农村妇女主体性建构的再认识》,《华中科技大学学报(社会科学版)》2011年第4期,第112—120页。

容伴随着彝绣产业化与绣女公共生活的转型而获得了新的内涵；其三则表现出莲池乡绣女在对公共理性与私人情感的交融中重新确立的自我行为规则与自我生存意义。

（一）在对公共意识规范的认识与理解中探寻自身

彝绣产业化过程中莲池乡绣女的公共生活状况的转型变化首先影响到的是其对公共意识规范的认识与理解。在对公共意识规范的认识，与理解不断加深的基础上，绣女将自身融入群体之中，以群体身份与外界产生持续交互的形式，从而建立起对自我的认知。

1. 对市场理性观念的追求

绣女通过将自身融入彝绣生产组织中，在彝绣生产组织与外部市场的交互之中增长自身对市场理性的认识。在此处，绣女对市场理性的认识主要通过其对于"赶工"的叙述与行动而得以体现，其对自身的认知也在"赶工"中逐渐清晰。

首先，"赶工"的目的在于按照要求完成生产任务，以符合交易双方的合同约定，这是现代市场经济运行必不可少的契约规范。绣女在与交易对象进行交易时首先必须敲定交易合同，不论是口头协定还是书面协定，其中都包含着何时交货以及货物内容这两项最重要的信息。若是绣女未能按照约定，准时将绣品完成或者其完成的绣品未符合约定要求，便面临着违约带来的信用或是货币甚至法律责任。在一次次与外部市场的交易往来中，绣女的契约意识也逐渐增强。

其次，"赶工"的背后，还蕴含着绣女对于效率的认知与追求。效率的高低与否取决于生产所需时间的长短以及所完成的生产数量的多少或其质量的优劣，由于目前莲池乡绣女们整体生产的订单数量每次是有固定数值的，在种类质量方面的差异也较小，生产时间在其中便成为影响效率的首要考量。"赶工"标志着绣女日益严格的时间观念的形成。在传统以农业生产为生计方式的背景之下,生产劳动是围绕着农作物的生产规律以及季节气候的更替而展开的,日出而作,日落而息便成为大家的日常时间安排。农作物有其自身的生长节奏,在其生长的节点到来之前,着急也没有用,农业劳作少一点多一点难以撼动其整体生长状况。因此,这时候人们的时间观念是不强的,并未形成当前工业社会这般严密的时间观念。尤其是对于此前长期在家庭中扮演照料者角色的农村女性而言,其日常时间的安排根据其家务劳动的内容而制定,又因为这其中许多活动受时间限制是较小的,她们自己可以视情况来安排具体时间。然而,在彝绣产业的生产中,绣女的生产时间与生产的效率,生产的收益相系,不再是仅由自己或是由物候气候等自然因素来决定。不少绣女在叙述中论及如今参与彝绣生产之时的"赶工"经历:为了按期完成订单,晚上也得加班加点赶工,甚至有时候一晚只睡得上一两个小时;因为害怕一躺下便睡着起不来,所以不敢到床上睡觉,只敢在沙发上休息小段时间又起来接着绣。甚至,伴随着如今大批量订单的增加,莲池乡绣女还时常聚在一起赶工,为了按时交出订单,大家共同围坐在车间劳作直至深夜。而尽管如今对生产时间的严苛要求,打破了绣女既往的日常作息安排,绣女为了赶工时常连吃饭睡觉都顾不上,她们在论及每次赶工经历时所表现出的也更多是对此的认可与接受,并且她们还将此视为自身作为彝绣产业的一分子参与到高效生产劳动中的证据。

在彝绣产业的生产参与以及与外部市场的交易往来中,莲池乡绣女将自身视为彝绣产业组织的一部分,以这一生产者的身份下,与外部市场展开交易往来,从而积攒起自身对于市场理性规范的认识,并在之后的生产交易中加深对市场理性的理解。此时,其行动策略也基于其对自身作为生产者一员的认识，依循着市场理性的角度而展开，绣女在自身契约意识逐渐提升的同时，也在努力尝试实现效率的最大化。

2. 对少数民族身份的认识

彝族女性在彝绣产业化之后的公共生活是与民族文化、脱贫致富等话语连接在一起的。以彝绣生产实践为基础而展开的公共生活，成为彝族女性对他者展开想象和呈现共同社会性的重要舞台，在这其中，彝族绣女通过自己作为彝族女性的身份认识自身。

首先，伴随着彝绣产业的发展，绣女的公共政治生活参与渠道与范围逐渐拓展，与官方组织机构的来往也逐渐增多。此时，官方机构与话语，距离绣女的日常生活与经验也不再如从前那般遥远，而逐渐成为绣女生活中不可或缺的部分。与官方的诸多正式或非正式协商往来，逐渐成为绣女熟悉的日常公共活动，绣女也开始掌握其中那些不言自明的规则，从而能够灵活变通地与之展开协调与周旋。在此过程中，绣女通过刺绣这一原本属于生活中普通日常的活动于更广阔舞台上的展演，将自身发展与地区、民族的宏大叙事相联系起来，一方面从其中获取发展资源，另一方面，随着官方话语的变迁，绣女也在此过程中进行着自己身份表述的不断调适。在此中，不论绣女个体在彝绣产业生产组织中处于何种位置，其对自身的主体认知都是基于群体认同而建立的。在"脱贫致富"的话语之中，绣女自认为是通过刺绣生产实现自身以及带动他人甚至整个民族地区增加收入走出贫困的一员；在"乡村振兴产业振兴"的话语中，绣女自视为推动地区民族特色产业壮大乡村发展的一员。在不同的官方话语中，绣女通过对自身所属群体的认同来辨认自身，并以此做出行动决策。

其次，随着彝绣产业化的发展，绣女获得更多在公共舞台对外进行宣传展示的机会，在这一舞台上，莲池乡绣女的首要身份认知即来自偏远县的少数民族女性，身兼着代表自身地域和自身民族与更大地域更多民族沟通交流的责任。她们首先以在此之前对由整个外界构成的他者群体展开的想象为基础展现自身，并由此展开与外界的交流互动，此后，她们又在与对方进行交往的过程中就自身对他者的想象进行验证。同时，绣女们也在思考自身群体在他者眼中的印象，在此过程中，她们或者采纳外界信息来调整自身，或者以自身行动扭转外界对其的认识。就此，莲池乡绣女通过作为彝族女性的群体的一员与外界群体展开交流，通过不断加深的交流互动，将自身融入了更大的语境之中，与在不同地域文化中生长的其他群体朝着共同的社会性目标不断前进，从而衍生出涵盖了处于同一社会中不同群体的公共意识，又在其中寻找自己的位置，建立起在这一层面之中的自我主体认同。

在莲池乡绣女的叙述中时常出现的对自身的称谓是"我们直苴，我们莲池乡，我们彝族"，这些称谓更多的出现在她们描述自身从前生活状态的叙述中。在绣女们看来，彝绣产业的发展与其公共生活的拓展的过程，也是其认识到自身与外界的异同的过程，相较于此前单纯强调差异化的存在，如今绣女更多地开始尝试通过彝族女性这一身份，与其他群体共同传达着互通的意识与经验。这从莲池乡绣女如今对绣品纹样的构想设计上也可以看出，近年来在绣女进行公共展示的绣品中，有关民族团结的内容，有关地域团结的内容逐渐增多。"大家都生活在同一片天空之下"逐渐成为绣女认识世界认识自身的基本认知。

3. 对民族公共文化的理解

在彝绣产业化之后，彝族绣女在参与彝绣生产的同时，作为对民族文化发展有所裨益的专业人士穿梭于各种公共活动之中，作为民族文化的书写者与传承者，出现在大众面前。此时，绣女将自身融入民族文化发展的浪潮之中，从民族文化持有者的角度来认识自身。这主要体现在绣女于日常公共文化活动的实践中，对其了熟于心的刺绣背后所蕴含的文化内涵产生的新认知。不论是在以横向展开的莲池乡绣女与其他绣女之间的交流学习，还是在以纵向展开的莲池乡绣女对年青一代所进行的传承培训中，莲池乡绣女都表现出对于自身所持有的文化技艺公共性、共享性的认识。

莲池乡彝绣协会每年在当地至少举办两三期刺绣交流活动，其中一类是请外面的老师到此进行交流学习，帮助绣女们了解当前外界的时尚潮流；一类是协会内部的培训，基于经费问题以及外地人士对当地传统的针法、故事、花纹缺乏了解的考虑，目的是帮助绣女熟练掌握永仁县当地的彝绣技艺。此外，外出其他地方进行交流学习的经历，更促进了绣女对于文化公共性的认知，在绣女看来，这样的学习交流，既是她们将自身所有的文化进行分享展示的过程，也是向外界学习，以丰富自身的过程。就在这样的文化交流中，来自不同民族不同地域的绣女群体一起分享着自身带有民族、地域特性的文化技艺，莲池乡绣女从此中认识到自己身处的文化群体与外界文化的异同，在这其中辨认自身，也通过双向交流，丰富着自身的文化技艺。

与此同时，莲池乡绣女对于彝绣这一传统民族文化的传承发展也表达出自身的见解。首先是绣女自身对传统文化的继承，莲池乡绣女对刺绣文化的理解与刺绣技艺的掌握都是在传统的基础上得来的。在她们看来，自己在日常的刺绣实践中不仅需要在传统的技法上面进行提升，还需要去挖掘更多潜藏的古老文化并对此进行深入研究。其次是后代对彝绣传统文化的继承，有绣女提到当前从事刺绣业的年轻人越来越少，话语中表达出对未来彝绣发展的关心与担忧。拥有传承人称号的绣女则更进一步,直接指出自己"有责任有义务去把那些小娃娃给带好,把这些妇女这些也给她带好,让彝族刺绣好好发展下去"。

伴随着对文化公共性、共享性认识的不断加深,绣女意识到自身对于民族文化发展传承的责任,在此基础上开展各类文化交流与培训行动,并且在这些行动之中进一步确认自身。一方面,由于各民族各地域的文化往往具有自身独特的内涵,在使其成为差异性存在的同时,也增加了其与外界进行交流的难度,这便给莲池乡绣女与外界的文化交流提出了挑战。就莲池乡绣女而言,在与外界进行交流的过程中,既要避免过于突出自身文化的特性而忽略与其他文化之间的共性,又要避免过于偏重追求双方共性而淹没自身文化的特性,她们需要在这两者之间寻找到平衡点,将自身文化的特色与更大范围内的人类共同生活经历情感体验相融合,从而使文化交流成为可能,并以此推动自身民族文化的发展。另一方面,民族文化的发展也需经历动态变迁的过程,在其中,绣女需要将大家聚拢在一起,通过自身行动推动民族文化的绵延,使其能够超越有生命周期的人的生命长度[1],即持续永久地传承下去。正是通过对于以上问题的追问以及以上行动的开展,绣女于民族文化发展的群体中探寻自己的位置。

集体行动的过程也是行动资源的集聚与女性的再组织化过程,它整合了碎片化的女性个体,以增强女性的主体性能力,将处于边缘的乡村女性整体地拖拽到公共话语的中心,从而摆脱被遮蔽、被遗落的尴尬境遇。在这一新开辟的空间中,乡村女性个体通过对女性集体的积极诠释和援引,从而实现着自身主体性的生产、扬弃与

---

[1] [德]汉娜·阿伦特:《人的境况》,王寅丽译,上海:上海人民出版社,2009年,第36页。

更新。①莲池乡绣女在公共生活转型之中，通过集体来认识自身。在其中，莲池乡绣女将个体的"我"融入群体的"我们"，又在不同的"我们"之中认识到自身作为复数性的存在，在对公共意识规范的认识与理解之中探寻着自身。

（二）在对私人情感伦理的思考与审视中确立自身

公共生活状况的转变在促进绣女对公共意识规范的认识与理解不断加深的同时也影响着绣女对于私人生活之中情感伦理的思考。在这一过程中，绣女开始对自己与他人的关系以及对自身的情感体验加以审视，从而确立自己作为关系性情感性存在的主体性。

1. 对传统亲缘地缘关系的厘清

传统的亲缘地缘关系构成了农村组织的基础社会关系。农村女性在这样复杂交织的亲缘关系网络中不断地与他人展开往来合作，成为编织与维系村庄地缘亲缘关系的重要群体。当需要开展合作互助之时，这些地缘亲缘关系网络就构成了农村女性的社会资源。②在莲池乡，大大小小的彝绣合作社以及彝绣协会就是以绣女的地缘亲缘关系网络为基础发展而来的。

以莲池乡彝绣协会为例，首先，就其构成人员而言，协会的正式会员都是从直苴搬出的彝族女性，家庭住址都集中于莲池乡内，即使是少部分居住在莲池乡外的绣女，彼此之间也保持着密切的联系往来。彝绣协会中的核心成员主要是居于管理层的会长、副会长、秘书长以及14名理事，她们之间都存在着亲属关系。其次，就绣女加入协会的途径而言，绣女最初便是通过同一关系网络而加入协会

---

① 龚志文、刘太刚：《乡村女性主体性成长之路调研——以山西省蒲州镇寨子村妇女协会为例》，《理论探索》2018年第4期，第80—85页。
② 杜洁、宋健、何慧丽：《内生性脱贫视角下的农村妇女与合作组织——以山西PH与河南HN两个农民合作社为例》，《妇女研究论丛》2020年第1期，第67—79页。

的。会绣花的绣女之间互相都认识，大家又都是从同一个地方搬迁出来的，大多数还都算得上亲戚，经由处于这一关系网络中的女性熟人的介绍，绣女们便逐渐加入协会中来。在彝绣协会与彝绣合作社的组建过程中，由亲属关系地缘关系构建的社会关系网络资源成为莲池乡绣女生产合作组织的基础，而在生产合作组织形成之后，在日常的生产合作中，绣女之间的关系，也从原本以亲缘地缘为基础的村庄伦理社会关系逐渐转化为共同开展彝绣生产实践发展彝绣产业的业缘关系。这一过程，从两个方面影响着绣女对自身社会关系的认识。

一方面，绣女们日常在生产合作之时围绕着刺绣技艺、子女家庭等共同的话题展开交流，彼此之间既有的社交关系得以巩固。在此基础上，绣女之间的亲缘地缘关系与其业缘关系相互交织，"姐妹情谊"不断加深，从而绣女逐渐形成一个稳定且紧密的团体。她们在日常交往中将彼此视为好姐妹，一起进行劳动生产，共同分享日常生活中的点点滴滴，将彼此之间结成的关系看得十分重要。不仅如此，绣女们还将此种社交关系链接的方式延续了下来。随着绣女公共交往范围的扩展，她们还将这种对于人际关系的认知和具体的交往方式带到了与外界的交往之中。在与生产团体以外人士的交往中，莲池乡绣女也依旧会使用"姊妹"来称呼对方，以此彰显双方之间关系的亲密程度，以同样的热情来扩展社会关系网络。

然而另一方面，此类亲密如姐妹一般的社会关系，能够为绣女生产团体带来向心力凝聚力的同时，也存在着亲友熟人"不好讲理不好算账"的弊端。莲池乡绣女在日常生产过程中也难免遇到此类情况。不过，如今绣女看待彼此之间关系在此前作为"姐妹朋友"的基础上，多了一种对于彼此作为"生产合作伙伴"的认知，相较于前者，对后者的认知之中更多了理性化的色彩。例如，此前绣女之间对于谁刺绣绣得好绣得差这件事所持的态度一般是"大家都心知肚明但是不好明说",即使是在赛装节等公共场合的刺绣比赛上,大家也从不表露自己的竞争意识;在涉及金钱账务问题的时候也抱着"亲兄弟难算账"的想法。而如今,绣女之间对于刺绣水平的评价"被放到台面上来",日益公开化;在涉及财务问题时,"碍于情面"的想法也逐渐消退,"明算账"逐渐成为绣女之间处理财务问题的准则。

2. 对家庭关系的思考

在农村社会中,婚姻是女性被纳入社会秩序之中的必由之路。婚姻和家庭对于其自我认同、劳作模式以及社会关系等方面都产生着重要的影响。[1]对于莲池乡绣女而言,婚姻状况和家庭关系是她们进行自我认识、做出行为决策的重要考量因素。从莲池乡绣女最初参与彝绣生产的动机来看,家庭利益是居于首位的。在彝绣生产的初始阶段,其较为灵活的时间安排以及对生产地点的无限制,能够满足绣女日常照料家庭、进行农业劳作、获得现金收益的需求。然而,随着彝绣产业化的不断发展,生产过程中对工作时间和生产时长等要求逐渐提高,同时在不断扩展的公共生活中,绣女的责任与涉入程度也不断加深,她们已经不再能够持续此前那般,时常穿梭于家庭之中以家庭为首位的生产行为模式。生产方式的发展与公共生活的转型,对绣女提出了新的要求,也促使她们对家庭关系进行审视。

在婚姻之中,男性与女性所能获得的意义不尽相同。通过婚姻,男性获得了家长的身份与地位,这为男性在私人领域之中享受男性特权提供了制度保障,而女性在婚姻之中所获得的更多是依赖者和

---

[1]Tamara Jacka.Women's Work in Rural China:Change and Continuity in an Era of Reform. New York:Cambridge University Press,1997,pp.211-213.

附属者的身份。[①] 伴随着绣女公共生活的拓展，绣女对于在家庭之中自己与其丈夫的关系进行了反思，已经意识到家庭之中男性与女性关系的不对等，直接指出"我们彝族女呢在家里面地位是很低呢，都可以说没得哪样地位。"在此基础上，对于一直以来的传统"男强女弱才能维持家庭关系平衡"的说法，绣女的认知也表现出其已经开始以更加多元化的角度来审视自身的处境，在其中还凸显出绣女自主意识的提升。

在部分绣女通过彝绣经济实践提升了自身的经济水平与家庭地位，成为家庭顶梁柱之后，以实际状况冲击着传统彝族婚姻关系中"男强女弱"的局面。

此外，莲池乡绣女如今也开始对自己与子女的关系展开思考，意识到抚育子女与彝绣公共生活参与的矛盾，为自己失去的机会感到惋惜，并且表露出不同于此前任何情况都将孩子置于首位的态度。

由于绣女日常需要照料子女处理各种烦琐事务，在家庭之中对子女的日常教育又更多涉及的是生活常识与习俗规范，女性拥有的其他方面的知识经验通常只能被束之高阁，长此以往，这些知识经验在女性的记忆之中慢慢淡忘。彝绣产业的发展，唤起绣女对于照料子女所需技能之外的能力的重视，有的绣女重拾此前忽视了的技能，有的绣女学习了新的技能。

在此过程中，绣女不再如此前一般为了家庭而埋没自我，她们开始找寻自己发展的空间，而非将自身的价值完全系于家庭关系之中，在自我的牺牲与奉献中收获自身存在的意义。

3. 对自身情感体验的审视

围绕女性"情感主体"而展开的研究指出，女性作为情感主体

[①] 杜平：《男工·女工——当代中国农民工的性别、家庭与迁移》，香港：香港中文大学出版社，2017年，第107页。

同时具有包容性，也具有排他性。一方面，女性所认知的"自我"是将其身边各种关系亲密的人包容于其中的，她将自身关系网络中的其他人视为与自己一体，为他人的幸福而幸福，为他人的痛苦而痛苦。另一方面，女性以"情感"为基点，实践着自我幸福并进行着意义的阐释，这一感受与体验，在一定程度上又是排他的。与男性相比，女性更习惯于"感情用事"，在其行动过程中更多显露出其不顾后果、不计代价的一面。而女性这些仅仅凭借感性情绪率性而为，通常脱离了理性策略性范畴的行动，也会冲击既有的社会规范。[1]

在莲池乡彝族绣女对自身社会关系与家庭关系进行反思之后，其个人的情感体验也受到了审视。在此过程中，绣女作为情感主体的包容性逐渐得以扩展，排他性则呈现了消减的趋势。莲池乡绣女的情感体验仍然是与其身边关系网络息息相关的，仍然会因关系网络之中他人的喜怒哀乐而产生变化。并且随着莲池乡绣女社会关系网络的扩大，她们也得到了与更多人进行交往互动产生联结的机会，在此过程中，莲池乡绣女的情感体验不断获得扩展，她们对于自身情感体验的认识也在不断进行着更新。也正是在此基础上，莲池乡绣女对于情感体验的认识得以超出个体的范畴，呈现出更多的公共性趋向。从而，莲池乡绣女在面对与处理自身情感体验的时候更多了理性化的考量，相较于对自身情感不顾后果不计代价的率性发泄，如今绣女更多采取的是率性表达，以此尝试与他人展开交流与沟通。

美国心理学家吉利根指出，两性的自我发展是通过迥然相异的路径来实现的，女性的自我概念依附在社会关系之中，以联结、关怀与回应他人的需求为主要方向；而男性的自我认识则是围绕自己而展开的，在强调个体的自主性与社会关系的客观公正性中发展而

---

[1] 崔应令：《乡村女性自我的再认识——一项来自恩施土家族双龙村的研究》，《社会》2009年第2期，第79—98、224—225页。

成。① 在公共生活转型的过程之中，绣女的自我发展路径也发生了转变。首先，绣女对自身所有的关系进行了梳理与思考，在其中分辨出对利于自身发展或是抑制自身发展的成分，不再如从前那般诸事受困于复杂的关系网络中，而是通过自身的主动选择，来构建自身的关系网络。其次，在此基础上，绣女拥有了重新认识自身情感体验，并将其加以转换利用的机会。通过对自我关系与自我情感的再认识，莲池乡绣女确认了"我"作为独立个体，在社会关系之中的存在，也确认了自身情感体验于自我主体发展的重要性。

（三）在公与私的调适中重塑自身

莲池乡绣女的公共生活状况，犹如一张复杂的网，经由持续的转型变化，将经济、政治文化各种主流话语与绣女个人的主体性、将绣女个人对公与私的权衡与考量编织到一起。就在这其中，莲池乡绣女为自己制定着行为的规则，也在更新着自身的行为实践的意义阐释。

1. 交融的公私生活与绣女自我调适的空间

对于莲池乡绣女而言，其公共生活与其私人生活并不是完全割裂、泾渭分明的，而是相互影响相互交融的。

一方面，虽然莲池乡绣女的公共生活状况持续进行着转型发展，但这一转型发展带来的是绣女生活空间的拓展而非转移，即莲池乡绣女并未完全从其私人生活之中脱离出去。莲池乡绣女的私人生活仍然持续对其公共生活状况产生着重要的影响。正是莲池乡绣女私人化的日常生活为其彝绣生产实践与公共生活的参与提供了素材。首先，每一个体在日常生活中都需要掌握一定的生活知识用以支持

---

① ［美］卡罗尔·吉利根：《不同的声音：心理学理论与妇女发展》，肖巍译，北京：中央编译出版社，1999年。

其实践活动的顺利进行，而不同个体所必须掌握的生活知识内容与程度，根据社会劳动分工中的位置而有所差异。由于男女分工的不同，人们期望女性所占有的日常知识同男性必须掌握的知识极为不同。长期以来，与刺绣有关的知识便被视为彝族女性必须掌握的日常知识，刺绣实践即是在彝族女性原本在私人生活中对其生活知识的运用，也正是彝族女性在私人生活中掌握的特有知识技艺，构成了刺绣生产实践的基础。其次，正是彝族女性对自身在日常私人生活中所见所思所感进行的艺术化表达，形成了彝绣最基本的图纹样式，此后的图样创新也是在此基础上进行的。她们在日常生活生产中反复实践直接获得的私人性的体验与感受，推动着彝绣技艺与彝绣产品的改良与改造。最后，也是最初在彝族女性私人性的来往与交流之中，彝绣经济的合作生产得以展开，彝绣文化的传承与发扬，也得以延续。总之，彝绣经济的发展背后镌刻着彝族女性的私人生活点滴，正是彝族女性将这些内容投入彝绣发展中，为彝绣产业的壮大与绣女公共生活的转型开辟了道路。正是在其私人生活的基础之上，绣女得以借助种种地方性的知识和日常的伦理实践发挥出自身的能动性，从而推动其公共生活的开展与公共意识的形成。

另一方面，绣女的私人生活在其公共生活转型发展的过程中获得了新的意义，展现出新的面貌。正是如今围绕彝绣展开的公共生活，为绣女原本隐蔽于私人生活之中的私人情感体验，开辟了公共展示的空间，在其中，彝族绣女私人生活中个体性的情感与经验，也吸纳着来自公共生活的诸多影响，从而获得与普遍性的意识观念相通的机会。

在彝绣产业的发展过程中，莲池乡绣女的公共生活与其私人生活之间不断发生着互动与融汇，为绣女个体提供了进行自我调适、探寻自我发展的空间。在其中，来源于绣女私人生活中的各种情感伦理与知识内容，与其持续转型的公共生活中内蕴的准则与规范发生碰撞，两者交汇之后，重构成为绣女进行身份意识建构的依据。就此，绣女可能遵循着既有规则，在公与私不同场景之中对自身的身份认同与表达进行灵活转换，也可能尝试突破既有规范，在公与私之中，构建着属于自身新的行为规则模式，从而也重新建立起自我发展的意义。

2. 公与私之中重建自身规则

绣女建立行为规则并非个体独立进行的，而是在与外界环境和其他主体的持续互动交流中得以完成的。在绣女群体之中，不同的绣女个体又有其自身的行动规则与选择逻辑。因此，总体而言，如今绣女行为规则确立的过程，不仅包含着自身在理性与情感之间的考量，也包含着自己作为个体与绣女群体之间、甚至是绣女群体与更大范围内共同体之间不同行为准则理念规范的碰撞。对于公与私的权衡较量不断充斥于其中，形成了绣女日常面临的各种事件、矛盾与冲突，绣女也就在应对处理这些问题的过程之中建立起自身新的行为规则。

对于莲池乡绣女而言，首先面临的便是在进行彝绣经济实践中所面临的市场理性与私人利益的冲突。从2020年开始，莲池乡彝绣协会陆续接到了来自招商银行的大批量订单。订单内容以在帆布包等配件上依照打印好的图案进行刺绣为主，每批订单价格达十几万到几十万元不等。由于订单签订项目对接都是由彝绣协会内的两三名带头人负责的，有关订单具体的价格等生产信息便只有带头人知晓。理论上来说，这些信息是需要在协会内进行公开的。然而实际情况并非如此，这些信息公开与否，主要还是由负责的几名带头人来决定。带头人认为，这些信息是"能公开的就公开，不能公开的就不公开"。而究竟能公开与不能公开的界限在哪里，谁也说不清楚。

在几名带头人看来，自己为协会拉订单谈项目也很辛苦，平时给绣女送材料，为甲方送绣品也需要一些辛苦费差旅费等回报。而普通绣女则认为，这样一来，"万一带头人和对方谈的是二三十块钱一件，给到绣女手里就是四五块钱一件，大家也不知道"。在前面几次订单生产中，绣女们还是将完成订单放在第一位，认为完成不了订单，难免影响到之后莲池乡彝绣的发展。然而在2021年一次订单生产过程中，普通绣女和绣女带头人都产生了"不划算"的想法。一些绣女觉得自己能从中得到的薪资与其需要付出的劳动相比不划算，为表示不满而拒绝参与刺绣订单生产，认为这样能够给带头人施加压力，促使带头人在订单可能无法完成的困难之下给予绣女更高的薪资。而带头人则认为按照绣女的要求分配薪资更加不划算，因为别的地方还有好多绣女要价没那么高，于是将订单分配给了别的绣女进行生产。在这一事件中可以看出，由于不同绣女在其中所处的不同位置，她们面对问题所采取的应对策略也有所不同。然而绣女在受市场理性支配的同时，也尝试利用其达成自己的目的，其行为规则已然折射出市场公共理性与私人利益的综合考量。

其次，伴随着公共生活的不断扩展，绣女在与更大范围群体连接的同时，也面临着由自身地缘血缘关系构成的群体发展与更大范围群体发展的冲突。在莲池乡的各个村中，凹泥奔村的彝绣发展首先取得成果，于2014年被评为十大刺绣名村，绣花节也是从此处开始举办的。然而近年来，秧渔河村的彝绣发展势头盖过了凹泥奔村。许多来自凹泥奔的绣女表达了对此的疑惑，明明莲池乡彝绣协会的会长及另外几位理事都是凹泥奔的人，为何现在莲池乡彝绣产业逐渐壮大，而凹泥奔村的发展却逐渐衰微。言语之中也透露出对从自己村中走出去的带头人忙于更大群体的发展而忽视自身所处村庄的发展的质询。对于这些绣女而言，并不排斥大家一起搞彝绣谋发展，但在考量中始终将自己村庄的发展视为首位，她们将村庄的整体发展视为公共利益，愿意为此付出努力，但除此之外，她们则认为自己顾及不了。而对于几位带头人而言，如今其行动所需考虑的则不仅仅是自己出身的村庄，而是更大范围内的联结。她们在关注更大范围利益的同时，对自己村庄的关注难免有所降低。在此可以看到，尽管不同绣女在行动中对于公与私的划分范围有所差异，但大家都已跨越了传统，即仅围绕私人家庭利益而建立行为规则的模式，开始从公共利益角度出发考虑问题，此时不同的理解也构成了绣女不同的行为规则与模式。

再次，由于如今的彝绣实践是经济实践与文化传承的结合，绣女在以此传统手艺赚取经济利润的同时，也必须兼顾民族文化的传承，力求把握其中的平衡。绣女在论及彝绣的传承创新与市场开发的关系时，主要还是保持着以传统为重的态度，有的绣女还直接指出彝绣作为古老传承的公共的文化，对于民族的发展具有重要意义，因此不能仅仅关注市场效益而盲目追风，忽视传统文化技艺的传承，使其文化内涵受到损害。

最后，绣女还面临着集体发展与个人家庭的冲突。一方面，绣女的公共生活大为扩展，绣女需要付出更多时间与精力参与到公共生活之中，在公共生活中，绣女的行为规则以公共利益为准，考量的是集体的公共事业的发展；另一方面，绣女个体仍然处于私人家庭之中，其持家的责任仍然沉重，绣女又必须考虑到自身家庭的发展。这样一来，绣女面临着"什么都要管"的境况，在其中，绣女既要把彝绣产业给做好，把彝绣文化给发展好，还要管好家、管好孩子，公共与私人的比重分配时常产生冲突，绣女必须从中做出孰轻孰重的选择，相较于从前绣女的行动规则，单纯围绕家庭为中心，普遍呈现出为家庭奉献的模式，如今在绣女行为规则的确立中，家庭私人利益所占的份额受到来自集体公共效益的冲击而有所下降。

总体而言，公共生活的转型推动着公共意识逐渐融入莲池乡绣女的行为规则之中，带来了绣女对于传统以私人家庭利益、私人家庭情感关系为核心而建立行为规则体系的突破。

3. 在公与私之中重构自我的意义

伴随着公共生活的转型发展，莲池乡彝族绣女的经济力量与行动智慧在其中得以展现与迸发，绣女们以更加主动的姿态对自我行动的规则进行重新定义，也确立着自身行为的意义价值。相较于传统背景下农村女性，将其行为意义完全依附于家庭，将生儿育女、相夫教子、操持家务等以满足社会规范对女性的所有行为规范视为女性人生价值的最高实现方式，如今，私人生活与家庭情感牵绊于莲池乡绣女的，更重要的在于支撑与后盾的作用，绣女从私人生活走出进入多样的公共生活之中，寻求着自我价值实现的路径。

一方面，如前所述，私人生活依旧为绣女提供丰厚的情感支持，绣女仍然重视对家庭的付出，但其付出形式相较于此前的全情奉献有所变化，如今在绣女之间，为了孩子为了丈夫而牺牲自我的做法已经不再受欢迎，她们更加追求自我的发展，认为"我们女人也要活出自己的样子"。并且，绣女对于自己与家庭之间的关系认知更加多元化，也更加享受各方面多样化的关系联结，探索着与以往不同的关系模式。另一方面，绣女也认识到局限于私人生活之中已经不能满足其个人价值与意义的探索，她们勇于向外发展，希望在广阔的公共舞台之中闯出一片天地。

就此，绣女为自己重新确认了自身的意义价值体系，这一意义价值体系是多元的，将绣女对于私人生活与公共生活的双重考量容纳其中。通过对自身行为规则的建构与自身意义价值的确认，绣女建立起自己的主体性。对主体的认同并非固定化、一成不变的特性，相反，它们在相互重叠和冲突的不同主体位置之间不断变化。[①] 对于莲池乡绣女而言，其偏向于公共理性的主体思考与其偏向私人情感的主体经验之间有重叠也有冲突，正是在这些重叠交错的理解与思考之中，她们不断建立与更新着对自我主体的认同，丰富着自己对于自身以及世界的认知。

伴随彝绣产业化的发展，莲池乡绣女传统既定的社会性别角色被打破，其生存空间和生活半径得到扩展，她们一步步跨出家庭私有领域，迎接着更加开放平等的公共生活，继而，其思维方式和价值观念发生了转变，最终其主体性得以重建，这是一个连续的、渐进的过程。

首先，在彝绣产业化的进程中，莲池乡绣女的角色气质发生着变化，作为女性的莲池乡彝族绣女气质呈现从封闭被动转向开放主动；作为母亲的莲池乡彝族绣女在一定程度上与孩子松绑；作为妻子的绣女也逐渐从依附走向独立，获得了走出家庭展现个体的机会。在彝绣产业的实践中，莲池乡彝族女性的家内和家外性别角色发生了交融：传统性别话语有关两性角色分工的逻辑，在促成绣女参与刺绣实践的同时，也遭遇着松动瓦解的风险。在此基础上，莲池乡绣女的角色逐渐从较封闭的、依附性的"家庭妇女"角色向较开放的、独立的"生产者"角色转变。其次，性别角色的变化，使绣女能够以与既往不同的姿态参与到公共生活之中。传统背景之下，彝族女性无论是在经济还是政治、文化方面都居于男性之后，她们所能接触到的公共生活是以男性为核心而建立的，在其中女性的力量不受重视，其贡献也不被认可，整体的公共生活形态缺乏开放性与平等性。以彝绣产业发展为核心，绣女们主动建立了经济生产的新链接，

---

① [澳]杰华：《都市里的农家女：性别、流动与社会变迁》，吴小英译，南京：江苏人民出版社，2006年，第11页。

积累起可供自身利用的官方话语资源，拓宽着民族文化交流的边界。由此，莲池乡彝族女性的公共生活日益开放与平等，并且呈现出多维多面的丰富样态。在其中，莲池乡绣女们向外寻求交流沟通，探寻共识的尝试，使其成为显现的存在。进而，莲池乡彝族绣女明确了自己多元的身份，确立起自身多样的主体认同，她们不仅是受到公共理性浸润之下的理性主体，也是重视情感关系联结的情感主体，还是能够统筹公私考量为自身制定行动规则与意义的主体。她们用切实行动为自身堆叠起各样的主体认同，在这一累加之外的，还有对于既往自然贴附于她们身上的种种标签的去除，就此，她们为自身建立起一个个新的形象，用自身的理性智慧与情感体验，装点自己日渐丰盈的人生旅途。

  总体而言，莲池乡彝族女性性别角色的变迁与公共生活的转型，是在彝绣产业化发展背景下各种社会经济政治文化力量相互交织之下实现的，同时也是绣女群体与个体行动促成的。在长期的历史发展中，刺绣已经成为一种具有明显性别特质的具体实践。传统背景下彝族女性开展刺绣这一实践，一方面是受到文化规制，一方面则是出于实际生活需要，双重因素将刺绣和彝族女性绑定在一起之后，彝族女性的角色气质被划定，女性生存空间也受到限制。而如今，彝族女性仍然在进行刺绣这一实践，但因刺绣实践的形式与其场景的转换，而带来了女性性别气质与生存空间的突破。传统观点认为，女性需要以男性为标准，以达到男性标准为发展目标。然而，从莲池乡绣女的经历之中，可以看到追寻女性解放发展之路，不能以摒弃女性自身这些原本即为人类共有，只是因性别建构不同而导致其被强调的侧重不同的情感特质为代价。女性要获得发展，并非要做到"男性的标准"。毕竟所谓"男性的标准"，也不过是在传统性别二元结构之中所建构出的标签。女性可以做她想做的，仅仅是需要合适的机会与合适的方式。

基于以上分析，本文认为女性无须"像男人一样"，女性可以做她们自己，而并非"成为一名女性"或"成为一名男性"，当她尝试着成为自己之时，她能探寻到发展的自由，能够为自己不断拓展生活的领域与空间，并在其中确立其自身的价值与意义。

文化资源与文化空间的互构

- 傣族文化资源在告庄特色小镇建设中发挥的作用研究
- 从产品、平台到空间:传统手工艺创新性发展的"拾翠实践"研究

傣族文化资源在告庄特色小镇建设中发挥的作用研究

作　　者：杜菲菲
　　　　　云南大学民族学与社会学学院
　　　　　2016级民族文化产业硕士研究生
指导老师：范建华

特色小镇作为加快我国新型城镇化建设和经济转型的一种方式，近年来在政府的倡导和培育下，受到了越来越多的关注。2016年，我国提出到2020年培育1000个特色鲜明、富有活力的特色小镇，全国各地开始大力发展特色小镇。目前对于特色小镇的认识理解和如何培育特色小镇，从理论到实践仍处于探索的阶段。以文化旅游类型的特色小镇为例，文化资源开发不当和文化产业雷同是目前发展过程中亟待解决的问题。

位于中国云南省最南端的西双版纳傣族自治州是一座著名的旅游城市，傣族作为西双版纳的主体民族，在长期的生活中创造了灿烂且独具特色的文化。告庄特色小镇发展中将傣族宗教文化、建筑文化、饮食文化、服饰文化等文化资源融入建筑形态、节庆活动、歌舞演艺、集市贸易、创意产业中，打造浓厚的傣族文化特色体验空间。告庄特色小镇建设探索出了一条民族文化立体化展示的路径，更新了西双版纳作为旅游目的地既有的文化旅游产品和内容，开辟了一个新型业态发展空间。

在文旅特色小镇发展的背景下，本文选取告庄特色小镇作为个案研究，以傣族文化资源和特色小镇深度融合发展为切入点，围绕傣族文化资源在告庄特色小镇建设中运用的路径，论证告庄特色小镇建设过程中傣族文化资源发挥的重要作用，总结告庄特色小镇建设中运用傣族文化资源的经验，思考文化资源在特色小镇建设过程中的路径选择及其价值意义，归纳特色小镇建设中发挥文化资源作用的启示及可复制性的建设经验。

一、告庄特色小镇建设的背景条件分析

（一）人口优势：依托人口数量优势积累了丰富的傣族文化资源

美国政治学家亨廷顿认为"人口是文明的标志"，人作为文化的载体，同时也是文化传播的工具。我国少数民族地区，人口数量相对较少的民族在文化传承与发展方面处于劣势。告庄所在地景洪市是一个多民族聚居的地方，政府统计显示2018年景洪市常住人口约54万人，傣族作为景洪市的主体民族约占总人口的34%，另外还有哈尼族、拉祜族、布朗族、彝族、回族、苗族、景颇族、佤族等13个少数民族。[1]在西双版纳，傣族利用人口数量的优势促进了自身民族文化的传承与发展，作为西双版纳主体民族的优势，积累了丰富文化资源。

傣族作为我国民族大家庭中的一员，也是西双版纳的世居民族，拥有悠久的历史和灿烂的文化。傣族在历史的发展中吸收了中原华夏文化、印度文化和东南亚文化等多种文化精华，形成了一种开放型的多元复合的民族文化，因此，傣族文化表现出多样性的特质。傣族文化资源来源于长期积淀的傣族文化，生活生产方式、家庭观念、社会组织、教育方式、礼仪节庆、宗教信仰等共同组成了傣族文化的内容。告庄的建设与当地傣族居民的参与密不可分，傣族居民本身就是文化资源的持有者，傣族的文化精英积极参与推动告庄旅游开发建设进度，并且能够提供最真实的傣族文化。以"傣族风情"为代表的民族文化旅游资源，是具有西双版纳地区特色的宝贵财富，也是西双版纳、告庄文化旅游产业融入云南旅游市场并占据重要位置的优势所在。

---

[1] 参见《2018年景洪市基本概况》，景洪市人民政府网，2019年5月8日，https://www.jhs.gov.cn/226.news.detail.dhtml?newsid=74557。

（二）区位交通：依托与多个景区景点互通的旅游交通区位条件

特色小镇的区位要素体现在是否处于资源密集区，方便接受资源和资本的就近转移。景洪市地处云南省西双版纳傣族自治州中部，告庄位于陆路进出景洪市的咽喉要道，距离景洪市市中心3千米，仅需10分钟车程，处于景洪市江北区中心位置，通常也是陆路游客到西双版纳的第一站。告庄周边景区景点密集，与西双版纳大型景区距离较近，出入口面向思小高速。从告庄内任意地点出发，5~10分钟内即可到达告庄面向思小高速的大门。游客可从思小高速进入磨憨、勐腊、勐养，是去往野象谷、森林公园、橄榄坝傣族园、中科院植物园等各大著名旅游景点的必经之地，去往每个景点的车程都超不过1个小时。游客可以在一天时间内完成多个景点的周转，降低了游客的出游成本。告庄距离西双版纳嘎洒国际机场10千米，仅需25分钟车程，嘎洒机场的建设缩短了游客的出行时间，可以吸引远距离的游客。

交通是连接旅游目的地和客源地的纽带，交通是否便利是游客考量出行的因素，完善的交通网络能增加游客的出行概率，成为推动旅游业发展的主要因素。告庄是承接连接东南亚和南亚通道上的一个重要节点，各种经济文化交流活动十分活跃，有利于促进告庄成为跨国旅游集散中心。告庄毗邻澜沧江——湄公河，澜沧江是中国连接老挝、泰国、柬埔寨、越南、缅甸等东南亚各国最便捷的水运航道，其中景洪港港口是国家一类对外口岸，距离告庄约10分钟车程。在铁路运输方面，随着"一带一路"倡议的实施，中国同东南亚各国铁路修建未来将逐渐畅通。西双版纳作为一个重要的边境口岸，每年出国旅游、商贸、访亲的人较多，老挝领事馆签证处设立在告庄，吸引了大批人前来告庄，有利于聚揽人气。西双版纳傣族自治州旅游发展改革委员会是告庄特色小镇发展的行政主管单位，其办公地设在告庄，方便了政府与企业、游客的有效沟通。告庄依托西双版纳多种类型的交通方式，与国内外各个景区景点运输畅通，丰富的旅行体验感更能吸引人流量，满足人们的出行需求。

表 1　西双版纳景区景点发展对比

类型	名称	内容
村落体验型	打落勐景来	傣寨观光、傣族非遗项目体验、天天泼水
村落体验型	橄榄坝傣族园	傣寨观光、天天泼水节、歌舞表演
主题乐园型	万达水上世界	水上体验游乐项目各类
自然资源型	中科院植物园	珍稀植物、奇花异草
自然资源型	野象谷	自然景观观光、亚洲象及表演
园林观光型	曼听公园	园林景观观光、歌舞演艺

资料来源：笔者通过调研整理。

（三）社会经济：依托相对成熟的旅游市场

2018 年统计显示，西双版纳傣族自治州人均 GDP 在云南省 16 个州市中排名第四，其州府景洪市在云南省 100 多个县和县级市中经济发展水平排名第八，经济发展水平在云南省内发展较为良好。相较于我国东部地区第一、二产业经济发展薄弱，在经济发展中，全州主要形成了以第三产业为主导的发展类型，旅游业发展突出。告庄围绕文旅融合发展特色文化产业，是基于西双版纳工业基础薄弱、耕地面积紧张、政府财政拮据，地域内多以分散的家庭经营为单位的经济发展方式下的选择。发展文化旅游产业虽然能够为经济创收，但是由于自身服务业的特点，需要多种行业的支撑，地域的经济发展水平影响告庄特色小镇投资建设的规模和品质。

文旅特色小镇建设发展的关键在于该地区旅游资源的存量，融入旅游市场的条件和能力及对现有资源的合理开发利用。20 世纪 90

年代，西双版纳风景名胜区被评选为全国第一批 44 个国家级风景名胜区之一，1998 年西双版纳傣族自治州被评为中国优秀旅游城市，"泼水节狂欢""柔情傣乡""傣族孔雀舞""热带雨林"是人们心中对西双版纳贴上的标签。西双版纳较早地打造了旅游品牌，为告庄傣族文化旅游产业的发展奠定了良好的旅游城市品牌基础。西双版纳具有独特的旅游资源、完善的旅游设施和各种服务以及相对稳定的旅游消费群体，2017 年西双版纳共接待国内外游客超过 3300 万人次，为告庄发展文化旅游奠定了"产业基因"。

表 2　2015—2017 年西双版纳全年接待游客人数和旅游综合收入

年份	全年接待旅游人数（万人次）	全年接待旅游人数增长率（%）	全年旅游综合收入（亿元）	全年旅游综合收入增长率（%）
2015	2001.4	17.7	286.70	26
2016	2519.94	25.91	420.28	46.59
2017	3223.5	32	507.8	20.8

资料来源：笔者根据历年西双版纳傣族自治州政府报告整理统计绘制。

（四）空间范围：依托原有傣族生存空间创造性地重建

根据土地资源类型，特色小镇的建设用地一般分为两种：一种依托原有的建制镇用地，直接保留原有格局或进行局部的空间调整，如历史文化型特色小镇可以直接在文化遗迹内部或周边进行规划设计；另一种是对邻近中心城镇的乡村用地进行规划整合，创造性地重建新的空间。告庄的建设属于后者。

告庄南临澜沧江，与市中心隔江而望，总建筑面积 160 万平方米，占地面积约 1.3 平方千米，符合特色小镇控制在 3 平方千米以内的规划要求。告庄的建设，提高了土地的资源利用率，建设用地原是景洪市政府的部分沙地和曼斗村村民的部分住宅，曼斗村位于西双版纳州的首府所在地景洪市东北 3 千米的澜沧江江边，地势总体平坦、蜿蜒错落，依山傍水，自然景观资源良好。从以往的影像资料可以看出，曼斗曾是一个傣族聚居的自然村落，村民一般居住在傣式木质建筑结构的房屋。告庄在原有的傣族文化空间基础上建设，虽然拆除了傣寨的建筑形态与格局，但是在建筑规划的总体设计上仍然运用了大量的傣族文化元素，如景兰寨片区基本沿用了传统傣寨的建筑样式。伴随着告庄的建设发展，告庄与仅有五米距离的曼斗村形成迥异的发展模式。没有列入告庄开发范围的曼斗村已经找寻不到传统傣族村落的模样，住房建筑形态和一般城中村无异。借助靠近告庄的位置优势，大量的低端酒店和各类餐馆等在曼斗集聚，曼斗与告庄的建筑形态及发展方式差异化明显。

（五）自然环境：依托自然环境孕育的多彩的人文地理景观

自然环境资源是特色小镇打造的重要条件，现代文化旅游中，人们对旅游目的地的自然环境、气候条件、生物丰富度较为关注。告庄特色小镇的建设，依托西双版纳的动植物资源、气候条件。西双版纳热带雨林自然保护区是世界公认的地球北纬21°唯一的一片绿洲，年平均气温在18~22℃之间，长夏无冬，终年无雪，四季常青。全年降水充沛，空气湿润、日照充足。除了保存完好的热带雨林，西双版纳还被称为"动植物王国"，国家一级保护动物亚洲象、长臂猿、小犀牛等10余种。

中国古语"十里不同风，百里不同俗"，这句话在西双版纳则表现为"五里不同风，十里不同俗"。在地理环境决定论中，作为生产资料和劳动对象的地理环境、自然条件会对社会发展产生一定的影响，这种影响体现在族群的语言、文字、建筑、人口分布、信仰，甚至也表现在生理特征等方面。简单理解为不同的地理环境影响了人及社会发展的样貌。在一定范围内，局部空间的地形地貌及气候条件与周边的差异较小，整个西双版纳呈现出山林茂密、河网密布的地貌特征。由于自然地理环境的因素，在长期的历史发展中，各民族逐渐形成了独具本民族特色的生产生活方式。历史形成了各民族聚居地不同环境的特点，傣族主要聚居在少山多地的平坝地区，基诺族、哈尼族等民族一般居住在平缓向阳小山坡上，拉祜族把落地式茅屋通常建在半山腰或山顶。不同民族的生活环境对民族的历史产生较大影响，多山的地形在现代生活中多有不便，也限制了住在山里的民族，如佤族、基诺族与外界的交流机会。傣族居住在较为平坦的地理环境给生产生活带来了极大便利，生活的富足，使得傣族在经济、文化、教育等方面较其他民族发展较快。在西双版纳，各个民族虽然有不同的风俗、崇拜、信仰，但是都表达了对自然的敬畏，包容的民族氛围使得多元的民族文化资源总能够和谐共生，自然环境得以良好地保护。

（六）开发运营：依托本土企业主导下的运营模式

开发商、运营商决定了特色小镇的定位，决策者的审美水平决定了特色小镇的水平。依靠政府引导、以企业为主体进行市场化运作是特色小镇运营的主要模式。告庄由西双版纳一家本土地产公司——海诚公司投资开发。海诚公司相较于外来投资商，对地域文化资源的把控更为准确。凭借对地方文化的深刻认知，本土企业建设中更易选择最具代表性的文化符号凸显出告庄的地方性和特色性。2017年开发商专门成立了云南景兰文化旅游股份有限公司作为告庄的运营团队。云南景兰文化旅游股份有限公司（以下简称景兰文化公司）12个部门共有员工267人，按民族划分，其中傣族员工75人左右，傣族文化主体的参与更能保证文化的原真性。

海诚集团是告庄房地产开发商，特色小镇的运营商，同时也是参与市场竞争的经营商，开发商在经营过程中逐渐由"地产商"向"生活生产方式的提供商"转变，企业的收益方式也逐渐由早期单一的土地收益向综合收益转变。海诚公司经营范围包括整个告庄的旅游项目开发及经营、房地产开发经营、建筑装饰设计、物业管理等。海诚公司的盈利渠道主要体现几个方面：房地产销售回笼资金，通过出租自持物业商铺收取租赁费或以联营的方式收取商家营业额的一部分，另一类是自主经营酒店、餐饮、旅行社、旅游商品取得收益，对部分自持物业自主经营，景兰公司自主经营的酒店餐饮有景兰大酒店、曼湄公饭店，零售有珠宝、服装、文创产品，此外还有休闲娱乐方面的歌舞演艺业、罗摩岛主题乐园建设运营等。告庄近年来作为知名的影视拍摄取景地，景兰文化公司提供拍摄协助服务；提供的活动策划服务，包括承接、组织、策划文化活动获取收入；自主设计文创产品，延长产业链增加收益。特色小镇的运营者主动承担起对地域文化传播的责任和义务，本土的建设团队建设中表现出了自己的家园情怀，更具有传承傣族文化的使命感。

表3 2017年云南景兰文化旅游公司运营统计数据

依托城市（镇）名称			西双版纳州景洪市		（续表）
日接待最大容量			8万人次		
工作人员	总人数	267人	导游（讲解）人员 15人		保安人员 70人
	管理人员	65人	高级导游（讲解员） 2人		环卫人员 65人
2017年经营情况	接待游客人数		902.5万人次	营业收入	66900万元
	其中：入境游客数		20万人次	利润总额	11636万元
	门票价格		0元	上交税费	1354.13万元
投入情况	累计投入		300000万元	年均收入	60000万元
开业时间			景区自2012年12月开始开业接待游客		

资料来源：2018年告庄西双景旅游景区质量等级申请评定报告

综合告庄特色小镇建设发展的背景条件，物种丰富和环境良好的自然生态、傣族人口数量优势的建设、区域经济发展水平、既有的文化旅游消费市场、本土企业自主经营的管理模式是其发展的优势条件。相较之下，傣族文化资源在特色小镇建设中发挥的作用显而易见，告庄建设的效果也是可观可感。告庄利用丰富的、不同层面的傣族文化资源和成熟的傣族文化资源体系，形成系统的文化旅游产品和服务，展现深厚的傣族文化内涵。傣族文化资源发挥的作用，使告庄特色小镇不仅成为一种经济发展的手段，也成为满足人们文化需求和实现城乡文化消费互动发展的重要方式。

二、告庄特色小镇建设中傣族文化资源运用的路径及其价值影响

（一）傣族建筑文化与告庄建筑形态及空间布局

特色的建筑形态外观是吸引游客对小镇"一见钟情"的关键，其自身具备的观光价值成为发展旅游的重要因素。我国建筑观光与旅游结合的历史较早。20世纪中期，人们选择到故宫、天坛、长城、园林等观光旅游，之后传统古镇古村在相当一段时间内受到人们的追捧。古镇历经千百年绵延至今，保留了大量的历史文化遗存，乌镇、周庄、西塘、丽江古城、凤凰古城、大理古城、丹巴藏寨为代表的古镇古城是特色小城镇早期的形态，古镇古城的特色建筑也成为吸引观光人流的第一要素。在各地特色小镇建设中，古村古镇被大量地复建造成人们的审美疲劳，仿古的建筑历史符号化严重，空有一个建筑外壳，缺少真正的文化内涵。人们对地域的直观印象往往依赖视觉，特色建筑是特色小镇特有的一道文化风景，小镇的建筑空间及建筑形态，通过视觉感官表达，让游客获取最直观的整体感知，直接影响旅游者对特色小镇文化空间的价值判断，独特的建筑空间风貌是特色小镇不可或缺的重要因素。

1. 借鉴传统傣族村落格局形成的建筑空间布局

告庄的建筑布局及建筑形态是对西双版纳地域属性村落特征和历史的延续，也是对傣族历史脉络的传承和展示，其选址和建筑格局依旧延续了傣族的习俗。告庄全称"告庄西双景"，"西双"汉意为十二，傣语中村寨称"景"，如景谷、景东，"告庄西双景"汉意为"十二个寨子"，正如其字面隐喻了告庄的整体建筑空间格局，由十二片寨区和九座佛塔共同组成，构思来源于1000多年前的允景洪（景洪市旧称）以十二个村寨和九座佛塔布局的整个城市体系。傣族

村落一般依山傍水而建，由寨门、寺庙、佛塔、水井等构成。寨心相当于现代住宅小区内人们参与公共活动的广场，告庄的寨心是的帕雅真广场，广场中心的佛寺是景洪市总佛寺大金塔寺，以大金塔寺为中心形成了"九塔十二寨"对称分布的建筑空间布局，十二片寨区和九座塔的名字借助古时景洪的叫法命名。

（1）传统傣式建筑群组成的六片寨区：景德寨、景保寨、景罕寨、景勐寨、景兰寨、景亮寨六个寨组成

告庄在建筑形态及空间布局上复原了傣族村落的居住场景，基本承袭了傣族传统的建筑样貌，在建筑材料和空间尺度上又做了部分调整。传统的傣族干栏式住宅，体现了傣族了解并适应自然的智慧，民居建筑材料取自大自然，一般用竹子或木头建造而成，一般采用重叠式屋顶设计，分为上下两层，考虑到建筑的实用性，告庄的傣楼，局部采用钢架和石砖材料，门窗、屋檐、柱子等主体外观仍然用木质材料，从外观上看告庄的傣式院落，整体凸显了木质建筑的古朴色调。建筑通过独特的环境设计会对人的行为产生潜移默化的影响。比如告庄傣楼走廊和门户的设计相对低矮，低矮的屋檐设计，随手可及，人可以和建筑平等地交流。寨区内的水塔、许愿塔、夜市、景观小品，与院落前后的花卉树木相映成趣。这种环境氛围的营造，有利于人们了解傣族的家庭结构、社会形态、宗教信仰等。①

（2）塔尖式现代建筑群组成的六片寨区：以傣族元素为主题的现代建筑群，主要包括从东北、西南两侧环抱中心六寨的景法寨、景岱寨、景真寨、景栋寨、景匡寨、景宰寨

告庄的建筑设计不是简单地堆砌傣族文化符号，是在继承传统傣族建筑文化基因的同时，体现现代建筑的美学艺术。告庄的现代

---
① 荀利波、李关平：《少数民族对生态环境的文化适应策略——基于云南傣族、彝族、纳西族居住习俗的典型分》，《齐齐哈尔大学学报》2016年第2期，第9页。

建筑群既展现了人们对现代艺术审美的追求和向往，也体现了浓厚的傣族宗教文化色彩。告庄中心位置是傣族文化元素使用率最高的大金塔寺是一座现代型建筑，高 66.6 米的大金塔寺作为告庄的中心景观区，谨慎地在南传上座部佛教佛塔、寺庙等宗教建筑的基础上创意设计。佛塔、佛足石、佛龛、许愿台等构成傣族寺庙的古典韵味。屋脊上装饰火焰状、卷叶状和动物形态的陶饰，大门的两侧各有两尊龙形神兽"拉嘎"，手工雕刻的龙身鳞片，彩色玻璃装饰门窗以及红色的塔身和黄色塔尖的色彩搭配，综合体现了传统与现代的结合。告庄南部片区有一座高 199.9 米的孔雀楼，其建筑外观设计来源于傣族的吉祥物孔雀，立面造型由两只首尾相连的孔雀组成，两侧建筑是孔雀开屏的造型设计。北部片区的景兰大酒店所在建筑曾获 CIHAF 设计中国——精品度假酒店优胜奖。傣族文化元素与现代时尚元素相结合的塔尖式建筑群，视觉冲击较为明显。利用傣族建筑文化资源打造标志性建筑群，具有典型特征和公认的文化内涵的建筑群逐渐成为告庄特色小镇和景洪市的地标。

特色建筑具有表意性、符号性和社会价值整体取向性，不同文化背景的个体对建筑有主观的认知。[①] 人们从第一眼就能看出告庄建筑运用了傣族文化元素，这种文化的认同，凸显了地域文化特色。人们有意识地选择文化符号对空间形态进行装饰，如今，这种现象在告庄的建筑设计中较为常见。[②] 告庄用大象雕塑装饰的主干道，用孔雀造型的路灯美化街景，印有莲花图案的下水道井盖，傣族"火、水"纹饰的道路指示牌，将傣族文化元素融入物质实体，使建筑形态及其相连接的空间布局呈现出极为鲜明的风格特征。告庄特色小

---

① 张鸿雁：《城市意象要素的本土文化认知》，《城市问题》2004 年 5 月第 5 期，第 6 页。
② 陈文江、黄超：《民族传统文化建筑表达的伦理叙事功能——以裕固族为例》，《伦理学研究》2018 年第 1 期，第 69 页。

镇建筑形态及空间布局脱离了人们对傣族传统居住空间固有的认知，凭借和现代文化时尚的元素的碰撞，为人们带来了全新的体验，形成的建筑风貌在中国的特色小镇市场中独树一帜。高高耸立的塔尖式现代建筑群，逐渐发展成为告庄的观光资源吸引游客，具有地域特色的建筑，推动告庄逐渐成为旅游消费的目的地。大金塔寺现已成为告庄观光的热门地点，大金塔寺数座高大精美、装饰华丽的佛像是游客反映的最受欢迎的拍照场景，以大金塔为背景拍摄留念的图像发布在各类社交平台，借此满足自身或猎奇、或炫耀、或朝圣的出行动机。

2. 有序的建筑形态发挥小镇的复合型功能

建筑一般包括居住功能、办公功能、商业功能、文教功能、交通通讯功能等，传统的建筑空间一般只发挥单一功能，如一般城市的住宅建筑只承担居住的功能，且与办公建筑、商业建筑、文教建筑、园林建筑等存在一定距离。特色小镇的功能则更具复合性，告庄利用街段短、建筑多样、人流密度高的特点，将居住与休闲的功能复合、商业和办公与旅游功能复合，体现了旅游、居住、办公、商业等多种功能在一定空间和时间范围内的兼容状态，使建筑的使用率和发挥的价值最大化。①

告庄建筑及空间布局发挥复合型功能是不同经营业态、土地使用方式、空间形态与傣族文化资源融合的结果。傣族文化资源作为参与特色小镇空间建设的要素，结合其自身的特点，巧妙地融入在现代建筑空间和传统建筑空间内，不同建筑空间内文化资源的类型和数量的差异，影响了所在空间内提供的产品和服务内容。告庄依据不同的建筑形态和建筑风格形成了特征鲜明的差异化建筑空间格局，即传统建筑空间与现代建筑空间，二者在形态上有所差别，因

---

① 黄莉：《城市功能复合：模式与策略》，《热带地理》2012年第32期，第408页。

相同的傣族文化主题，呈现和谐共存的发展态势。基于不同的傣族文化资源在不同空间类型的差异化分布，告庄形成了鲜明的功能空间类型。参照德国经济地理学家克里斯塔勒的中心地理论框架模型，告庄空间功能布局以中心点大金塔寺为核心向外延展，将告庄分为两个层级，六个传统傣寨片区形成的中间层和六个寨区组成的现代建筑群形成的外围层，不同层级发挥不同的空间功能。

（1）六个传统傣族建筑片区组成的中间层是告庄傣族文化体验的核心区，主要发挥休闲、娱乐、购物的功能。基于中间层建筑密度小且较为传统的建筑风格的特点，频繁开展各类特色民俗活动，包括日常佛事活动、节庆活动、歌舞展演、民族民间手工艺展示等，是特色饮食文化、建筑文化、节庆文化、宗教文化、服饰文化、舞蹈文化等多种文化资源类型的集中地。文化资源的聚集使中间层逐渐成为各类民族餐饮、民族民间手工艺品、傣族风情客栈等特色文化旅游商品的集中地。多种文化资源聚集使中间层的文化体验较为丰富，早晨游客在大金塔寺与当地居民参与日常赕佛，体验宗教文化，中午在景兰寨就近选择一家特色餐馆品尝地道美食，了解傣族饮食文化，下午在赶摆街选家手工店参与傣陶制作，体验傣族慢轮制陶技艺，夜晚在帕雅真广场的夜市通过欣赏一场歌舞表演，体验傣族的音乐文化、舞蹈文化、服饰文化等，中间层发挥的复合型功能，能够最大限度地满足人们参与体验生活、娱乐休闲购物、观光游览等需求。

（2）现代建筑群组成的外围层，因建筑空间密度大和建筑形态、风格现代化的特点，成为现代商务办公和傣族风情酒店的集中地，主要发挥酒店住宿、商务办公的功能，突出表现为文化活动少及文化旅游产品较为单一的特点。2018年8月景兰文化旅游股份有限公司统计数据显示，告庄共306家傣族风情客栈，走访调研发现，其中有202家分布在外围层,外围层是中高端精品酒店的集中地。傣族风情酒店相较于传统寨区木质的傣族风情客栈,配套设施更为舒适便利,风格简洁明快,更符合现代人对旅游目的地住宿条件的要求,在规模和价格上也具有市场竞争优势,成为多数游客选择住宿的集中区域。此外,大型生活服务超市、影院、银行、卫生室以及老挝领事馆驻景洪办公室等基础配套设施,同样集中在外围层,可以吸引人们前来告庄办理签证业务等事项,有助于推动告庄空间消费的现代性。

告庄文化资源开发在空间内的开发策略是中部优先,依次向两边扩散。中间层的六个传统傣寨区主要构成的餐饮娱乐购物区和外围层的现代建筑群构成的酒店住宿商务区,两个层级互相配合,形成了较为完善的文化旅游服务产业链。通过打造文化旅游经济链条的中心节点,不断提高告庄的吸纳和疏散能力,发挥空间的复合性功能。多样的复合功能作为特色小镇生活的魅力所在,也是实现宜居环境、独特风貌及经济竞争力的重要方面。① 告庄的建设,不仅满足了游客吃住行游购娱的基本需求,随着游客量的增加,利润的驱动使商家、附近居民及外地人选择在告庄置业、就业。2018年8月份数据统计,1070户商家入驻告庄。基础设施和公共服务的完善,本地居民逐渐融入告庄的生产生活当中,告庄逐渐变成景洪市文脉延续和传统文化传承的重要环节。告庄建筑景观资源、节事文化活动、餐饮酒店集群、集市贸易等共同构成文化旅游产品和服务的主体,这些产品和服务,与周边地带所不具备的资源特色和功能特征,使其逐渐发展成为一个带有壁垒的文化旅游消费空间,形成自身独特的竞争优势。

---

① 仇保兴:《紧凑度与多样性:中国城市可持续发展的两大核心要素》,《城市规划》2012年第36期,第17页。

3. 特色建筑与旅游结合有效提升告庄房地产的溢价能力

随着旅游的发展以及人们安土重迁的观念逐渐淡化，西双版纳适宜的气候和良好的生态环境条件，相较于北方更适宜人们居住，以东北三省为代表的大量外地人群选择在西双版纳安家置业。万达、万科、雅居乐、绿地等全国知名房地产开发企业投资西双版纳房地产市场，建设了多个住宅及文旅项目。

2012年左右告庄主题建筑建设完成，2013年左右年国家对房地产的调控不断深入，三四线城市为代表的房地产销售规模下降。在激烈的房地产市场竞争环境下，如果按照常规的设计复建傣寨、建设现代型住房，开发商只能获取由土地带来的短期收入。告庄经营者摒弃了以营销为导向、快速周转的传统房地产开发模式，另辟蹊径，较早的发展以傣族文化为主题的文化旅游地产。这种转变推动开发商转向特色小镇内容和产品的运营和服务，不单一依靠卖房子获取收益，为文旅产业发展提供内容和场所，打造一种具有地域特色的生产生活方式。特色鲜明的建筑群成为告庄发展文化旅游产业的有利条件，吸引了各类产业入驻，逐渐增加的人气和美誉度，使告庄的房价快速提升。2019年2月在七家房地产网站搜索景洪市房价信息，在资源禀赋相同的空间环境内对比同类型文旅地产项目，比如告庄西双景、融创西双版纳度假区、雅居乐西双林语、万科曼西缇、俊发滨江俊园。比照五家地产公司楼盘的房价统计发现，告庄每平米的均价大约在15000元，普遍高于其他地产公司的房价，已经在房地产及文旅市场中取得了自己的竞争优势。

围绕傣族建筑文化资源，使整体的建筑空间布局及形态外观发挥了告庄的经济功能、文化功能以及社会生活的功能，是傣族为主体的多功能文化空间载体。傣族文化资源的运用，彰显民族区域特色的同时体现了告庄与周边城镇空间的协调性、宜居性和合理性。

特色小镇较一般的小城镇更加注重生态空间形态，在尊重原有的自然条件的基础上，与周边自然环境相协调建设，对小镇的建筑、街巷、绿化景观等框架形态在密度、体量、材质、修饰、色彩等元素进行合理调控，基于文化认同意识，赋予特色小镇建筑丰富的地域文化色彩和象征意义，集中体现了地域民族的群体智慧。

（二）傣族节庆文化与告庄节庆产业

节庆活动作为一种旅游资源，有着参与性、体验性、娱乐性强的特点，对游客来讲，具有强烈的吸引力。随着节庆的蓬勃发展，参与节日、消费节日、享受节日是现代人生活中必不可少的重要内容，节庆活动的功能和价值由以往的娱乐、祭祀、交友转向服务于文化消费。地方政府及各界一般利用节庆文化资源向大众提供文化性消费，获取关注和收益。

1. 开展以傣族为主体的节庆活动丰富告庄旅游产品内容

告庄的节庆活动形式多样，包括展览、赛事、盛典等，具有传统与现代性文化相结合的特征，促使告庄形成区别于以单一节庆为亮点的旅游品牌，做到了"天天有小节，月月有大节"的节日营销（表5、表6）。告庄利用当地的节庆文化资源，每年举办30多场以文化休闲体验为主题的民俗活动，包括傣族传统节日泼水节、开门节、关门节、水灯节，哈尼族的嘎汤帕节，与政府合作承办的澜沧江·湄公河流域国家艺术节，自创的节庆品牌柠檬音乐节、傣渌文化艺术节等。其中和傣族相关的节庆活动数量最多，规模最大，也最为隆重。开门节、关门节有邀请佛爷、滴水穿线、沙塔祈福、水灯祈愿、放高升（傣族土火花）、江边放生等活动；水灯节期间举办传统傣家水灯小姐选拔、万人放水灯、花车巡游、灯光展等新颖、有趣味的活动内容；傣渌文化节期间，邀请泰国分布有傣渌支系的7个省府群众代表，开展文化艺术交流，同期举办傣渤手工制品展销会、歌舞表演、烟花盛会等。"澜沧江·湄公河流域国家艺术节"邀请中老缅泰越柬六国艺术家，在绘画、摄影、文学、电影等领域进行交流。告庄借助节庆活动，提高当地传统文化知名度和影响力，不仅促进了当地人民对传统文化的认同感与传承的使命感，也是为游客提供全面了解西双版纳民俗、民族文化历史的一种途径。

日常的赕佛是傣族群众宗教生活的主要内容，也是一项必须履行的宗教义务。如"赕"是傣族常见的宗教行为。"赕"是敬佛或对佛有所供养即布施的意思，虔诚的信徒，每年都以不同方式向佛祖、佛寺捐钱物贡品，是傣族以积个人"善行"的一种祭祀活动。每日早上9点，大金塔寺的僧团都会在大金塔寺附近的范围托钵集食。参与供养的不仅有当地人，也有游客。人们提前准备好蜡条、鲜花、食物，在大金塔寺前集体跪拜等待僧侣。身披袈裟的僧侣一字排开，面向跪拜的人，集体念诵经文，为世人消灾解惑。诵经完毕后，赤脚缓慢而行，走至供养的施主身边，以手中的钵，接过施主供养的物品。除此之外，每周六晚在大金塔寺内都会有僧人诵经祈福，当地50~70岁的老人，每周六都要到大金塔寺念经，有些游客也会参与其中。家住曼斗的玉儿叫老人，今年62岁，每逢周六都会去告庄大佛寺听经诵经。老人参加节日的仪式感也极为隆重，梳一头传统的傣式发髻盘于头顶，身着一身素白淡雅的傣装，准备好用于宗教活动的用品，包括一黄色竹篮，里面装有四把蜡条、一瓶水、花环、瓷碟、食物等，精心收拾妥当后前往。由此可见，告庄的傣族节事活动，已经常态化，真正地融于日常的生活，每天赕佛、诵经并不是"作秀"，而是当地傣家人宗教生活的一部分，人们在日常的生活中感受傣族宗教文化的气息。告庄的佛事活动，营造了浓厚的宗教氛围，一定程度上容易引起游客心灵深处的畅快和超越感，直接对游客个人情欲、私利意识产生净化和陶冶,使之产生超然于人生和心灵的感觉,加深了游客的告庄宗教文化体验感。

表4 告庄全傣族传统节庆及傣族相关活动

活动日期	节日名称	活动主题	活动内容
1月28日—2月2日	告庄西双景傣渺文化节	新春·告庄西双景傣渺文化节	花车游行、歌舞晚会、泰国"OTOP"传统手工制品展销会、篝火舞会、烟花盛会
4月12日—15日	泼水节	傣历新年节(泼水节)系列庆祝活动	花车巡游、穿花环、画伞、放水灯、歌舞晚会、放孔明灯、篝火晚会、放生祈福、烟花盛会、取水仪式、万人泼水狂欢、浴佛祈福
7月中下旬	关门节	大金塔寺关门节诵经祈福	听诵经文、托钵集食、绕塔祈福
10月中旬	开门节	虔诚祈福傣族盛典开门节传统民俗活动	迎佛爷、诵经比赛、诵经祈福点灯、赶塔
11月中下旬	水灯节	水灯节及水灯小姐选美大赛	歌舞表演才艺比赛
每天	9:00开始	托钵集食	诵经托钵集食
每周六	20:00—20:40	大金塔寺诵经祈福	僧侣绕塔、听经送佛活动

资料来源:根据调研资料,笔者自绘。

表5 告庄除傣族节庆外节事活动统计表

活动日期	节日名称	活动主题	活动内容
1月2—4日	嘎汤帕节	哈尼族新年	哈尼族新年、歌舞展演、民族商品展销
2月11日	元宵节	花灯闹春,喜迎元宵	花灯会、歌舞演出、猜灯谜、包元宵体验
2月14日	情人节	浪漫情人节主题活动	歌舞表演
3月11日—12日	亲子活动	"大手拉小手快乐齐步走"告庄西双景全民亲子运动会	趣味运动会

(续表)

活动日期	节日名称	活动主题	活动内容
5月1日—3日	澜沧江·湄公河流域青年文创集市	五一澜沧江湄公河流域国际文化创意集市	创意集市、泰国街头艺人表演、VR展示、DIY、创意拍照
6月1日	六一儿童节	"我是大明星"儿童才艺大赛	儿童才艺比赛
7月—8月暑假	暑假亲子夏令营	"告庄西双景·陪你玩一夏"暑假亲子夏令营	游学课程
8月28日	七夕	"唯美七夕与爱相约"告庄西双景七夕主题活动	东南亚婚俗秀
10月1日—5日	柠檬音乐季	柠檬音乐季第四季	民族歌曲比赛
11月中下旬	水灯节	水灯小姐选美大赛	歌舞表演才艺比赛
12月25日	圣诞节	狂欢圣诞夜缤纷享好礼	花车巡游、烟花盛会、歌舞表演
12月中旬	六国艺术节	澜沧江·湄公河流域国家文化艺术节	文创产品展销、影像展、画展、六国文艺晚会、交响音乐会
12月31日	跨年晚会	告庄西双景迎春接福跨年晚会	歌舞晚会、篝火表演、烟花盛会

资料来源：根据调研资料，笔者自绘。

2. 打造以泼水节为核心的节庆品牌

一个成功的节庆活动可以提升地域的知名度，使人们在想到某个节庆的瞬间想到举办地。节庆通过系列的活动内容可以在短时间内吸引大量的关注，是提升地方知名度的一种快捷途径。正如人们潜意识地将"泼水节"和西双版纳、和傣族联系在一起，告庄利用"泼水节"打造节庆品牌的目标是让人们在听到"泼水节"时会第一时间想到告庄，并且产生前往告庄参与体验泼水节活动的渴望。

在西双版纳泼水节不仅是傣族，同样是信仰南传上座部佛教的阿昌族、德昂族、佤族、布朗族等民族的传统节日，节日期间，西双版纳全州一般放五天假期，男女老少共同欢庆。随着旅游的发展，泼水节已经成为西双版纳规模最大、知名度最高的节庆活动，一般在每年的4月13日或15日左右，开展为期3~7天的系列活动。"泼水节"已经不再是单纯的民间活动，在节庆期间，有多个社会主体参与其中，政府作为主办方联合承办企业筹备系列活动，媒体和个人通过各种媒介宣传报道增加曝光度。告庄已经成功申请为西双版纳泼水节官方系列活动分会场，充分利用傣族文化资源，在泼水节期间举办多场活动。第一天，告庄邀请西双版纳非遗传承人到赶摆场参加非遗展示，届时举办取水少女选拔总决赛，民族歌舞表演晚会等活动。第二天，数万人齐聚澜沧江边燃放烟花，放高升、数万人共同放飞孔明灯祈福，在夜幕的衬托下璀璨夺目，场面极其壮观。活动内容与告庄产业特色、资源特色联系紧密，极大地吸引了人们的注意力，感受与体验泼水节水文化成为旅游中的一大收获。第三天，泼水活动正式开始，数万的当地居民和外地游客共同组成了泼水狂欢盛会。人们互相泼水，互相祝愿，对身临其境的游客来说，泼水是参与当地居民的集体活动最为便捷的方式，在体验中收获一种美好的惬意，逐渐升华为一种对民族风情的喜爱之情。泼水节期间，人们还可以参与放水灯、看演出、吃傣味、住傣式竹楼，丰富了游客对傣族民族风俗的体验感，从参与中获得傣族文化知识和精神上的愉悦，这种愉悦的情感体验，可以带给人良好的回味，提升告庄"泼水节"活动的美誉度。

表6 2019年傣族泼水节告庄活动内容统计表

日期	时间	活动内容	活动地点
4月11日至14日	19:00—22:30	西双版纳非物质文化遗产展示 傣泐文化手工长廊	赶摆场
	全天	放生祈福会	江边放生祈福台
	20:30—22:00	烟花盛会	赶摆场·澜沧江边
	19:30—20:30	2018泼水节花车游行	万象大道孔雀大道
	全天	奇石展	
第一天 4月11日	20:00—22:30	西双版纳取水少女选拔大赛决赛	赶摆场
第二天 4月12日	20:00—22:30	西双版纳热浪音乐节	
第三天 4月13日	20:30—22:30	泼水节万人天灯篝火狂欢晚会 "万人天灯"万盏水灯在澜沧江·湄公河中放生	赶摆场·澜沧江边
第四天 4月14日	全天	"相约西双版纳"大型赶摆活动	赶摆场
	20:30—22:30	多彩民族歌舞晚会	赶摆场北侧舞台
第五天 4月15日	10:00—11:00	取水仪式	江边祈福台
	11:00—16:00	万人泼水大狂欢	万象大道/大金塔广场
第六天 4月16日	全天	浴佛祈福	大金塔寺

资料来源：根据调研资料搜集整理，笔者自绘。

3.构建节庆活动产品体系分层开发节庆品牌

告庄已经形成较为完整的节庆活动运作体系，依据节庆活动吸引的人流量、节庆品牌知名度、不同时间点的节庆，告庄的节庆产品细分为三个层次。核心品牌的形成和地域的重点文化即主体文化相关，主体文化表现地较为强势，对核心品牌的打造较为有利。从知名度及活动影响力角度衡量，告庄的核心节庆品牌是泼水节，将其着力打造成具有国际影响力的知名节庆品牌，是告庄泼水节节庆品牌塑造中走向更广阔市场的关键一步。消费级节事活动一般在传统节假日期间，是告庄现代性节庆活动体系中最为重要的腰部力量，通过不断地培育发展目标，成为品牌节事活动。全时性节事活动即日常的节事活动，通过定时定点举办节事活动，让不同时间段前来告庄的游客都能体验到傣族节事活动氛围。从告庄节庆品牌的打造，可以得出品牌挖掘和打造是一个动态的过程，并遵循层层递进的挖掘规律的结论。少数民族文化（一般品牌）、傣族文化（特色品牌）、节庆文化（主题品牌）、泼水节（重点品牌），经过深入挖掘文化资源，选取具备发展潜力的文化资源作为品牌的主体重点来打造。

节庆可以在短时间内吸引大量的人流集聚告庄，巨大的人流量，暗含了可观的消费潜力。狂欢式的盛会对游客的感染力极强，当游客体验节庆活动的文化内涵且认同时，进而产生信任感，会增加相关节庆消费，对上下游相关产业链发展产生辐射作用，3~5天的活动内容使游客产生一系列在地性消费。节庆期间，告庄的商铺、客栈酒店、餐馆等基本处于卖方市场，以酒店客栈为例，酒店价格是平时的3~5倍。面对比平时高出几倍的价格，来告庄体验的游客依旧络绎不绝。客栈老板反映，泼水节和春节期间，告庄确实可以用"摩肩接踵"、人山人海形容，赶摆的摊位租赁率和费用都要比平时要高出几倍左右。以酒店餐饮为例，2019年2月4日至10日春节期间，在12个寨区各抽样30家酒店客栈，1254个房间共2000个床位，综合入住率达99.18%；在12个寨区选取2~3家餐饮品质和口碑较好的餐饮单位共20家，同时可接待3108人，时时用餐量2566人，用餐率达85.4%。春节7天时间，据统计，西双版纳共接待游客202.09万人次，告庄共接待83.92万人次，在有限的物理空间范围内，告庄吸引的游客接待量接近全州的一半。

（三）傣族歌舞文化与告庄演艺产业

随着文化旅游消费需求的增加，歌舞演艺产品因其娱乐性、观赏性强的特点受到大众的喜爱，依托景区景点开发的演艺活动品种繁多。以云南省为例，在旅游业发展较好地区，一般有一个或多个演艺剧目，昆明有《云南印象》、丽江有《印象·丽江》《丽江千古情》《丽水金沙》、西双版纳有《勐巴拉纳西》、腾冲有《梦幻腾冲》等。歌舞演艺作为丰富旅游体验的重要内容和直接的消费品，在文旅特色小镇发展中有着重要分量，起到增加经济收入、提升旅游目的地的形象和促进深度挖掘文化资源的作用。

1.重点挖掘具有群众性和广泛性的傣族歌舞文化资源提升小镇形象

文旅特色小镇歌舞演艺产业的发展，一般利用地域内既有文化资源，选取可开发的题材内容，打造歌舞演艺产品和服务。大众熟悉、具有一定群众基础的主题，容易引起人们情感的共鸣，同时调动参与的热情。傣族舞蹈中尤以孔雀舞较为知名，经过刀美兰、杨丽萍几代舞蹈家的经典演绎，孔雀舞以其明丽、端庄和内敛的气质，流畅秀美的舞蹈动态形象，深受喜爱，家喻户晓。章哈[①]和傣族舞蹈一样，是傣家人重要节日里必不可少的表演节目，在结婚、生子、赕佛、贺新房以及传统的节庆中较为常见。章哈的唱本中记载了大量傣族原始的歌谣、神话史诗、历史故事、宗教故事以及唱词、祝词、贺词等，具有极高的历史价值和文化价值，[②]章哈在2006年被列入首批国家级非物质文化遗产名录。傣族舞蹈和章哈共同构成了傣族的歌舞演艺内容，风格特征在众多民族中识别性较强，已经形成较完

---

① "章哈"有两种释义，指傣族传统曲艺的表演形式，也指会唱章哈的人，是傣族喜闻乐见的一种民间艺术。
② 孔桂英:《西双版纳傣族民间章哈调查研》，《梧州学院学报》2018年第28期，第55页。

整的艺术风格和表演体系,是告庄歌舞演出中最常见的表演节目,人们可以通过具有鲜明地域特色的歌舞演艺节目形象地了解傣族的历史文化。

2. 依托开放式的空间提供公共歌舞演艺产品和服务

相较于一般的剧院式、大型场景式歌舞演出,在告庄的傣味餐馆、露天小舞台、多场节事活动的游街中都能观看到诸如歌舞表演、唱敬酒歌。告庄的演艺舞台主要设置在赶摆街两侧的小舞台和六国水寨的中心表演区域。每个小舞台配备10~15个演员,每晚20点至21点的固定演出时段内,大约有7个演出剧目。演员们经过精心的装扮,用优美的舞姿,展现了傣族特有的民族风情。跳场舞更适合在开阔露天的环境中进行表演,演员们围成一个圈并按照顺时针的方向螺旋式前进,经过简易化改编的舞姿,更易让外来人学习融入。夜幕下搭配灯光设计的舞台,舞台周边是熙攘的赶摆人群,在露天下的开阔广场内供游客免费观赏。歌舞营造的艺术美的感受是显性的,可以感染人的情绪,调动节日氛围。傣族歌舞演绎了"月光下的凤尾竹"诗意场景,这种因地制宜的开放型表演场景,赋予了告庄特色小镇更多的文化张力,人们通过听觉、视觉、触觉,感受傣族歌舞的艺术文化韵味。告庄的歌舞演艺一般集中在夜间,有利于延长游客在告庄的停留时间,丰富夜间的旅游内容并繁荣告庄的夜游市场。

3. 以产业化的运行机制打造歌舞演艺

告庄每年30多场的节事活动,为演艺产业的发展提供了大量的演出机会,剧作的演出,需要大量的优秀的舞蹈演员和道具制作,催生了告庄景兰文化演艺公司的成立,负责告庄歌舞演艺节目的创作与表演。告庄的歌舞演艺产业按照产业化的模式,构建一套合理的运行机制。公司把傣渤文化主题歌舞演艺的系列开发列为发展目标,包括了演艺人才培养、文艺演出、作品创作与展示、衍生文化商品为一体经营内容。在演艺产品开发方面，除了依托开放的空间环境，提供公共文化演艺服务，公司积极探索运用高新技术手段，结合文化消费市场的需求，运用地域文化资源打造傣渤文化主题歌舞剧目。目前已经建成水舞源演出剧院，联合《云南印象》的出品公司、杨丽萍团队共同筹备告庄的原创演艺剧目《香发公主》。

告庄的歌舞演艺不局限于单一的"歌舞表演"，通过与餐饮业结合的歌舞伴餐演出、与节事活动结合的参与性演出等形式，拓展了歌舞演艺产品自身的发展空间。傣族舞蹈的艺术美感可以引领一种追赶潮流，以舞蹈表演中的傣装为例，观看舞蹈的同时，能激发部分女性游客的购买欲，增加以傣装为主的民族服装、民族特色饰品的周边消费。把傣族歌舞与产业化发展相结合，利用傣族歌舞的风情特色发展歌舞演艺产业，有力地带动了民族群众的广泛参与，按照产业化运作和商品化经营的方式，积极培育歌舞演艺市场，丰富了告庄的文化旅游市场的产品和服务。

（四）傣族饮食文化与告庄特餐饮产业

民以食为天，"吃"在特色小镇的文化旅游消费中是必不可少的一项，据统计，我国旅游收入的10%来自游客的餐饮消费，旅游带来的餐饮消费，逐渐成为文旅特色小镇的主要内容。目前特色小镇对餐饮资源的开发呈现出多类型、多形态发展的格局，包括以少数民族餐饮为主体，聚集形成的民族餐饮街区、主打地方饮食文化的特色旅游餐饮街区，其中主题宴席、农家乐、美食节是旅游餐饮消费的典型代表。从多种形式的旅游餐饮类型可以看出，餐饮资源在旅游市场中的开发呈现出地域化的鲜明特征，其中以饮食文化为代表的餐饮行业，在文旅特色小镇建设中占据重要位置。美食是增加特色小镇吸引力的重要构成要素，但是在部分特色小镇的餐饮行业发展中，长沙臭豆腐、沙县小吃、兰州拉面、炸鸡排、灌汤包、山陕面馆、品牌连锁果饮店的数量占据多半。在满足大众不同消费需求的情况下，如何有效化解产品同质化、本地餐饮特色不突出的问题，是当前文旅特色小镇餐饮发展亟须解决的方面。

1. 傣族饮食文化资源丰富

傣族的饮食文化内涵丰富，蕴含了傣族日常生活的经验总结，是傣族先民探索药食同源的一种民族智慧体现。傣族饮食偏酸辣，是因为长期生活在多山多雨的环境，人体内的湿气较重，多吃酸辣可以排除湿气。"食野"是傣族饮食文化的一个特点，野生的动植物是傣族餐桌上的必备，蝉、竹节虫、蚂蚱、蕨菜、香茅草等都可以作为菜肴，从侧面反映了傣族就地取材的生存能力。除了用筷子、勺子等餐具，用手抓的饮食方式也是傣族饮食文化的一个特点，傣族人发现经过手反复揉捏的糯米饭口感更佳。此外，傣家宴这类大家围坐在一起要花费几个小时才能散席的饮食风俗，其意义已经超出了满足日常身体饮食需要的范围，已经变成人们人际交往的一种重要方式。从侧面反映了傣族饮食具有维系人们情感、促进社会和谐的不可缺少的文化凝聚力。

2. 傣族饮食文化资源的创新性开发

把饮食文化作为重要的旅游资源开发，通过总结傣族各种食物、饮食方式、饮食规律的基础上开发菜品，增加特色餐饮带来旅游的吸引力。当下，人们在旅游中不再满足于品尝，对制作菜肴的过程及其技术非常感兴趣，常见游客向服务员或厨师询问某些菜品的制作方法和工艺流程、食物的来源、功效以及本身所蕴含的文化内涵。如今的特色餐饮，在食材和制作工序上较大地保留了地域的特色，但是在口味上为了迎合大众的一般需求，都做了些许改良。傣味也不例外，正是这种改良，也能让更多的人接受并消费。根据人们追求健康、新式、美味的饮食消费需求，傣味餐饮在经营中突出了食材"原生态、无公害、绿色健康"的特点。孔雀宴在传统傣族手抓饭的基础上，经过创意改良之后适应现代餐饮消费的需求，几十种丰富的食材共同组成了一道菜，有生熟、有荤素、有酸甜苦辣、有煎炸蒸煮，菜肴经过设计，呈现出精美的孔雀造型，在满足大众基本饮食需求的基础上，也是一种文化的享受。

餐饮文化与饮食空间的开发表现在餐饮借助饮食文化空间的塑造凸显地方饮食文化特色。[①] 对经营者来说，特色鲜明饮食文化空间能够吸引更多的消费者，进而产生更多的收益。一般傣味餐馆饮食文化空间的塑造，体现在建筑及装饰、服务员的服饰、特色歌舞表演、餐具及菜品等方面。傣式竹楼的建筑经过装修，内置木质小圆桌椅，四周挂有葫芦丝、孔雀羽毛等饰品，以银质或竹编的器皿作为餐具，身着傣装的服务员穿梭其间，营造了傣族餐饮文化的消费氛围。经营者将要表达的地方特色，借助傣族文化符号展现出来，在一定程度上增加了人们对傣族的文化认同，为告庄的傣族特色餐饮的经营，提供了便利。

3. 以傣族餐饮为主体的特色餐饮产业

多元的餐饮种类可以给人们更多的选择，防止出现同质化问题，同时满足不同人的饮食偏好。老挝火锅、缅甸烧烤、尼泊尔风味、泰国菜等东南亚风味的主题餐饮在告庄较为常见，也有其他民族特色菜和外省餐饮种类，哈尼风味、东北饺子馆、重庆火锅、过桥米线，天南海北的餐饮风味汇聚在一起，是因为一些人难以改变由地理环境影响形成的饮食偏好。丰富的餐饮种类使得告庄形成以傣族餐饮

[①] 胡文婷：《城市饮食文化空间地方性的建构及作用机制研究》，西安外国语大学硕士论文，2018年。

为主体的多元餐饮消费空间，共同构成特色餐饮产业的发展。告庄为了防止餐饮产业特色不突出的问题，在六国水寨区域只准东南亚风味餐饮入驻，有效地保证了鲜明的民族餐饮特色。以傣味为代表的餐饮，在告庄民族特色餐饮产业中占据较大比重，2017年调研统计，有70多家傣味餐馆和小吃摊，主要集中在传统傣寨区和赶摆集市区。不同的室内外就餐环境和时间限制决定了二者在菜品上的差异，傣寨区主要经营中、高档餐馆，营业时间不太受限制，主打菜品是手抓饭、孔雀宴类等多人套餐及各类煎炒菜；赶摆街区傣味相对低档，以摊位的形式在道路的两边经营，营业时间一般从17点到23点半，营业时间短且处于室外的用餐环境决定了菜品上主要以傣味烧烤、凉拌为主。特色的饮食习惯、多样的野生食材常常能勾起游客的猎奇心理。傣味餐饮的空间分配体现了集中与分散相结合的原则，形成高、中、低档次相结合的特色餐饮空间布局。特色餐饮企业集聚可以形成一定规模的经济效应，告庄的傣味餐馆已经形成了自己的品牌影响力。"曼飞龙烤鸡"为代表的傣味餐馆在告庄开有3家，因在湖南卫视《天天向上》节目里播出过，知名度大涨，较高人气有助于带动周边商圈的发展。走访得知，在告庄的"曼飞龙烤鸡"仅一家分店的年营业额就达千万元以上。

（五）傣族赶摆文化与告庄特色商业街区

"赶摆"相对于云南省外的人来说，是一个比较陌生的词汇。"摆"是佛事、法会、仪式的意思，傣语中将众多的节日都称为"摆"，摆爽南（泼水节）、摆干听（赕袈裟）、摆旱尚（升和尚）、摆毫注（关门节）、摆俄注（关门节）、赶摆与信仰南传上座部佛教的傣族人的日常生活联系紧密，傣家人取佛名、建新房、老人去世都要赶摆。傣族聚居的村镇凡是节日期间必赶摆，根据节日的大小决定赶摆的时长，少则一两天，多则三五日，除此之外还具有周期性，各个村镇的赶摆时间也不一样，固定在每周的某一日，一般每周一次。在西双版纳傣族聚居的村镇里依然保留着赶摆的传统。一般人认为，傣族的"赶摆"就是北方的"赶集"或是南方的"赶场"，是进行集市贸易的地方，其实，傣族传统的赶摆还包含了祭祀、集会、百艺等更为宽泛的内容。随着城镇化的进程，城市里的赶摆场几乎无迹可寻。告庄2012年开设赶摆场，赶摆的时间定在每天的18点至24点之间。告庄的赶摆保留了商贸、集会的功能，淡化了祭祀的功能，作为一种传承傣族文化的一种方式。告庄使传统文化和新型城镇化相结合，在城市中不但能找到传统文化，而且城市逐渐成为传统文化发展的新的空间载体，演绎了一种传统文化与城市发展相结合的新方式。

1.利用赶摆场、赶摆街营造告庄独特的夜市文化

赶摆夜市主要分为两个区域：赶摆街和赶摆场，又因二者皆用灯光装饰，共同组成了星光夜市。赶摆街由商铺组成，位于大金塔寺和江边广场相连接的部位，两条赶摆街对称排列在大金塔寺东西两边，街上的商铺涂满了五彩缤纷的颜色，夜市是游客街拍的场所；赶摆场由露天的摊位组成，范围包括了大金塔寺及周边6个傣寨的8条街巷和大金塔寺通向江边方向的广场。夜市经营产品有原创手工艺品、非物质文化产品、民族饰品、特色小吃、各地土特产等，集民族民间工艺品生产、传统文化展示、作品产品展示、文化体验为一体，已然成为极富民族风情的民族民间工艺品展示交流和交易平台，形成了具有西双版纳地域特色的"夜市文化"。

随着城镇化的发展，现代人的购物主要集中在室内，露天式的摊位逐渐消失，赶集、逛夜市已经变成一代人心中的记忆。告庄夜市是本地人和外地人游览、消遣夜晚时光的地方，不仅具备了观光的功能，而且赋予了告庄有层次、有情感价值的体验，是一个有温

度的生活空间，逛夜市已成为人们在告庄最重要的旅游活动之一。夜市是文化交流的集散地，人们进行商业交易、文化展示，逐渐形成一种平民草根文化，这种文化带给人亲切的感觉。星光夜市是多场民俗活动的举办地，民族演艺展演、流浪歌手、街头艺人、赶摆的商户、游客共同组成了一个热闹非凡的场景。人们在大金塔寺拜完佛，顺街而下或拾阶而上，看见一条条用彩色灯笼点缀的星光夜市，色彩鲜艳的油纸伞拼接的摊位，璀璨的灯海与深邃的夜空遥相辉映，整体营造一种浪漫唯美的视觉感受。夜市里烧烤、凉拌食物，各类东南亚特色手工艺小商品、传统民族服饰等商品种类多，价格低廉。身着傣装的摊贩用一口地道的傣语，邀请游客体验傣族地方特色小商品，招呼来往的猫哆哩（帅哥）、哨哆哩（美女），热情洋溢的笑容，让游客感受到赶摆带给人的亲切。

2. 赶摆与夜市经济为大众提供低成本创业平台

世界旅游组织提出旅游业的发展，要重视当地居民的参与，要将居民作为旅游业发展的关怀对象之一。[1] 在当地居民参与小城镇建设中，费孝通认为"农民的期盼是要充分利用农村劳动力增加经济收入"。[2] 告庄的赶摆夜市以带动大众创业创新模式，帮助实现这一目标。赶摆夜市直接为附近农民、城区居民以及外地人提供了大量的就业、再就业的岗位。在6个寨区的街巷两边有2000多个摊位，连同江边的赶摆场形成近6000家的摊位量，是中国西南地区规模最大、最具特色的夜市集群。由于经纬度的原因，版纳天黑得较晚，赶摆时间从18点左右开始到23点结束。夜市的经营时间，方便经营者白天在单位上班，晚上自己摆摊、开店当老板，经营者除了看

---

[1] 张广瑞:《关于旅游业的21世纪议程（一）——实现与环境相适应的可持续发展》,《旅游学刊》1998年第2期，第49页。
[2] 刘亚丽、纪芬叶:《特色文化小镇培育机制研究》,《经济与管理》2019年第33期，第68页。

重告庄夜间的人流量大，低租金、低成本、低风险也是人们考虑的因素。告庄赶摆充分体现了夜市不是小吃街、小商品一条街，夜市是生活也是经济，景兰公司年度工作总结统计数据显示，2018年上半年，仅摊位费一项收入达867.64万元，夜市成为拉动告庄夜间经济的重要方式。

（1）租金成本低：赶摆街是商铺租赁，以年租的形式向外租赁，租金在1.3万~2.7万元之间，赶摆场是露天的摊位租赁，出租形式有两种：日租和月租。根据摊位所在位置的人流量决定摊位的价格，日租一般50~200元，月租一般800~2000元不等。灵活的租金形式使经营者可以有更多的选择空间，降低试错成本。

（2）商品成本低：赶摆街的商品种类决定了售卖的商品价格不高。6块钱一根的版纳小玉米、10块钱一把的小象挂件、20块钱左右的凉拌小吃、百元左右一套的傣族服装、各种热带水果……物产丰富的西双版纳，水果蔬菜物美价廉，用来作为制作傣族风味小吃的成本材料极易获取；当地工匠艺人凭借传承的技艺售卖一些手工艺品；经营果干、民族服饰一类的商户借助告庄的巨大消费群体，通过简单的倒卖就可以获得收入，简单的经营方式，降低了人们投入的经营成本，吸引越来越多的当地人和外地人在赶摆街、赶摆场租赁摊位。

3.通过适宜的招商服务模式创造良好的夜市经济发展环境

告庄夜市良好的发展态势，除了和商贩积极入驻参与个体经营，与景兰公司的运营管理也分不开。首先在硬件设施管理方面，景兰公司对夜市整体风格进行了特色化设计，遮雨伞、桌椅统一设计、制作、统一配置，要求商户统一身着傣装，避免整体风貌参差不齐，杂乱无章，使告庄赶摆夜市在整洁的基础上兼具美观。业态规制方面，为了防止商品同质化问题，同一品类店铺最多四五家，如在夜市只有一家店在经营手工香皂花。另外，玉石、砂金、茶叶、银器产品、乳胶枕等不准进入租金低廉的赶摆区，非摊位区域商户经营成本高于摊位区，是对非赶摆夜市区商户的一种市场保护，以营造公平的市场竞争环境。招商政策方面，为有创业意愿和民族特色手工艺传承人提供优惠，在创业前期可以减免摊位费、房屋租赁费。景兰公司为优质商户免费提供媒介宣传、每天在夜市提供歌舞展演等一系列营销手段，积极引导赶摆夜市建设成为告庄的文化旅游品牌。赶摆夜市已经常态化且具备一定规模，逐渐发展成为告庄的一种特殊形态——"夜市经济"，有效地促进了告庄文化旅游的发展。关于告庄夜市的发展，参与市场经营竞争的商户有着最直观的感受，同时关于夜市的发展表达了不同的诉求。

告庄的赶摆夜市是商品经济与傣族传统文化习俗相结合的产物，是当地居民和游客娱乐、休闲、文化消费的场所。随着夜市的影响力不断扩大，告庄游客量逐年上涨，2013年正式更名为"湄公河·星光夜市"。赶摆夜市覆盖了告庄不到十分之一的区域面积，夜间时段集中了告庄80%以上的人流量。特色小镇的商业街区一般由购物街区、特色美食集市构成，商品较为丰富集中，是特色小镇生机与活力的象征。

（六）傣族手工技艺与告庄文化创意产品

旅游中的六大要素之一"购"，一般指购买旅游商品，它是旅游目的地向游客提供的富有特色和吸引力的物质产品，其本身具有地域性、文化性、纪念性、艺术性、实用性的特点。"小锤敲过一千年"云南银器艺术小镇新华村、"千年瓷都"景德镇、"中国榨菜之乡"涪陵蔺市镇、玫瑰小镇云南安宁八街，这类手工艺品、特产等旅游商品具有明显的地域标签，在发展中逐渐变成所在地的文化符号，成为助推小镇发展的品牌。告庄作为文旅特色小镇,文化创意产品是游客消费的重要一项。历史悠久、生态古朴、精美实用的傣族手工技艺如今被用在各类文化创意产品的制作当中,包括剪纸、竹编、制陶、织锦、榨糖、造纸、傣装制作、贝叶经制作、象脚鼓制作技艺等手工技艺,经过千百年的传承,仍然以细水长流的状态延续了下来,傣族非物质文化遗产作为生活中使用的实用技艺,仍然在傣族人的日常生活中发挥作用。如傣族织锦,人们节日里穿着的盛装,仍然是靠着老一辈的手工艺人制作完成。民族手工艺品类的旅游商品特色鲜明、价格亲民,一般用作收藏纪念或赠送亲朋好友,作为展示告庄文化内涵的载体之一,形成对游客的吸引力,旅游商品店铺也成为游客宜观宜购的好去处。随着文化消费需求的提升,旅游商品逐渐向符合现代消费要求的文化创意产品方向发展。

1. 竹筒茶、茶艺与地域特色产品

西双版纳是我国优质普洱茶产区,傣族依靠多山的地理环境,拥有丰富的茶树资源,以此创造了丰富的茶文化。傣族炒茶、烤茶技艺和竹筒茶特殊的烹制技法流传至今,用竹筒包装的茶叶是人们经常购买的旅游产品。告庄的茶铺不仅仅是茶叶售卖的地方,更是茶文化展示的空间,从过去单一卖茶向卖产品和服务相结合。每家茶店都有自己的产品特色和装修风格,通过与绘画、书法、陶艺、花艺、古琴等形式相结合,营造茶文化消费空间,茶叶经过精心包装,例如用竹子包装茶叶,各种创意的设计,受到了越来越多人的喜爱,人们可以通过多种形式直观地体验茶文化。茶文化经过创意化的设计和参与互动式的传播,实现了较高的品位和价值,人们也可以获得精神的和物质的双重体验。

茶叶作为一种"特产",带动了告庄特色茶文化产业的发展。告庄以经营茶叶为主体的商铺有331家,约占告庄商铺总量的25%,

成了具有一定规模的茶叶交易市场,是普洱茶集中展示、批发、零售的中心。告庄汇集了多家茶企品牌:陈升号、斗记、福元昌、雨林古茶坊、大益茶庭、香宁普洱府等,发挥了品牌集聚效应。茶叶作为地域特色旅游商品不仅在专营店售卖,告庄有306家傣族风情客栈、酒店的大厅一般都配有茶台供客人冲泡茶叶,设立茶叶展销区,茶叶几乎遍布了告庄的每个角落。茶叶店铺依靠告庄的游客量提升茶叶销量,塑造名牌,告庄依靠300多家茶企带来了大量的客源带动产生关联性消费。以经营茶叶为主体的企业,在告庄形成了茶文化产业集群,包括茶馆业、茶艺培训业、茶设计传媒业,为告庄茶文化产业带来巨大的经济价值。①

2. 傣陶制作技艺与文化创意产品

傣族制陶技艺已经有4000多年的历史,2006年傣族慢轮制陶技艺被列为国家级非物质文化遗产。陶器是傣家人日常的生活用品,如今在傣族家庭里仍被用作储水的器具并且在宗教仪式和歌舞演出中仍做通途。陶罐相较于现代工业生产的饮水机等储水器具似乎在一般家庭没有什么优势,易碎、储量小、重量大。现代的傣陶已经对传统的慢轮制陶技艺进行了改良,通过现代制陶中的陶浆过滤、高温烧制等工艺,使烧出的陶更加牢固,色彩更加丰富。老咩涛(傣族大妈的称呼)在傣陶摊位前介绍说她家有多个傣陶罐,用于储水、储茶,傣陶储存的水更清甜,不易变质,水储存的时间也较长,老人们留下的傣陶用起来习惯了,也没有觉得不方便。在告庄,既没有傣陶博物馆,也没有傣陶大卖场,而是着眼于生活的细节。告庄街角的灯罩、日常的食物容器、室内外陈设的装饰品、冲泡当地普洱茶的茶具,让游客在寻常之处就能体验傣陶文化,从中获得物质的和精神的双重美好体验。在赶摆街有一家专门从事傣陶制作、傣

---

① 范建华:《中国特色文化与特色文化产业论纲》,《学术探索》2017年第12期,第119页。

陶技艺培训体验的店铺——泰象陶。目前，泰象陶已经成为西双版纳最具规模的集傣陶生产、传统文化展示、作品展示、文化体验、产品销售为一体的傣陶文化艺术交流空间。2017年3月1日，泰象陶正式被确定为"国际乐烧艺术家协会·西双版纳乐烧创作基地"。泰象陶围绕傣陶制作技艺，开设了相关兴趣培训体验课程，以互动式的体验完成文化消费，同时激发人们的购买陶器的欲望。随着告庄的商铺入驻，傣陶的需求量上涨，一些用作装饰摆件的创意陶器产品逐渐被开发。但从生产者和旅游消费的调研发现，以傣陶为例，手工艺产品和市场存在隔阂。生产者认为纯手工的产品、质朴的传统元素，才能代表民族文化；消费者认为当地的手工艺品难以和自身的生活情感相联系，并不为之买单，旅游消费者和生产者之间的关系互动，恰恰是构成游客获得特色小镇文化旅游体验感的重要环节。

3. 傣纸制造技艺与文化创意产品

傣纸制造技艺距今有800多年的历史，是我国目前保存最完好、最古老、使用率最高的造纸术之一，2006年被列入国家级非物质文化遗产名录。傣族的手工造纸技艺，用料考究、手工细致。傣纸摸起来一般具有匠心的质感、纹理，有透气性强、耐磨损的特点，是一种非常优质的包装材料。以前，傣纸一般用作抄写经文、民间祭祀用纸、制伞，如今主要用来包装茶叶和制作手工艺品。

告庄傣纸创意品店铺"朝花夕拾"的店主小余，主要从事手工艺品的教学、设计、制作、零售和批发。店里有两个畅销产品，傣纸制作的台灯和干花笔记本。干花笔记本是在造纸的过程中将花瓣融进纸浆，晒干后变成有花纹的纸，这样的纸一般被用来制作创意产品，例如笔记本、包装礼盒、灯笼、相册等。笔记本的封面，游客既可以定制图案，或者自己亲手设计制作。游客一般在十几分钟内就能完成一个笔记本封面设计制作，这种创意化的设计和参与互动式的体验方式，在制作的过程中加深了对傣纸文化的理解，形成文化认同进而产生关联性消费。走访傣族造纸村——曼召村发现，曼召有190多户村民，其中有160家从事傣纸生产，全村56%的经济收入都来源于傣纸，傣纸可以给每户每年带来带来人均9000元的收入。在曼召村一米长、半米宽规格的纸价格，通常批发价是0.3元/张；若是零售0.4～0.5元/张。同时也有少量定制的大幅书画用纸，根据幅面大小，1米到10米的价格从几十元到上千元不等。小余店里的一个笔记本的售价是25元，一个笔记本大约用两张售价0.5元每张的傣纸裁剪制成。一个傣纸嵌花台灯的价格平时98元，春节期间需求量大，价格也随之上涨为128元。经过创意设计后的傣纸产品，不仅销量好，而且利润率高，价格上涨几十倍。

从发展文化旅游产业的角度，游客购买的商品越多，对告庄的经济贡献就越大。在告庄的大小街巷共有57家民族手工艺店铺，但是整体的文化旅游商品创意性不足，具有广泛市场接受度的产品较少。为了提升文化创意产品的创新能力，增加产品的附加值和文化品牌塑造，告庄在特色小镇运营过程中，遴选出一批具有传统民间工艺技艺的能工巧匠，培养扶持人才，积极促成原创手工艺品、非物质文化产品的生产、销售、研发、培训，为其提供更多交流与服务的平台。积极引导企业和个人创新产品设计、强化配套协作，通过对产品属性的深度开发，提升产品的经济附加值和扩大文化影响力，携手逐步打造具有较大知名度和较高产值的品牌。探索"以文养艺，以艺养人"的发展模式，打造培育个人工作室和文化企业的孵化器。

我国西南地区像西双版纳一样的多民族聚居的城镇、村落不在少数，民族地区有丰富的民族文化资源，但面临文化旅游商品空缺的尴尬境地，缺少具有代表性、影响力和市场接受度广的创意文化旅游商品。文化资源禀赋优越的旅游目的地，陷入低水平消耗而难以发展。民族地区传统的产品已经具备地域的文化符号，在形象设计以及实用性方面欠缺，方便携带和具有吸引力的旅游产品供给不足，难以满足当前的文化消费需求。文化创意产品区别于一般的旅游商品，更突出创意性，特色小镇的特色则通过旅游商品较为准确地概括和表达民族文化。同时由于开发力度不够，致使文化资源的商品转化率比较低。例如，傣陶和傣锦虽然很有特色，初加工的傣陶和傣锦等手工艺品的使用价值比较高，但是由于缺少精加工和包装设计的精致程度低，同时生产和经营的短板，使其知名度较低，没有产生较大的经济效益。

三、告庄发挥傣族文化资源作用对我国特色小镇建设的启示

告庄是国内文旅特色小镇建设的典型个案。2009年，告庄作为云南省九大重点旅游项目之一开发建设，2012年正式建成，2016年取得云南省"优秀文化创意产业园区"称号，2018年被评为国家4A级景区。随着不断的建设发展，告庄年游客接待量逐年增长，2018年游客接待量接近千万。国内同类型的文化旅游特色小镇，古北水镇2016年接待量245万人次，束河古镇2017年接待量300万人次，浙江灵山·拈花湾2018年接待量229.9万人次。通过对比近几年的经营统计数据发现（见表7），告庄特色小镇建设成效明显，文化旅游产业发展已经取得了一定的成绩，告庄已经初步具备了承接未来发展的框架，搭建了文旅产业发展的载体，在文化旅游市场树立了一定的品牌影响力，并且引起热烈关注。国内特色小镇建设中出现的"文化"问题不断凸显，文化资源在特色小镇发展过程中一般缺乏文化的张力，文化浮于表面，普遍存在文化资源流失和文化资源闲置、浪费的现象。文化资源对一个地方可以起到涵养的作用，地域的经济发展借助文化招商引资，但是在文化资源的运用过程中商业化严重，文化丧失的案例不在少数。特色小镇发展中出现错位，究其原因在于对文化资源的运用中缺少深入的挖掘和论证，没有提炼出最核心的文化资源，对地域文化资源缺乏全面清晰的认知。在文化资源类别的选择方面，特色小镇在文化资源开发利用中突出表现对显性文化资源开发较多，如餐饮文化、建筑文化、节庆文化等，对文学艺术、手工技艺等内隐文化资源开发相对滞后。当前特色小镇提供的文化产品和服务只展现表层的、浅层的物质文化，不能完全激发文化资本的价值。文化资源整合度不够，文化旅游产品单一。

综合傣族文化资源在告庄特色小镇建设中的运用及发挥的作用，结合我国文旅特色小镇发展态势，归纳出文化资源在特色小镇建设中发挥作用的以下几点启示。

表7 2015—2017年告庄经营状况统计

时间 人次（万人）	2015年	2016年	2017年
接待人次（万人）	765	800	902.5
营业收入（万元）	65500	65600	66900
利润总额（万元）	18013	15771	11636
上缴费税（万元）	1260.5	1100	1354.13

资料来源：告庄西双景旅游景区质量等级申请评定报告书。

（一）深入挖掘文化资源保护与发展并蓄

发挥文化资源在特色小镇建设的作用，要求所运用的文化必须保持本真性和具有代表性，因此，甄别和保护地域文化资源是小镇建设的关键。文化资源是一个民族自然与历史的积淀，是该民族日常生活与民族情感的集中体现，能够影响文化地域空间内每一个人的行为，是特色小镇最具价值的资本。地域文化的保护与传承是建设特色小镇文化空间的内在要求与体现的必要工作，是小镇文化空间的内生动力，同时也是持续吸引消费市场的原动力。商品化冲击下的传统文化依靠单纯的保护难以存续，人们的思想观念、生产生活方式等民族传统文化因子，不经意间随着商品化发生改变，民族文化的本真性随着现代化进程的推进不断消失，使得地域的传统文化氛围不断减弱。文化保护与开发的矛盾是学界和实践中绕不开的话题，处理好保护与开发之间的关系，兼顾保护与开发，使开发成为文化最好的保护。牢固树立文化保护与传承，认识到民族文化消亡的最终结局是整个民族消亡的严重性。民族认同是傣族能够长期生存并保持自己民族传统的重要因素，这也是民族传承与发展的基石。深入挖掘文化资源的过程，也是文化保护与传承的过程，特色小镇建设为文化保护与传承提供了良好的契机。特色小镇建设在地域文化的引导下，围绕挖掘地域特色文化元素，营造地域独特的文化氛围，增强对外来者的吸引力，进而产生旅游空间行为活动，促进文化资源到文化资本的转换。

从文化资源与特色小镇的发展关系来看，在特色小镇发展中了解"自己有什么、用什么"是做好规划的第一步，深入挖掘文化资源对于明确特色小镇的发展方向、凸显特色至关重要。其次，特色小镇的空间范围一般较小，与相邻的周边地区的文化资源禀赋在一定程度上具有较强的相似性，不适合走"大而全"的发展道路，结合特色小镇文化旅游产业发展特点，发挥文化资源的价值，有助于形成"小而精""特而强"的特色小镇，有条理地深入挖掘文化资源便于清晰地认识特色小镇发展的基础条件和未来的发展方向。从告庄特色小镇建设利用傣族文化资源内容中总结，深入挖掘文化资源大致划分为三个层次：大众文化资源、特色文化资源和独有文化资源。大众文化资源是相对于地域周边普遍的文化资源类型，例如少数民族文化、雨林文化、宗教文化、生态文化是西双版纳的大众文化资源；特色文化资源是相对于大众文化资源而言，在地域文化中具有代表性的一类，在现有的文化资源基础上比较而言的独特文化，傣族文化、贝叶文化、佛教文化、水文化则是西双版纳的特色文化资源；独有文化资源是特色小镇空间范围内所特有的，这类文化所涵盖的范围较小，具有独特性、唯一性和排他性的特点，难以被复制和模仿，是最能体现特色小镇核心特色的部分，以大金塔为代表的现代建筑构成的建筑文化资源，作为官方唯一节庆活动举办地逐渐形成的节庆文化资源都是告庄独有的文化资源。告庄从纵向和横向比较的角度，选取傣族文化资源作为其发展的主题，从大众文化资源中挑选民族特色文化资源，在特色文化资源的基础上创造代表自身的独有文化资源。通过文化资源层次划分，整合文化资源，发挥大众文化资源、特色文化资源和独有文化资源互补的作用，形成特色小镇有层次、有深度、有特色的发展格局，特色小镇站在整体性、长期性发展的角度指导规划建设。

（二）主题式开发文化资源培育特色产业

吴良镛先生说过"特色是生活的反映，特色有地域的分界、特色是历史的构成，特色是文化的积淀，特色是民族的凝结，特色是一定时间地点条件下典型事物的最集中、最典型的表现"。从全国特色小镇的评审意见中看出，特色小镇虽然在一定程度上反映了当地的文脉，但是发展中普遍存在产业特色、文化特色不突出的问题。文化资源一齐开发、小题大做、分不清主次，难以把握特色小镇的整体发展方向，在文化旅游市场中难以实现预期的价值收益。在现代化和城市化不可逆的发展进程下，主题式开发文化资源，能够帮助特色小镇发挥与城市截然不同的价值和魅力。主题式开发资源是一个系统的工程，根据小镇的地形地貌、自然环境、交通区位、文化氛围的基础上设计产品、规划运营，围绕主题展现小镇的风格、外观，使之与主题相吻合、由表及里的使主题文化渗透到小镇"吃住行游购娱"的各个层面，彰显小镇的文化特色、文化内涵及文化背景。一般筛选地域内占据主导地位、具有代表性的文化资源作为小镇的文化主题，此类文化资源发展比较成熟，可供选择使用的资源比较充足。另一方面，具有代表性的文化资源其自身已经具有一定的知名度和影响力，有利于塑造特色小镇个性化品牌。特色小镇的文化主题内容一般不能过于宽泛,一是难以落到实处,二是在效果呈现中容易缺少特色。从游客的角度出发,主题鲜明的特色小镇易于吸引目标客群,贴近塑造异质文化主题形象,减少或规避了同质化的市场竞争。

特色小镇未来可能发展成为我国城镇居民休闲度假的重要方式之一。特色小镇建设的要点,包括产业体系、功能联动、文化传承、人口导入、基础设施建设等,其中产业是特色小镇建设的重点,将传统产业升级与新型战略产业结合,共同构成发展的主导产业。告庄特色小镇的主导产业是文化旅游产业,依托丰富的傣族文化资源优势,与不同要素之间相互渗透、相互交叉、相互作用形成一种新的产业形式和发展模式,围绕傣族文化资源发展特色文化产业,实现特色产业与其他产业的互动发展,是其建设的重点。特色小镇发展的核心要素是特色产业,文化产业和旅游产业是支撑文旅特色小镇持续发展的基础。丰富多彩的民族文化是特色小镇文旅产业发展的主要资本,文旅产业的发展则反作用于凸显小镇的地域文化特色。利用民族文化的丰富性、多样性和神秘性的特征,发挥民族文化与旅游产业前关联性和集聚性的特点,实现联动旅游产业、文化产业、餐饮住宿产业、制造业和商贸业等产业的互动融合发展。在特色产业培育过程中结合旅游基本要素,完善文旅产业链。

(三)创新性组合文化资源获取差异化竞争优势

美国经济管理学家迈克尔·波特认为"基于文化的优势是最根本的,难以替代和模仿的,也是最持久和最核心的竞争优势",文化资源是特色小镇发展的"最大不动产"。特色小镇受自然地理、交通区位、历史文化、社会经济等条件的影响,这些既有的要素是长期存在并且在很大程度上难以改变的。特色小镇虽然依赖于地域内既有的文化资源，但是其自身是一个新建立的独立空间，区别于传统的城镇化建设和特色小城镇的发展思路，创新型组合文化资源发挥其价值以获取差异化竞争优势。①在特色小镇发展中创新性组合文化资源包含多个方面，文化资源与小镇实体空间之间、文化资源与小镇产业之间，以及不同文化资源之间、文化资源与技术之间创新组合发展，使特色小镇整体呈现出个性化的风貌特点。

特色小镇与一般小镇的差异性越大，产生的吸引力越大。从消费者的角度出发，特色小镇要实现消费者对旅游目的地的预估期望，传统的"以单一形态出现的一般化自然景观和人文景观对旅游者的吸引力有所下降"。②告庄则是通过创新性组合文化资源的方式，形成差异化的发展优势，利用地域既有的口述历史、特色产品、风土人情、自然风光、人文空间，再与外域的时尚观念、建筑风格、流行品牌、现代工艺杂糅和创新，提供丰富的文化旅游产品。人们一次造访告庄就可以满足节庆参与、景观观光、品尝美食、体验居民生活、娱乐休闲购物等多种需求，比单独的自然山水景观观光要丰富得多。文化资源与特色小镇的多种方式和多种路径的创新性组合，借助文化创意的手段，不断地更新产品内容和服务，打造全方位的、精品的文化旅游产品，给小镇带来巨大的增值机会，同时能引发功能融合与组织模式创新，使特色小镇在长时间内占据垄断地位，成为凸显特色和竞争优势关键。

（四）参与互动式开发文化资源丰富文化旅游体验

基于特色小镇的旅游属性，其兼具的现代旅游功能区别于传统

---

① 贾辰：《城市文化资源资本化研究》，厦门大学，2014年。
② 郑海：《现代旅游市场需求的发展趋势》，《社会科学家》1998年第3期，第40页。

旅游功能在于，发展旅游的成因中文化资源的比例大于自然资源的比例，游客由对自然环境的高要求逐渐向文化体验侧重。特色小镇的目标群体大多来自邻近大城市的高收入人群，一般与小镇在生活中没有任何交集，较为渴望体验小镇的社会生活、了解历史文化，缓解城市生活的压力，立体地感知小镇传递的温度。消费需求的变化引领特色小镇向集文化性、知识性、体验性、娱乐性等参与互动式转型升级。一般特色小镇通过建民俗文化博物馆和以物理外形为核心的景区发展模式，在满足游客参与体验方面明显存在不足。文化资源除了借助静态展示，更要注重借助动态参与体验的方式融入特色小镇发展的各个环节，通过参与体验的方式，展现出丰富和生动的文化内涵，树立鲜明的小镇形象，满足人们的体验、社交、情感需求，有助于消除人际关系之间的隔膜，感受小镇的"人情味"、体验小镇的文化魅力。

　　文化旅游特色小镇作为区域范围内重要的旅游目的地，大型的节事活动一般有赖于游客的积极参与，互动参与性的文化活动项目可以起到留住效应以延长游客的停留时间，增加周边消费的概率。告庄利用文化资源开发了系列的参与互动式的体验项目，如日常赕佛、泼水节、学跳傣族舞、制作花灯等。游客参与赕佛要购买贡品、早晚的节事活动提高了游客的留宿率。游客作为看客欣赏舞蹈远不如直接参与，收获的印象深刻，游客在参与过程中可以收获情感体验，从而留下深刻的印象，这种印象往往记忆深刻且留下愉悦的体验，在情感导向下游客的行为会不自觉地通过多种途径传播体验内容，如口耳相传或社交媒体发布消息，不自觉地为告庄特色小镇做了一定范围的宣传。借助文化资源开发互动参与式文化旅游产品和服务，实现特色小镇社区共享、经济互利、提升当地资源的利用率的作用。在参与互动式的开发过程中，避免服务对象的片面化造成传统文化应有的功能丧失，不能仅仅关注外来参与者如游客的感知，也应关注文化主体的诉求，有助于唤起文化主体的本位意识，激发对自身文化的热爱与自豪感。文化主体主动地参与、积极地传播和分享本民族文化，通过营造傣族文化主题的生活、娱乐、消费等场景，营造浸入式的游客体验，游客可以体验最真实的生活状态，较好地欣赏和体验小镇文化，感受特色小镇自然朴实的文化特色。

（五）优化文化资源分布合理功能布局

一般情况下，特色小镇建设的前期会依据文化资源自身的特点，将其分布在相适应的空间范围，随着文化资源价值功能的发挥，文化资源的组合搭配和空间布局，会直接影响文化旅游产品的空间分布，对特色小镇的区域发展的影响越来越大。文化资源时空的差异化分布影响特色小镇功能发挥。一方面，基于文化资源的分布情况，文化旅游产品产生的商业利益加速资本向文化资源集中度较高的空间聚集，使小镇空间由相对均质的状态向聚集的状态转变，这种转变是引起小镇空间不平衡的发展因素。告庄在时间和空间维度上已经表现出文化旅游产品发展不平衡的态势。从空间维度上来看，文化资源较多地集中在以大金塔为中心的周边区域，人流量和文化旅游产品基本集中在中心区域，形成了较为完整的消费空间，外层的文化资源集中度较小，人流量较少且文化旅游产品类型单一，区域发展竞争力处于劣势。从时间维度上来看，考虑到白天气温高不宜出游的因素，告庄的文化活动基本集中在早晚两个时间段，游客一天中白天的时间被闲置，文化资源室内开发利用率不高，可供白天消费体验的文化旅游产品和服务较少。另一方面，各类节庆活动、演艺活动和会展活动可以在短时间内集聚大量的人流，人群总是随着告庄赶摆街夜市位置的改变不断迁移，文化旅游产品也总是围绕在人群量密集的夜市周边，经济的繁荣继而提高了夜市片区的溢价能力和市场竞争力。发挥文化资源流动性的特点，使特色小镇的空间结构更具灵活性，与商业功能、休闲功能、社交功能、生态功能结合，组成特色小镇的复合型功能空间，规避文化旅游产品碎片化、散点式发展的弊端，形成特色小镇多中心、网络化的复合型空间发展结构。

在中国广袤的地域内分布着众多独具特色的小镇，丰富的自然资源和富有地方风情的历史文化，使不少小镇具有了一定知名度和影响力。国内多地对建设特色小镇表现出了极大的热情，期望以其招商引资，推进产业转型升级和新型城镇化建设，拉动地方经济发展。以特色资源开发的产品确实能够获得经济价值，但是，特色产品背后所蕴含的文化内涵是维持其发展可持续性的核心。一个看似简单的节庆活动能够吸引大量人流，本质上的原因是活动被赋予了各种文化故事才可以形成对人的吸引力。文化资源作为特色小镇发展的核心竞争力，能为其发展注入源源不断的生命力。

告庄作为众多特色小镇建设实践中的一次尝试，也是目前我国特色小镇建设中的一个缩影。经过约10年的培育和打磨，将"九塔十二寨"的景观意向变为现实，目前已经发展成为独具特色的傣族风情文化旅游特色小镇，在西双版纳文化旅游市场中已经取得了绝对性的优势，从目前的发展态势来看，仍处于生命周期的成长阶段。在文化旅游功能突出的情况下，随着周边资源的不断引入，住宅、教育、医疗等各项基础设施的不断完善，告庄的社区功能将进一步强化，成为集"生产、生活、生态"功能为一体的鲜活的发展空间。

当文化以资源的属性参与到特色小镇的建设当中，文化资源被生产的问题也因此产生，文化在生产的过程中被完全赋予生产者的意志，丧失其本真性，同质化和表浅化的文化产品和服务，引起文化体验者的反感和不满，一直饱受诟病。傣族文化资源在告庄特色小镇建设的实践中让人看到了欣喜的一面。傣族文化最初服务于本民族的生产生活，随着旅游以及文化消费的发展，傣族民众和外来者开始打破交流的壁垒，并且逐渐削弱了对外来者的戒备，在外来者的赞誉声中逐渐增强了对本民族文化的认同，提升了民族自信心。这种自信心，来自民族长期以来形成的价值观念，傣族文化历经千百年绵延至今，面对外来文化的入侵没有表现出激烈的反抗情绪，也没有被异质文化同化，而是在包容并蓄中默默地坚守本民族文化。这种价值观念在告庄体现得淋漓尽致，早晨刚参加完庄严的佛事活动，穿着傣装的人们就奔向泼水广场，一边泼水一边在电音的节奏里舞动身心，泼水节和电音的碰撞，让人们在传统的傣族节庆中获得流行性的狂欢体验。传统和现代的曼妙组合，更符合当下求新、求异的消费心理。文化资源是决定特色小镇内涵和主题的决定性因素，文化资源在创新性路径下突出表现了特色小镇的个性化特征，是小镇取得差异化竞争优势的关键。

　　从傣族文化资源在告庄特色小镇建设中的表现来看，文化资源融入下的特色小镇对就业者和游客更具吸引力。在告庄建设的各个关键环节，主题选择、主导产业、社区功能建设等，傣族文化资源都发挥了核心的作用，目的是提升告庄的文化内涵，实现告庄经济价值和文化价值的转型。基于告庄的傣族文化资源运用的策略及路径，可以将其总结为以下几步。告庄特色小镇建设中最重要的一项前期工作就是深入挖掘傣族文化资源，通过分析资源特点，结合实际情况选取具有积极意义和一定价值的文化资源作为产业发展的基础。基于文化资源的现实情况和属性，集合空间环境等条件，对特色小镇进行主题定位，形成系统性的、个性鲜明的小镇特色。完成特色小镇的产业定位后，优化文化资源布局，形成合理的功能空间。

利用文化资源进行小镇空间的整体营造,借助物质空间直观地展现小镇的风格特征,易于锁定目标客群,同时又能提升小镇内涵。紧紧围绕主题文化资源,开发具有创新性的文化旅游产品和服务,形成链条完整、具有吸引力的产品和服务集合。

特色小镇抓住了一个时代的发展机遇,然而在未来的发展中又有很多不确定性的因素,文化消费的方向和内容总是在快速地更迭,很难对未来的发展做出准确的预测。在"优胜劣汰"的规则下,未来凡是经受得住市场考验能够长久发展的特色小镇,必定是真正具有文化内涵的一类。我们能做的就是总结已经发生的,发现问题及时纠错,为短期的规划建设提供方向性和经验性的指导。

从产品、平台到空间：传统手工艺创新性发展的"拾翠实践"研究

作　　者：录聪聪
　　　　　云南大学民族学与社会学学院
　　　　　2016级民族文化产业硕士研究生
指导老师：王　佳

随着大众文化消费、旅游产业和文化产业的发展，传统手工艺行业逐渐成为国家特色文化产业的重要业态之一，极为有效地带动了地方文化和经济的发展。然而，随着高新技术的飞速发展，各大企业在经济利益的驱使下，提高了规模化生产能力，使传统的手工艺行业发展陷入困境。"拾翠"作为一个助推地方性传统手工艺品产业化发展的现代文化创意企业，以创意为纽带，创新产品、搭建平台、构建空间，不断挖掘和开发云南省的各种传统手工艺资源，在延展传统手工艺行业发展的市场空间、提升传统手工艺行业市场竞争力的同时，也传播了传统手工艺背后蕴藏的文化内涵。

经过实地观察和访谈，论文运用消费社会的理论，阐述了拾翠对传统手工艺创新性发展的具体过程，引发对传统手工艺行业发展的一些思考。具有鲜明文化标识的传统手工艺品在经过创意赋能后，从生产生活用品转变为文化消费品，符合现代审美的同时，又契合了现代文化消费市场。拾翠将此类成熟的产品与线上、线下平台联合，将传统手工艺品推到高端文化消费品的行列。随着企业发展的诉求，拾翠开启了现阶段传统手工艺承创空间的延展进程，在城市中建立起民艺公园以盘活工业闲置区，在顺城建立集市以塑造城市文化消费新地标。链接城乡协同发展，让乡村文化在城市中有了新的呈现方式，同时城市的文化消费反作用于乡村文化资源的价值转换。这种双向作用，让传统手工艺在一定程度上实现了城乡的协同发展。拾翠用新思路挣脱传统手工艺行业发展的桎梏，为探索民族传统手工艺产业化的发展提供了新方向。

一、传统手工艺产品功能的创新性转变

产生于农耕文明时代的传统手工艺产品，其最初是作为民众的生产生活用品，注重实用功能。如今在物质极大丰富的工业时代，仿佛已经不需要这些传统手工艺产品来满足日常生产生活的需求，这一度让传统手工艺产品的保护和传承陷入困境，但也正是因为工业时代物质的极大丰富，传统手工艺产品当中蕴含的文化价值才得以顺势脱颖而出。拾翠通过挖掘传统手工艺的文化价值，对传统手工艺进行以文化价值为导向的品类选择，进行创意赋能，完成传统手工艺产品功能的创新性转变。

（一）以文化价值为导向的品类选择

中国作为传统手工艺大国，其传统手工艺赋存极其丰富，而云南作为中国少数民族最多的一个省份，各地地域生态资源和文化习俗的差异，对传统手工艺样式及风格形态造成了直接影响，现存的传统手工艺类型及数量复杂且庞大。在数量庞杂的传统手工艺产品中选出文化性和实用性并存，又能代表云南特色的传统手工艺产品是拾翠面临的第一步，而选择好这些产品之后进行创新设计，以此能被市场所接受，这是拾翠面临的又一步。

1. 具有鲜明文化标识的传统手工艺品

经过几千年发展的传统手工艺品，每一种都包含着独特的历史情感和文化标识。在广阔的乡村地区，传统手工艺品仍然是一种农业劳作之外的辅助形式，一方面以一种合乎规范和法度的形式，延续着手工艺传统，另一方面，则由于各地不同的地域文化特征，传承并丰富着当地传统手工艺的类型与样式。云南拥有众多的少数民族资源，这些被少数民族文化侵染过的传统手工艺品，在表现传统民族文化方面有着不可替代的独特性。随着国家对于民族民间传统文化保护工程的开展和非物质文化遗产保护工作的推进，作为其中重要组成部分的传统手工艺品逐渐揭开神秘的面纱，走到人们面前。面对类型如此丰富的传统手工艺品，在进行创新性发展之前，如何选择既具有文化代表性又符合市场消费的产品就成了拾翠一开始就面临的问题。

拾翠要进行传统手工艺功能的创新性转变，在选择产品方面不是无条件的随便选择任何一种品类或是全部包含云南省现有的所有品类。云南有25个少数民族，而且每个民族的文化都不尽相同，这些特色文化孕育出来的拥有地方特色的传统手工艺产品，与当地的生产生活方式、地理人文都有着紧密的关系。如此众多的民族在交流融合的过程中，其所代表的文化内涵也会存在着一定的变化，这就使得不管在文化还是传统手工艺产品之间都会存在着雷同。面对这些具有相似性的传统手工艺时，独特的文化标识就成了传统手工艺产品脱颖而出的条件之一。

什么样的传统手工艺产品具有独特的文化标识？拾翠产品经理C给出的答案是"最简单的认知条件就是产生于云南地区，已被人们熟知且具有一定的影响力"。[①] 锡器作为非物质文化遗产之一，具有优秀的传统技艺和深厚的文化价值。2013年，拾翠翠湖滇文化中心成立之时，主推的传统手工艺产品当中就包含锡器。对锡器的选择与云南的茶文化有密切关系。云南盛产普洱茶，而普洱茶的储藏条件要求要自然发酵，要通风，所以锡器就成了最佳的茶叶储存器皿。从这些角度来讲，锡器既承载着历史底蕴，又串联了云南地区的茶文化，至今传承。拾翠选择锡器，一方面是因为云南个旧锡器最为出名，具有独特的云南文化标识，另一方面锡器早在2009年就被列

---

① 资料来源：拾翠产品经理C，该受访者从莲华禅院开始就负责拾翠的产品部分。

入云南省非遗名录，而非遗产品对拾翠来说，无疑是一个极好的产品定位，这为拾翠的发展开了个好头。

拾翠选择云陶和良绣，并将其打造成拾翠的专属独特品类，这是拾翠对云南民族民间文化保护和传承初心的体现。云陶的历史可追溯到元代，但在后来的发展过程中，因传统生产技艺没有得到延续性的传承，所以云陶的辉煌历史并没有被完全延续下来，再加上学界对云南陶瓷的发展经历一直存在争议，所以云陶的影响力并没有完全建立起来。正是基于这样尴尬的处境，拾翠引进云陶项目，在滇文化中心建立起云陶的展示销售中心，塑造了拾翠的独特品牌——"拾翠·云陶"。云陶是典型的、能代表云南当地文化的器物之一，具有明显的云南文化标识，不同于锡器一直以来都有非遗名号的加持，对云陶的选择更多是出于保护和传承云南陶瓷的目的。良绣同样是拾翠特有的传统手工艺品牌。云南的民族刺绣本就拥有悠久的历史，例如彝族刺绣，而且类型工艺多样，有织锦、织棉、扎染、蜡染等等，这些交织在一起，构成了绚丽多彩的云南纺织文化。良绣是传统刺绣文化经过现代创新之后才发展出来的，是云南刺绣文化的新品牌，具体是由苗绣的传统技艺加上现代的创新设计，创作出的产品不同于传统苗绣，更加体现现代设计感。比如个性十足的皮包、具有设计感的各类首饰挂件等等，这些产品因符合现代审美，所以都深受消费者喜欢。良绣真正做到让文化艺术融入生活的每一个角落。

除以上提到的锡器、云陶、良绣之外，拾翠还选择了大量的建水紫陶、华宁陶、扎染产品、竹编品等一系列具有独特云南味道和深厚云南文化的传统手工艺产品。不难看出，在拾翠选择的这些众多产品中，有许多已被列入非物质文化遗产名录当中。既然已经被列为非遗，被大众所熟知它的价值了，那还有继续产业化的必要吗？答案是：当然有。被列为非物质文化遗产非遗名录的条件是一定的，但是这不意味着被列为非遗名录就永远能够得到保护和传承，一件器物要想长久地活跃在人们的生活当中，那必定是有"价值"的，或经济价值，或文化价值。拾翠选择这些具有独特文化内涵的传统手工艺产品，使文化价值通过创新转变成经济价值，让更多人看到并乐意接受，从而实现活态传承。对于非遗产品类的选择，拾翠的产品经理 L 有自己的解释："选择已经有一些名气的，这样能够在最短时间内加大影响力，能迅速进入消费者的视野当中，树立起自己的独特性之后，再加入其他的传统手工艺品。消费市场就能更容易被打开。"①

现如今拾翠的卖场当中有很多非遗产品，对消费者来说"非遗"就意味着有品质保障，有文化加持，有稳定的社会地位和较高的审美情趣。"拾翠"不仅有非遗类型的产品，还有非遗传承人的故事和手艺以及保护和发展非遗的责任。每一件传统手工艺品的出现，都带有传统文化的内涵和匠人的情感温度，挖掘这其中的文化内涵是让一件普通"器物"活起来的关键。所以非遗传承人和非遗的存在就极其重要。拾翠为了使"非遗"的影响力达到最大化，将传统手工艺品的制作人分为三个等级：非遗传承人、手工艺大师、优秀的匠人。这三个等级会直接影响手工艺品的定价，所以我们会看到同一个东西，由不同人制作，价格也会不同，消费者在购买非遗传承人或者手工艺大师制作的东西时，更多的是购买东西背后的文化价值。

传统手工艺产品的文化标识不仅体现在器物所蕴含的传统文化上，还体现在器物所包含的"故事温度"上。"每一件手工艺品都有自己的故事"，这是拾翠产品的又一个特点，从传统手工艺产品背后的"故事"入手，对消费者来说是一种新的消费体验。比如一些带有厚重历史故事的传统手工艺品、一些承载着工艺非遗大师品牌内

---

① 资料来源：拾翠产品经理 C 口述。

涵的传统手工艺品等，这样的产品在拾翠的卖场中是被当作文化品牌和展示品存在的。这种具有高度影响力的"文化标识"，对拾翠塑造自己的品牌和市场地位方面奠定了一定的基础。拾翠为了突出传统手工艺产品具有"故事性"的特征，提出了"美物和美育"的理念。所谓"美物和美育"，简单来说就是每一件美物，也就是传统手工艺产品背后都有"美育"的存在，即背后都有传统手工艺产品生产者的故事蕴含其中。比如拾翠市集中陈列的民间传统的剪纸、皮影、年画、蜡染、家具陈设、日用器具、祭祀供品等，这些"美物"都包含着人们对生活的理解。除此之外，拾翠开设手艺 Class，则是在实践中发扬"器物之美"，这其中就包括扎染、手工皂、手工精油、皮具、陶器、刺绣等器物的制作，这些在实践中产生的器物蕴含着制作者的情感温度。

确定了选择的特点，当然也考虑选择的路径。对拾翠来说，选择的途径是双向的，在拾翠市集建立之前，会进入传统手工艺集聚的乡村地区去考察、了解。根据实际情况选择外形、成本、文化价值、知名度等都较为合适的产品进入拾翠当中。在经过前期资本和品牌积累之后的拾翠，影响力增大，有了名气，所以开始有很多手工艺者自主前来，带来自主经营和制作的手工艺品。所以不管特殊的文化价值，还是不可复制的故事情感温度；不管是走出都市，进入乡村探索，还是提高自身在市场中的地位，吸引手工艺者前来，拾翠的目的都是让传统手工艺产品能在现代市场得到人们的认可。

2. 既体现传统手工技艺又符合现代人生活需要的类型

在现代社会背景下探讨有关传统手工艺的话题，除了要注重其传统技艺之外，还要关注传统手工艺在当代社会的实际功能。拾翠对具有实际功能的产品类型选择，参考了学界提出的四种建议：第一种是传统手工艺虽然在当代现实生活中失去了实际用处，但是因为历史悠久等原因，被当作文化遗产保存下来；第二种是成为精神消费品；第三种则依旧保留着实用功能，作用于人们的日常生产生活；第四种是通过现代工艺和审美的创新，保留传统文化的同时，也适应现代生活的传统手工艺。从现实角度来讲，一种历史或者文化的记忆，只有拥有现在可被利用的可能性时，才能彰显其传统的价值和厚度。传统手工艺品的意义，不仅仅在于它的历史价值，还取决于它与当代生活和文化的关系，以及是否能融入当代的可能性，从而提供它在当代文化场域中的在场性，对传统手工艺品的保护与复兴，意味着重构对传统情感和文化的认同。

  根据以上描述，可以看出文化价值充当的重要角色，但是对传统手工艺品创新性发展的长远考虑来说，光有文化价值是远远不够的，既能体现传统手工技艺，又符合现代人需求的手工艺类型才是更长远的发展道路。传统手工艺品从维度上来说，有文化形态和生产形态两种，只有将文化形态和生产形态结合才能更好地实现文化价值和经济价值的双重发展。在传统手工艺领域的双向维度上，传统手工艺以生产形态介入经济建设中，也就是实现传统手工艺品的经济价值。传统手工艺的实用价值在工业文明的社会中不具备竞争优势，但是传统手工艺所蕴含的文化价值却是工业产品所缺少的，所以，要想扩大竞争优势，就要先从其本身所具备的文化价值入手，同时不能脱离人们的生活，即同时要重视传统手工艺的生产实用价值。

  拾翠对于这种具有双重功能的传统手工艺品的选择，首先体现在上文提到的锡器上。首先在锡器非遗技艺的传承中，生产出的产品都是人们日常生活所需的，主要有餐具、酒具、茶具、祭具、文具、烟具、咖啡具、花瓶以及奖杯、装饰品等。锡器造型挺秀，加工精致，纹饰优美，錾刻刀法考究，运刀如笔，产品光亮，这些优秀的特点，使得锡器成为拾翠卖场中受欢迎的产品之一。其次,云南具有丰厚悠久的茶文化,而锡器对普洱茶的储存使得锡器茶罐迅速占据市场。在人人喝茶的生活中,锡器兼具着非遗产品的文化功能和作为茶罐等物品的实用功能,从人们的生活领域,继而进入文化领域,身兼日用品、手工艺品、装饰品和旅游纪念品等多种功能。

在云南旅游行业的快速发展下,传统手工艺品慢慢发生转变。尤其是外来游客的进入,使得一部分传统手工艺的实用功能慢慢消解,其文化符号更加趋于明显。相对于外来游客,传统手工艺品不单单是一个简单的"生活用物",更多的是包含着旅游体验和文化享受的文化消费品。在此影响下,传统手工艺品的生产者开始反思传统手工艺品的生产,对原来传统的生产生活用品进行创新设计,使之更加符合消费市场的需求。从生产生活用品到文化消费品的转变,对传统手工艺创新性发展产生了重要的影响。

以建水紫陶来说,其属于中国四大名陶之一,最初是以生产云南名菜"汽锅鸡"所用的汽锅而出名的,属于典型的生产生活用品。对于游客来说,建水紫陶是难得的旅游纪念品,它不同于别的陶瓷器,表面呈现出的花纹主要是通过镌刻之后再用彩泥填充,才得以形成独特的装饰纹。建水紫陶因集书金石、镌刻、镶嵌等于一身,故具备很高的文化艺术水平,同时生产出的产品都是生活中常见的一些茶杯、茶壶、文房四宝等,所以,悠久的历史、深厚的文化内涵让建水紫陶有了传统文化上的名气,而产品又没有脱离人们的生活,使得这样的产品在拾翠的卖场上成为消费者的"心头好"。"人们喝茶要有茶具,吃饭要有餐具,选择有文化又好看的建水紫陶就是最正确的选择。"① 这是正在拾翠市集中购买紫陶茶壶的消费者对此种传统手工艺品的认识。

---

① 资料来源:正在拾翠购买陶器的消费者 A 口述。

产品经理 C 说道："根据我对消费者的观察，发现现在其实很多顾客消费会更加理性。以前的消费者对产品的追求更多的是这个东西好看、这个东西我喜欢、这个东西还挺有趣的类似这种想法，以此为消费的出发点，这种消费模式则是更看重文化符号。但传统手工艺品的销售因素除上述的文化符号之外，现在消费者还看重商品的实用性，一件东西买回去不能没有用。所以顾客很多就要求一件物品既有上述提到的'文化符号'来满足精神需求，还要具备生活用品所含有的实用功能。从这个层面上来说，就是消费商品本身。"以此看来，不是所有的传统手工艺品都要无限地放大其文化符号价值，而忽略掉物品本身就具有的实用功能，实用意义同样重要。一件手工艺品生产出来，首先是对消费者要"有用"，而用处可以是实际的生活生产用处，也可以是满足精神的文化用处。根据拾翠被访者的说法，现在消费者其实更加理性。比如大家所熟知的云南瓦猫，本来作为房屋建筑的装饰品，现在衍生为文创产品后，形态和用途产生了多样的变化。根据瓦猫的原始形态制作出各种茶仓、香烛台、收纳器等等，这些同时具备文化形态和实用功能的产品销售量也最好。所以，对于前期说的文化价值为主，实用价值为辅的说法，有了新的认识。

随着更加方便的工业化产品的出现，传统手工艺的经济优势逐渐淡化，慢慢退出了我们的生活场景。但也存在一部分传统手工艺因为创新形态与功能重新适应了现代生活，逐渐又融入人们的生产生活中。由此看来，不同文化背景、不同生长条件和不同发展境遇下的传统手工艺在表现形式和文化价值上是不同的，对其保护传承手段自然也要存在区别。与人们生活密切相关且以手工技术为核心价值的编织、陶器、扎染、锡器等手工艺类别，应保持其传统技艺的核心价值，通过建构社会需求和消费市场的方式，来促进传统手工艺的可持续发展。优秀的传统手工艺不能让它消失，它在实用功能之外，还有更多的文化内涵蕴含其中。绝大多数情况下，人们谈起传统手工艺的文化价值，会把它想得很远，认为这是一种"高大上"的领域，只可能在博物馆等地方显现。然而在现实生活中，它就存在于身边的传统器具当中，并不是"曲高和寡"不可理解。鉴于此，保证传统手工艺既不脱离民众的实际生活，又能体现传统技艺与优秀文化就显得极为重要。

（二）创意赋能生产生活用品向文化消费品转变

从生产生活用品到文化消费品的转换过程，就是从消费"物"到消费"文化"的过程。无论是消费"物"还是消费"文化"，不管是以实用为目的，还是以偏向审美的文化消费为目的，最终的目的都是"消费"。传统手工艺品在现代消费市场中表现出来的巨大消费潜力建立在自身所蕴含的文化价值当中，而这些巨大潜力，需要通过符合审美的设计和打造契合现代文化的消费偏好氛围来激发。

1. 符合审美生活需求的形象设计和定制

随着消费者社会需求和审美需求的改变，小农经济时代的传统手工艺品慢慢不再符合消费者的胃口，于此，对传统手工艺品的创新和设计就成了必要。1988年，英国社会学家费瑟斯通明确提出了其文化理论的核心内容"日常生活审美化"概念，这个概念随着社会的发展，逐渐成为社会文化的主要特征。同时法国后现代主义理论家让·鲍德里亚在《消费社会》中也提出"符号化消费"的概念，由此突出了个性和定制的内容。这些概念突出的生活审美变化，对传统手工艺品的创新和设计提出新要求。传统的东西固然有传统的好处，但历史是前进的，文化也会随着社会的变化而变化，对于传统手工艺品来说，并不能百分之百地适应现代消费社会，所以随着人们审美的变化，消费需求也随之改变。消费者对传统手工艺品的认识已经不是简单生产生活器物了，而是包含着深厚文化内涵的文化消费品。新技术的发展、文化人才的创新能力、工艺品的文化符号、生产者背后的文化故事等都使得传统手工艺发生极大的改变。这些条件下对"器物"的创新与设计，让传统手工艺产生了新的面貌。

  传统手工艺产品的生产所要花费的时间和投入的精力都远远大于工业产品。所以在高效率生产和量产上不具备优势，在此条件下，就该更加注重对其文化价值的挖掘和开发。"拾翠"深谙此道，将传统手工艺品从生产生活用品变成了文化消费品，突出挖掘文化价值来吸引消费者。在保留延续生活实用功能的基础上，不断创新发展，依据现代审美的变化重新设计、包装，使之适应现代文化消费的市场风向。拾翠对于传统手工艺品的创新，可以从两个方向来看，即"手工艺品+旅游"和"手工艺品+文化产业"。文化和旅游融合是现在大热的话题，那这两条路现在也可以合并为一条：文化旅游市场。针对拾翠市场来看，传统手工艺品既是旅游产品，也是真正意义上的文化产品。现在旅游产品，或者更准确地说是旅游纪念品都是千篇一律，甚至会让游客觉得去哪儿都可以看到、可以买到。旅游纪念品失去了原本的"纪念意义"。拾翠CEO陈L说道："拾翠要做这些产品就是要让游客对旅游产品有更多的选择、更好的选择。除了景点千篇一律的纪念品和市场上的土特产之外，游客能通过这些更具代表性的传统手工艺品对云南特有的民族文化有更好的了解。"针对文化产品来说，拾翠除了自营云南各地特色的传统手工艺品之外，还是云南省博物馆文创产品的"分会场"。这样一来，消费者仅漫步在拾翠这一方天地，就可以领略从省博物馆到各地级市乃至乡村地区的民族风情和代表性文化。

  根据消费社会的特点，传统手工艺产品成为文化消费品的核心在于"符号化",传统手工艺品转变为文化消费品的过程就是"符号化"的过程。法国后现代主义理论学家鲍德里亚通过剖析消费社会中符码的价值,深刻揭示了社会文化、政治在消费社会中的转折和变化。"人们从来不消费物的本身的使用价值——人们总是把物用来当作能够突出你的符号,或让你加入视为理想的团体,或参考一个地位更高的团体来摆脱本团体。"[①] 拾翠缔造的商品世界,以传统手工艺品为出发点,在消费文化的背景下,将产品进行符号化,让消费者在消费的过程中,能体会到它们不仅是买回去一个器物,更是进行文化消费逻辑,这种逻辑在传统手工艺品中就表现为文化内涵。就如瓦猫,作为一种放置于房屋建筑上的瑞兽,在拾翠的商品世界中,鲜有人会真因为要放置于房屋之上而买它,更多因为是"符号化"的瓦猫有"镇宅驱邪"的寓意而被消费。从这一点上来讲,传统手工艺品中所含的价值标准和生活逻辑才是拾翠缔造的商品世界的核心所在。

基于"把物用来当作能够突出你的符号",拾翠将"定制"的观念深入每个角落。根据手工皮具的制作者 A 先生的分享,他提到自己除了设计制作皮包之外,还接一些私人的定制,顾客可以根据自己的喜好来定制款式、颜色等等。这样一来,每个包都是独一无二的,带有定制者自身的符号。除此之外,也可以提供原材料让顾客自己制作,自己则在旁边指导,在顾客自己体验制作的过程中,一个手工包包含的信息就会大大增加。可按照顾客自己的喜好,加上独特的标志、款式、颜色等等,在制作的过程中也融入了"亲手制作"这样的情感温度和对一个包的独特理解,实现体验式消费的最终目的。这样做出来的包,对顾客来说属于独一无二型的,也可以满足

---

① 让·鲍德里亚:《消费社会》,刘成富、全志钢译,南京:南京大学出版社,2001 年,第 58 页。

情感需求。此种消费品满足了消费者对于消费过程中符号凸显的需求。

在拾翠市集的卖场当中，存在一种用手表机芯做成的挂饰，在调研的过程中了解到，卖家既是设计者，也是制作者。这种挂饰的手表机芯存在差异，凸显个性，导致每个成品挂饰也不同，更显个性。

消费者对于能体现个性、凸显自身符号的定制产品更加青睐。对于消费者来说，此时消费的不仅是一件手工艺品，更是独一无二的体现自身个性的符号文化。

通过现代创意将传统的东西赋予现代审美的改变，对传统生产生活用品进行重新的设计和定制，使之成为大众文化消费背景下的文化消费品。拾翠与500个设计师进行合作，在传统文化的基础上，嵌入现代流行的并受到消费者喜爱的元素，形成新的产品。此类产品在保留了手工艺的基础上，又符合现代人审美的需求。手工银器的发展就是典型的随审美变化的产品。在拾翠手工银器的版块中，可以清楚地看到银器的器型和花纹都与之前传统乡村地区的手工银器有很大的区别。

拾翠现已将设计和定制深入几乎每个产品上，包括竹编。竹编制品在拾翠的市场上以形式多样成为独具一格的存在。通过拾翠的产品经理介绍得知，以前存在于乡村地区的竹编制品，大多都是一些装菜的菜篮子之类的产品，但是现在的人们很少需要这么一个菜篮子，日常生活用不到就意味着没人买，这种情形对竹编制品来说就是一种限制。"日常买菜用不着，但是可以用在其他地方。"[①] 经过对人们生活用品的观察，拾翠保留竹编的传统手工技艺，合作年轻设计师推出一系列新的竹编制品。比如竹编包，款式新颖，又凸显个性，可以根据顾客的喜好去定做，所以在拾翠市场上得到一大批

---

① 资料来源：拾翠产品经理L口述。

年轻消费者的喜欢；竹编杯垫，连接了云南人爱喝茶的习惯，竹编杯垫集小巧和不怕水为一体，好看又实用；还有日常生活中能用到的竹编笔筒、竹编首饰收纳盒、竹编便当盒、竹编茶仓、竹编果篮、竹编灯罩、竹编伞等等。除了日常生活能用到的产品之外，还有一些较为高端的产品，做工更细致、造型更复杂，由手工艺大师制作，是更具欣赏性的艺术品，真正做到了满足各个层次的需求。以上这些都是既保留了传统手工技艺，又没有远离人们日常生活的产品，体现个性设计的同时又含有文化的厚度。

上文提到拾翠，在对传统手工艺品的创新和重新设计上积极投入，发展长期合作的年轻设计师。这些设计师在专业设计之外，更能体会年轻消费者的喜好偏爱，对创新和设计把握也更准确。在创新传统的基础上，很多设计师也会展示和销售自己的原创产品。比如手工皮具的制作，除了售卖成品之外，消费者也可以定做和自己参与到制作过程中来。这样一来，手工艺市场在传统的基础上慢慢扩大，传统和现代并存，复古和时尚并行，消费者有更多选择的同时，也增加了手工艺市场的就业岗位。当然这个过程不是一帆风顺的，市场的淘汰机制也会将不受欢迎的产品淘汰出局，所以拾翠的手工艺市场是在不断地被推着改革和进步。

以"物"为中心的消费社会经济系统中，"物"超越了以往的以实用需求为基础的意义，而向消费"物"的精神性转换，从而使"物"从经济学领域进入了文化意义上的消费。消费社会物质的极大发展，为文化消费铺陈了一个出场的前提。但是传统手工艺的创新性发展不是非此即彼的，在放大文化意义的基础上，不抛弃掉本身作为生产生活用品的实用功能才能发展长久，不然就跟放在博物馆让人瞻仰没什么两样。今天，消费已经不是传统的消费，而是文化和社会范畴的消费。作为今日生产社会中的典型产品，传统手工艺品进入消费社会中，其过去在生产社会中所具有的满足日常生产生活所必须的功能有所弱化，因为工业产品大规模地取代了之前的传统手工艺品，以更为廉价又耐用的状态尽其所能地满足现代人的日常需要，传统手工艺品则不能再依靠实用功能来获得市场，而转向了其所承载的历史、所蕴含的手工的温度、所积蓄的地方性知识层面、所代表特定的方性民俗文化等，这些内容构成了传统手工艺品在当下的消费社会中能够被市场青睐的主要内容。美国社会思想家阿尔文·托夫勒在《文化消费者》中，以五六十年代的美国为例，透彻分析经济与文化消费的关系，证实了物质条件在被极大地满足之后，人们才能进行文化意义的选择。拾翠对于传统手工艺品的创新发展正是基于这样的一个背景下，即只有在物质极大丰富的情况下，文化意义才能被最大地放大。今天人们生活在城市车水马龙的紧张节奏下，丰富的物质条件已满足不了人们内心对美好生活的需求，而存在于繁华城市中的，代表了乡村文化、传统文化的拾翠手工艺市集在精神需求方面，提供了一定的补充，从而丰富了人们对美好生活多样性的需求。

2. 契合现代文化消费偏好的氛围营造

法国后现代理论家鲍德里亚提出物质极大丰富使人们开始用符号来追求个性的满足，[①]现代文化消费偏好有很大一部分就是符号消费，追求符号个性。拾翠在这个基础上，通过设计革新产品形象、卖场设计，创新消费方式等营造了契合现代文化消费偏好的氛围。

为符合"个性化、多样化"的消费偏好，拾翠将每一个陈展版块都打造成不一样的格式。以拾翠顺城市集来说，占地3000平方米，融合了传统和现代两种不同风格，却毫无违和感。整个空间突出设计感，在场地策划前期，做好了包括平面设计、产品设计、品牌设

---

① 让·鲍德里亚：《消费社会》，南京：南京大学出版社，2001年，第34页。

计和空间设计等多项准备，争取做到了个性和多样的融合。整个空间分为两个大的版块，即拾翠自营的传统手工艺版块和商家赋能的现代产业版块。两个版块之间用一块公共区域连接，这块公共区域用作人们的休息区、民族歌舞的展示区、现代脱口秀的舞台区、媒体论坛的分享区等各种线下文化活动的举办地点，这样一来，传统和现代之间并不会产生明显的界限感。

考虑到这是一个较大的空间，如果要浏览消费的话，会比一般商场花费的时间长，所以整个空间随处可见有休息区，每个休息区不单单是放一把椅子那么简单。比如在餐饮区，除了每个商铺自己的饮食区之外，拾翠还备有公共饮食区，设计灵感来自田间地头的轻松氛围。该区域被麦田包裹，窗外视野开阔，设置有专门为拍照打开的地点，让人仿佛置身于油画质地的无边麦田中，紧连着手工咖啡区域，消费更加便利。为了让消费者或者游客有一个更好的游览体验，市集空间内的灯光随商铺的性质功能发生变化。比如酒馆区域更有情调、咖啡区域更加小资、西餐区域宽阔浪漫、手工艺区域偏向复古柔和，整体氛围会让来这里的人感受到宁静舒适。在传统手工艺区域几乎都有关于传统文化的文字和图片介绍，整体充满历史厚度和文化温度。展品的陈列也是有理有度，从餐饮到服饰、从展品到手工体验、从游览到休息都能让消费者在这个空间中不会感到无聊、无趣。

拾翠的目标是走出昆明走向全国乃至走向国际，所以在消费氛围的营造上不能脱离现代文化消费的偏好。所以除了上述陈展的创新之外，在消费方式上也要跟进现代消费的脚步。

拾翠对传统手工艺行业的实践正是建立在"消费文化"的基础上。从翠湖滇文化中心到王府井卖场，从金鼎山民艺公园到顺城拾翠市集，拾翠的创新性发展都在不断地向外传达传统手工艺品的文化内涵。瓦猫的形象出现云南各地，昆明、玉溪、大理等形象都各不相同，但用途和寓意却有异曲同工之处。拾翠卖场当中存在的瓦猫现象更是多种多样。而这些瓦猫却不仅仅用于"镇宅纳福"的房上瑞兽，被创新开发成各种各样的新文创产品，用来满足不同消费者的需求。瓦猫形象的笔筒、手账、摆件等等。2022年1月15日至2022年2月20日，云南山系生活方式新年艺术展"别样虎年，复游丽江"在上海淮海755商场2楼策展。这样一个表达云南乡土生活的展览，在上海这个被流行文化包装起来的都市里取得成功，能看到人们对于这些远离城市生活的传统文化的喜爱。

拾翠致力于"传承传统"，但不拘泥于传统，瓦猫外形的创新和传统寓意的保留实现了较好的融合，既有了符合消费审美需求的外形，也保留和传承了历史悠久的文化寓意。

近几年"盲盒"出现并流行于年轻消费者之间，"开盲盒"似乎成了一种新的消费方式。拾翠为了迎合现在年轻人的消费方式，创新销售方式，紧跟市场潮流，结合"盲盒"的概念，推出瓷器盲盒，将卖场的瓷器或者陶器以盲盒的形式销售。传统的东西经常会被冠之"老、古板、落后"等形容词，但优秀的传统文化其实更应该让它流行于社会年轻人之间。云南有丰富的陶瓷文化，而且各地区之间有自己独特的代表陶瓷。现在能被大众所熟知的有建水紫陶、华宁陶等等，但其实还有很多虽在外没有多大名气，但却历史悠久、品质上乘。就如曲靖的潦浒陶，还有两千多年的制陶历史、沿用至今的古龙窑和柴烧陶，形制多样、类型丰富。拾翠将这些各式各样的陶瓷器装进盲盒，告知消费者里面包含的内容，消费者对此有一定了解，在自愿消费的同时心里又有所期待。

在实际调研的过程中，笔者也发现在瓷器盲盒的摊位旁边是"明面上"的陶瓷摊位，价位有高有低，类型多样，建水紫陶、华宁陶、潦浒陶器等都有包括。这个摊位上的产品在盲盒中都有可能被开出来，这样一来，消费者在购买盲盒之前，心里都会有底，给了消费者保障，同时也输出了不一样的陶瓷文化。

英国文化研究学者迈克·费瑟斯通以"消费文化"来表述消费社会的特征，即符号化过程与物质产品的使用体现的不仅是实用价值，而是扮演着'沟通者'的角色。[1] 拾翠改造创新符合现代审美需求的传统手工艺品就是在消费文化的背景下，通过符号化产品来体现不一样的文化价值和实用价值。

个体或群体在符号消费中最重要的是寻找文化的认同。现代工业化社会的机械化大生产，在生产上采用大机器与流水线生产，材料和产品都要求符合机器的生产逻辑，所以需要的是标准化、同质化，追求的是效率和经济利益，一定程度上缺少符号个性、缺少文化认同。而传统工艺却与之恰恰相反，它在小农经济形态下，突出更多的是其功能性和实用性，属于生产生活用品，而且以手工劳动为主，主要是个体生产，材料和产品都是自然的，表现为个性化、多样化，生产的周期长，产品的使用周期也长。从这一点上来讲，传统手工艺品具有《消费社会》当中提到的先天优势。

从生产生活用品到文化消费品的转变过程包含两个方面的内容，首先是对传统手工艺类型和产品的选择。云南省少数民族众多，各民族都有灿烂独特的传统文化，孕育出各式各样的传统手工艺。在面对云南省数量庞大的传统手工艺品时，选择适合市场的手工艺类型和消费者乐于接受和喜爱的传统手工艺品是必不可少的一步。其次是选择完成之后，如何对传统的东西进行现代化的创新改变。工业时代下人的满足需求在紧促的城市生活压力下，从物质条件增加

---

[1] [英] 迈克·费瑟斯通：《消费文化与后现代主义》，刘精明译，南京：译林出版社，2000年，第123页。

到精神条件，市场也随之变化，而现代审美的改变和传统文化的复兴，是促使传统手工艺市场进行创新发展的又一要求。实用产品向文化产品的迈步，传统文化和现代审美的结合，使传统手工艺品快速完成蜕变，以符合现代消费者的需求，并满足了市场行为的要求，达到了传统手工艺品功能创新性转变的目的。

二、传统手工艺传播平台的创新性构建

传统手工艺传播平台的创新性构建立足于现代产业形态，通过对"互联网+"形式的专属APP、微信公众号、微信群等社交媒体的线上平台构建和实体卖场、市集、园区等线下平台的构建，实现企业的自主创新和整体功能的升级，从而使得拾翠逐渐占据所在产业价值链的高端，实现自身收益的快速增长。因此，传统手工艺传播平台的创新性构建在企业经济发展和企业品牌的塑造过程中体现出必要性。

（一）传播平台创新性构建的必要性

拾翠对于传统手工艺的实践过程是动态的，换句话说，就是一直在不停地更新换代，不断地进步。实践过程的第一个阶段主要注意力在产品维度上，经过创新和设计之后的传统手工艺品使消费者更愿意去了解，更愿意去为此去消费，符合市场对产品的基本要求。完成产品阶段的创新之后，拾翠不满足于现存的规模，紧接着就将注意力放在了新的平台构建和品牌塑造上。

1. 拾翠企业发展的诉求

随着现代企业生产方式的不断变化和创新，平台已然成为一种重要的市场形式，一个企业的平台建设，深深影响着企业竞争的发展优势。拾翠对传统手工艺创新性发展的过程，着重进行企业平台的建设，以此取得企业的竞争优势。

平台简单来说就是一种交易空间，可存在于现实世界，也可存在于虚拟网络空间。拾翠对平台的建设，从现实世界和虚拟网络两方面入手，即构建线下平台和线上平台。这里所指的线上平台是互联网、物联网、大数据与人工智能等信息技术和平台经济等创新商

业模式的有机结合体，包含电子商务平台、社交媒体平台和共享平台等利用信息技术的平台型商业组织。[1]从市场发展阶段看，平台是传统隐性交易市场显化的结果，随着互联网与通信技术的发展，存在于网络中的虚拟平台更是打破了时间与空间的限制，使得平台经济获得了更大的发展空间与更丰富的发展方向。而拾翠线下平台的建设是一个相对漫长和复杂的过程，从翠湖的"莲花禅院"展示平台到王府井里商圈的品牌传播平台，再到金鼎山民艺公园的体验和展示中心，最后发展到现在的顺城拾翠市集的商场模式和地摊模式，线下的平台在不断地变化、不断地进步。

"拾翠羽以赠佳人，用青年审美打造云南好物好生活展示销售平台。"这是拾翠打造展示销售平台的初心。创立于2013年的拾翠，通过挖掘云南在地文化资源，包括非遗、手工艺、物产、美食等，并赋以当代设计和审美提升，实现文化资源的商业化。形成文化产业、家居生活用品、在地消费三个大门类交叉而成的独特商业赛道。旅游业态下的云南传统手工艺，主要针对的是旅游市场，而旅游市场只是当代文化消费市场的一个组成部分。同时，针对旅游业市场的传统手工艺品，在面临游客的需求时，出现同质化严重、附加值较低、质量难以保证等问题。因此，无论是针对旅游市场还是拓展更为广阔的当代文化消费市场，都需要传统手工艺品走出一条更为合理的道路。

正如前文所述，云南传统手工艺品行业存在许多问题。首先，乡村大多数传统手工艺生产都是以家庭式的小作坊为主要生产空间，走的是产销结合的道路。所以手艺人往往是生产者也是售卖者，这样的模式会使得手艺人在产品上花费大量时间而忽略掉产品之外的

---

[1] 徐岸峰：《基于网络平台的智慧旅游服务模式研究》，哈尔滨理工大学博士学位论文，2019年。

现代审美变化和市场变化，无法紧跟科学的营销手段，无法了解到复杂的消费者需求。所以在这样的情况下，更好的选择是跟专业的团队合作，及时进行资源和信息的交流转换，更好地与现代文化消费市场接轨。专业的团队会及时研究消费者的消费偏好和市场营销手段的变化，这样能使手艺人安安心心地进行手工艺生产，有效地提高手工技艺和传统手工艺产品的质量。除了以上提到的小规模的家庭式作坊，还存在规模较大的大型卖场，但是大型卖场的营销模式多是和一些本地的旅行社合作，存在消费"潜规则"，为了获得较大的人流量，往往会产生强制性消费的局面，而且这种大型卖场的产品质量也参差不齐，无法获得较高的保障，这些都会使得游客有较差的体验感，如何改善这种局面，使云南传统手工艺品由"小、散、乱"，实现向"高、精、尖"的突破，对从业者和研究者来说都是一道难题。

一个企业的发展，离不开平台的构建。从 2013 年到如今，经过了近十年的发展，拾翠对平台的建设从未停下脚步。线下建有占地 31 亩的文化创意产业园区——拾翠民艺公园，3000 平方米购物中心文化市集——顺城拾翠市集。线上拥有云南好物好生活供应链平台，全面帮助赋能云南在地好物好生活创业者，为消费者提供更有品质的云南好物好生活。[①] 就如同"拾翠"的 CEO 陈 L 回应的那样："拾翠的目标，就是把已经消失在人们生活中的传统文化，以传统手工艺为代表，通过互联网的运用、线下的实体、营销包装等，让人们重新发现它们的美。"[②]

2. 拾翠品牌塑造的诉求

品牌对于一个企业的成功来讲，是一张必不可少的王牌。放眼

---

① 资料来源：https://baike.baidu.com/item/%E6%8B%BE%E7%BF%A0/573785?fr=aladdin
② 资料来源：拾翠 CEO 陈 L 口述。

望去，一些奢侈品的商业附加值大多都来自品牌的加持。传统手工艺品种类繁多，分布之广，难以形成统一，这样会削弱消费者对传统手工艺品的认知，这是一种不利的市场行为。拾翠塑造出一个专属的品牌，并对之加以巩固和传播，使得传统手工艺品顺利进入市场，同时这也是顺利取得消费者信任的重要手段。

品牌，简单来讲是指消费者对产品及产品系列的认知程度。这里可以看到三个关键词：消费者、产品、认知。也正是这三个词概括了拾翠对传统手工艺品牌的塑造。[①] 品牌的差异性是随着企业之间不断加剧的竞争而慢慢形成的，企业的竞争会直接表现在品牌符号的差异性上。随着工业化进程和全球化进程的不断加快，不同企业之间产品的差异性会越来越小，这会导致整个企业之间出现同质化现象。这样一来消费者在选择产品时会更加看重产品带来的满足程度，而不仅仅局限于产品功能和产品质量。消费者要求更高的产品满足程度，就意味着非功能性特点要突出，消费产品要感受到心理上的满足。正是因为这种非功能性特点能突出个性符号且能形成长久的独特认知，所以一些国际知名品牌具有长久且稳定的生命力。由此可以看出，品牌作为个性符号的代表，在企业中具有强有力的竞争功能，能明确企业之间的差异性和产品之间的差异性。对传统手工艺品这种有形产品来说，品牌的塑造还可以延伸到其他环节，比如产品是否是"非遗产品"等等，能从功能性构建转移到非功能性构建，为消费者的选择提供新的思路。

一件商品拥有自己的品牌在市场行为当中具有的重要性不言而喻。而塑造一个品牌，首先就要找准商品的定位。一个品牌建立起来，就是要让消费者能快速、清晰地记住该品牌的独特性，这也是驱动

---

① 贾英：《基于符号学理论的旅游景区品牌塑造研究》，陕西师范大学博士学位论文，2009年。

消费者认同品牌的目的所在。就像拾翠 CEO 陈 L 所说的那样："要让消费者提起手工艺品就想到拾翠，提到拾翠就想到手工艺品。"因此，在和团队的探索中，拾翠更加注重"以市场为导向打造品牌"。

对于传统手工艺品牌的建立，要提炼核心的价值。首先要明确所拥有这些资源的独特性，其次要与目标市场相符合，形成清晰的记忆点。拾翠对品牌的建设立足于独特的云南民族文化，这是区别于其他地区传统手工艺品的最好方法。"只有云南有""云南的最好""这是云南特色"此类的话语，正是建立品牌的最好基础。

植根于翠湖"莲花禅院"的拾翠，打出的第一张牌是"非遗"。选择较为出名的一些非遗产品和非遗传承人，比如非遗产品锡器，实践于非物质文化的保护和传承。生长于众多少数民族地区的各族传统手工艺品当中就有许多属于非物质文化遗产，这对前期品牌塑造来说是一个极好的开头。首先对于消费者来说，属于非遗就意味着有悠久的历史、深厚的文化底蕴和信得过的质量，加上国家政策对非遗保护的加持，影响力方面也毋庸置疑。团队成立拾翠的初衷，就是为了使云南分布甚广的传统手工艺品能在现代文化消费市场上有一方属于自己的天地，所以在一开始就想着要做成独一无二的品牌。对此，"手工艺"三个字就成了每一次拾翠的介绍当中少不了的关键词，在不停的自己宣传和媒体宣传的过程中，拾翠和手工艺就紧紧地联系在了一起。在品牌塑造前期，拾翠邀请了来自云南各地的非遗传承人和手工艺人，带来具有代表性的传统手工艺产品，在"莲花禅院"进行活动展示、文化传播等，首先就让消费者知道了拾翠具体是干什么的，在消费者心里留下初步印象。随着拾翠商业规模在不断扩大，品牌的知名度也在不断提高，产品需要一个明确的市场定位，需要拥有特定的消费群体，所以在规模扩大的同时要加强对自身品牌的建设。

传统手工艺品不同于一般商品，从一个产品的出现到消费者接受该项产品，是需要一个接受过程的，而品牌的塑造是这个过程中不可缺少的一项。拾翠将线下的实体店开到昆明最高端的商圈——王府井卖场当中，这无疑是将传统手工艺品定位到中高端消费品的位置上，这样一来也初步确定了消费群体——中高端消费群体。这个群体的特点对于品牌的要求会更高，所以这一举措更加提升和巩固了传统手工艺品在市场中的地位。除此之外，还加强了与其他品牌的合作，如无印良品、宜家、华贸等，在打造自身品牌建设的道路上又迈进了一步，这一系列手段进一步加强了传统手工艺的传播。拾翠将卖场放到王府井的目的就是要将这些传统手工艺品打造成中高端消费品，这让传统手工艺品的附加值更高，产生的影响更大。关于为什么坚定地塑造自己的品牌，拾翠的 CEO 陈 L 这样说道："当人们来到云南时，想要云南特色只能想到去大超市等地方，但都是食品一类的礼物。那现在人们就知道，昆明有个拾翠，云南特色除了鲜花饼、米线、野生菌等物品，还有无数的传统手工艺品，而且这些东西在一定程度上更能代表云南的特色。让人们说起大理就能想到扎染、说起新华村就能想到银器、说起剑川就能想到木雕、说起建水就能想到紫陶等等，拾翠一直在坚持巩固自己的品牌，一直坚持什么地方的东西最好，就找什么地方的东西。"

拾翠在一定程度上已经达到了品牌效益输出的结果。一个好的平台对于企业品牌的塑造和传播来说是不可或缺的存在。拾翠作为一个新兴企业，对于品牌的传播和巩固是非常有必要的。首先品牌是市场竞争的焦点，同时也是互联网时代下企业发展的需要，发展品牌能够在丰富企业文化的同时，增加品牌的资产和附加值。但是，品牌传播也是非常具有挑战性的一步。

一个国际化的品牌往往要能够比较准确地反映一个国家的经济

实力和文化特点，同样一个知名的地方品牌要能够体现一个地区的文化特点。通过品牌建设，能够让中国的传统手工艺占领高端消费市场。中国传统手工艺绝大多数都是机器生产所不能代替的，这种固有属性天然最适合做高端产品和文化产品。中国的传统手工艺产品向来以工艺繁复、技艺精湛、巧夺天工而著称，同时中国传统手工艺具有极强的审美功能和文化内涵，能够充分地体现出拥有者的审美品位与生活品质。

品牌既是文化的载体，又是文化的体现，文化是一个品牌的灵魂，所以品牌的传播，同时也是生活方式和文化的传播。当今中国，正从制造大国向制造强国迈进，需要创造自己的品牌，传统手工艺品是各个民族传统文化的物质形态，是具有历史温度和文化内涵的产品。当然任何一个知名品牌的建立都不是一蹴而就的，而是一个长久的过程，需要经过不断地经营与打造，建立在对于产品和市场的充分科学的分析之上，并且采取有效的经营运作才能够建立起具有影响力的云南乃至中国的传统手工艺品牌。

（二）拾翠传播平台的创新性构建

构建传播平台是一个企业发展到一定阶段所进行的商业行为。在拾翠，传统手工艺传播平台的创新性构建成为继产品创新转变的又一项革新，在民艺公园创建主题园区、在顺城创建手工艺市集和卖场等线下平台，利用互联网构建拾翠APP、微信公众号、微信粉丝群、顾客群等线上平台，以此完成线下线上平台的双向发展。

1. 卖场、园区、市集等线下平台的构建

平台是一个能够进行交易的场所，所以不管平台怎样变化都脱离不了本质——交易。通过拾翠的发展历程来看拾翠平台的变化，可以看出线下平台的变化主要体现在平台地点、平台规模和平台所含的内容变化上。

首先是位于翠湖"莲花禅院"的拾翠滇文化中心。经过2个月的试营业筹备，于2013年11月30日正式开业。之所以选择翠湖"莲华禅院"，是因为翠湖对昆明人来说是一个比较独特的地方，优美的自然环境和深厚的文化底蕴使得翠湖成为人们茶余饭后的休闲去处。而对外地游客来说，翠湖又是昆明旅游的一个文化地标，承载着昆明乃至云南的历史文化和民族传统。位于翠湖之内的莲花禅院保留了古香古色的建筑风格，与传统手工艺的格调极为匹配，也曾先后作为禅院寺庙、古戏台、空军的俱乐部、旅社、城防司令部、图书馆等，是一个集合了多元素、多文化的空间，极具包容性，所以，"包容"也成了翠湖滇文化中心的精神所在。拾翠滇文化中心利用莲华禅院合院的建筑特征，在云南大力保护和传承非物质文化遗产的背景下，建设了拾翠的第一个线下平台，对非物质文化遗产的保护和传承产生一定的影响。

翠湖能让人们能感受到最纯粹的云南历史文化，比如可以看到老人唱花灯、跳国标，年轻人跳街舞、唱流行歌曲等，所以，在如此舒适的环境中利用莲华禅院的古建筑打造拾翠传统手工艺项目，无论是从人流量的角度来看，还是从文化底蕴来说，拾翠第一个线下平台的建设无疑是成功的。拾翠滇文化中心建成之后，以资金支持的方法使得云南的十个非物质文化遗产项目落户其中，这其中就包括刺绣、剪纸、陶艺、皮影、木雕等。除此之外，翠湖滇文化中心还对整个云南的近百家机构进行整合，创造出云南文创新生力量，即创造出了贯穿拾翠的传统元素体系"金木土石布"。该体系用传统手工艺包含的几个重要元素概括了拾翠的传统手工艺美学产品，让消费者在消费的过程中，能清楚地找到自己所需的传统元素。

除以上建立了实体的传统手工艺产品的展示销售平台之外，拾翠又利用线下合适的店铺开启"拾翠×自然人文美育"体验课程体系，该体系将传统手工艺以体验感受的方式融入个人的生活中，让人们在自身体验的过程中感知文化、融入情感，发展成为体验经济。构建平台的目的是为了更好地将传统手工艺创新性发展道路向前推进，而这仅仅依靠莲华禅院的产品展示销售是不够的，所以王府井5楼卖场的开设，弥补了这一短板，让传统手工艺更好地进入市场，为拾翠品牌的塑造打下了良好的基础。

王府井5楼位于昆明的繁华商圈之中，是拾翠第二个线下平台。在实体百货不断遭受冲击的时候，拾翠推出的"拾翠×手艺合集"，根据市场需求，将传统手工艺和现代设计师专业设计结合，让传统手工艺和非遗手艺进入昆明的时尚商圈中，让人们对传统手工艺有了新的认识。引进之后又与多位国家级工艺美术大师及各级非物质文化遗产传承人合作，通过举办文化活动、文化展览、传统文化提升开发和传统手艺课堂等，对传统民族文化、非遗项目和文创产品进行集中展示、宣传推广及销售。

王府井5楼卖场比起翠湖滨文化中心，多了一些产自于城市繁华商圈的时尚感，这也是拾翠将卖场设置在王府井的目的之一，即打造传统手工艺文化中的时尚品质生活，由此也开启了传统手工艺走向文创的探索。所以在王府井卖场，可以看到更多与传统手艺门店不同的产品，除了保留之前体现"金木土石布"的传统手工艺产品之外，还能看到更多的经过当代设计、具备文化创意内涵、实用的各类家居、生活用品。根据拾翠CEO陈L所讲："经过审美改造和现代设计过的这类产品正在逐年增加，但是与传统手工艺产品相比，消费者对这类产品的信任度还是不高。"① 因为传统手工艺的生产终端是经过拾翠的考察和定制的，但创新过的这类家具、生活用

---

① 资料来源：拾翠CEO陈L的口述。

品的生产终端无法跟传统手工艺一样，每一个都能追踪到生产终端或者生产个体，所以难以取得消费者的完全信任。为解决这个问题，拾翠将产品分为三个版块。第一，打造消费者随时可以购买的生活用品，并通过相关标识（出处、手工成本等）解决消费者认知问题；第二，打造收藏级产品——"大师制"，优化品牌标签页，将大师名片、制作时间等一一呈现；第三，打造拾翠原创设计版块，以当代设计体现传统工艺。经过这样的版块分类，消费者就可根据自己对产品的需要和信任程度合理选择，减少消费者的顾虑。

　　拾翠为扩大经营范围，扩大王府井卖场的规模，以闲置的昆明氧气厂为基础，构建了第三个线下平台——拾翠民艺公园。拾翠金鼎山民艺公园总面积1.5万平方米，是一个以传统手工艺为主题，经过现代创新设计的综合园区。主要是作为拾翠的B端存在，也就是生产端，但也同时具备研发、销售、展示、体验等功能。拾翠民艺公园作为拾翠建立的占地面积和规模最大的线下平台，如何有效地发挥平台的作用？主要体现在三个方面。首先，拾翠对有创造力和生产力的企业和个人给予最多支持，具体表现在划分空间、提供服务、建立销售渠道、提供资金支持等方面；其次，拾翠建立了自己的销售渠道，为已经进入民艺公园的店铺建立销售平台，保证渠道畅通、销售顺利，实现产销体系的良性发展；最后，拾翠助力进入园区的每个民艺手工艺品牌，进行品牌宣传和推广，同时规范品牌的管理体系，持续帮助园区内各个品牌的孵化。除以上这些，拾翠构建了首个中国文创园区生态信用数据管理服务中心，并推出了"N+"服务系统，即从公司管理、财税、信用入手，帮助民艺企业转型，真正创造出云南传统手工艺第一聚合平台，将传统手工艺价值发挥到最大。

　　拾翠线下平台的构建，除了以上提到的针对产品展示销售、品牌塑造传播之外，线下课程的开设也是重点之一。拾翠研发了以美育为核心的课程体系，通过教授消费者一些简单的产品制作课程，发展出体验式经济，进而发展到研学、游学等文旅产品和文化活动，以此培养多层次的客户群体。例如在2019年7月，拾翠举办了以"金方山上，农夫街子"为主题的活动，在这个活动中农户们在各自的专属摊位上售卖自己的产品，由此开启了全新的售卖体验。拾翠将全新改造的摊位免费提供给村民农户使用，在后期进行统一规范管理。这样的线下活动帮助了当地菜农摆脱传统粗放的经营方式，在收入、行为、思想意识层面得到全面提升，真正走上诚信有序、良性发展的道路。

顺城拾翠市集是拾翠现在主要的平台，在正式开业之前经历了两个月的试营业，这两个月的试营业销售额突破百万，经营范围也增加了现代手工艺、饮食等等，俨然已经成了顺城购物中心的"网红"之地。从开业至今，已经举办几十场线下活动，活动类型丰富，举办次数频繁。例如邀请非遗传承人车志雄，哈尼传统乐器传承人阿文，红河追故乡发起人阿东介绍梯田农耕的风土风物、红土地的影音乐研究、山里云间的歌声舞蹈，辛勤劳作孕育出独特的非遗歌舞、回到故乡，与哈尼族一起在山里云间唱起多声部，跳起乐作舞；分享古老旋律的记录影集——影片《吾处阿次》和国家级传承人朱小和抢救记录工程影片《四季生产调》等传统活动，还包括线下开放麦脱口秀、产品发布会、节日庆典等文化活动。

线下平台的构建随着实体场地的地点和规模在不断发生变化，线下的各种文化活动和体验项目也在不断丰富和完善，在昆明核心商圈内建造活动场地，开设实体经营店，集中展示和销售传统手工艺品，同时开设线下手艺的实践课程，打造体验式消费等等，可以看出平台的建设仍然是拾翠在传统手工艺创新化发展道路上需要持之以恒的事情。

2.APP、社交媒体等线上平台的构建

为适应当下的市场竞争，拾翠除了对线下平台的经营之外，也积极拓展线上平台。为扩大产能，拾翠开发了一款"手艺定制"APP，在定制 APP 中进行模块化定制的探索，方便顾客定制的同时，也为手艺人的生产提供了便利。"手艺定制"APP 是拾翠本身对自己商业实践进行成效检验的一种工具。APP 的制作与开发，相对于实体投入，成本要小很多。首先，关于拾翠项目团队对于企业和项目的发展前景和设想，能够通过 APP 的运营来进行验证与评估，进行适当的调整。如果说 APP 的发展模式成功，积累的消费者与手艺人资源，可以很好地转化为线下创意集市的竞争优势。其次，拾翠将现有手艺人的资源，通过 APP 的形式进行整合，将手艺人线下产品通过 APP 与数量巨大的智能手机使用者相联系，打破了手艺市场的地域性限制，极大地拓展了手工艺产品的市场空间。拾翠手艺定制 APP 的存在，让拾翠在商业运营方面更加科学，而且弥补了时空差距带来的消费弱点，将定制的理念，利用互联网的快速传播优势深入消费者心里。

企业线上平台的构建对于企业发展来说，已成为大势所趋。顾客在线上平台的消费会留下记录，这将用来分析顾客的消费兴趣点，有助于留住顾客。如果说手艺定制 APP 是消费者针对拾翠的专有线上消费渠道，那公共的社交媒体平台就是拾翠对第三方平台的建设和利用。

拾翠利用微信公共平台建立起微信粉丝群"拾翠拾萃"。截至 2022 年 3 月，已有 182 位粉丝活跃在该微信群，而且在不断地增加新粉丝。这些粉丝加入该群更多的是靠身边人口口相传的推荐，一传十，十传百，渐渐建立起一个圈子。这个圈子里的人，可以通过该微信群的动态，了解拾翠最近的商业活动动态。拾翠在举办任何线上或者线下活动之前，有相关的通知都会先通知粉丝群，该群的用户几乎不会错过任何一个活动的通知，确保了宣传的有效性。

除了微信群的建立，拾翠也开创了自己的微信公众号"拾翠"。截至2022年3月，已有58篇原创内容，平均每篇阅读量1000次以上，从2013年7月25日发布第一篇文章题为《昆明文旅融合瞄准千亿元产值，一批特色项目应运而生》开始到2022年3月9日发布最近一篇题为《日日是春日·super yes 花花主题市集》的文章，时间跨度9年，内容涵盖了产品发布、文化活动、产品推选、传统手工艺品的故事和有关传统手工艺的知识点、传统手工艺从业者的故事、传统技艺的知识普及、商户的人生感悟和人物经历、节庆活动盘点等等，可以从不同的角度来了解拾翠，了解手工技艺。公众号设置了"商城、会员中心、管理"三个版块，"商城"版块可方便消费者线上选品、线上购物；通过公众号的"会员"版块可以完成拾翠的会员注册，成为拾翠的粉丝会员，在线上注册会员后，可率先获取拾翠产品发布、线上线下文化活动和其他消费福利。拾翠现已有粉丝会员超30000人；"管理"版块则针对店员和拾翠的员工，方便企业进行管理，同时可以进一步优化线上运营。

拾翠微信公众号的作用远不于此。在近十年的发展过程中，拾翠经历了滇文化中心的开业、王府井5楼卖场的开业、民艺公园的成立到今天的顺城市集开业，产品的线下体验课程和活动也是一直持续到现在，为方便消费者能第一时间了解到拾翠举办的活动，拾翠在微信公众号的平台上会及时发布相关活动的视频，而视频的最终目的是宣传，所以考虑到时效性，视频也会及时更新除旧。

除此之外，地方媒体对拾翠的宣传也是线上平台建设的一个重点。拾翠与多家媒体合作，在举行类似于开业等重大活动时，合作媒体的宣传报道就产生较大影响，展现出媒体宣传的力量。因为地方媒体的受众大多是云南本地或者昆明本地人，所以受众群体比较有针对性。除此之外，各种自媒体的宣传和广告的投放，在宣传方面也起到了重要作用。拾翠在顺城大屏幕上投放的广告与国际一些知名品牌同时播放，比如乔治阿玛尼、兰蔻、娇兰等等，以此多渠道扩大受众，达到品牌宣传的最大效益。在自媒体发展迅速的时代，拾翠平台的每个商户几乎都有属于自己的宣传渠道，除了通过微信、微博、抖音、快手、小红书等用户较多的自媒体平台之外，有条件的商户还拥有自己的网店，能够实现随时随地地宣传和销售。

诚然，拾翠在取得成功的同时，也发现一些问题。比如线上、线下间的合作与联系并不是很紧密，通过微信公众号、官方微博、传统纸媒发布的活动信息与产品推广较为碎片化，线上活动与线下活动之间并没构成一个良好的营销生态。无论向"互联网+"这个方向进行实践，还是线下建设文化艺术卖场、完善传统手工艺品的生产和销售环节，都是拾翠为了更好地向外界传达云南传统手工艺品的文化内涵和产品理念，是拾翠将自己打造成为一个能够承载、突出、培育云南传统手工艺行业品牌的重要平台的具体实践，而当越来越多的手艺人同消费者聚集于拾翠这个平台时，产业发展规模与产业发展现状、特点之间的矛盾，也许可得到破解。

三、传统手工艺承创空间的创造性延展

传统手工艺承创空间的创造性延展,简单来说,就是传承和创新空间的延展,将传统手工艺的传承和创新发展与空间相融合,以空间消费的方式来发展传统手工艺,以此来看拾翠滇文化中心、王府井5楼卖场和顺城拾翠市集、金鼎山民艺公园的空间演进。承创空间的创新性延展是拾翠又一创新举措,其创新还体现在塑造了城市文化消费新空间、链接城乡传统手工艺协同创新。

(一)拾翠传统手工艺承创空间的演进

准确地说,拾翠传统手工艺承创空间,是物理空间与文化空间的结合,随着空间规模、地点的变化,含于物理空间中的文化空间也发生着变化。这种变化从阶段来划分的话,主要分为三个阶段,即翠湖滇文化中心、王府井卖场、金鼎山民艺公园和顺城市集。

1. 翠湖滇文化中心:旅游、生活和休闲集聚区的运用

拾翠滇文化中心的建立,依托于文旅融合的背景,利用翠湖独特的地理位置和人文气息,在莲华禅院形成了集旅游、生活和休闲为一体的空间结构。滇文化中心位于翠湖"莲华禅院"的四合院当中,凭借天然的地理位置优势,获得了充沛的人流量,这些巨大人流量当中,包含着来自中国乃至国外的游客、本地居民,而这些人,或是旅途中接触到拾翠的传统手工艺品,或是在平时生活环境中无形中被这些传统手工艺影响,对拾翠来说都是潜在的顾客消费群体。

翠湖拥有的独特旅游属性,让拾翠团队在初期的地点选择上看到了翠湖的闪光点,之后,再根据昆明文化旅游产业的发展特点,组建了投资、营销、设计团队,落地昆明,落地翠湖莲华禅院。云南的文化元素是具备国际性的,但缺乏专业的市场包装和推广,所

以依靠北京的德弘资本、朴拓基金、朗德文化商业管理机构的投资。有了资金和各级政府部门的支持，拾翠在翠湖莲华禅院建立起第一个传统手工艺的展示空间。依托旅游景区的优势，滇文化中心开启建设以旅游区域为主题的展示中心，投资云南十大文化产业的计划，意通过滇文化中心解决传统手工艺的就地营销问题，通过产业投资解决旅游文化开发和生产的问题。

位于翠湖"莲华禅院"的拾翠，利用云南地区丰富的民族文化和多样的传统手工艺品建立起"云南非遗体验区""翠湖文化主题区"，并且恢复了"龙云戏台"，为云南的非物质文化遗产提供了展示平台。人们可以通过这些民族文化和传统手工艺品来感受到云南文化的魅力，以此吸引游客和本地居民。"莲华禅院"滇文化中心在建立之初邀请了相关领域的专家学者做了论证，论证报告提出了翠湖作为昆明的一张旅游名片，具备打造滇文化中心的可行性。同时也得到了五华区有关部门的支持，成功打造了昆明的新会客厅——莲华禅院拾翠滇文化中心。滇文化中心的建立进一步促进了文化和旅游的融合发展，无形中再次提升了翠湖的观光和消费水平，同时也通过该文化中心，打造了五华区的历史文化品牌，实现翠湖公园的文化建设，在最大程度上传播云南历史文化。

成功建立起来的滇文化中心以非遗为基础，建立起云南传统手工艺品产业链。产业链上游主攻传统手工艺品的生产和开发，将选中的传统手工艺品进行重新打造，重新开发，加入现代设计和包装，为产业化做准备。产业链的下游，莲华禅院利用合院建筑的优势，使之成为传统手工艺品的展示平台，进行展示、营销。从这条产业链可以看出，拾翠团队处在产业链中游，负责对传统手工艺产品进行开发、展示、营销的整合。平台建立一年后，也就是2014年，在"莲华禅院"这小小的合院中就已经聚集了24个线下交易门店。具体是年轮刻坊、设计师的珠莲、梵草、肆意酒、翠艺坊、喜物山纪、花时间、贡润祥、如是云茶、良绣、云南草木染工坊、翠凝、青木集物、善果、优·敏芭、花格子、寸家银庄、品解堂、瑜果、东已纸坊、拾翠·云陶、云尚彩宝、草堂、马红斌漾濞核桃酱卷粉。从这24个门店中可以看出，基本涵盖了"金木土石布"这五种云南工艺的基本元素，除此之外，还包括一些涉及新生活方式的产品，这些产品偏小众，比如手工皂、精油、藏香、手串等产品。

翠湖滇文化中心已然成为人们休闲生活的新选择。首先依托非遗展示区和翠湖优美的风景，成为来此地旅游人们的打卡之地，能够在欣赏美好自然风光、优美古建筑的同时，感受传统文化、非遗产品的魅力，接受文化熏陶；其次是作为一个公共文化区域，昆明本地人将它视为一个茶余饭后、体会休闲生活的好去处。在这里可以看到各民族不同的歌舞、各种乐器演奏、年轻人的流行音乐和街舞表演、老年人的戏曲和广场舞、跑步锻炼的人等。滇文化中心以传统手工艺为核心，同时汇集了云南特色小吃等配套体系，在休闲吃喝的同时，感受文化体验馆、文化艺术展、文化交流沙龙等活动带来的文化体验。可以说拾翠滇文化中心满足了人们除了"住"之外的五大休闲旅游要素，即吃、行、游、购、娱。从以上来讲，拾翠滇文化中心无疑是成功的。

2. 王府井卖场到顺城市集：核心商圈品牌效应的运用和拓展

拾翠于2016年在王府井5楼打造了一个新的手工艺卖场，王府井的地理位置和商业地位，使得拾翠传统手工艺卖场迅速"出圈"，核心商圈中的品牌效应也得到最大化的体现。王府井卖场以及后来扩大之后的顺城市集让拾翠的传统手工艺市场变成了西南地区规模最大、品类最集中的传统手工艺展厅。

王府井卖场延续了滇文化中心的经营内容，又在其基础上增加了传统手工艺的现场定制和手艺人的现场展演内容，形成产品销售、课程体验、文化展演、产品定制四大板块，全方位吸引消费者和手工爱好者。卖场丰富了手工艺品牌专区，其中涵盖了十多个云南本土的手工艺品牌，产品包括了器、食、布、用4大类，创新发展了2000多个传统手工艺产品。王府井5楼拾翠手艺合集店成了涵盖云南特色民族文化和现代设计的文化产品品牌。就如拾翠CEO陈L所说："传统手工艺当前面临的最大问题就是传统生产与现代人需求之间的矛盾，也就是说传统手工艺产品无法满足人们的生活需求，不管是审美角度还是实用角度。"拾翠通过"再设计"，让传统手工艺再次活跃于民众的生活中，即创造出新的消费场景，将传统手工艺的卖场放到大品牌的集聚中心；通过提升设计，将传统的、旧的、过时的元素重新设计，让人们重新喜欢上这些产品；能够保护工艺，传统手工艺的核心是它带有今日工业无法代替的传统工艺和文化底蕴，保护和传承传统手工艺就是要保护和传承这些传统技艺和文化价值。这样的传统手工艺才能满足人们的物质需求和精神需求。

王府井卖场的品牌效用成功为如今扩大规模后的拾翠顺城市集打下了良好的基础。如今的顺城市集是在王府井5楼卖场的基础上，扩大规模而来。顺城坐落于昆明市最繁华的地区，汇集了多家国内外著名品牌，是昆明重要的商业中心之一。顺城市集虽然是以王府井5楼卖场为基础，但并不是只扩大了占地面积，重新复制模式而成。顺城市集结合了顺城购物中心的现代整体风格，通过扩大品牌影响而打造了新的手工艺展示平台。拾翠在建立顺城市集之前，分析了云南文旅产品的现状，总结出品牌化程度不够、初级产品较多、溢价水平较低、区域特色不明显、产品同质化严重、缺乏创造力、人才结构低端、品牌设计类专业化人才缺乏、营销推广初级、缺乏于现代商业的有效对接、缺乏统一集中的势能展示空间等问题。顺城市集针对这些问题做出相应的对策。加大了品牌宣传，拍摄宣传广告并在顺城最大的电子广告投射屏循环播放，将拾翠的广告与国际一些奢侈品放在了同一地位；联合年轻设计师和手工艺匠人，创新设计新的手工艺品，利用非遗、大师名号、定制等特点，提高产品的附加值，加大溢价；在市集举办各类文化活动，邀请文创方面的专家学者进行论坛交流，给出专业的企业发展建议；突出个性化定制，运用现代商业模式进行营销推广，对涉及生产及销售的人才进行专业化培训，优化人才结构；对市集3000平方米的空间进行合理的划分，集中展示销售。通过以上措施，顺城市集成为全国首个当地文化加策展式布局的空间，汇集了云南的好物，并打出"云南好物好生活"的口号。顺城市集特邀了16个地州的精选文旅产品和旅游线路，将这些精选的传统手工艺品放在了与顺城其他国际顶尖商业品牌同台竞争的位置上。利用其平面、产品、品牌、空间、渠道五大赋能服务商来帮助所有入选的品牌，帮助其全面提升企业的品牌价值，以此来打造区域文旅品牌标杆，助力云南文旅融合及提升。

顺城市集空间在前期通过平面设计、产品设计、品牌设计、空间设计、渠道设计等五大专业团队的打造，不仅提供了云南最核心的购物中心展销空间，更提供了前期策划、中期选品、后期展陈的一站式服务，让区域文旅产业整体品牌化水平得到提升。不定期地举办各种线下文化活动，通过展览、销售、论坛、产品发布会、表演、融媒体报道等形式进行，使人们在置身其中享受文化活动的同时，完成对产品的销售和对品牌的宣传目的。

顺城市集所展示和销售的传统手工艺更加符合现代人的审美，更能满足人们的收藏需求和使用需求，拾翠希望能通过这种创新模式，让云南的传统手工艺走出原来的小村子、小作坊，走向更大的世界、能被更多人认识，让城市繁华地段的购物中心更具备更多文化体验消费的乐趣，带动更多目的性消费。

3. 金鼎山民艺公园：主题文创园区的缔造和新消费方式的形成

利用城市闲置工厂遗址来发展主题文创园区的例子并不少见，拾翠以传统手工艺为主题打造民艺公园则更加丰富了主题文创园区的内容。民艺公园的建立，为传统手工艺品的制作和展示提供了新的发展空间，代表乡村文化的传统手工艺嵌入现代城市生活中，除了产生一个新的文创园区之外，对城市消费者来说，更是缔造出了一个新的消费方式，为消费者提供了许多区别于城市商品，区别于市场、商店等以前这种旧消费形式的新选择，增加了可以在悠闲的环境中自己体验、游览的消费方式。

金鼎山民艺公园现建造有未器物艺术馆、椰济、少夯哩傣味、臻常车澡堂、时时刻刻、和风旅游、励创、磨的古美客厅、仰木无一物客厅、仟子达、峠道汽车生活馆、奔雷室、斑锡龙、山见、澧兰茶道、守匠、四时五味、吾工木坊、问象、净无尘垢、本草缸木、闻修书院、浮生寄泊物馆、金星月、开山怪、指北针、溪悦、云庐、言金仁、造猫化虎、聿安品牌策划、谜豆咖啡、捉梦酒吧、郎森印艺、雄猫刺青、索卡工程、麦地文化等37个线下门市。比起翠湖"莲华禅院"，民艺公园的规模更大、所涵盖的门店更多、产品类型更丰富，但核心还是遵循"金木土石布"这五个元素。例如"守匠"主要经营省级非遗项目云南手工银茶器、花器、饰品等，除商品展示销售之外，也包括银器饰品的沉浸式体验制作，通过掌握传统手工技艺的手工艺人与80后的新兴创造力团队的合作，创新云南手工银品牌；"奔雷室"也是省级非遗项目的代表，主要经营有古琴制作、古琴培训、古琴周边的创作、漆器制作等，拥有传统丝弦古琴制作研究室和工作室，集制作、研究、传习、对外交流于一体；"斑锡龙"

主要经营国家级非遗项目锡器，主要制作锡、银、铜等家居生活产品，其中也包括金属工艺体验项目。"斑锡龙"同样是通过国家级工艺美术大师与专业市场团队合作，来打造云南金属工艺第一创造力品牌，这也是中国唯一一家采用中国斑锡发明技术的专业企业；"未器物艺术馆"则打造了云南特色生活美学陶艺品牌，由省级非遗大师制作的云南岩矿土陶器，使用松干柴，经过1300℃高温浴火重生，形成了独一无二的裸釉柴烧陶器。该陶器制品包含餐具、花器等彩色气烧釉器产品线，将工业设计与云南民艺巧妙地融合在一起，除了自主品牌，公司也引进各种独立艺术家的陶艺产品，配合玻璃、珐琅、水晶等不同材质的艺术品来满足不同生活美学需求；"造猫化虎"是由90后云南瓦猫非遗传承人张航所创，专注于云南瓦猫的文化保护及产品研发的文化艺术品牌，致力于记录云南瓦猫生态，收集遗存瓦猫实物、研创瓦猫的新工艺产品，以及开展瓦猫制作技艺的传承工作，推出展示瓦猫主题的原创作品艺术展览，手工艺体验沉浸民宿等活动。以上这些虽也在不断创新，但始终没有脱离拾翠"金木土石布"的核心体系内容。当然，民艺公园还配套有其他内容，比如鲜花花艺、生活家具、空间设计、乐队演出、美食饮品、茶艺培训、户外运动、品牌策划、各种手工艺品制作等等。

民艺公园的资本和消费者积累，为顺城市集的建立奠定了深厚的基础，促进了民艺公园与顺城市集的主要生产端和销售端关系的形成。园区内手工艺人进行产品创作和生产，顺城拾翠市集进行产品的展示和销售，形成了上下游的产业链。当然，这一产业链并不完全按照园区生产、市集销售的关系进行，园区在生产产品的同时，也是产品的展示销售平台。同时园区内的部分场地也会被用作文化活动的举办场所，除了拾翠自己举办的活动之外，还会出租给外面的企业或者个人来举行活动，更加突出平台功能的多样化。

拾翠民艺公园以云南各地传统手工艺为核心，一步步完成了从产品创新到平台建设再到空间构造的升级，不断激发着云南传统手工艺创新发展的新生力量。该园区占地 31 亩，聚合了生产、研发、体验、展览、销售等功能，实现以传统手工艺文化为聚合核心，文化与消费相结合，最后形成有效的产业链，是中国第一个以传统工艺美术、非遗民艺加创新设计为核心的综合园区。民艺公园成立之初就是为了在城市当中建立一个以"生产端"为主的空间，该空间被划分成为不同功能区，在此基础上，商家入驻，成立各种工作室和门店，所以，拾翠对真正有创造力和生产力的企业或个人，给予在空间、服务、销售、资金等方面最大力度的支持。同时保护个人的原创作品，在园区内全面保护知识产权，支持原创作品和产品，辅助企业和个人申请专利保护，对抄袭、山寨版制作等行为进行严厉的制止和打击。规范市场，联合园区内企业和个人生产者，构建科学的产品体系及合理的定价机制，建立销售平台、引入销售渠道、建立竞争机制，实现产销体系的良性发展。构建规范的品牌管理体系，帮助园区内的企业和个人进行品牌孵化，共同将云南的手工艺产品推向全国市场。

从翠湖滇文化中心到王府井 5 楼卖场，再到如今的拾翠国际民艺园区和顺城市集，拾翠将有着其独特魅力的、历经千年发展变化的民族非遗以及传统工艺进行了挖掘并发扬光大。

（二）塑造城市文化消费新空间

城市文化消费新空间的塑造，从逻辑上来说就是传统手工艺承创空间创新性延展的影响或者说是作用。正是因为有了对承创空间的创新，从而塑造出了一个新的城市文化的消费空间。具体就表现在三个方面，即盘活城市工业闲置空间、融入城市文化生活、塑造城市文化消费新地标。

1. 盘活城市工业闲置空间

在城市不断更新发展的过程中，总会留下一些已"不合时宜"的产物，工业遗迹就是代表之一。拾翠将传统手工艺的文化艺术元素植入遗留下来的工业闲置空间当中，挖掘整合看上去已经被时代所抛弃的工业资源，通过现代创新设计打造民艺公园，让传统手工艺能在城市落地生根的同时，又赋予了这些工业闲置空间新的生命力。

空间拥挤、土地紧张，这是现代城市面临的普遍问题。社会不断发展，城市的建筑也在不断地更新前进，而工业空间闲置、无法利用的问题就成了城市规划的痛点。民艺公园的前身是昆明氧气厂，一个典型的工业时代的产物，其实对工业闲置空间的重新开发利用一直是一个热门研究方向，从城市文化的角度讲，利用文化空间再塑工业空间已经尝试过，拥有成功案例。从北京的798到昆明的871，工业闲置空间从无人关注到再次活跃在人们的眼前，经过的是无数再设计和再生产。不同于北京798的艺术家带动发展，拾翠金鼎山民艺公园的"复活"依靠的是来自乡村地区的传统手工艺。传统手工艺成了这个孵化基地的核心，手工艺人的进入，让工业闲置区有了新的发展人员，而传统手工艺产品的产生，则让工业区有了流通的血液。手工艺人在民艺公园中进行对传统手工艺产品的制作、展示、销售，通过这些，能让生活于城市中的人们感受到不同于城市文化的乡村文化，从而带动园区其余配套设施的发展，形成完整的孵化园区发展结构。

将民艺公园从破旧的厂房区变成现在的现代艺术和传统文化的交融区，拾翠首先将重点放在了平面设计和空间设计上。考虑到城市生活工作的快节奏，使得人们"灵魂追不上物质发展"，民艺公园在整体氛围设定上偏向"闹中取静",空间设计更偏向于休闲、舒适,在符合传统手工艺自带乡村休闲文化属性的同时,又为热闹紧张的城市生活增加了一片悠闲之地。民艺公园以传统手工艺为主题,同时也配套了同样具有乡村文化风格的民宿,其建造和装修风格上显示出不同于工业文化的传统文化氛围,供人们在生活节奏如此之快的城市生活中获得休息和放松的时光,人们不用专门跑到遥远的乡村,在城市的一角园区就可以体验到轻松愉悦的乡村周末生活。

民艺公园是将传统文化嵌入城市闲置工业区,在城市更新的过程中,注入了新的文化,形成了以传统手工艺为主题,又融合进之前的工业元素的空间存在,在没有浪费城市空间资源的同时,又赋予了城市发展新的生命力。在园区的设计改造方面,拾翠给足入驻商户自由的表达空间,商户可以按照自己产品的特点和自己的喜好对划分出来的相关区域进行设计改造,所以现在看到民艺公园内的建筑都不尽相同,尽显个性,能让消费者快速且准确地看出产品特点之外,也能以此来呼应园区不同的功能分区。就如"奔雷"工作室,是一家主营古琴的工作室。经营范围包括成品古琴、古琴体验定制、古琴的各种文化课程培训以及文化活动等。工作室在园区内划分出一块空地,建造出现在的古琴工作室。从建造到布展,全部都是融入了新的、不同于以前工业文化的元素,整个建筑风格完全凸显出店主自己的生活方式和对古琴文化的理解,突出古琴文化氛围的营造。利用这种典型的现代思维和个人生活风格,对闲置的工业遗产进行改造,除了使用了以前的地皮之外,其余全部都是新的东西,呈现全新的活力。不同于古琴"奔雷"工作室,生产制作锡器的工作室,则是利用传统与现代的融合,工业与手工艺的交融来盘活了闲置的工业生产车间。锡器工作室所在空间是之前氧气厂的生产车间,其中存在着许许多多旧厂的痕迹,比如一些管道和钢架结构。由于锡器也属于金属，所以这些遗留下来的金属构建与锡器产品的属性并不相斥，空间并存感也并不违和。工作室对空间进行重新改造设计，给这些管道和钢架结构都重新喷上了明亮一点的漆，打造成了锡器的展陈架，成了凸显设计感的一部分，完成了工业遗产和传统文化的完美结合。保留下来的这些部分工业遗迹经过改造设计之后，变成传统文化展示区的一部分，反而为消费者带来了巨大的视觉冲击力。

民艺公园中每一家店都在依托自己不同的产品属性来打造专属自己的店铺风格。比如守匠，在顺城市集只占一块小区域，以摊位的形式进行售卖。但是在民艺公园里，却有着属于自己的"后花园"。守匠在民艺公园的工作室是由氧气厂遗留下来的二层小楼改造而来的，一楼的空间现在主要被用作展示、销售、展陈各式各样的银器，而二楼区域，店主已将它改造成了一个陈列式的生活场景。该场景的空间装饰品使用的是自家的银器产品和一些银器收藏品，该空间被还划分出一些小微格局的餐厅、休闲区域等，往来的消费者或者游客可以在这个生活空间中喝下午茶、读书、聊天，在民艺公园中打造出了一个不同于传统的、新的消费方式。

拾翠将传统手工艺的生产和销售通过聚合、链接到民艺公园这个空间当中，让原本被城市在前进路上遗留下来的工业遗迹焕发出新的生机。在这个空间当中，不同分区有不同的功能，一件手工艺品从消费者体验、生产、宣传展示一直到销售、成为消费品的整个流程都可以在这个空间中完成。除此之外，这个空间还联系着不同的生活场景，从特色餐厅到咖啡店、小酒馆，从休闲民宿到户外运动用品店，从现场乐队到传统手工艺工作室，从全球家具好物到汽车清洗服务等等，这些不同的生活场景聚合成了一个完整的文化生活空间，这个空间不是封闭的，通过人群的流动、工艺品的销售等可以直接或者间接传播传统手工艺文化。该空间已经有机地融入城市文化生活当中，联系着乡村与城市、传统与现代，让传统手工艺品实现了经济和文化的双重价值，实现了对工业闲置区真正的盘活。

2. 融入城市文化生活

传统手工艺园区的建造、传统手工艺品牌卖场的开设，让传统手工艺的消费，进入人们的日常文化消费行列之中。塑造城市文化消费新空间，不仅是在可视的范围中建造物质形态的园区来盘活工业闲置空间，也体现在城市消费者对文化消费的态度变化。当人们对传统手工艺的文化消费在不知不觉中进行的时候，或者说成为一种常态化的时候，传统手工艺才是真正融入城市文化生活，城市文化消费新空间的作用才得以体现。民艺公园和顺城市集以园区和卖场的形式存在于城市之中，而这些代表了乡村文化属性的传统手工艺品在园区和卖场中与城市文化进行碰撞、交融，以文化消费品的形式融入城市文化生活中，在无形当中影响着城市文化的再生长。

以民艺公园来说，其前身属于工厂遗迹，是典型的工业时代下的产物、典型城市文化的代表，通过注入现代艺术和传统文化的血液之后，形成了现在大家能看到的集"网红打卡地、传统文化展示区、现代城市生活休闲地"等为一体的综合性民艺公园。互联网时代下的城市生活节奏快、人们的生活压力大，需要一个让自己"灵魂能够追上身体"的栖息地，而产生于农耕文化背景下的传统手工艺品正好自带"田园休闲美好生活"的属性，所以拾翠民艺公园自然而然地成为快节奏城市人群休闲生活的不二选择。拾翠民艺公园是孵化园，它作为B端，也就是生产端存在，所以园区的很多门店在展示和销售传统手工艺品的同时，也提供制作这些传统手工艺品的沉浸式体验活动，让人们在制作的过程中，注入自己的情感、放松身心。

就像是20世纪30年代日本"民艺运动"中,日本美术评论家柳宗悦提出"美"与"用"的结合[1],拾翠民艺公园也基于这样的"互动体验",利用便利的空间来实现传统手工艺品和消费者的体验式消费。

拾翠民艺公园的建设相当于进一步将乡村传统手工艺的"手工作坊"搬到了城市当中,在民艺公园这个空间中,实现研发、体验手工艺品生产制作及销售等功能。在园区当中有手工艺人的创作,有城市消费者带去的新的消费需求和新的消费观,以此能够形成双向的影响。拾翠通过频繁举办各种活动,让原本远离城市生活的传统手工艺品重新以另外一种身份进入人们的日常生活当中,通过体验、观察,参与到传统手工艺品的制作中来,让消费者体会到一件手工艺品不仅仅是一件生冷的器物,更是一件承载创作者情感的文化消费品。

城市是更早受到工业化影响,传统的东西消失更快的地方。传统手工艺品变成了人们在满足物质需求之后的精神文化消费品,人们自然会更看重当中蕴含的文化内涵,民艺公园的建设,正是将城市缺少的这种久远的、民族的、深厚的传统手工艺文化带入城市当中来。人们通过制作、购买这些器物来了解这些器物背后的故事情节和文化内涵,这些传统手工艺品在作为商品流通的过程中,将无形的文化带到了城市生活空间的各个地方。这种直接或者间接的传播,无意当中对城市文化空间产生了一些影响,人们不用跑到乡村地区去专门探寻一种文化,在早已熟悉的城市空间当中就可以找到,而且多种乡村文化聚合在城市的某一个角落,当人们进入这个地方,便能体验到大理的扎染、个旧的锡器、剑川的木雕等等。民艺公园除了传统手工艺品的制作和工艺品牌的塑造之外,还配套一些文化娱乐场所和生活场景,比如在这个空间当中包含着酒吧、餐厅服务、

---

[1] 贺超海:《中国传统工艺的当代价值研究》,北京科技大学博士学位论文,2018年。

户外策划、环境设计、品牌设计、墙绘设计、创意设计、音乐创作、乐队现场演出、汽车清洗服务等，这些店铺联系着不同的生活场景。民艺公园已经与城市文化生活有机地融入一起，将传统手工艺生产制作到销售所必须依托的场所，也融合到了城市文化空间当中。

处在功能性高于文化性时期的传统手工艺品，想要无阻碍地融入城市文化当中，在产品的审美改造上就要做出突破。拾翠通过与当代设计师的稳定合作，对接当代设计师和传统手工艺匠人，将当代城市年轻消费者喜欢的设计风格融入传统手艺当中，这样的产品在得到消费者喜爱的同时，对传统手工艺品的更新进步也产生了积极的影响，与城市文化也更相容。拾翠将市场所需的产品信息带入乡村地区的小作坊里，手工艺匠人通过定制的形式来达到市场的要求，但这并不意味着所有的传统手工艺品都是"过时的，不美的"，相反，传统的东西有传统的美，所以拾翠在带去消费需求信息的同时，也为都市带来了"传统的美"。所以，不管是为迎合消费市场来创新传统手工艺品，还是让现代消费者理解传统手工艺品的美，都在一定程度上将传统手工艺品从乡村田野带到了城市时尚中心，从小作坊带到了都市商圈，让传统手工艺品从生产生活用品变成文化消费品，实现真正的融入城市，实现真正的创新性发展。

3. 塑造城市文化消费新地标

民艺公园和顺城市集的构建，塑造了城市文化消费的新地标。正如拾翠CEO陈L所说："拾翠市集的建立，就是为了让传统手工艺进入城市居民的日常生活中、进入来这儿旅游的游客清单里。游客来云南旅游的时候总是会想到带一点云南特产回去，在这之前，云南的特产人们只能想到米线、鲜花饼等等，所以都奔着菜市场或者超市去，但是现在不一样了，拾翠就是要让游客知道，云南的特产除了吃的，还有很多来自乡村地区的传统手工艺品，这些能代表云南各地最具文化底蕴的物品在拾翠就可以看到、可以买到。"

顺城拾翠市集占地3000平方米，位于昆明市最繁华的商圈中心——顺城。顺城市集占据昆明市最好的地段、最多的人流量，在正式开业之前，进行了近两个月的试运营，销售额破百万，正式开业之后，更是以平均每周三次的频率举办各种文化活动，来吸引人流量和进行多方位的宣传。顺城拾翠市集现主要分为两大部分：拾翠传统手工艺品的自营版块、其他商家的入驻商铺版块。拾翠传统手工艺品的自营部分包括大理扎染、华宁陶、建水紫陶、竹编工艺品、大理瓦猫、非物质文化遗产锡器、云南著名的重彩画文创产品、手工皮具以及专门划分出来的云南省博物馆的文创产品展示和销售区等等，可谓是应有尽有，以上这些构成拾翠的核心——来自远处乡村的传统文化展示。另一部分来自其他入驻商家的商铺，则包括手工咖啡、小酒馆、各种美食、古着店、各种现代手工艺产品展示销售区等等，这些则组成了工业社会的现代城市文化。顺城拾翠市集则是将来自乡村的传统文化和现代城市文化放到一个物质空间中，使之交流、融合、碰撞，形成坐落于繁华都市中独一无二的一方天地。

顺城拾翠市集从物质空间来看，按照空间功能不同被划分成不同的区域。从文化空间来看，传统乡村文化和工业城市文化在此交融。上文提到顺城拾翠市集在正式开业之后，频繁地在市集当中举办各种文化活动，包括来自远山彝族的歌舞表演、表达对少数民族非物质文化遗产保护的影视分享、茶文化的交流分享、侗族的蛋清布制作、云南的手工纸制作等等，让人们在繁华紧张的都市生活中感受到来自远处乡村的文化，感受到内心的宁静。除此之外，也有各种包括手工咖啡分享、酒馆情侣活动、针对孩子的"探索自然博物馆"活动、现场脱口秀活动、对应各个节假日的亲子活动、情侣活动等等，而这些带有浓厚城市文化的活动，也交织在周围满是由华宁陶、紫陶、竹编等构成的传统手工艺文化的乡村文化氛围中。所以不管是物质空间还是文化空间,在金鼎山民艺公园和顺城拾翠市集都完成了对传统乡村文化和现代城市文化的完美融合。对于顺城来讲,是属于昆明的核心商业区,在此展示和销售的大多是国际知名品牌,对于传统手工艺品这种来自山间田野的物品,好似会在国际品牌中显得格格不入,但拾翠却将这些传统的东西搬到潮流商圈,与国际知名品牌同台竞技。在这个3000平方米的现代空间中,充满着传统文化深厚的气息,改变了城市生活的消费新风向。"没有人觉得这里土,反而在这个集聚设计的空间中,吸引了很多网红打卡,得到了年轻人的喜爱。"①

作为商业文化的集聚中心,这一区域更是一个城市公共文化的中心,这一群落带来的,不仅仅是几家商业机构的叠加和组合,还有更为繁荣的边际效应。人们在一个公共文化的中心,不仅在相关物质活动,如购物、餐饮和休闲方面享受着快捷与便利,也伴随着在精神层面上享受传统、历史和艺术带来的美感等。在一个3000平方米的空间内,进行参观游览、购物消费、沉浸体验、娱乐餐饮等一条龙的服务,顾客往往会长时间逗留,加之整个顺城商业区的聚合效应,从而带来实实在在的经济效益和精神享受。

创新是传统手工艺产业发展的重要动力。近年来,与传统文化相关的精品文创、文化展演、跨界互动等频频"出圈",带动了年轻消费者对传统文化的新认知。传统手工艺蕴藏其中的新技术、新形式,无不是紧跟群众文化需求和消费趋势进行的有力创新。从文创产品的设计制造和展示营销,到云展览、虚拟现实等技术的融合应用,再到社交媒体和跨界合作,诸多领域和应用,都值得我们去积极尝试。通过投入更多人力物力财力,充分发挥并不断完善城市文

---

① 资料来源:拾翠CEO陈L口述。

化消费新地标的功能，可以让更多具有独特文化价值又不失实用功能的传统手工艺产品"活"起来，让传统手工艺在城市文化的包围中成为新鲜的血液，为城市发展和群众生活提供丰富多彩的物质和文化空间。

（三）链接城乡传统手工艺协同创新

拾翠对传统手工艺的协同创新，表现在链接了城乡文化上，形成了双向的互动关系。一方面，乡村地区的传统手工艺产品以文化消费品的形式进入城市，在城市消费环境中成为一种新的消费方式，是乡村传统手工艺资源在城市中的创新呈现；另一方面，城市文化消费在经过传统手工艺消费这座桥梁后，将现代消费观念和思维传递到了乡村地区，以此促进了乡村文化资源的价值转换。

1. 乡村传统手工艺资源在城市的创新呈现

乡村传统手工艺资源在城市的创新呈现，体现在传统手工艺的转型上、所含乡村文化的新的表现上、乡村发展新的方式上。乡村传统手工艺资源是乡村文化的具体体现，是乡村文化的重要组成部分，是其发生、发展、传承和传播的重要载体，也是与村民生产生活密切相关的具有地缘关系的文化活动、精神生活的空间和场域[1]。乡村文化不仅可以是固定、具体的供村民沟通交流的活动场或是承载历史与村民信仰的标志性建筑，还可以是特色民俗文化活动，同时也是乡村居民共同的精神寄托和体现乡村精神的传统手工艺资源。

拾翠除了对一些早就出名的传统手工艺品"锦上添花"之外，更重要的是让以前很多不为人知的传统手工艺品走入大众视野。人们可以通过拾翠这个平台，在城市生活空间当中接触到本应存在于

---

[1] 傅瑶：《乡村振兴战略下乡村文化空间建设路径研究》，《农业经济》2021年第4期，第59页。

乡村文化空间当中的东西。好的东西能产生共鸣，进入市场后的传统手工艺品产生了经济效益的同时，也影响了生活在城市的人们，让本来是乡村地区默默无闻的"小玩物"，摇身一变，成了大都市人们热衷的文化艺术品，这种身份的转变，使乡村地区传统手工艺资源在城市中有了新的呈现，对城市地区的文化经济发展都产生了正面的影响。由此，我们可以看到，可以通过进行创新产业化的发展，使得更多的人意识到传统手工艺品的价值。众多的现代设计师、大批年轻的手工艺从业者，这些人的介入为传统手工艺的持续传承带去了新鲜的血液，这使得乡村传统手工艺在城市中得以立足。传统手工艺品自然是有独特而丰富的文化内涵，但随着大众审美的变化，有些传统造型在市场上的受欢迎程度并不是很高，拾翠通过与一些年轻设计师的合作，对传统造型加入新的艺术理念、艺术思想，同时年轻从业者带来了经营方面的新生机与新活力。以陶器为例，生产陶器的作坊，不仅有专业的生产链条，还备有专门供消费者体验和交流的项目，可以实现不同人群之间相互交流、互相学习、切磋技艺等等。这些传统手工艺品的作坊，并非只是简单的生产物件的"物理空间"，更是大家共同生活与学习的"文化空间"。

  乡村地区的传统手工艺发展到今天，从传统手工技艺、原料的选择、造型的再设计、宣传展示到成为现代市场上独具一格的传统手工艺品，形成了一整套完善的产业链。除了这一主系统以外，还存在各种子系统，比如大理扎染这一项带动周城的旅游发展，外来游客冲着当地独特的传统手工艺品而来，形成旅游行业中"吃住行游购娱"等另一条产业链，这些不同的行为，共同构成了乡村地区多元互动的文化生态。通过对乡村地区传统手工艺实践者们的考察，对乡村地区不同功能与结构的分析，以及对其历史发展的回顾，我们可以看到：乡村地区经历了由"乡土农村"到"传统手工艺品生产集散地"再到"旅游目的地"的转变，而这一转变的发生，正是基于传统手工艺从业者、现代设计师、传统手工艺品产业化推动者们不断地互动的集体活动。而伴随全球化背景下市场经济的不断深入，针对传统手工艺品的生产方式、文化传播、技艺传播以及审美形式都会受到市场的影响。与此同时，随着更多的外来消费者、年轻设计师、年轻从业者、商业资本的不断涌入，也使得乡村地区进一步成为孕育优秀传统手工艺品、传播优秀乡村地区文化的沃土。所以，在现在的乡村地区，我们不仅可以看到社会最底层的"为生存"而传播传统手工艺品的手艺人、工匠们所创造的"手工艺文化"，而且可以看到外来游客、外来从业者、现代设计师、带着商业资源的投资人所创造的"现代城市文化"。

如果说文化的更新与再生是一种结果，那么，在此之前，文化必定要经历传播、冲突与融合。由此，乡村传统手工艺资源产生了在传统乡村文化与现代城市文化并存共生的形态。可以说，乡村地区传统手工艺文化的发展，不断地重构并再造着新的文化结构，是文化多样性在城市消费中的一种实践，而在这种实践中，传统手工艺品被当成一种文化再造的资源，它的兴衰变迁，也反映了乡村地区的文化资源在城市中创新呈现的点点滴滴。

2. 城市文化消费促动乡村文化资源价值转换

城乡传统手工艺协同发展还表现在城市文化消费对乡村文化资源价值转换的促进。最初的传统手工艺作用于人们的生产生活，比如鹤庆的银器、个旧锡器、剑川木雕等，这些东西做出来就是为了满足乡村地区的日常生活需求，城市生活中几乎不会用到。在相对传统的社会背景下，城市人群使用最多的反而是最开始的一些工业制品，在那个阶段，乡村地区的人很少有足够的经济能力去消费工业制品，所以日常生活用品大多使用自己手工打造的东西。如今在现代社会背景下，工业发展迅速，乡村地区则选择更为物美价廉的工业制品来满足日常所需，而对文化和审美有着更高要求的传统手工艺品的需求则逐渐下降。但是传统手工艺的制作人还是生活在乡村地区，大量的传统手工艺资源还是存在于乡土社会中。传统社会的消费市场是乡村周边，但是现在的消费市场是在城市，所以乡村地区就需要知道现代市场改变的趋向，拾翠则打开了这条信息通道。拾翠通过各种信息了解到城市消费的偏好，开启消费定制模式，让城市的消费审美偏好进入乡村传统手工艺的生产之中，定制出符合现代消费市场的产品，这就是城市文化消费促进了乡村资源价值的转换，即产生了经济价值的转换，同时也产生了文化和社会价值的转换，实现了城乡之间真正的资源共享，把乡村的资源放到城市当中来，有机地融入城市文化中，利用城市的消费市场去推动乡村资源的价值转换。

乡村是中国社会的基础组成部分，是中国这个农业大国的根源所在。随着工业化的发展，乡村地区被视为经济落后的象征。随着中国经济的不断快速发展，乡村的建设主力军——村民，逐渐纷纷脱离农业生产，离开故土，成为一批又一批的进城务工人员。人员的流失，发展的滞后，城乡差距加大，这些都慢慢成为乡村地区经济发展的最大问题。

乡村地区的资源不仅仅只有农业土地，还包括依附于乡村热土的传统手工艺。这些传统手工艺依附于物质载体，遍布在人们生活的每一个角落，成为人们的日常用品之外，还具有独特的文化情感。传统手工艺品在自给自足的前提下，也是一种经济产物。小农经济时代是以一种家庭式小作坊的形式产生经济价值，但如今，在市场经济的环境下，家庭式小作坊的生产效益可以被进一步放大。利用现代商业的逻辑，将传统手工艺品的经济价值挖掘、放大，增加手工艺匠人的经济收入，同时提升手艺人的社会地位。对传统手工艺品的经济价值挖掘是建立在文化价值之上的，所以从产业化角度来讲，保护和传承文化价值就显得尤为重要。

通过传承传统手工技艺来保留文化内涵，通过对传统手工艺品进行现代设计的改进和创新来适应现代生活，那么存在于传统手工艺品当中的文化因子也就会随之进入人们的日常生活当中，潜移默化地影响人们的价值观、认知感、民族性。前文提到传统手工艺品的创新产业化能够促进乡村的经济建设，乡村不再一味地跟在城镇发展后面，传统和现代的融合能保持乡村的独特性，为乡村振兴拓宽了道路。拾翠所经营的传统手工艺品大多来自乡村地区的手工作坊，如鹤庆银器、剑川木雕、建水紫陶、大理周城的扎染、保山腾冲的竹编、个旧大屯的锡器等等。拾翠遵循着"什么地方的产品最好，产品生产地就选到什么地方"的原则，这样的做法在保证产品质量的同时，也影响着乡村地区的文化空间。拾翠将这些手工作坊生产出来的生活用品带到了更大的市场，因为乡村文化空间的构建不能只向内，限制了自身发展，也要向外拓展渠道，努力与旅游市场等相契合，立足当地特色，使乡村文化空间建设和乡村产业发展形成良性互动。

在国家大力提倡乡村振兴的政策背景下，传统手工艺品能够为乡村体验式旅游提供新选择。通过市场销售的传统手工艺品让消费者能肯定该地生产的产品，销量提升的同时，该地的知名度也随之提升，该地的传统手工艺品就能作为一个核心辐射出传统手工品的旅游市场，提升乡村地区的经济生活水平。

传统手工艺品还没有进入市场之前，在乡村地区是作为生产生活用品来使用的，基本不会太注重文化价值，人们对这些器物的重视程度自然也不太够。现在经过市场将文化价值转变为经济价值之后，人们也随之更加重视其中所含的文化内涵。由此，传统手工艺品不仅在城市受到欢迎，在生产之地——乡村地区也再次满血复活。因为经济价值的最大来源还是其中蕴含的文化内涵和区别于工业化的传统手艺，所以人们对于文化的重视程度会更深。

拥有丰富民族传统资源的乡村地区如何将"遗产"转变为资源，那就需要"人"来传承和发展。存在于乡土社会的遗产经过"人"的重新挖掘和利用，才能彰显出独特的价值和意义。随着现代设计师和具有商业资源的传统手工艺行业年轻的从业者等进入乡村地区，使得大大小小的手工作坊注入了新的血液。与此同时，随着旅游经济和体验经济的发展，以特色传统手工艺为依托的乡村地区吸引了大量游客的到来，在这里进行参观和文化交流，使之不断发展成为一个集生产创作、参观消费、体验交流为一体的综合空间。而这之中包含的体验经济也是文化产业重要的内容，基于当地的传统手工艺匠人，依托于这些来自城市地区的艺术设计师们，依托于乡土社会的传统手工技艺形成的现代乡村文化景观，不断地重构并再造着新的乡村文化。

在国家倡导城乡一体化发展和乡村振兴的背景下，拾翠实践在一定程度上来说，实现了真正的城乡共同发展。从消费角度来看，城乡之间还存在着很大差别，如何实现城乡共享和共同发展，需要寻找一些新的突破口。在拾翠卖场上存在一种叫玉溪小青花的小茶杯，在进入拾翠卖场之前，价钱为10块钱一个，但是在拾翠市场上售价为75元一个，这差价的背后，就是现代消费趋向融入乡村传统手工艺的创新。拾翠接触到这个小茶杯的时候，看中其形制优美，但是乡村地区的手工艺人并不了解城市发展的进程，不了解城市消费者的消费审美偏好，所以杯身花纹还保持着传统的花草青花，显得有些"老气"，在现代市场上的受欢迎程度不高。拾翠设计师将这些花纹改成了偏向"小清新"风格的小鱼图案，拿着修改后的花纹跟工匠去定制，并且将价格从之前的10元一个提高到20元一个。拾翠保留传统工艺的部分，融入新的符合消费者审美偏好的设计元素，将城市消费资源跟乡村传统手工艺的资源进行整合，这样一来，乡村工匠更加了解城市的消费偏好，以前10块钱一个的东西，对工匠来说变成了20元一个，提高了工匠的收入，进入卖场时售价75元一个，拾翠同时也实现了盈利。在这个定制行为的促使下，工匠们的思想观念也会发生变化，开始反思什么样的产品受消费者喜欢，随之对产品进行创新，开始自主地了解现在审美下的产品偏向，也完全可以按照拾翠给的设计方案去烧制，达到能够与城市消费偏向进行接轨。

除了以上这种在产品方面的资源置换之外，拾翠邀请手工艺人在城市创建自己的手工艺工作室，把原本处在乡村地区的场景带到城市中来，直接融入城市生活中去，形成了传统文化和现代消费之间的碰撞，在这个碰撞当中，不断地去更新、创新传统手工艺的品类、更新设计元素，凸显手工技艺等等，推动传统手工艺一直往前走。

四、传统手工艺创新性发展"拾翠实践"的理性思考

在消费社会中,几乎任何物品都具有转化为商品的潜力与价值。为了适应市场的变化,"拾翠"对传统手工艺的实践从产品消费到符号消费,再到如今的空间场景消费,一直在不断调适、不断创新。因此,对"拾翠"实践的理性研究思考,也是探讨其这种创新性发展能否对云南的传统手工艺产业产生影响,能否为传统手工艺行业找到新出路。

(一)从产品、平台到空间系统建构的逻辑

法国后现代主义思想家让·鲍德里亚在《消费社会》中提到了生产消费、符号消费再到场景消费的过程,这也意味着消费从产品属性到品牌属性再发展到空间属性的历程,而产品之后的品牌塑造,是需要依靠平台来实现的。《消费社会》揭示了工业社会时期人们消费方式的转变,而拾翠传统手工艺品创新性发展的进程——从产品、平台到空间则正符合消费社会系统建构的逻辑。

消费社会与传统生产社会的区别在于消费社会是以消费为主导、以商品的象征交换价值为重要标志的,也就是说人们在选择物品时,不仅仅只是在意其满足自身的某种例如充饥、御寒等具体需要,物品被包装商标和被赋予身份、品位等意义更是人们关注的重点,这正是消费社会的逻辑。由于在消费社会中人们需求的并不是物品本身,因而人们对物品的需求不是依据其使用价值的满足量来计算的最基本最真实的需要,而是依据其背后的符号带来的差异形成的"虚假需求",这种不具有确定性的需求,永远都不会得到满足。如此一来,这种由商品符号化带给人们一种消费,即幸福的幻觉,消费不

再是一种停留于满足基本生活需要的活动，变成一种满足幸福感的追求。①

拾翠传统手工艺的创新性发展正是基于消费社会的逻辑。拾翠首先将创新重点放在了产品消费上，也就是产品的改造设计上。从传统手工艺产品自身出发，发现和挖掘其背后蕴藏的巨大文化价值，在实践探索中不断提升对传统手工艺的包装、设计、创新服务。拾翠目标明确，在一开始对翠湖的选择上就可以看出与众不同。滇文化中心位于人流量最大的翠湖公园中心区域，以合院套商铺的形式，集中展示和销售传统工艺品，同时配套了云南地方特色小吃、休闲娱乐场所和一些城市文创店铺等，完全是融入城市生活的一种展陈式销售区域，这个空间，凭借其充分的人流量优势，使本土和外来旅游的人都在该空间中开展就餐、休闲娱乐等活动，为其传统手工艺名声的确立和拾翠品牌影响力的确立，发挥了极其重要的作用。

产品消费在达到一定程度之后，在资本逐利的驱使下，为扩大产品输出，拾翠进入符号消费的阶段。符号消费，更多的是消费符号品牌后面的个人品位、文化内涵、审美趋向等，消费符号的过程就是标榜自己个性化的过程。比如人们在房屋装修上，每个人都有自己喜欢的风格，而这些不同风格恰恰体现的就是自己的品位。品牌符号化的塑造，离不开实际平台的营销，所以拾翠在有了一定的消费者基础之后，利用王府井中高端百货卖场的商业聚合、品牌效应，将传统手工艺的消费提升到品牌消费的层面，并且通过现代设计改变消费氛围，利用合适的契机扩展卖场，并再次将特有的餐饮、酒吧、休闲和其他商品商铺柜台融入该空间，将传统手工艺品的展陈、传播和消费空间变得立体化多层次化，氛围更加契合现代人休

---

① 张文赛:《让·鲍德里亚消费社会理论分析——以当下时尚文化为例》,《现代商贸工业》2021年第31期,第48页。

闲娱乐购物一站式满足的偏好需求。拾翠的品牌塑造随处可见，比如在拾翠卖场，一个普通的建水紫陶售价是三位数，但是一个建水紫陶名家壶售价能达到一两万元。拾翠在积极构建自己的品牌，提出"只要进入拾翠的传统手工艺品，那么就一定是有故事的、有历史沉淀的、有大师痕迹的"①，这就使得人们信任拾翠产品的品牌质量，就如消费者F所说："虽然可能不认识工艺大师，也不了解什么是高端壶，但是只要去拾翠消费就行了。"②

在经过品牌升级之后的拾翠，建立了金鼎山民艺公园，进入空间消费的阶段。民艺公园的建立将单一的展陈式销售空间延展为城市公共文化空间和文化消费场所的有机结合体。手工艺品的制作过程在民艺公几乎能够完全被展现出来，以此在最大程度上将手工技艺本身所带有的吸引力释放给参观休闲的顾客，也将手工艺人的思想观念、生活方式、审美视角等与城市文化生活有机链接，将手工艺人过去生活的乡土社会和当下的城市发展连接起来。换句话来说，在这种空间消费的环境中，消费者产生的消费行为不会局限在购买某一种产品或是某一种产品符号，当消费者自身处于空间消费的环境中或是打造的场景中，即可达到沉浸体验、消费空间氛围的目的。民艺公园从一定意义上来说是一个被放大的，集成了更多功能的或者说是其他相关业态的大空间，具有展示销售的功能，同时拥有艺术培训、传统手工艺培训的艺术形式。

顺城市集同样是这样一个集成空间。不同于市集空间建造之前柜台式产品陈列，顺城市集空间在小酒馆、咖啡屋、特色小吃等配套场景不断完善的过程中，创造出一个以传统手工艺为主题，多种生活内容填充集合而成的消费空间。该空间能满足人们的吃喝、休

---

① 资料来源：拾翠CEO陈L的口述。
② 资料来源：正在拾翠购买建水紫陶的消费者。

闲等需求，但是又没有脱离出传统手工艺的这个根本，只是销售方式发生了一些改变，比如开放式的柜台、体验式的盲盒购买方式、布展陈列、体验项目等的出现。拾翠将集市融入高端卖场的场景，营造出传统手工艺和现代人生活方式紧扣在一起的生活空间，人们在这个空间当中就会不自觉地消费，或是直接购买工艺品，或是进行其他吃喝休闲的消费。

拾翠对传统手工艺创新性发展沿着从产品消费到符号消费，再到空间消费的道路前进。在进入符号消费阶段的拾翠，积极创造线上线下平台，通过各种文化活动和媒体宣传，塑造属于自己的传统手工艺品牌。利用城市工业闲置空间建立民艺公园、入驻昆明商业圈，建立顺城市集，让传统手工艺进入空间消费的阶段，构成了从产品、平台到空间系统建构的逻辑。

（二）传统手工艺创新性发展的三个重要维度

从拾翠实践来看传统手工艺的创新发展，可以总结出从产品、平台到空间的系统建构逻辑。这种生产消费、符号消费到空间消费的实践同样发生在云南其他传统手工艺品类中。剑川木雕、鹤庆银器、周城扎染就是其中典型的代表。从这些案例中，可以清楚地看到对于传统手工艺创新性发展的三个重要维度，以此来对云南地区其他传统手工艺的创新性发展提供借鉴。

除拾翠的发展历程之外，新华村的银器产业发展也是如此。新华村的产业发展始于手工打造的各种银器，最初的销售形式是利用自家房屋，建起各种小作坊，以普通柜台商铺的形式，出售各种各样的银器产品，走产销结合的道路。当产品的品类和质量在市场中达到一定饱和程度之后，新华村开启了电商模式，利用互联网来营造自己的银器品牌，进入符号消费的阶段，开始以差异化来塑造品牌。

传统手工银器起初是供人们生产生活所用的，所以在款式、花纹等方面没有太大的创新。随着日常生活审美化，逐步进入现代市场的银器在外形创新和内涵挖掘上要更加深入。外形设计根据日常审美的变化而不断重新设计；内涵挖掘上，有主打"工匠大师"称号的，有主打"非遗传承"称号的，有主打"纯手工打造"的，也有主打"优秀设计和良好售后服务"的，这些都是在符号化过程中所引发的竞争力。在符号化的过程中，品牌效应的优点慢慢凸显，比如那些有大师称号的银器就是比其他银器的售价更高，在这种趋势下，商家都开始慢慢打造属于自己的品牌。

当整个行业的产品、品牌都提升之后，符号消费的附加值也会受到市场趋于饱和的影响，光凭符号产生高附加值就变得困难。但是现在新华村各家的银器开始意识到这个问题，所以不管是店面装修，还是产品设计营销都注重品牌打造和品质保障，再加上当地政府为促进新华村银器产业的持续发展，制定了行业内部标准，进一步保障了银器产业的高效发展和消费者的消费安全，所以，仅依靠产品品质来拉开消费差距就显得力不从心。

在突破产品创新和品牌塑造后，空间构造成了新的消费方式。以鹤庆银器为例，已出现一个较为知名的品牌——李小白。李小白银器的知名度增长依靠的是经营者李福明在鹤庆的一片湿地中建立起的银器消费空间。通过对湿地传统建筑进行改造设计，李福明构建了一个以传统手工银器为主题的空间。在这个空间当中，李福明用自己的产品，即各种各样的银器集成了一个卖场，但不是传统意义上的卖场，银器在保留自身本身商品属性的同时，作为装饰品，在空间中以展陈的方式装饰墙面。空间整体环境雅致，有供客人聊天喝茶的区域，可进行专业交流和举行文化活动；有专门生产银器的区域，人们可以随时参观整个生产流程，了解生产工艺；同时也配备了高端民宿，民宿的内部装饰品用的也都是自己做的一些银器，在无形之中，以"润物细无声"之态，对来到空间的人产生影响。值得注意的是，该园区的民宿不对外开放，主要开放人群针对亲朋好友以及一些被邀请的专家学者，这样做的目的，就是为了构造出一个以专家学者为主的圈层，一个具有特殊身份标识的圈层，再通过这个圈层带出的大量潜藏消费潜力，形成精细化的客户群体，换句话来说就是定制了消费阶层。当人们身处在传统手工艺生产的环境当中，在自身体验的过程中可以了解银器是如何打造的，可以观摩学习培训班是如何上课的，这种长时间的参与感实际上就是利用传统手工艺向消费者传达一种新的消费方式和文化观念，让人们了解到消费的东西不会仅限于产品，也有可能消费以传统手工艺为出发点的家族故事、品牌文化、产品内涵等等。

剑川木雕的发展之路也是如出一辙。木雕最初生产的产品大多是用于房屋建筑，云南地区的旅游业发展起来之后，各种各样旅游纪念品成了市场的抢手货。剑川木雕嗅到商机，开始制作雕刻一些装饰性小挂件的旅游纪念品，比如将之前房屋装饰的大屏风变成小屏风摆件，再将小屏风摆件变成小屏风挂件，实现产品层面上的创新，而将产品进行符号化的改变和品牌化的塑造则主要体现在打造"国家工艺美术大师"称号上。剑川木雕的手艺大师，同时也是国家工艺美术大师段国梁将自家的木雕成功实现了符号化的转变，经过两代人的大师塑造，段氏木雕产品已经成功变成一个品牌形象，其经营形式也从最初简单商铺扩展到如今类似博物馆的木雕空间。段氏将以前作为学员学习场地的二楼改造成一个小型的木雕博物馆，收藏了一些自家优秀的木雕作品和一些通过收集而来的优秀老木雕作品，进行陈列展示。当人们去参观消费的时候，工作人员会讲述有关这些木雕的有趣故事、历史记忆、文化理解等等。段氏木雕也建设扩展木雕园区，进行园林化的改造，主要用作木雕的基本生产加工，进而成为一个新的木雕生活消费空间。

扎染同样如此。大理璞真白族扎染博物馆，现已是国家级非物质文化遗产生产性保护示范基地，同时也是中国第一个白族扎染博物馆。博物馆的创始人段树坤在收购了原周城扎染厂之后，将其改造建成传统的白族民居，通过请教博物馆专业人士，设计了六个展陈内容："扎染源流""扎染世家""珍品展示""繁花似锦""琳琅满目""活态体验展示"，在2015年成立了璞真白族扎染博物馆。该博物馆并非传统意义上的博物馆，它是将扎染的体验、展示、销售结合在一起，同时接待游客参观、开展研学活动、开展各种会议论坛，在丰富了旅游市场的同时也促进了扎染的活态传承，实现了扎染的经济和文化双重效益。段树坤通过对扎染核心技术——扎花技术的收集、整理、创新，不断更新产品款式；通过博物馆对段氏家族扎染世家的陈列展示，使得段家扎染在周城甚至是大理的声望不断提升。2019年又规划建设璞真白族扎染园，收购周城原奶粉厂，用于扩大扎染染料板蓝根的种植园，打造园林景观。同时进一步完善白族扎染博物馆，扩建扎染体验馆等。比起周城其他以自家传统民居作为产销一体的小作坊，段氏璞真白族扎染博物馆加入了更多空间消费的项目，将人们的生活方式和这些扎染产品紧紧结合起来，形成一种新的消费方式。

丽江束河古镇的茶木汇文化空间，以茶为主题，配套有茶具、木雕作品、民宿、旅拍、茶道学习培训等，成为束河古镇的一个网红打卡点。茶木汇主人本就是中国首届木雕艺术大师，利用和开发自己擅长的领域，将茶和木雕融合，打造出一个休闲场所，成为很多专家学者的研学地点，吸引着更多的游客进行空间消费。

以上这些案例，都是通过场景的打造将这些传统手工艺产品更好地呈现出来。在产品消费阶段，消费者更多是在产品当中感受到一些工匠的匠心独运，但是现在空间消费可以把自己生活的温度和理解融入进去。现如今大多数传统手工艺的创新性发展当中都体现出了产品、平台、空间这三个维度，它们之间相互联系，相互促进，空间的建构要依靠产品、空间的营销要依靠平台，平台营销的基础又是产品，从产品、平台到空间的过程不是三个切断的过程，而是延续、拓展、扩充，又相互作用的过程。传统手工艺在人们的日常生活中扮演着重要的角色。在传统农耕文化时期，是人们安身立命的手段之一，在现代工业时期，是大工业生产的补充。拾翠传统手工艺创新性发展的实践过程对传统手工艺行业的发展来说有可借鉴之处。从传统手工艺产品功能的创新性转变到传统手工艺传播平台的创新性构建，再到如今传统手工艺承创空间的创新性延展，一直在不断演进、不断变化。

  传统手工艺本身就具有深厚的文化价值，这让拾翠对产品功能的创新改变拥有可能性。拾翠选出具有鲜明文化标识的传统手工艺后，挖掘其生产过程、设计理念都包含着丰富的文化内涵，使其从生产生活用品摇身一变成为现代都市所追捧的文化消费品。由于传统手工艺是民族文化和乡村文化的物化表现，作为一种文化资源，密切联系着人们的生产生活方式，承载着文化认同、审美情趣等传统文化内容。从众多传统手工艺被纳入非物质文化遗产保护范畴中就可以看出，不论是对其价值的阐释，还是为实现价值而采取的保护措施，都离不开对其文化价值的探讨。但是针对传统手工艺的创新性发展，也绝不仅仅只限于挖掘文化内涵，不管是拾翠实践，还是文中所提到的其他例子，都表明传统手工艺的实用功能是人们生产生活所需要的，不能抛弃的，这是它最本质的特征。就传统手工艺来说，人们其实更习惯从一件器物上来构建对独特文化的认知，也就是日本美术评论家柳宗悦所说的:"生活的实用手工艺是最正宗的手工艺,只有这样的手工艺才是最健全的手工艺,只有这里才能找到最基本的手工艺原理。"[①]所以好的传统手工艺往往是雅俗共赏的,既是一种艺术品,又是脱离不了民众的生活用品。在后工业时代,商品的标准化和同质化会令人产生审美疲劳,所以在经过当代审美设计过的多样化的传统手工艺更受市场欢迎,尤其是体验式课程和定制的出现,让每个人都可以亲自参与其中,完成情感互动。符合以上这些,再对传统手工艺产品进行符合现代消费审美的创新改造,营造契合现代文化消费审美的氛围,以成功实现传统手工艺产品功能的转变。

  拾翠对传统手工艺的创新实践过程在随着市场需求的变化而不断调整、不断创新。在市场经济不断发展的今天,传统手工艺具有转化为商品的巨大潜力和价值,挖掘这些巨大的潜力和价值,就需要建构一个专业的传播平台,实现平台经济的发展。传统手工艺品作为乡土社会的产物,在发展的过程中,慢慢成为除农业收入之外的重要经济来源。但是在农业经济收入低的情况下,村民大多会选择外出务工,所以乡村的人口结构也会发生一些变化。随着人口结构的变化,乡村地区的文化生态结构也发生了变化,年轻人大都流向城市地区,接受现代工业文化的时期更长,反而对于自己生长的乡村地方文化慢慢淡忘。掌握传统手工艺的年长的人慢慢变少,年轻人外出务工无法持续性传承传统手工艺,加上传统手工艺品在现代市场中遭遇困境的情况,经济价值没有很好地体现出来,造成了"无人传承、无人愿意传承"的尴尬处境,传统手工艺品中蕴含的文化价值自然也就慢慢消逝,反之是从城市带回的现代工业文明占据了年轻人的精神世界,造成乡村文化生态结构的变化。现在传统手工艺品的发展有了好的平台,提升了产业比重,也随之成为乡村经

---

① [日] 柳宗悦:《工艺文化》,徐艺乙译,南宁:广西师范大学出版社,2011年。

济转型发展的重要途径。其表现在促进了传统手工艺的活态传承和保护，产生了经济效益，促进了乡村振兴。传统手工艺产生的经济价值，让乡村地区的手工艺品生产者对他们自己生产的各种产品有了重新的认识，对其文化、技艺能够繁荣经济的事实给予了认同，从而对文化传承、管理与培养人才提供了便利，进一步实现了对传统手工艺的保护与活态传承。通过保存和再现传统手工艺品当中优秀的文化符号，在新的文化消费市场中实现了文化资源和文化市场的结合，增加了宣传途径，实现了对传统手工艺的对外传播，使人们进一步熟知和肯定传统手工艺的经济价值和文化价值。

不论是在"非遗"保护的视角下，还是在文化创意发展的要求下，传统手工艺创新性发展对经济增长都有着重要意义。多民族的云南保留了大量的传统民族手工艺资源，比如大理鹤庆的银器生产、红河州建水紫陶的生产等已经发展成了当地的支柱性产业。当然，除了已经被大众熟知的这些，还存在许多因缺乏人力、物力、政策等发展条件而藏匿于乡土之间的传统手工艺品，这些资源虽然还没有转换成强大的生产力，但具备能够促进经济增长的发展优势。从原材料来看，传统手工艺品的原材料大都取材于当地丰富的自然资源，能够实现就地取材、本地加工、文化附加值高、经济收益大等特点。从生产形式来看，传统手工艺属于劳动密集型产业，对于解决农村剩余劳动力，增加就业岗位有显著的优势，在提高农民收入的同时，也能提高乡村地区人们的文化素养和生活品质。从消费形式来看，人们在面对高度发达的物质经济的同时，对于精神文化的需求逐渐增强，拾翠主打的"金木土石布"符合人们的精神诉求，具有强大的市场潜力和发展前景。由此看来，传统手工艺在任何时候都具备转换经济价值的条件。如今产业经济快速发展，传统手工艺品承载了越来越多的文化意义、经济价值、社会价值。

传统手工艺承创空间的创造性延展更是将以上提到的文化意义、经济价值和社会意义融合到一起。从滇文化中心的展示、陈列、销售到王府井及顺城市集的品牌集聚效益的体现，再到民艺公园的生产研发、沉浸体验，每个空间所产生的消费都包含着文化内涵和经济价值。民艺公园盘活城市工业闲置区，让城市消费者在城市中感受到来自乡村文化的魅力。顺城市集以及民艺公园同时也塑造了城市文化消费的新地标，影响了城市文化消费方式，让传统手工艺融入城市文化消费当中。于此同时，城乡之间的联系也在慢慢发生着变化。通过传统手工艺承创空间的一步步发展，城乡之间关于传统手工艺的联系变得更加紧密，乡村传统手工艺在城市之中不再是格格不入的文化表现形式，它在城市中有了创新呈现。城市文化消费反过来也在促进乡村文化资源的价值转换，这种双向的影响让城乡实现真正的协同发展。

受到城乡协同发展的影响，传统手工艺开始慢慢转型。比如匠人对自己产品的创新，在不丢掉传统手工艺文化的前提下，加上现代创意，使之符合现代消费审美偏好，顺利进入市场，实现活态传承。而传统手工艺与互联网的结合，更是推进了传统手工艺传播平台的创新性发展，通过互联网这个平台，拓宽了传统手工艺的产品销售渠道、提高了产品品牌的知名度。

对拾翠来说，传统手工艺的创新性发展是一个"摸着石头过河"的漫长过程。从传统手工艺产品的选择到对其进行符合现代审美的创新设计，从保留实用价值，让其不脱离人们的日常生活到挖掘文化价值，营造现代消费氛围，让生产生活用品变成文化消费品，以此实现传统手工艺产品功能的变化；从建立滇文化中心、王府井5楼、顺城市集、民艺公园等线下平台到建立拾翠App，社交媒体等线上平台，促进了企业的创新发展，塑造了拾翠的企业品牌，以此完成了传统手工艺传播平台的创新性构建；从利用翠湖滇文化中心的旅游、生活和休闲特征到运用拓展王府井及顺城市集的商圈品牌效应，再到利用民艺公园创建主题园区、缔造新的消费方式，完成了拾翠传统手工艺空间的顺利演进。同时以传统手工艺为主要内容的民艺公园盘活了城市工业闲置区域，加上顺城市集的建立，形成了城市文化消费的新地标；从乡村传统手工艺资源在城市的创新呈现到城市文化消费促动乡村文化资源价值转换，城乡传统手工艺实现了协同发展。诚然，拾翠并不是每一步都走得顺顺利利，但是每一步都在不断地创新。以消费社会的角度来看，从产品、平台到空间的过程就是从产品消费、符合消费再到空间消费的过程。这个过程不是拾翠独一家所在经历的，大理周城的扎染、剑川的木雕以及新华村的银器都在进行同样的实践过程。

"拾翠"作为一个新兴的文创企业，在探索创新发展的过程中，在面对不断变化的消费需求的时候，这种做法是否能发现新路子，来解决传统手工艺在现代社会中不得不发生变迁以适应文化消费需求的问题，是否能传承和弘扬传统手工艺所代表的文化价值，这些都需要随着实践的变化来做进一步研究。因此，对于"拾翠实践"的研究，就是探讨其这种创新变革能否对云南的传统手工艺产业产生影响，能否为传统手工艺行业找到新出路。随着未来社会经济的不断发展与相关研究的不断深入，传统手工艺创新性发展路径的研究一定会有着更加丰富的现实意义与理论价值。